Hohlbaum | **Human Resources –**
Olesch | **Modernes Personalwesen**

Anke Hohlbaum
Gunther Olesch

Human Resources –
Modernes Personalwesen

Merkur
Verlag Rinteln

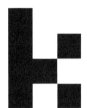

das Kompendium®
herausgegeben von Christian Jaschinski

Verfasser:

OStR´ Dipl.-Kffr. Anke Hohlbaum

Lehrerin für Personalwirtschaft an der Fachschule für Wirtschaft am Dietrich-Bonhoeffer-Berufskolleg in Detmold

Prof. Dr. Gunther Olesch

Geschäftsführer
der Phoenix Contact GmbH & Co. KG in Blomberg

Das Werk und seine Teile sind urheberrechtlich geschützt. Jede Nutzung in anderen als den gesetzlich zugelassenen Fällen bedarf der vorherigen schriftlichen Einwilligung des Verlages. Hinweis zu § 52a UrhG: Weder das Werk noch seine Teile dürfen ohne eine solche Einwilligung eingescannt und in ein Netzwerk eingestellt werden. Dies gilt auch für Intranets von Schulen und sonstigen Bildungseinrichtungen.

* * * * *

4. Auflage 2010
© 2004 by MERKUR VERLAG RINTELN
Gesamtherstellung:
MERKUR VERLAG RINTELN
Hutkap GmbH & Co. KG, 31735 Rinteln

E-Mail: info@merkur-verlag.de
Internet: www.merkur-verlag.de
ISBN 978-3-8120-**0603-3**

info@das-kompendium.de
www.das-kompendium.de

Vorwort des Herausgebers

Liebe Leserin, lieber Leser,

Wirtschaftswissenschaft ist ein umfassendes und faszinierendes Fachgebiet. Wissenschaft und Praxis sollen einander befruchten und der Fortentwicklung des Wissens und somit dem wirtschaftlichen Erfolg zum Wohle aller dienen. Dem trägt die Buchreihe **das Kompendium**® Rechnung, indem sie den Spagat zwischen wissenschaftlichem und praktischem Anspruch wagt.

Ausgerichtet auf eine generelle Anwendbarkeit ist der vorliegende Band umfassend und ausgewogen in seiner Themenabdeckung, gleichzeitig interessant aufgemacht und sicherlich ein Medium, das man regelmäßig und gern nutzen wird.

das Kompendium® ist ein idealer Wegbegleiter für Studierende sowie für Praktikerinnen und Praktiker ein Manual der Wirtschaftswissenschaft, das für die tägliche Arbeit und qualifizierte Weiterbildung unverzichtbar ist – somit ein Tool, das man nicht mehr missen möchte.

Haben Sie Fragen, Anregungen oder Kritik – Lob und Tadel gleichermaßen –, lassen Sie es mich wissen. Nur so können wir die Bücher für Ihre Ansprüche weiter optimieren. Sie erreichen mich unter **info@das-kompendium.de**. Weitere Informationen auch zu anderen Bänden der Reihe finden Sie unter **das-kompendium.de**.

Ich wünsche Ihnen viel Erfolg bei der Arbeit mit diesem Buch!

Christian Jaschinski

Vorwort der Autorin und des Autors zur 1. Auflage

Human Resources, der moderne Begriff für Personalwesen, nimmt heute eine wichtige Position in Unternehmen und Institutionen ein. Alle Mitarbeiter beschäftigen sich täglich in irgendeiner Form mit diesem Thema. Um erfolgreich im Beruf agieren zu können, ist es daher von unschätzbarem Wert, die Klaviatur des Personalmanagements nicht nur zu kennen, sondern sie nach Möglichkeit zu beherrschen. Dieses zu vermitteln, hat sich das Autorenteam zum Ziel gesetzt.

Das Buch behandelt umfassend alle Aufgabenbereiche des Personalmanagements. Diese Bereiche werden in ausführlicher, theorieorientierter Form von Dipl.-Kffr. Anke Hohlbaum beschrieben. Die Autorin hat als Schwerpunkt Personal- und Bildungswesen studiert und anschließend bei verschiedenen Bildungseinrichtungen gelehrt. Heute ist sie als Lehrerin an einem Berufskolleg (u. a. im Fachschulbereich) tätig.

Damit dem Leser die pragmatischen Umsetzungen der Theorien ermöglicht werden, sind Beispiele aus der Praxis mit allen Facetten der täglichen Arbeitssituationen dargestellt. Die Beispiele wurden von Prof. Dr. Gunther Olesch aus seiner Erfahrung in der beruflichen Praxis als Personalmanager herausgeschrieben. Die eingebrachten Praxisbeispiele stammen aus seinen Tätigkeiten als Personalberater der Thyssen Edelstahl AG und der Phoenix Contact GmbH & Co. KG, einem weltweit agierenden Unternehmen der elektrotechnischen und elektronischen Verbindungssysteme mit mehr als 10.000 Mitarbeitern. Durch die Synthese von Theorie und Praxisbeispielen wird dem Leser aufgezeigt, wie die Inhalte des Personalmanagements im Arbeitsalltag umgesetzt werden können.

Das Buch richtet sich zum einen an Studenten, Fachschüler und Lehrgangsteilnehmer (z.B. Personalfachkaufleute, Industriefachwirte) und zum anderen an alle Führungskräfte, angehende oder bereits tätige Personalreferenten und -manager.

Dörentrup und Detmold im Herbst 2003
Anke Hohlbaum
Gunther Olesch

Vorwort der Autorin und des Autors zur 4. Auflage

In diesem Buch finden Sie aktualisierte Themen von Human Resources. Es werden neue Akzente des E-Recruiting beschrieben (Kapitel 2.3). Das Hinunterbrechen von Unternehmenszielen auf Mitarbeiterziele ist ein neues Thema (Kapitel 4.5.6). Vergütungssysteme und Zielvereinbarungen sind auf den aktuellsten Stand gebracht worden (Kapitel 7.5). Einen neuen Akzent setzt die Erweiterung des Kapitels Globalisierung (Kapitel 10.3.2). Des Weiteren wurden die Themen Employee Self Service und Kurzarbeit neu aufgenommen. Die Literaturangaben wurden aktualisiert. Das Buch wurde weiterhin durch ein Glossar ergänzt.

Die beschriebenen Beispiele sind für die Leser von besonderem Nutzen, da sie Best-Practice-Anwendungen von Human Resources bei Phoenix Contact sind. Das wird durch zahlreiche HR-Awards bestätigt, die das Unternehmen des Autors erhalten hat: Bester Arbeitgeber für Ingenieure 2010 in Arbeitsplatzsicherheit, Bester Arbeitgeber 2010 von Great Place to Work, Arbeitgeber des Jahres 2008 von TOB JOB, Beste betriebliche Ausbildung 2007 von BDA, Bester Arbeitgeber in Personalentwicklung 2006 von TOB JOB. Der Autor der Praxisbeispiele in diesem Buch wurde 2009 zu den 10 erfolgreichsten Personalmanagern Deutschlands ernannt. Es handelt sich also nicht nur um ein Buch unter diversen zum Thema Human Resources, sondern um eines, das den Leser im Berufsleben durch seine speziellen Inhalte besonders erfolgreich machen kann.

Dörentrup und Detmold im Sommer 2010
Anke Hohlbaum
Gunther Olesch

Inhalt

1	**Personalplanung**	**16**
1.1	PREVIEW	16
1.2	Personalbedarfsplanung	19
1.2.1	Bestimmungsfaktoren des Personalbedarfs	19
1.2.2	Berechnung des Personalbedarfs	20
1.2.3	Hilfsmittel der Personalbedarfsplanung	21
1.3	Personalbeschaffungsplanung	25
1.4	Personaleinsatzplanung	25
1.5	Personalkostenplanung	26
1.6	Personalabbauplanung	27
1.7	Betriebsrat und Personalplanung	28
1.8	Allgemeines Gleichbehandlungsgesetz (AGG)	28
1.9	Check-up	32
1.9.1	Zusammenfassung	32
1.9.2	Aufgaben	33
1.9.3	Literatur	34
2	**Personalbeschaffung**	**35**
2.1	PREVIEW	35
2.2	Wege der Personalbeschaffung	36
2.2.1	Personalanforderung	36
2.2.2	Die Beschaffungswege im Überblick	38
2.2.3	Interne Personalbeschaffung	38
2.2.4	Externe Personalbeschaffung	39
2.2.4.1	Vor- und Nachteile der externen Personalbeschaffung	40
2.2.4.2	Stellenanzeigen	40
2.2.4.3	Personalberater	42
2.2.4.4	Personalleasing	44
2.3	Praxisbeispiel: Gewinnung neuer Mitarbeiter durch moderne Medien	46
2.4	Check-up	55
2.4.1	Zusammenfassung	55
2.4.2	Aufgaben	56
2.4.3	Literatur	57
3	**Personalauswahl**	**58**
3.1	PREVIEW	58
3.2	Analyse der Bewerbungsunterlagen	59

3.3	Testverfahren	61
3.4	Assessment-Center	62
3.5	Praxisbeispiel: Assessment-Center	64
3.6	Das Vorstellungsgespräch	71
3.6.1	Ziel des Vorstellungsgesprächs	72
3.6.2	Vorbereitung des Vorstellungsgesprächs	72
3.6.3	Checkliste zu Einstellungsgesprächen	73
3.6.4	Verlauf des Vorstellungsgesprächs	74
3.6.5	Bewertung des Vorstellungsgesprächs	77
3.7	Der Arbeitsvertrag	79
3.8	Die Rolle des Betriebsrates bei der Personalauswahl	82
3.9	Personaleinführung	83
3.9.1	Funktion und Durchführung	83
3.9.2	Checkliste zur Einführung neuer Mitarbeiter	85
3.9.3	Praxisbeispiel 1: Sonderformen der Personaleinführung	88
3.9.4	Praxisbeispiel 2: Einführung neuer Mitarbeiter	94
3.10	Check-up	98
3.10.1	Zusammenfassung	98
3.10.2	Aufgaben	100
3.10.3	Literatur	102
4	**Personalführung**	**103**
4.1	PREVIEW	103
4.2	Theoretische Ansätze zu Motivation und Führung	104
4.2.1	Bedürfnispyramide nach Maslow	104
4.2.2	Zwei-Faktoren-Theorie von Herzberg	105
4.2.3	Führungstheorien	106
4.2.4	Theorie X und Theorie Y von McGregor	107
4.2.5	Managerial Grid von Blake & Mouton	108
4.3	Praxisorientierte Ansätze	109
4.3.1	Entwicklung der Personalführung	109
4.3.2	Aufgaben und Ziele der Mitarbeiterführung	110
4.3.3	Führungsstile	111
4.3.4	Führungstechniken	113
4.3.4.1	Management by Delegation	113
4.3.4.2	Management by Exception	114
4.3.4.3	Management by Objectives	115
4.4	Führungskultur	117
4.4.1	Sinn von Führungskultur und -leitlinien	117
4.4.2	Praxisbeispiel: Unternehmensspezifische Entwicklung von Führungsleitlinien	119

4.5	Unternehmenskultur	127
4.5.1	Moderne Personalpolitik zur Sicherung von Wirtschaftsstandorten	127
4.5.2	Win-lose-Situation: Kosten reduzieren um jeden Preis?	128
4.5.3	Unternehmensethik	129
4.5.4	Unternehmensgrundsätze als Ausdruck von Unternehmensethik	129
4.5.5	Praxisbeispiel 1: Mission, Visionen und Werte	131
4.5.6	Praxisbeispiel 2: Vom Unternehmensziel zum Mitarbeiterziel	133
4.5.7	Soziale Verantwortung für Arbeitsplätze	137
4.5.8	Praxisbeispiel: Corporate Social Responsibility und Corporate Compliance	141
4.6	Mobbing: Führungsschwäche?	143
4.6.1	Ursachen und Phasen des Mobbings	144
4.6.2	Mobbingopfer/Mobbingtäter	144
4.6.3	Gegenmaßnahmen	145
4.7	Praxisbeispiel: Management Manual – Personalregeln für ein Unternehmen	146
4.8	Check-up	152
4.8.1	Zusammenfassung	152
4.8.2	Aufgaben	154
4.8.3	Literatur	155
5	**Personalbeurteilung**	**156**
5.1	PREVIEW	156
5.2	Anlässe, Aufgaben und Ziele der Personalbeurteilung	157
5.3	Verfahren der Personalbeurteilung	158
5.4	Beurteilungskriterien	160
5.5	Phasen der Personalbeurteilung	162
5.6	Typische Beurteilungsfehler	163
5.7	Das Beurteilungsgespräch	163
5.8	Die Rolle des Betriebsrates bei der Personalbeurteilung	165
5.9	Praxisbeispiel: Vorgesetztenbeurteilung	165
5.10	Check-up	168
5.10.1	Zusammenfassung	168
5.10.2	Aufgaben	169
5.10.3	Literatur	170
6	**Personalentwicklung**	**171**
6.1	PREVIEW	171
6.2	Ziele der Personalentwicklung	172

6.3	Planung und Durchführung von Personalentwicklungsmaßnahmen	174
6.3.1	Instrumente der Personalentwicklung	175
6.3.2	Interne versus externe Bildungsmaßnahmen	176
6.3.3	Auswahl externer Anbieter	176
6.4	Praxisbeispiele zur Personalentwicklung	178
6.4.1	Praxisbeispiel 1: Traineeprogramm	178
6.4.2	Praxisbeispiel 2: Entwicklung von Fach- und Führungskräften	183
6.4.3	Praxisbeispiel 3: Personalentwicklung für an- und ungelernte Mitarbeiter	192
6.5	Check-up	197
6.5.1	Zusammenfassung	197
6.5.2	Aufgaben	198
6.5.3	Literatur	199
7	**Personalbetreuung**	**200**
7.1	PREVIEW	200
7.2	Personalentlohnung	201
7.2.1	Kriterien für eine relative Lohngerechtigkeit	201
7.2.2	Rechtsgrundlagen der Lohnfestsetzung	202
7.3	Arbeitsplatzbewertung	203
7.3.1	Arbeitsablaufstudien	204
7.3.2	Arbeitszeitstudien	204
7.3.3	Arbeitswertstudien	205
7.3.3.1	Summarische Arbeitsbewertung	206
7.3.3.2	Analytische Arbeitsbewertung	208
7.4	Lohnformen	210
7.4.1	Zeitlohn	210
7.4.2	Akkordlohn	211
7.4.3	Prämienlohn	212
7.4.4	Lohnabrechnung	214
7.5	Praxisbeispiel: Vergütungssysteme und Zielvereinbarungen	216
7.6	Hilfsmittel der Personalbetreuung	227
7.6.1	Die Personalakte	227
7.6.2	Statistiken	229
7.6.3	Fehlzeitenanalyse	230
7.7	Praxisbeispiel: Reduzierung des Absentismus	234
7.8	Arbeitszeitmodelle	241
7.8.1	Rechtliche Rahmenbedingungen	242
7.8.2	Einzelne Arbeitszeitmodelle	242

7.8.3	Teilzeitarbeit und Befristung von Arbeitsverträgen	244
7.8.4	Altersteilzeit	247
7.8.5	Telearbeit	248
7.8.6	Kurzarbeit	250
7.9	Praxisbeispiel: Flexible Arbeitszeitmodelle	253
7.10	Check-up	261
7.10.1	Zusammenfassung	261
7.10.2	Aufgaben	263
7.10.3	Literatur	265
8	**Betriebliche Sozialpolitik**	**266**
8.1	PREVIEW	266
8.2	Ziele und Motive der betrieblichen Sozialpolitik	267
8.3	Bereiche der betrieblichen Sozialpolitik	268
8.4	Wirkung der Sozialpolitik	269
8.5	Betriebsrat und Sozialpolitik	269
8.6	Betriebliches Gesundheitsmanagement	269
8.6.1	Gründe für den Ausbau des betrieblichen Gesundheitsmanagements	270
8.6.2	Praxisbeispiel: Betriebliches Gesundheitsmanagement	271
8.7	Betriebliche Altersversorgung	273
8.8	Betriebliche Erfolgsbeteiligungen	276
8.9	Beteiligung am Unternehmenskapital	277
8.10	Praxisbeispiel: Mitarbeiterverpflegung	278
8.11	Check-up	282
8.11.1	Zusammenfassung	282
8.11.2	Aufgaben	283
8.11.3	Literatur	284
9	**Personalaustritt**	**285**
9.1	PREVIEW	285
9.2	Beendigungsgründe	286
9.3	Der Aufhebungsvertrag	286
9.4	Abmahnungen	289
9.4.1	Anlässe für Abmahnungen	289
9.4.2	Aufbau und Inhalt der Abmahnung	290
9.5	Die Kündigung	291
9.5.1	Kündigungsarten	292
9.5.1.1	Ordentliche (fristgerechte) Kündigung	292

9.5.1.2	Außerordentliche Kündigung	293
9.5.1.3	Massenentlassung	293
9.5.1.4	Änderungskündigung	294
9.5.2	Soziale Rechtfertigung einer Kündigung	295
9.5.2.1	Personenbedingte Kündigung	295
9.5.2.2	Verhaltensbedingte Kündigung	296
9.5.2.3	Betriebsbedingte Kündigung	298
9.5.3	Personengruppen mit besonderem Kündigungsschutz	298
9.5.3.1	Auszubildende	298
9.5.3.2	Betriebsratsmitglieder	299
9.5.3.3	Schwerbehinderte	300
9.5.3.4	Wehrpflichtige	300
9.5.3.5	Schwangere/Mütter	300
9.5.4	Die Rolle des Betriebsrates bei Kündigungen	302
9.6	Praxisbeispiel: Kündigungen, Interessenausgleich und Sozialplan	304
9.7	Zeugniserteilung	308
9.7.1	Anspruch	308
9.7.2	Zeugnisarten	309
9.7.3	Grundsätze der Zeugniserteilung	310
9.7.4	Praktische Tipps/Checklisten für die Zeugniserstellung	310
9.8	Abschlussarbeiten	312
9.8.1	Abgangsinterviews	312
9.8.2	Austrittsfragen	313
9.8.3	Outplacement-Beratung	315
9.9	Check-up	315
9.9.1	Zusammenfassung	315
9.9.2	Aufgaben	316
9.9.3	Literatur	318
10	**Aufgaben und Organisation von HR**	**319**
10.1	PREVIEW	319
10.2	Stellenwert von HR	320
10.3	Aufgaben gestern, heute, morgen	321
10.3.1	Wichtigkeit der Personalaufgaben	321
10.3.2	Der globalisierte Markt als Chance	323
10.3.3	Herausforderungen durch die demografische Entwicklung	328
10.4	Praxisbeispiel: Dienstleistungs-Center Personal	333
10.5	Organisation der HR	338
10.5.1	Funktionale Organisation	338
10.5.2	Prozessorganisation	339

10.5.3	Praxisbeispiel 1: Personalbeschaffungsprozess	340
10.5.4	Praxisbeispiel 2: Service-Level-Agreement und Insourcing von Personalentwicklung	343
10.6	Anforderungen an das Personalmanagement	349
10.6.1	Führungshierarchien des Personalmanagements	349
10.6.2	Allgemeine Anforderungen an den Personalmanager	350
10.6.3	Berufs- und Führungserfahrung	350
10.6.4	Fachwissen	351
10.6.5	Emotionale Intelligenz	351
10.6.6	Selbstbild und Persönlichkeit der Personaler	352
10.7	Positionierung von HR innerhalb der Unternehmensleitung	353
10.8	Check-up	357
10.8.1	Zusammenfassung	357
10.8.2	Aufgaben	358
10.8.3	Literatur	358
11	**Lösungen und Lösungsvorschläge**	**359**
11.1	Lösungen und Lösungsvorschläge zu Kapitel 1	359
11.2	Lösungen und Lösungsvorschläge zu Kapitel 2	362
11.3	Lösungen und Lösungsvorschläge zu Kapitel 3	365
11.4	Lösungen und Lösungsvorschläge zu Kapitel 4	370
11.5	Lösungen und Lösungsvorschläge zu Kapitel 5	372
11.6	Lösungen und Lösungsvorschläge zu Kapitel 6	376
11.7	Lösungen und Lösungsvorschläge zu Kapitel 7	380
11.8	Lösungen und Lösungsvorschläge zu Kapitel 8	385
11.9	Lösungen und Lösungsvorschläge zu Kapitel 9	387
11.10	Lösungen und Lösungsvorschläge zu Kapitel 10	390
Glossar		393
Stichwortverzeichnis		401

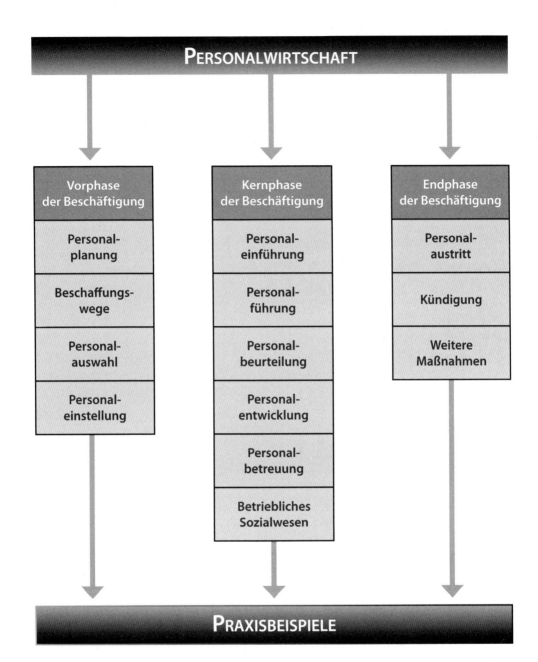

1 Personalplanung

1.1 PREVIEW

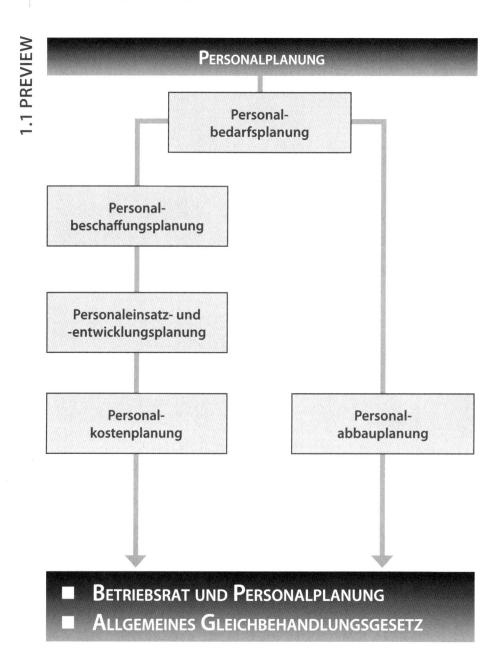

Ziel der Personalplanung ist es, für künftige Aufgaben das erforderliche Personal in quantitativer und qualitativer Hinsicht bereitzustellen. Durch die frühzeitige umfassende Planung soll die Personalpolitik versachlicht werden, um Konflikte oder soziale Härten zu mindern. Die Notwendigkeit der Planung ergibt sich aus (FRANKE/ ZICKE/ZILS 2004, S. 387):

- der gegenseitigen Abhängigkeit mit anderen Teilbereichen des Unternehmens;
- den wandelnden Ansprüchen des Absatzmarktes;
- der ständigen Personalkostenintensivierung;
- dem weiterhin knappen Angebot an qualifizierten Arbeitskräften;
- den höheren Anforderungen an die Qualifikation der Mitarbeiter;
- den Einschränkungen durch gesetzliche, tarifliche und betriebliche Bestimmungen;
- den Bedürfnissen der Mitarbeiter an Arbeitssicherheit;
- den Veränderungen der Arbeitsplatzanforderungen.

Die Personalplanung ist eingebettet in die Unternehmensplanung, deren Ziele von der Unternehmensleitung festgelegt werden. Alle Planungsteilbereiche sind eng miteinander verknüpft und sollten idealerweise gleichzeitig bzw. in ständiger Übereinstimmung aufgestellt werden.

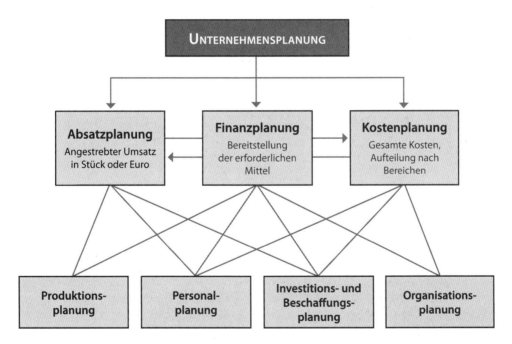

1 Personalplanung

Die Personalplanung selbst hat eine Reihe von Aufgaben zu erfüllen und setzt sich demgemäß aus verschiedenen Bereichen zusammen:

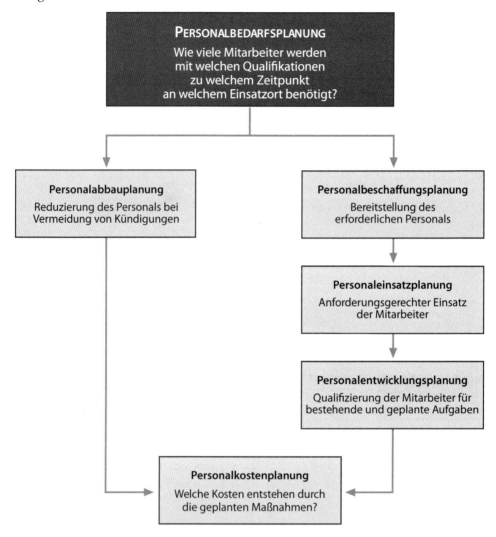

Von den dargestellten Teilbereichen kommt der Personalbedarfsplanung eine besondere Bedeutung zu, da alle anderen Bereiche von ihr abhängig sind. So ist die Entscheidung über zusätzlichen Personalbedarf gleichzeitig mit der Beschaffung der erforderlichen Mitarbeiter verbunden. Diese müssen dann auch entsprechend eingesetzt und entlohnt werden. Daher wird im Folgenden die Personalbedarfsplanung ausführlich dargestellt.

1.2 Personalbedarfsplanung

Um eine Personalbedarfsplanung durchführen zu können, muss zunächst eine Personalbestandsanalyse durchgeführt werden. Sie dient dazu, sich einen Überblick über den derzeitigen quantitativen und qualitativen Personalbestand zu verschaffen.

Dabei gilt es, folgende Fragen zu beantworten:
- Welche Funktionsbereiche gibt es im Unternehmen?
- Welche Aufgabenfelder sind im Rahmen der Funktion zurzeit zu erfüllen?
- Wie sind die Aufgaben auf die vorhandenen Mitarbeiter verteilt?
- Inwieweit entspricht die Arbeitsverteilung den aktuellen sachlichen Erfordernissen?
- Über welche Mitarbeiterpotenziale verfügt das Unternehmen im Einzelnen und wie werden diese bisher genutzt?
- Inwieweit sind kurzfristige personelle Engpässe zu erwarten?
- Wie stellt sich die Lohn- und Gehaltsstruktur im Unternehmen dar?
- Welche sozialen Strukturen, insbesondere Führungsstrukturen, sind erkennbar?

1.2.1 Bestimmungsfaktoren des Personalbedarfs

Die Höhe des Personalbedarfs wird durch unternehmensinterne und unternehmensexterne Faktoren beeinflusst, die zum Teil in wechselseitiger Abhängigkeit zueinander stehen und deren künftige Entwicklung prognostiziert werden muss.

Faktoren des Personalbedarfs	
Interne Faktoren	**Externe Faktoren**
■ Absatzplanung/Produktionsplanung ■ Arbeitsmittel/technische Ausstattung ■ Mitarbeiterleistung ■ Personalbestand ■ Altersstruktur ■ Organisationsstruktur ■ Fehlzeiten, Fluktuationsquote	■ Konjunktur ■ gesellschaftliche Entwicklung ■ technologische Entwicklungen ■ politische Entwicklung ■ rechtliche Rahmenbedingungen

Die internen Faktoren des Personalbedarfs können vom Unternehmen selbst beeinflusst werden. Ausgangspunkt ist die Absatzplanung. Danach richtet sich, wie viele Mitarbeiter benötigt werden. Rechnerisch kann z. B. geprüft werden, ob nach Durchführung entsprechender Rationalisierungsmaßnahmen der Einsatz von Maschinen günstiger ist als der Einsatz von Mitarbeitern. Eine andere Möglichkeit ist der Kostenvergleich mit externen Gesellschaften. So können Teile fertig bezogen oder einzelne Unternehmensbereiche ausgelagert werden (Outsourcing). Bei den Organisationsstrukturen spielt besonders das eingesetzte Fertigungsverfahren eine

Rolle: Wird in Fließfertigung produziert, herrscht Gruppenarbeit vor, hat man den Produktionsprozess in Werkstätten verteilt u.Ä.? Ein dritter Bereich sind die Mitarbeiter: Über welche Qualifikationen müssen sie verfügen, welche Leistung erzielen sie und mit welchen Fehlzeiten und Fluktuationsquoten ist zu rechnen?

Die externen Faktoren sind nur schwer oder gar nicht beeinflussbar. Konjunkturelle Schwankungen zeigen die wirtschaftliche Entwicklung einer gesamten Volkswirtschaft. Es gibt aber immer Unternehmen, die sich gegen einen Abschwungtrend behaupten können oder bei denen saisonale Besonderheiten dominieren. Als gesellschaftliche Kriterien sind die Bevölkerungsentwicklung, die Globalisierung und der Wertewandel zu nennen. Welche Auswirkungen technologische Entwicklungen auf den Personalbedarf haben, kann durch die Entwicklung von Robotern verdeutlicht werden. Der Mitarbeiter braucht nicht mehr seine Körperkraft, sondern muss stattdessen in der Lage sein, Maschinen einzurichten, zu steuern und zu überwachen. Bei den rechtlichen Rahmenbedingungen gibt es immer wieder neue Bestimmungen, die den Personalbereich betreffen, z. B. das Teilzeit- und Befristungsgesetz.

1.2.2 Berechnung des Personalbedarfs

Bei einer Berechnung des Personalbedarfs geht es um den quantitativen Aspekt der benötigten Mitarbeiter. Dabei wird zunächst der tatsächlich vorhandene Mitarbeiterbestand um die geplanten Zugänge und Abgänge der Planungsperiode ergänzt. Dieser Größe wird der errechnete Bruttopersonalbedarf oder Sollbedarf gegenübergestellt. Die Differenz ist der Nettopersonalbedarf. Dieser kann sowohl negativ, d. h., man hat zu viele Mitarbeiter, als auch positiv sein.

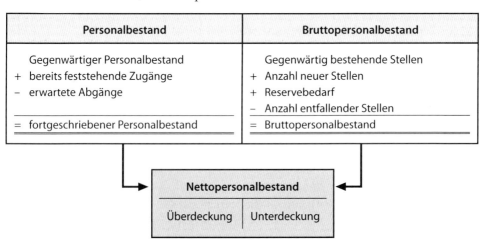

1.2.3 Hilfsmittel der Personalbedarfsplanung

Die Personalbedarfsplanung kann verschiedene Hilfsmittel heranziehen, mit denen die Entscheidungsfindung erleichtert wird:
- Kennzahlen/Statistiken;
- Stellenpläne;
- Stellenbesetzungspläne;
- Stellenbeschreibungen;
- Laufbahn- und Nachfolgepläne.

▶ Kennzahlen/Statistiken

In bestimmten Branchen oder Abteilungen wird die Anzahl der benötigten Arbeitskräfte bzw. die Anzahl der Stellen durch das Heranziehen von entsprechenden Bezugsgrößen ermittelt, z. B.:

Branche/Abteilung	Bezugsgröße
Einzelhandel	Umsatz, Kundenfrequenz
Versicherungen	Schadensfälle
Banken	Anzahl der Konten, Buchungsposten
Buchhaltungen	Anzahl der Buchungen, Anzahl Kreditoren/Debitoren
Telefonisten	Anzahl der registrierten Anrufe und deren durchschnittliche Dauer
Finanzämter	Anzahl der veranlagten Personen
Schreibabteilungen	Anschläge pro Minute, bearbeitete Schriftstücke (z. B. bei Juristen)

Durch den Einsatz moderner Personalinformationssysteme und die entsprechende Datenerfassung ist die Erstellung von Statistiken stark vereinfacht worden. Allerdings liefern Statistiken im Wesentlichen quantitative Daten.

Struktur des Personalbestandes	■ Altersaufbau ■ Geschlecht ■ Unternehmenszugehörigkeit ■ Befristete Verträge/unbefristete Verträge
Bewegungsstatistiken	■ Bestandsentwicklung ■ Versetzungen ■ Fluktuationsquote

Arbeitszeitstatistiken	■ jährliche/monatliche Arbeitsstunden ■ Mehrarbeit/Überstunden ■ Urlaub/Feiertage ■ Krankheit/Arbeitsunfälle ■ Weiterbildung
Personalkostenstatistik	■ Arbeitslohn ■ Gesetzliche Sozialleistungen ■ Tarifvertragliche Sozialleistungen ■ Betriebliche Sozialleistungen
Qualitative Aspekte	■ Ungelernte, angelernte, gelernte Arbeitskräfte ■ Arbeitnehmer mit höheren Qualifikationen ■ Lohngruppenzugehörigkeit

▶ Stellenpläne

Sie zeigen die Gesamtheit aller Planstellen einer Abteilung oder des Unternehmens in vertikaler und horizontaler Gliederung. Sie bilden den Sollzustand ab, der zur Erfüllung der gestellten Aufgaben notwendig ist (s. Abb. nach ALBERT 2005, S. 35).

Beispiel

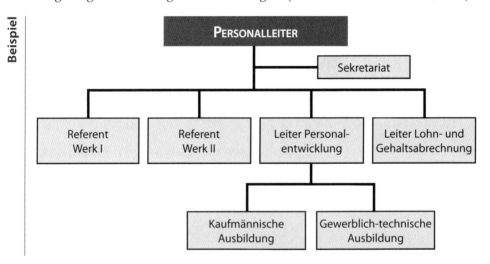

▶ Stellenbesetzungspläne

Auf der Grundlage des Stellenplans zeigt der Stellenbesetzungsplan den Istzustand der besetzten Stellen an. Neben dem Namen kann man die Vollmachten, das Geburtsjahr, das Eintrittsjahr und die Eingruppierung des jeweiligen Mitarbeiters aufnehmen (ALBERT 2005, S. 36).

Personalplanung 1

Muster

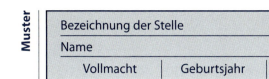

Beispiel

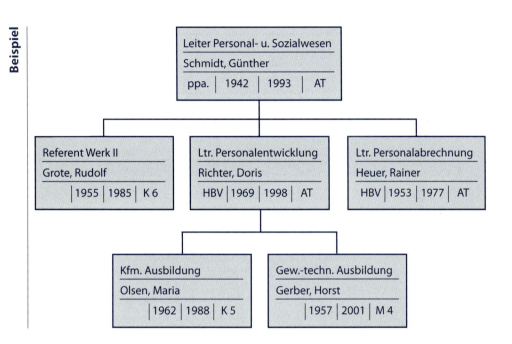

▶ Stellenbeschreibung

Die Stellenbeschreibung ist ein wichtiges Hilfsmittel der Personalarbeit, da sie in verschiedenen Bereichen eingesetzt werden kann:

- Personalbeschaffung;
- Personaleinsatz;
- Personalführung;
- Personalentlohnung;
- Personalentwicklung;
- Personalabbau.

Bestandteile der Stellenbeschreibung sind die hierarchische Einordnung, die ausführliche Beschreibung der Stellenaufgaben sowie die Nennung von Stellenzielen, -befugnissen und der -verantwortung. Am Ende werden die Anforderungen an die Ausbildung und Erfahrungen des Stelleninhabers aufgeführt, wobei diese unabhängig von der Person sind, mit der die Stelle zurzeit besetzt ist.

23

1 Personalplanung

Beispiel

Stellenbeschreibung	
Stellenbezeichnung	■ Leiter der Abteilung Lohn- und Gehaltsabrechnung

Hierarchische Einordnung	■ Unterstellung: Leiter Personalwesen
	■ Überstellung: – Mitarbeiter Gehaltsabrechnung
	                 – Mitarbeiter Lohnabrechnung
	                 – Auszubildender

Stellenaufgaben	■ Leitung der Abteilung ■ Fachliche Kontrolle der eingesetzten Verfahren ■ Führung der Mitarbeiter ■ Umsetzung von Änderungen ■ Kontakte zu Sozialversicherungsträgern etc.
Stellenziele	■ Sicherung einer ordnungsgemäßen Lohnabrechnung ■ Überwachung der anfallenden Kosten
Stellenbefugnisse	■ Allgemeine Handlungsvollmacht ■ Vgl. Richtlinie für Abteilungsleiter
Stellenverantwortung	■ Vgl. Richtlinie für Abteilungsleiter
Vertretung	■ Vertritt: Mitarbeiter Gehaltsabrechnung ■ Wird vertreten: Leiter Personalwesen
Stellenanforderungen	■ Ausbildung: Betriebswirt/-in oder Personalfachkaufmann/-frau, ■ Ausbildungsberechtigung ■ Erfahrung: 4 Jahre Abrechnungstätigkeiten ■ Kenntnisse: steuer- und sozialversicherungsrechtliche Grundlagen, EDV-Anwendung von Zeiterfassungs- und Lohnprogrammen

▶ Laufbahn- und Nachfolgepläne

Laufbahnpläne zeigen einem Mitarbeiter, welche Stellen er mit seinen gegenwärtigen Qualifikationen erreichen kann. Sowohl in Bereichen des öffentlichen Dienstes als auch in Unternehmen des Groß- und Einzelhandels sind derartige Laufbahnpläne üblich.

Zu entscheiden ist zunächst welche Laufbahn angestrebt wird (FOIDL-DREISSER/BREME/GROBSCH 2004, S. 291):

Projektlaufbahn: Projektbeauftragter, Projektleiter;

Fachlaufbahn: Berater, Spezialist, Experte;

Führungslaufbahn: Gruppenleiter, Abteilungsleiter, Bereichsleiter.

Inhalte der Laufbahnplanung sind:

■ Festlegung von Unternehmensbereichen, für die Führungsnachwuchs benötigt wird (z. B. Finanz- und Rechnungswesen, technische Entwicklung);

- Planung der verschiedenen Stellen, die ein Mitarbeiter zur Erreichung höherer Positionen durchlaufen soll;
- Festlegung der Reihenfolge und Zeiträume der jeweiligen Stellenbesetzungen;
- Festlegung unterstützender Entwicklungsmaßnahmen zur Vorbereitung auf Führungspositionen;
- Auswahl von Maßnahmen zur Mitarbeiterkontrolle während des Laufbahndurchlaufs.

Nachfolgepläne zeigen stellenbezogen an, welche Stellen in absehbarer Zeit frei werden und welche Personen sie besetzen können oder besetzen sollen.

1.3 Personalbeschaffungsplanung

Im Bereich der Beschaffungsplanung geht es um eine grundsätzliche Auswahl möglicher Beschaffungsalternativen. So ist festzulegen, welcher Beschaffungsmarkt (interner – externer Markt) gewählt wird und zu welchem Zeitpunkt das benötigte Personal beschafft werden sollte. Auch der Aspekt der räumlichen Ausdehnung der Personalsuche und der Einsatz der entsprechenden Instrumente sollte geklärt werden. Was die einzelnen Komponenten der Personalbeschaffung im Detail beinhalten, wird in Kapitel 2 ausführlich dargestellt.

1.4 Personaleinsatzplanung

Durch die Personaleinsatzplanung wird der Personalbestand dem kurz- und mittelfristigen Arbeitsanfall angepasst. Zu den Aufgaben gehört es, insbesondere Personaleinsatzpläne oder Schichtpläne zu erarbeiten.

Wichtige Faktoren, die dabei berücksichtigt werden müssen, sind:
- Abkopplung der Betriebs- und Öffnungszeiten von den Arbeitszeiten der Mitarbeiter;
- Motivation der Mitarbeiter durch flexible Arbeitszeiten;
- Pflichtbesetzung verschiedener Stellen (z. B. Empfang, Kasse);
- Arbeitsanfall (regelmäßig/unregelmäßig);
- Berücksichtigung von Urlaub, Krankheit etc.;
- wirtschaftlicher Einsatz des Faktors Personal;
- sinnvolle Ausnutzung vorhandener Maschinen.

An folgendem Beispiel wird die Berechnung der Beschäftigtenzahl dargestellt:

Beispiel: Ein Einzelhandelsunternehmen hat eine Öffnungszeit von 60 Stunden/Woche. Die wöchentliche Arbeitszeit beträgt 40 Stunden/Mitarbeiter, wobei 20 % Zuschlag für Urlaub, Krankheit usw. berücksichtigt werden müssen. Es sind 10 Stellen durchgängig zu besetzen.

1 PERSONALPLANUNG

Beispiel

Zahl der Stellen	10
+ Mehrbedarf für 60 Stunden (= 50 %)	5
= Zahl der Mitarbeiter (Zwischensumme)	15
+ Zuschlag 20 %	3
= Benötigte Mitarbeiter insgesamt	18

Für eine Arbeitsstelle braucht das Unternehmen demnach 1,8 Mitarbeiter.

Bei der Personaleinsatzplanung kann in folgenden Schritten vorgegangen werden:
- Bestimmung der anfallenden Arbeitsmenge;
- Bestimmung der Mindestbesetzung, die zur Aufrechterhaltung der betrieblichen Funktion notwendig ist;
- Bestimmung der Mitarbeiterzahl zur Bewältigung der Arbeitsaufgabe (Nettosollbesetzung);
- Erfassung der abwesenden Mitarbeiter durch Urlaub, Krankheit, Weiterbildung etc.;
- Bestimmung der insgesamt benötigten Mitarbeiter (Bruttosollbesetzung).

Beispiel

Abteilung	Mindest-besetzung	Nettosoll-besetzung	Abwesen-heit	Bruttosoll-besetzung
Lager	2	3	–	3
Lebensmittel	1	8	2	10
Schreibwaren	1	3	1	4
Haushaltswaren	1	4	1	5
Textilien	2	3	1	4
Summe	7	21	5	26

1.5 Personalkostenplanung

Zu den Aufgaben der Personalkostenplanung gehört die Planung eines Personalkostenbudgets, die Steuerung und Kontrolle der Personalkostenentwicklung und der Vergleich der geplanten mit den tatsächlichen Personalkosten.

Die zu berücksichtigenden Personalkosten gliedern sich wie folgt:

Direkte Personalkosten	<ul><li>Bruttolöhne und -gehälter</li><li>Zuschläge (Überstunden, Schichtarbeit etc.)</li></ul>
Gesetzliche Personalnebenkosten	<ul><li>Arbeitgeberanteil zur Sozialversicherung</li><li>Beitrag zur Berufsgenossenschaft (Unfallversicherung)</li><li>Bezahlte Abwesenheit: Urlaub, Feiertage, Krankheit, Mutterschaft</li></ul>

Tarifvertragliche Personalnebenkosten	▪ Urlaubsgeld ▪ Weihnachtsgeld ▪ 13. Monatsgehalt ▪ Sonderurlaub ▪ Vermögenswirksame Leistungen
Freiwillige Personalnebenkosten	▪ Betriebliche Altersversorgung ▪ Aus- und Weiterbildung ▪ Vorschlagswesen ▪ Werksverpflegung ▪ Sonstiges

1.6 Personalabbauplanung

Auch wenn ein Personalüberhang besteht, ist es nicht in jedem Fall erforderlich, Mitarbeiter zu entlassen. Zunächst sollte geklärt werden,

- worin der Grund für die Reduzierung besteht;
- zu welchem Zeitpunkt entsprechende Maßnahmen erfolgen müssen;
- ob die Reduzierung vorübergehend oder kontinuierlich ist;
- ob die Trennung von Mitarbeitern dauerhaft oder vorübergehend sein soll.

Nach Klärung der genannten Punkte können dann konkrete Maßnahmen geplant werden:

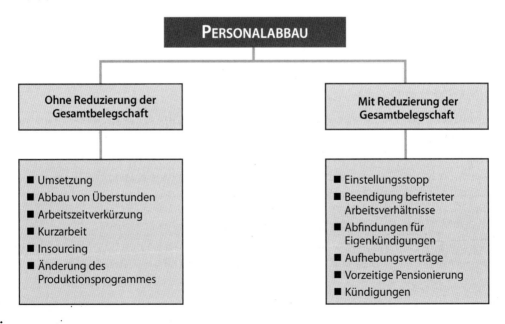

Bei der Wahl der richtigen Maßnahme müssen folgende Punkte berücksichtigt werden:
- die Vermeidung persönlicher Härten für die betroffenen Mitarbeiter;
- die Geschwindigkeit, mit der die Maßnahme den gewünschten Erfolg bringt;
- die anfallenden Kosten;
- die Auswirkungen auf die Alters- und Qualifikationsstruktur des Personalbestands.

Auch der Einsatz eines Bündels von Maßnahmen kann geeignet sein, wenn dadurch negative Folgen minimiert und Entlassungen vermieden werden können.

1.7 Betriebsrat und Personalplanung

Im Rahmen der Personalplanung hat der Betriebsrat nur Informations- und Beratungsrechte.

Nach § 92 BetrVG muss der Arbeitgeber
- den Betriebsrat rechtzeitig und umfassend über die Personalplanung, insbesondere den Personalbedarf und die sich daraus ergebenden personellen Maßnahmen anhand von Unterlagen unterrichten;
- mit dem Betriebsrat über die erforderlichen Maßnahmen sowie die Vermeidung von Härten beraten.

Im Bereich des Personaleinsatzes hat er dagegen ein volles Mitbestimmungsrecht hinsichtlich der folgenden Punkte (vgl. § 87 BetrVG):
- Beginn und Ende der täglichen Arbeitszeit einschließlich der Pausen sowie Verteilung der Arbeitszeit auf die einzelnen Wochentage;
- vorübergehende Verkürzung oder Verlängerung der betriebsüblichen Arbeitszeit;
- Aufstellung allgemeiner Urlaubsgrundsätze und des Urlaubsplans.

Kommt in den genannten Punkten keine Einigung zustande, so entscheidet die Einigungsstelle.

1.8 Allgemeines Gleichbehandlungsgesetz (AGG)

Am 18. August 2006 trat das Allgemeine Gleichbehandlungsgesetz (AGG) in Kraft. Es stellt die verbindliche Umsetzung europäischer Richtlinien und Vorgaben dar. Das Gesetz soll **Diskriminierungen** von Menschen in allen Lebensbereichen verhindern oder beseitigen, die aus folgenden Gründen geschehen:

- Rasse
- Ethnische Herkunft
- Geschlecht
- Religion oder Weltanschauung
- Behinderung
- Alter
- Sexuelle Identität

Personalplanung

Das Gesetz hat nicht nur den Schutz der Beschäftigten im Blick, sondern verbietet auch Benachteiligungen im privaten Wirtschaftsverkehr. So finden sich Vorgaben für alle Arten von Rechtsgeschäften z. B. Kauf, Miete, Werk- und Dienstverträge, Darlehen, Versicherungsverträge.

An dieser Stelle werden die Ausführungen auf die möglichen Diskriminierungen im Arbeitsleben beschränkt. Die Regelungen des Gesetzes betreffen alle Bereiche des Personalwesens:

Nationalität ist egal ...?
Warum wird diskriminiert? in Prozent
wegen ...
... Nationalität 63
... Erscheinung 23
... Religion 7
... Aufenthaltsstatus 6

Quelle: AntiDiskriminierungsBüro Köln

- Begründung von Arbeitsverhältnissen (z.B. Bewerbungs- und Ausschreibungsverfahren, Auswahlkriterien, Einstellungsbedingungen).
- Bestehende Arbeitsverhältnisse (z. B. gleiche Bezahlung für gleiche Tätigkeit bei Männern und Frauen, Weiterbildungsmaßnahmen).
- Beendigung von Arbeitsverhältnissen (z. B. bei Entlassungsbedingungen).
- Beendete Arbeitsverhältnisse (wenn noch Nachwirkungen gegeben sind).

▶ Begriff der Diskriminierung

Zunächst ist der Begriff der Diskriminierung/Benachteiligung näher zu betrachten. Das Gesetz verwendet die Worte als Oberbegriffe und unterscheidet fünf Arten der Benachteiligung:

Form der Benachteiligung	Erklärung/Beispiel
Unmittelbare Benachteiligung	Ein Beschäftigter erfährt wegen eines persönlichen Merkmals eine schlechtere Behandlung. *Beispiel* ■ Es wird eine Stellenanzeige geschaltet, in der ohne sachlichen Grund ein Bewerber zwischen 25 – 35 Jahren gesucht wird. ■ Es werden nur Mitarbeiter bis zu einem Alter von 50 Jahren bei Beförderungen berücksichtigt.
Mittelbare Benachteiligung	Sie liegt vor, wenn dem Anschein nach neutrale Vorschriften, Kriterien oder Verfahren, Personen gegenüber Anderen in besonderer Weise benachteiligen. *Beispiel* ■ Innerbetriebliche oder außerbetriebliche Weiterbildungsangebote dürfen nur von Vollzeitkräften besucht werden.

Form der Benachteiligung	Erklärung/Beispiel
Belästigung	Sie liegt vor, wenn unerwünschte Verhaltensweisen bezwecken oder bewirken, dass die Würde der betreffenden Person verletzt wird. *Beispiel:* - Verwenden von Schimpfwörtern für bestimmte Personengruppen. - Witze oder Redewendungen, die bestimmten Gruppen negative Eigenschaften zuweisen.
Sexuelle Belästigung	Körperliche Berührungen, Bemerkungen sexuellen Inhalts, Anbringen pornografischer Darstellungen am Arbeitsplatz.
Anweisung zur Benachteiligung	Auch die Anweisung zur Benachteiligung wegen eines Diskriminierungsmerkmals z. B. durch einen Vorgesetzten gilt als Benachteiligung.

▶ Rechte der Benachteiligten

Beschäftigte, die diskriminiert werden, haben folgende **Rechte:**

- **Beschwerderecht beim Arbeitgeber,** dem Vorgesetzten oder der Arbeitnehmervertretung. Der Arbeitgeber hat eine Person zu benennen oder eine Stelle einzurichten, die die Beschwerden der Arbeitnehmer entgegennimmt.
- **Verweigerung der Arbeitsleistung** bei (sexueller) Belästigung, wenn der Arbeitgeber keine ausreichende Maßnahme ergreift, um die Benachteiligung zu beseitigen. Das Recht zur Leistungsverweigerung bezieht sich nur auf den jeweiligen Arbeitsplatz, nicht aber auf den gesamten Betrieb!
- **Schadenersatz** wegen aller materiellen und immateriellen Schäden (beschränkt auf 3 Monatsgehälter bei Bewerbungen, sofern der Bewerber auch bei diskriminierungsfreier Auswahl gescheitert wäre – entspricht § 611 a BGB)

Ansprüche müssen von den Betroffenen innerhalb von zwei Monaten schriftlich gegenüber dem Arbeitgeber geltend gemacht werden, es sei denn, die Tarifvertragsparteien haben etwas anderes vereinbart. Die Frist beginnt, wenn der Betroffene von der Benachteiligung Kenntnis erlangt.

▶ Pflichten des Arbeitgebers

Zu den **Pflichten** des Arbeitgebers gehört es gemäß § 12 Abs. 1 AGG, die erforderlichen Maßnahmen zum Schutz der Beschäftigten vor Benachteiligung zu treffen. Der 1. Schritt dazu ist die Bekanntmachung des Gesetzes in geeigneter Form z. B. im Intranet oder durch Aushänge. Wenn Dritte, z. B. Kunden oder Geschäftspartner, für eine Benachteiligung verantwortlich sind, hat der Arbeitgeber sich schützend vor seine Arbeitnehmer zu stellen. Sonst könnte er ebenfalls für Schadensersatzforderungen herangezogen werden. Verstoßen eigene Arbeitnehmer gegen das Benachteiligungsverbot, so hat der Arbeitgeber in pflichtgemäßem Ermessen die folgenden Maßnahmen durchzuführen:

- Gespräch mit den Betroffenen
- Anweisung an die Beschäftigten
- Umsetzung oder Versetzung von Beschäftigten
- Ermahnung oder Abmahnung
- Kündigung (als letzte Maßnahme)

▶ Wirkung des AGG

Die Arbeitgeber haben aufgrund des AGG eine Fülle von Beschwerden und Gerichtsprozessen befürchtet. Aus diesem Grund haben sie Stellenausschreibungen von Anwälten überprüfen lassen und ihre Mitarbeiter durch Schulungen sensibilisiert. Bisher ist die Anzahl der Klagen daher verhältnismäßig gering geblieben. Zu Gerichtsverfahren kommt es vor allem im Streit um Einstellungen, Beförderungen und Kündigungen. Allerdings gibt es inzwischen sogenannte **„AGG-Hopper"**, die sich nur zum Schein bewerben und anschließend versuchen, eine Entschädigung zu erstreiten. Davor kann nur gewarnt werden: eine Diskriminierung bei der Einstellung liegt nur vor, wenn sich der Bewerber subjektiv ernsthaft beworben hat und objektiv für die Stelle infrage kommt. Die Bundesvereinigung der Deutschen Arbeitgeberverbände (BDA) baut in Berlin gerade ein Archiv auf, das die entsprechenden Fälle erfasst.

Ebenfalls in Berlin wurde eine **Antidiskriminierungsstelle des Bundes** beim Bundesministerium für Familie, Senioren, Frauen und Jugend eingerichtet, die die Betroffenen bei der Durchsetzung ihrer Rechte zum Schutz vor Benachteiligungen unterstützen soll.

1 Personalplanung

1.9 Check-up

1.9.1 Zusammenfassung

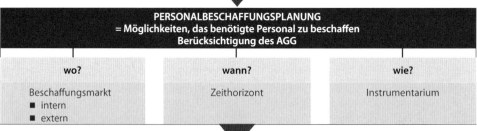

PERSONALENTWICKLUNGSPLANUNG
= Versuch, das vorhandene Personal so zu qualifizieren, dass auch künftige Aufgaben gelöst werden können

PERSONALABBAUPLANUNG

Grund der Reduktion

Zeitpunkt der Maßnahmen

Zeitraum (dauerhaft/vorbeugend)

ohne Reduzierung der Gesamtbelegschaft	mit Reduzierung der Gesamtbelegschaft

unter Berücksichtigung:
- der Vermeidung persönlicher Härten für die betroffenen Mitarbeiter
- der Umsetzungsgeschwindigkeit als Voraussetzung für den gewünschten Erfolg
- der anfallenden Kosten
- der Auswirkungen auf die Alters- und Qualifikationsstruktur des Personalbestands

PERSONALKOSTENPLANUNG
= Berechnung der entstehenden Kosten durch die geplanten Maßnahmen

direkte Personalkosten	gesetzliche Personalnebenkosten	tarifvertragliche Personalnebenkosten	freiwillige Personalnebenkosten

1.9.2 Aufgaben

1. Bei der Schulz & Co. GmbH hat man erkannt, dass eine systematische Personalplanung unerlässlich ist. Deshalb überprüft man die bisherige Praxis.
   a) Welche Unternehmensplanungen beeinflussen die Personalplanung?
   b) Welche zeitlichen Fristen würden Sie für die Personalplanung ansetzen?
   c) Nennen Sie jeweils zwei interne und zwei externe Informationen, die bei der Personalplanung benötigt werden!
   d) Beschreiben Sie die Aufgabe einer Zugangs-Abgangs-Tabelle im Rahmen der Personalplanung!
   e) Welche Rechte des Betriebsrates sind bei der Personalplanung zu berücksichtigen?

2. Erklären Sie, welchen Einfluss politische Entwicklungen und rechtliche Rahmenbedingungen auf die Höhe des Personalbedarfs haben!

3. Berechnen Sie den Nettopersonalbedarf für die folgende Situation:
   Derzeitig sind in einem Unternehmen 624 Mitarbeiter beschäftigt; davon 578 im gewerblichen Bereich, 46 in der Verwaltung. Geplant ist eine Aufstockung um 40 Stellen. Folgende Veränderungen sind bekannt:
   - 5 Auszubildende müssen aufgrund des geltenden Tarifvertrages für mindestens 6 Monate übernommen werden.
   - 4 Mitarbeiter gehen in den Ruhestand.
   - 2 Mitarbeiterinnen sind schwanger.
   - 3 Mütter kommen aus dem Erziehungsurlaub zurück, werden aber durch eine Arbeitszeitreduzierung nur 2 Stellen besetzen.
   - Durch Kündigungen verlassen 4 Mitarbeiter das Unternehmen.
   - 9 Arbeitsverträge wurden schon neu abgeschlossen.
   - Für weitere Kündigungen wird mit einer Quote von 2 % gerechnet.

4. Bei unserem Hauptkunden wurde das Insolvenzverfahren eingeleitet. Durch den zu erwartenden Auftragsrückgang müssen im Personalbereich 5 % der Kosten eingespart werden. Was würden Sie unternehmen? Unterteilen Sie in sofort wirkende und langfristig wirkende Maßnahmen!

5. In Ihrem Unternehmen wird kontrovers darüber diskutiert, ob zukünftig Stellenbeschreibungen eingesetzt werden sollen. Zur Vorbereitung einer abschließenden Entscheidung durch die Geschäftsleitung werden Sie aufgefordert,
   a) die wesentlichen Merkmale einer einfachen Stellenbeschreibung zu definieren,
   b) Vor- und Nachteile der Stellenbeschreibung als Organisationsmittel zu beschreiben,
   c) als Muster eine Stellenbeschreibung Ihres eigenen Arbeitsplatzes zu skizzieren!

6. Beurteilen Sie unter Berücksichtigung des AGG die folgende Stellenanzeige:

   „Unternehmen sucht junge, dynamische Mitarbeiter für anspruchsvolle Tätigkeit im Bereich Cleaning Management. Der Mindestverdienst liegt bei 2.100,00 € brutto für 40 Stunden pro Woche."

1.9.3 Literatur

Albert, G.: Betriebliche Personalwirtschaft, Kiehl-Verlag, Ludwigshafen 2005.

Foidl-Dreißer/Breme/Grobsch: Personalwirtschaft, Cornelsen, Berlin 2004.

Franke/Zicke/Zils (Hrsg.): Geprüfter Personalfachkaufmann/Geprüfte Personalfachkauffrau, Luchterhand, München 2004.

2 Personalbeschaffung

2.1 PREVIEW

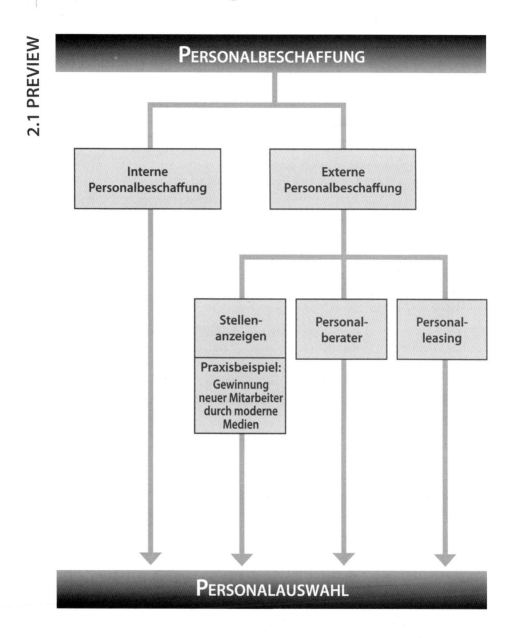

2 Personalbeschaffung

Trotz anhaltend hoher Arbeitslosenzahlen ist es für Unternehmen nicht immer leicht, das geeignete Personal zu finden. Die gesuchten Kräfte sollen zum einen über fundierte Fachkenntnisse verfügen, zum anderen Sozialkompetenzen mitbringen, die eine Integration in ein vorhandenes Team ermöglichen. Daher kommt dem Prozess der Personalbeschaffung und -auswahl eine große Bedeutung zu.

Im Weiteren werden zunächst die unterschiedlichen Beschaffungswege dargestellt. Danach wird in Kapitel 3 der Prozess der Personalauswahl näher beschrieben. Als Ergebnis der Verhandlungen wird dann der Arbeitsvertrag mit den wichtigsten Inhalten vorgestellt (siehe Kap. 3.7).

2.2 Wege der Personalbeschaffung

2.2.1 Personalanforderung

Intern beginnt der Prozess der Personalbeschaffung häufig mit einer Anforderung aus der entsprechenden Fachabteilung an die Personalabteilung. Aus dieser Anforderung sollte ersichtlich sein, warum eine Stellenneubesetzung erfolgen soll, welche Kenntnisse benötigt werden, welche Aufgaben anfallen, welche Kompetenzen der Stelleninhaber unbedingt braucht usw. Einen genaueren Überblick zeigt das folgende Muster.

An die Personalabteilung

Personalanforderung

Abteilung: .... Kostenstelle: ....

Gewerblicher Mitarbeiter
Angestellter

Ersatz
Zusätzliche Kraft

Unbefristet
Befristet bis
Vollzeit/ Teilzeit – Std.
Eintrittsdatum

- Berufserfahrung:
  - Keine Erfahrung
  - Berufsanfänger
  - 1–2 Jahre
  - 3–5 Jahre
  - mehr als 5 Jahre

- Fachkenntnisse:

....
....
....

PERSONALBESCHAFFUNG | 2

■ **Besondere Kenntnisse (Sprachen/EDV etc.):**

....
....
....

■ **Notwendige Fähigkeiten/Eigenschaften:**

....
....
....

■ **Beschreibung des Aufgabengebietes:**

....
....
....

■ **Hierarchische Einordnung:**
Vorgesetzter: ....
Anzahl unterstellter Mitarbeiter: ....

■ **Vollmachten:**

....

■ **Vorschlag zur Vergütung:**

....

■ **Anmerkungen:**

....
....
....

....	....
Datum/Unterschrift (anfordernde Stelle)	Datum/Unterschrift (Abteilungsleiter)

■ **Bearbeitungsvermerke Personalabteilung:**

Zustimmung ☐
Ablehnung   ☐

■ **Begründung:**

....
....
....

- **Beschaffung:**
  Interne Stellenausschreibung:
  Externe Stellenausschreibung:

- **Weitere Vorgehensweise:**

  ....
  ....
  ....

  ....
  Datum/ Unterschrift

2.2.2 Die Beschaffungswege im Überblick

Personalbeschaffung	
Interne Stellenbesetzung	Externe Stellenbesetzung
■ Versetzung/Umsetzung ■ Interne Stellenausschreibung ■ Ausbildung	■ Arbeitsverwaltung ■ Stellenanzeigen ■ Internetveröffentlichungen ■ Initiativbewerbungen ■ Stellensuchanzeigen ■ Personalleasing ■ Personalberater

2.2.3 Interne Personalbeschaffung

Bei Versetzung oder Umsetzung handelt es sich um Arbeitsplatzwechsel innerhalb eines Unternehmens, die voraussichtlich länger als einen Monat dauern (vgl. § 95 Abs. 3 BetrVG). Gründe hierfür können u.a. sein:

- Kündigung von Mitarbeitern;
- Wechsel an einen anderen Arbeitsplatz;
- Ende der Ausbildung;
- Mutterschaft, Wehr- oder Zivildienst, Berufskrankheiten, mangelnde Eignung etc.;
- Rationalisierungsmaßnahmen;
- Umstrukturierung des Geschäftsprozesses.

Eine interne Versetzung kann mit einem Aufstieg verbunden sein (vertikale Versetzung) oder auf der gleichen Ebene stattfinden (horizontale Versetzung). Der übliche Weg ist die interne Stellenausschreibung am „schwarzen Brett" bzw. im Intranet des

Unternehmens. Dort werden Interessenten gebeten, innerhalb einer bestimmten Frist die angegebenen Unterlagen bei der Personalabteilung einzureichen.

In §93 BetrVG ist geregelt, dass der Betriebsrat eine interne Stellenausschreibung verlangen kann. Ausnahmen sind Positionen für leitende Angestellte oder wenn erkennbar ist, dass es im Unternehmen keinen geeigneten Bewerber gibt. Unterlässt die Unternehmensleitung eine interne Stellenausschreibung, so hat der Betriebsrat das Recht, der Einstellung eines externen Mitarbeiters zu widersprechen (§ 99 BetrVG).

Die interne Stellenausschreibung birgt folgende Vor- und Nachteile:

Vor- und Nachteile einer internen Stellenausschreibung	
Vorteile	**Nachteile**
■ Schnellere Beschaffung ■ Kostengünstigere Beschaffung ■ Risiko geringer, da der Kandidat bekannt ist ■ Schnellere Eingliederung ■ Unternehmensverhältnisse sind bekannt ■ Motivation durch Aufstiegsmöglichkeiten ■ Unternehmensabläufe besser bekannt, Vertretungen eher möglich	■ Betriebsblindheit ■ Frustration gescheiterter Bewerber ■ Platz des wechselnden Mitarbeiters muss besetzt werden ■ Angst vor Bewerbungen, da der Vorgesetzte davon erfährt ■ Fortloben schlechter Arbeitskräfte ■ Auswahl geringer ■ Gefahr fehlender Autorität bei den Kollegen

2.2.4 Externe Personalbeschaffung

Bei der externen Suche nach geeigneten Mitarbeitern werden die Stellenanzeige, das Personalleasing und die Stellenbesetzung mithilfe von Personalberatern näher vorgestellt. Die zunehmende Anzahl von Stellenausschreibungen im Internet wird anschließend durch ein Praxisbeispiel verdeutlicht.

2.2.4.1 Vor- und Nachteile der externen Personalbeschaffung

Wie die interne, so hat auch die externe Personalbeschaffung Vor- und Nachteile:

Vor- und Nachteile einer externen Stellenausschreibung	
Vorteile	Nachteile
■ Vermeidung von Betriebsblindheit ■ Nutzung von Spezialkenntnissen und besonderen Fähigkeiten der externen Bewerber ■ Höhere Wettbewerbsanforderungen an die Mitarbeiter im eigenen Betrieb ■ Größere Auswahlmöglichkeit	■ Demotivation der eigenen Mitarbeiter ■ Höhere Fluktuation ■ Bewerber kennt die Betriebsabläufe und die Anforderungen an die ausgeschriebene Stelle nicht genau ■ Stärken und Schwächen der Bewerber sind nicht genau bekannt ■ Eingliederungshindernisse

2.2.4.2 Stellenanzeigen

Die Stellenanzeige ist der am häufigsten genutzte Weg der Personalbeschaffung: Vier von zehn Mitarbeitern werden so gesucht und auch gefunden. Bei der Aufgabe einer Stellenanzeige müssen folgende Punkte entschieden werden:

1. Gestaltung der Anzeige	2. Inhalt der Anzeige
3. Zeitpunkt der Anzeigenschaltung	4. Träger der Anzeige

▶ Gestaltung der Anzeige

Eine Stellenanzeige soll möglichst viele potenzielle Interessenten ansprechen. Gleichzeitig ist sie aber auch ein Instrument im Rahmen des Personalmarketings, das auf das Unternehmen aufmerksam machen soll. Daher sollte sich eine Anzeige von anderen abheben, evtl. die Unternehmensfarbe oder -zeichen zur Erkennung enthalten und in der Größe die Bedeutung des Unternehmens und der Stelle widerspiegeln. Durch eine gleichbleibende optische Gestaltung wird ein Wiedererkennungseffekt des Unternehmens erreicht. Man kann sich an der AIDA-Formel orientieren, nach der Marketingmaßnahmen aufgebaut werden.

A = Attention ☑ Aufmerksamkeit erzeugen
I = Interest ☑ Interesse an einer Stelle wecken
D = Desire ☑ Veränderungswunsch, möglicher Wechsel
A = Action ☑ Bewerbungsschreiben

Abzuraten ist von Chiffre-Anzeigen, die häufig den Anschein von Unseriosität vermitteln. Falls man trotzdem nicht unter dem eigenen Firmennamen veröffentlichen möchte, z. B. weil die Stelle noch besetzt ist oder die Konkurrenz nicht informiert werden soll, ist die Einschaltung eines Personalberaters zu empfehlen.

▶ Inhalt der Anzeige

Eine Stellenanzeige sollte so formuliert werden, dass sich wirklich die geeigneten Personen für den Arbeitsplatz bewerben. Als Hilfsmittel bei der Formulierung kann die Stellenbeschreibung herangezogen werden. Üblich ist folgender Aufbau (nach FOIDL-DREISSER/BREME/GROBSCH 2004, S. 166):

Wir sind ...	■ Name des Unternehmens
Wir suchen ...	■ Stellenbezeichnung
Wir benötigen ...	■ Beschreibung der Aufgaben und Tätigkeiten ■ Kompetenzen ■ Entwicklungschancen ■ Evtl. Grund der Ausschreibung ■ Einstellungstermin
Wir erwarten ...	■ Ausbildung ■ Studium ■ Berufserfahrung ■ Alter ■ Persönliche Eigenschaften ■ Besondere Kenntnisse
Wir bieten ...	■ Sozialleistungen ■ Evtl. tarifliche Eingruppierung ■ Arbeitsorganisation
Wir bitten um ...	■ Bewerbungsunterlagen ■ Arbeitsproben ■ Ansprechpartner ■ Termin

▶ Zeitpunkt der Anzeige

Schon zu Beginn der Personalsuche muss entschieden werden, zu welchem Datum ein neuer Mitarbeiter eingestellt werden soll. Von diesem Datum aus kann dann rückwärts geplant werden, wann eine Stellenanzeige erscheinen soll. Dabei müssen die folgenden Punkte berücksichtigt werden:

- genügend Zeit für die Bearbeitung der Bewerbungsunterlagen und die Auswahl eines Mitarbeiters;
- Kündigungsfristen;

- Zahlung von Weihnachtsgeld (evtl. Rückzahlungsklausel);
- Wochentag;
- einmalige oder mehrfache Veröffentlichung.

▶ Anzeigenträger

Der Erfolg ist auch davon abhängig, ob die richtige Zielgruppe erreicht wird. Für Positionen ohne höhere Qualifikation bieten sich die regionalen Tageszeitungen an. Fach- oder Führungskräfte sucht man dagegen besser in überregionalen Zeitungen. In bestimmten Branchen werden auch Fachzeitschriften für die Suche nach Spezialisten genutzt. Da es sich hier oftmals um Zeitschriften handelt, die nur 14-täglich oder monatlich erscheinen, muss eine längere Reaktionszeit eingeplant werden. Je nach Auflagenstärke und Bekanntheitsgrad des Anzeigenträgers fallen für das Unternehmen unterschiedlich hohe Kosten an.

2.2.4.3 Personalberater

1994 wurde das Monopol der damaligen Bundesanstalt für Arbeit zur Vermittlung von Stellen gelockert. Infolgedessen wuchs der Marktanteil der Personalberater. Im mittleren und höheren Management werden heute ca. 30 % der Stellen mithilfe von Personalberatern besetzt. In der Branche selbst spricht man von „Executive Search Consultants", umgangssprachlich werden sie oft als „Headhunter" bezeichnet.

Neben der Personalsuche werden Beratungsgesellschaften bei Personalentwicklungsmaßnahmen eingesetzt. Ziel dieser Maßnahmen ist i.d.R. das Erkennen von Entwicklungs- und Karrierepotenzialen bei den aktuell beschäftigten Mitarbeitern. Darüber hinaus kann überprüft werden, ob die Führungskräfte die gestellten Anforderungen erfüllen (Management Assessment/Management Appraisal). Häufig ergibt sich aufgrund solcher Maßnahmen der Weiterbildungsbedarf oder das Erkennen von Weiterentwicklungsmöglichkeiten der Teilnehmer. Ein weiteres Tätigkeitsfeld sind sogenannte Outplacement-Beratungen. Hier versuchen die Beratungsgesellschaften, im Auftrag und auf Kosten eines Unternehmens für freigesetzte Mitarbeiter eine neue Position zu finden.

Auch Arbeitnehmer, die an einem neuen Arbeitsplatz interessiert sind, können sich an Personalberater wenden. Neben der Personalvermittlung wird oft eine Karriereberatung bzw. ein Coaching angeboten, um dem Auftraggeber Klarheit über seine beruflichen Wünsche und Ziele in der Zukunft zu geben.

Bei der Personalsuche bieten Personalberater eine Analyse bzgl. der Fach- und Sozialkompetenzen an, die man von einem neuen Mitarbeiter erwartet. Sie beraten in diesem Zusammenhang die Unternehmen auf Wunsch auch hinsichtlich der Eingliederung in die Organisation und beziehen dabei das Umfeld des Arbeitsplatzes mit ein. Gleichermaßen machen sie Aussagen zu der Gehaltshöhe, die für eine entsprechende Position anzusetzen ist. Sie formulieren evtl. eine Anzeige unter ihrem Namen, geben erste Auskünfte und wickeln den Bewerbungsprozess mit ab. Personalberater arbeiten i. d. R. branchenbezogen. Sie kennen dann ihr Marktsegment sehr gut und verfügen über entsprechende Kontakte.

▶ Arbeitsweise von Personalberatern

Welche Arbeitsschritte Personalberater für ein Unternehmen, d.h. ihren Auftraggeber, erledigen, hat natürlich Einfluss auf das zu zahlende **Honorar**. Personalberater können auf drei Arten honoriert werden:

- **Honorar nach erforderlichem Zeitaufwand**
  Bemessungsgrundlage ist der Tages- oder Stundensatz des Beraters zuzüglich auftragsbezogener Spesen.

- **Festes Honorar**
  Bemessungsgrundlage ist das Bruttogehalt der zu besetzenden Stelle oder vergleichbarer Positionen.

- **Erfolgshonorar**
  Das Honorar wird nur dann fällig, wenn die Stelle tatsächlich besetzt wird. Dies geht in einigen Fällen sogar so weit, dass die Honorarzahlung nur dann erfolgt, wenn die Probezeit erfolgreich absolviert wurde.

Die Übersicht zeigt **Aufgaben,** die zum üblichen Angebot bei **Stellenbesetzungen** gehören:

Aufgabenspektrum eines Personalberaters	
Kontaktaufnahme	▪ Telefonische Kontaktaufnahme mit möglichen Interessenten ▪ Kontakte auf Messen knüpfen ▪ Anschreiben von möglichen Interessenten ▪ Analyse der Bewerbungsunterlagen
Bewerbungsprozess	▪ Einladung zum Gespräch beim Personalberater ▪ Vorstellung des Personalberaters ▪ Vorstellung des suchenden Unternehmens ▪ Beschreibung der Aufgabenstellung ▪ Kennenlernen des Kandidaten (Alter, familiäre Bindungen, Einkommen, Laufbahn, momentaner Verantwortlichkeitsbereich etc.) ▪ Profil des Kandidaten herausfinden: Selbstdarstellung der Stärken und Schwächen, Darstellung von Fähigkeiten und Zielen ▪ Belastbarkeit, d.h. herauszufinden, wie der Kandidat in bestimmten Situationen reagiert („Was machen Sie, wenn …?") ▪ Vorbereitung auf mögliches Vorstellungsgespräch mit dem suchenden Unternehmen
Nachbereitung	▪ Analyse der Bewerbungsgespräche ▪ Vorauswahl der Kandidaten für die Stelle ▪ Evtl. an Vorstellungsgesprächen im Unternehmen teilnehmen oder diese selbst mit durchführen ▪ Unterstützung bei der Gestaltung des Arbeitsvertrages

▶ Vor- und Nachteile von Personalberatern

Wenn man die Personalbeschaffung schon selbst einmal durchgeführt hat, weiß man, welch umfangreiche und zeitaufwändige Dienstleistungen ein Personalberater für ein Unternehmen erbringt. Besonders bei der Einstellung von Spezialisten kann der Einsatz eines guten Beraterteams sinnvoller sein als die eigene Suche. Welche Vor- und Nachteile die Einschaltung von Personalberatern bringt, zeigt die Auflistung:

Vor- und Nachteile von Personalberatern	
Vorteile	**Nachteile**
■ Diskretion, Seriosität ■ Berufserfahrung ■ Kenner des Arbeitsmarktes ■ Verfügung über Datenbanken ■ Erstellung von Marktstudien ■ Arbeit im Beraterteam	■ Negatives Image (schwarze Schafe) ■ Abwerben von Mitarbeitern ■ Hohe Kosten (ca. $1/3$ des Jahreseinkommens der zu besetzenden Stelle) ■ Suche kann bis zu einem Jahr dauern ■ Es gibt keine Erfolgsgarantie ■ Von 100 kontaktierten Personen werden nur 4–5 dem Unternehmen vorgestellt ■ Personalberater kennt zu wenig Betriebsinterna (z.B. Betriebsklima, soziale Beziehungen) ■ Die Unternehmen nutzen den Weg, um ihre Mitarbeiter zu überprüfen.

Falls das Arbeitsverhältnis in der Probezeit beendet wird, verpflichten sich viele Personalberatungsgesellschaften zur neuerlichen Suche, ohne dass dem Unternehmen dadurch weitere Kosten entstehen.

2.2.4.4 Personalleasing

Unter Personalleasing versteht man die leihweise, zeitlich begrenzte Überlassung von Arbeitnehmern gegen Entgelt.

Vorab soll darauf hingewiesen werden, dass das Wort „Leiharbeitnehmer" sicher nicht glücklich gewählt ist, aber in der Praxis so gebraucht und daher auch hier verwendet wird.

Firmen haben mit Leiharbeitnehmern die Möglichkeit, kurzfristige personelle Engpässe zu überbrücken oder auch Personal für spezielle, nicht dauerhaft anfallende Tätigkeiten (z.B. die Errichtung eines Netzwerkes) einzustellen. Den höheren Kosten für einen Leiharbeitnehmer muss man die internen Kosten für die Beschaffung eines eigenen Mitarbeiters gegenüberstellen. Grob gerechnet lohnt sich der Einsatz von Leiharbeitnehmern bis zu ca. einem halben Jahr.

Obwohl die Branche nicht den besten Ruf genießt, waren im Jahr 2006 in Deutschland ca. 600.000 Arbeitnehmer bei Zeitarbeitsunternehmen beschäftigt. Bis zum Jahr 2008 stieg die Zahl auf ca. 750.000 Arbeitnehmer. Durch die Wirtschaftskrise verloren viele

Zeitarbeiter ihre Stelle, sodass insgesamt wieder das Niveau von 2006 erreicht wurde. Zum Schutz dieses Personenkreises legt das „Gesetz zur Regelung der gewerbsmäßigen Arbeitnehmerüberlassung" (AÜG) z. B. fest:

- Die Arbeitnehmerüberlassung bedarf einer Erlaubnis durch die Arbeitsverwaltung.
- Der Verleiher hat im Vertrag zu erklären, ob er über die erforderliche Erlaubnis verfügt.
- Der Vertrag zwischen dem Verleiher und dem Entleiher muss schriftlich abgefasst werden.
- Der Vertrag zwischen dem Verleiher und dem Leiharbeitnehmer muss grundsätzlich unbefristet sein.
- Eine Befristung ist nur dann zulässig, wenn sich aus der Person des Arbeitnehmers ein sachlicher Grund ergibt.

Leihendes und entleihendes Unternehmen im Vergleich	
Die Personalleasing-Firma	**Das entleihende Unternehmen**
■ Schließt mit dem Arbeitnehmer einen Dienstvertrag ■ Schließt mit dem Entleiher einen Arbeitnehmerüberlassungsvertrag ■ Hat das Direktionsrecht über den Arbeitnehmer ■ Erstellt die Lohnabrechnung, zahlt dem Arbeitnehmer den Nettolohn ■ Führt Steuern und Sozialversicherungsbeiträge ab, betreut den Arbeitnehmer	■ Schließt ebenfalls den Arbeitnehmerüberlassungsvertrag ab ■ Gibt dem Arbeitnehmer lediglich Anweisungen am Arbeitsplatz ■ Kann den Arbeitnehmer innerhalb der ersten vier Stunden nach Arbeitsbeginn ohne Berechnung ablehnen ■ Erstellt eine Kontrollmeldung an die Krankenkasse ■ Zahlt dem Verleiher die vereinbarte Leasinggebühr

Die Beziehungen zwischen Arbeitnehmer, Leasinggeber und Leasingnehmer lassen sich grafisch wie folgt darstellen:

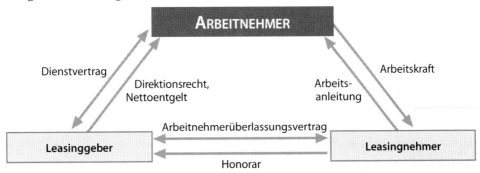

2.3 Praxisbeispiel

> **Gewinnung neuer Mitarbeiter durch moderne Medien**
>
> **Die Ausgangssituation**
>
> Die Zahl der Studienwilligen in technischen Berufen sinkt kontinuierlich. Während 1993 fast 5000 Ingenieur-Absolventen von den technischen Hochschulen und Universitäten pro Semester in das Berufsleben drängten, wird die Zahl in den nächsten Jahren auf unter 2000 fallen. Universitäten wie Fachhochschulen sind in bestimmten Ingenieursfakultäten nur gering ausgelastet. Großunternehmen und Konzerne reagieren mit kostspieligen Personalmarketingmaßnahmen und Headhunting-Boni.
>
> Um die rarer werdenden Fachkräfte zu gewinnen, ist ein umfangreiches Personalmarketing bzw. Employer Branding notwendig (Olesch 2002). Das stellt eine der wichtigsten Aufgaben des modernen HR-Managements dar. Es ist darauf ausgerichtet, die Attraktivität eines Unternehmens und seiner Arbeitsplätze zu erhöhen. Danach versteht man unter dem Personalmarketing sowohl die Schaffung und Optimierung als auch die Kommunikation von Attraktivitätspotenzialen. Im Mittelpunkt aller Marketingüberlegungen steht das Image des Unternehmens. Hierunter versteht man die Summe subjektiv wahrgenommener Eindrücke, die ein Arbeitnehmer von einem Unternehmen hat. Dabei ist nicht so sehr entscheidend, wie bestimmte Sachverhalte rein objektiv beschaffen sind, sondern wie die subjektive Wahrnehmung des Interessenten sich entwickelt. Daher nimmt z. B. Phoenix Contact an HR-Wettbewerben teil, um sich messen zu lassen und bei guten Ergebnissen als Arbeitgeber für potenzielle Bewerber attraktiv zu sein (Olesch 2001).
>
> Mit diesen Auszeichnungen kann auf der Homepage sowie in Printanzeigen geworben werden (z. B. „Bester Arbeitgeber des Jahres 20..")
>
> Gerade das Internet hat als modernes Personalmarketinginstrument an großem Einfluss gewonnen. Personalmarketing soll sich darauf ausrichten, durch Personal-Image-Werbung dem Unternehmen ein geeignetes, unverwechselbares und typisches Image als Arbeitgeber zu verschaffen. Die Personalpolitik muss sich dem Zeitgeist des Arbeitsmarktes öffnen. Internet wie alle elektronischen Medien sind dabei ein Muss. Ständige Analysen der Konjunkturen und daraus resultierenden Aktivitäten von Arbeitsplatzbewerbern gehören selbstverständlich dazu. Um effektiv zu sein, muss das E-Cruiting eines Unternehmens den aktuellen Bedürfnissen von Bewerbern entsprechen. Welche Informationsinteressen herrschen bei Bewerbern vor und sollten von daher auf der Homepage zu Human Resources enthalten sein? 2007 wurden Hochschulabsolventen befragt, was einen potenziellen Arbeitgeber besonders attraktiv erscheinen lässt. Folgende Themen wurden genannt:

	Nennungen in %
Entwicklungsmöglichkeiten im Unternehmen	59
Aus- & Weiterbildungsmöglichkeiten	39
Gehalt und Nebenleistungen	33
Internationalität der Arbeit	30
Arbeitsstil	28
Aufgabenbereich für Einsteiger	25
Einstiegsmöglichkeiten & -positionen	20
Produkte & Dienstleistungen	19
Wirtschaftliche Situation des Unternehmens	18
Erwünschtes Persönlichkeitsprofil	13
Organisationsstruktur	8

Quelle: Tendence

Die Leistungen des Unternehmens sollten im E-Cruiting optimal präsentiert werden. Aber auch hier gilt die wichtige Regel: „Nie mehr Schein als Sein!" Eine Diskrepanz wird von den Kandidaten spätestens in der Probezeit erkannt und die Fluktuationsrate steigt als Folge.

Inhalte der Human Resources auf der Homepage

Das Internet ist heute eine der wichtigsten Informationsquellen für potenzielle Bewerber. Ein Unternehmen hat hier eine besondere Informationspflicht, als attraktiver Arbeitgeber nach außen und innen zu erscheinen. Man erreicht eine größtmögliche, auch internationale Zielgruppe. Auf der Firmen-Homepage soll eine Personalseite vorhanden sein, die Angebote von Human Resources des Unternehmens präsentieren (siehe folgende Abbildung).

Links sollen durch sprechende Bilder aus dem Unternehmensalltag gekennzeichnet werden und zu verschiedenen Themen führen:

1. Anzahl der angebotenen Arbeitsplätze und deren Inhalte
2. Einarbeitungsprogramme und Entwicklungsmöglichkeiten wie Führungs- und Fachleiterlaufbahnen
3. Mitarbeiterqualifizierung und Weiterbildung
4. Hochschulengagement
5. zielorientierte Mitarbeitervergütung und Benefits für Mitarbeiter
6. Flexible Arbeitszeiten
7. Unternehmensleitlinien und -kultur
8. Freizeitwert der Region – Links zu regionalen Angeboten

Auf der Human-Resources-Page sollten alle zu besetzenden Positionen kurz beschrieben sein (siehe folgende Abbildung).

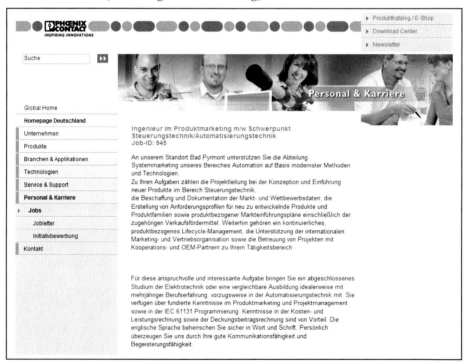

Darüber hinaus sollte der Interessent online eine Bewerbung auf der Homepage des Unternehmens schreiben können (siehe folgende Abbildung).

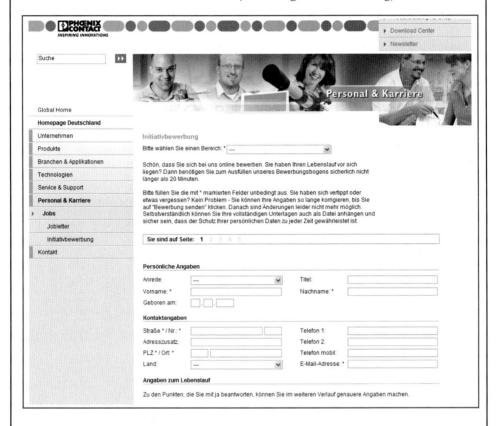

Einarbeitungsprogramme und Entwicklungsmöglichkeiten

Jungakademiker erwarten in der Regel als Berufseinstieg ein Trainee-Programm. Von daher ist es wichtig, dies auf der HR-Page darzustellen. Einer der wichtigsten Motivatoren, High Potentials zu gewinnen, sind die Entwicklungsmöglichkeiten. Für erfahrene Fach- oder Führungskräfte ist es wichtig, dass eine erfolgreiche Personalentwicklung im Unternehmen praktiziert wird. Bedingt durch projekt- und gruppenorientierte Organisationen stehen heute weniger Managementpositionen zur Verfügung als in alten funktionalen Organisationen. Von daher wurde die Aufstiegsentwicklung zum Fachleiter und Projektleiter kreiert. Bei Fachleitern handelt es sich um hoch motivierte Leistungsträger, die ohne Personalverantwortung über ähnliche Kompetenz, Gehalt und Status verfügen.

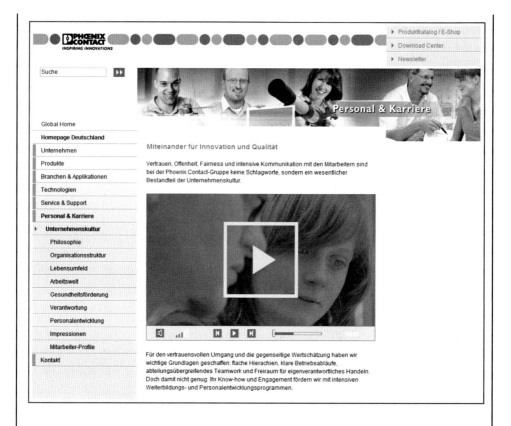

Mitarbeiterqualifizierung und Weiterbildung

Wie in der Einleitung erwähnt, ist ein Unternehmen dann für Bewerber attraktiv, wenn es über umfangreiche Weiterbildung und Personalentwicklung verfügt. Von daher ist es empfehlenswert, das auf der HR-Page darzustellen (siehe folgende Abbildung).

Neben den Akademikern besteht auch ein Engpass bei Facharbeitern. Von daher ist es auch relevant, in diesem Bereich Angebote zu unterbreiten. So ist es z. B. sinnvoll, neben einer Facharbeiterausbildung parallel auch ein Studium der Ingenieurwissenschaften zu absolvieren. Es empfiehlt sich, dabei die eigene Ausbildungsabteilung zu nutzen, um Facharbeiter in Richtung Ingenieurs-Know-how zu qualifizieren. Viele moderne Berufe haben sich in den letzten Jahren dem Niveau eines Studiums angenähert. Die Ausbildung kann dafür sorgen, die Differenz noch geringer ausfallen zu lassen. Dadurch werden leistungsfähige Facharbeiter stärker an das Unternehmen gebunden. In der dualen Ingenieur-Ausbildung absolvieren z. B. Schulabsolventen, primär Abiturienten, eine Facharbeiterausbildung und werden parallel dazu als Ingenieur an der Hochschule qualifiziert.

Der Auszubildende erlernt den Beruf des Kommunikationselektronikers, Fachrichtung Informationstechnik, und studiert parallel Elektro-/Automatisierungstechnik an der Hochschule. Die Ausbildung zum Mechatroniker wird durch das Studium Mechatronik ergänzt, der Studiengang Produktionstechnik wird hier mit dem Ausbildungsberuf Industriemechaniker, Fachrichtung Maschinen- und Systemtechnik, gekoppelt. Die Praxis der letzten drei Jahre hat bewiesen, dass dieses Programm für Interessierte hoch attraktiv ist. Von daher empfiehlt es sich, dies im Personalmarketing darzustellen.

Interne Weiterbildungsmaßnahmen

Das interne Weiterbildungsangebot deckt mit über 80 unterschiedlichen Seminarthemen den uns bekannten Grundweiterbildungsbedarf unserer Mitarbeiter ab. Im Rahmen der jährlichen Unternehmensplanung vereinbaren Vorgesetzte mit ihren Mitarbeitern den individuellen Qualifizierungsbedarf. Mehr als 4000 Seminarteilnehmer pro Jahr dokumentieren den hohen Stand der Qualifizierung in unserem Hause und lassen erkennen, in welchem Umfang wir in unsere Mitarbeiter investieren.

Die Trainings werden überwiegend in unserem Seminarzentrum durchgeführt und erstrecken sich dabei auf folgende Themenbereiche:

- Persönliche Arbeitstechniken
- Erfolgreiche Kommunikation und Präsentation
- Betriebswirtschaftliche Grundlagen und Recht
- Projekte managen
- Führungs- und Managementkompetenzen
- Vertrieb und Kundenorientierung
- Technische Anwendungen und Verfahren
- Sprachen und Business Culture
- Informationstechnologie und EDV-Anwendungen
- Integriertes Management (Arbeitssicherheit, Umwelt und Qualität)

Hochschulengagement

Viele Studierende nehmen gerne Hochschulmessen wahr, um Unternehmen näher kennenzulernen. Von daher ist es wichtig, auf der HR-Page Veranstaltungen und Hochschulen zu benennen, auf denen das eigene Unternehmen vertreten ist.

Um akademisches Know-how im „war of talents" frühzeitig zu gewinnen, werden in Unternehmen bereits angehende Akademiker im frühen Stadium ihres Studiums beschäftigt. Diese Studenten erhalten parallel zum Studium einen Teilzeitvertrag mit flexibler Arbeitszeit. Sie werden als Entwicklungs-, Produktions- oder Marketingassistenten eingesetzt. Dabei lernen sie das Unternehmen kennen. In ihrer prüfungsfreien Zeit oder in Semesterferien arbeiten sie in ihrer zukünftigen Aufgabe und erhalten ein Gehalt, womit sie ihr Studienbudget aufbessern können. Dadurch wird eine rechtzeitige Bindung an das Unternehmen aufgebaut. Dieses strategische Tool zur Fachkräftebeschaffung wird im E-Cruiting umgesetzt.

Praktika und Diplomarbeiten werden gleichermaßen im Internet angeboten, Forschungsaufträge werden an Hochschulen vergeben. Wissenschaftliche Assistenten forschen für drei Jahre an Hochschulen und werden komplett vom Unternehmen bezahlt. Diese Projekte dienen auch dem Personalmarketing und werden daher im Internet-Auftritt dargestellt.

Leitende Mitarbeiter des Unternehmens werden ermutigt, als Dozenten Vorträge an Hochschulen zu halten und Lehraufträge anzunehmen, um damit auch einen guten Kontakt zu potenziellen Akademikern zu gewinnen.

Auch Werksbesuche dienen dem Kennenlernen des Unternehmens als potenziellen Arbeitgeber. Zu den Besuchergruppen zählen Hochschulprofessoren, Studenten und Schüler, alles wichtige Informationsmultiplikatoren oder potenzielle Bewerber.

Zielorientierte Mitarbeitervergütung

Relevant zur Gewinnung von Fachkräften ist eine attraktive, variable leistungsgerechte Vergütung, die sich an Zielvereinbarungen ausrichtet. Im Personalmarketing sollte auf die variable Vergütung hingewiesen werden, um einen potenziellen Bewerber anzusprechen.

Jede Einkaufabteilung eines Unternehmens hat günstige Rabatte mit Lieferanten ausgehandelt, sei es für Firmenwagen, PCs, Elektroartikel, Versicherungen etc. Es lohnt sich, diese Rabatte und Einkaufsmöglichkeiten an Mitarbeiter weiterzugeben. Das kostet dem Unternehmen nicht viel, bringt aber dem Mitarbeiter einen besonderen Nutzen. Auch der Lieferant kann dadurch mehr Umsatz machen und gegebenenfalls günstigere Rabatte geben. Eine Win-Win-Situation für drei Gruppen. Dieses Angebot sollte auch im Rahmen des Personalmarketings präsentiert werden.

Flexible Arbeitszeiten

Ein Anreiz für potenzielle Bewerber sind die Freiheitsgrade einer flexiblen Arbeitszeit. Die meisten Unternehmen verfügen über diese. Diese sollte auf der HR-Hompage präsentiert werden (OLESCH 2000).

Unternehmensleitlinien und -kultur

Eine gute Unternehmens- und Führungskultur ist ein elementar hoher Motivator, um erfolgreich Mitarbeiter für das Unternehmen zu akquirieren. Hier bestehen größere Defizite bei deutschen Firmen. Die Führungskultur sollte auf der HR-Page dargestellt werden, um die Lust auf Mitarbeit im Unternehmen zu wecken. Dabei können z. B. kleine Filme mit Interviews von Mitarbeitern bis hin zur Geschäftsführung eingesetzt werden. Einen Live-Eindruck zu gewinnen, ist besser, als nur das geschriebene Wort zu lesen.

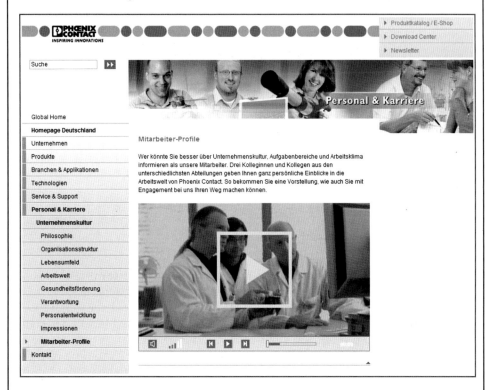

Freizeitwert der Region

Ein Bewerber hat nicht nur Interesse an der Beschreibung eines Unternehmens und seiner vakanten Positionen. Er möchte auch gerne ganzheitliche Informationen über regionale Gegebenheiten wie Umfeld, Wohn- und Freizeitmöglichkeiten erhalten. Hier empfiehlt es sich, Links zum Firmenstandort und seiner städtischen sowie regionalen Umgebung zu geben.

> **Weitere Tools des Personalmarketings**

Weiterhin können interaktive Kommunikationssysteme eingesetzt werden wie:
- **Matching** – Hier kann ein potenzieller Bewerber Unternehmensplanspiele, die auf die jeweilige personalwerbende Firma ausgerichtet sind, nutzen.
- **Electronic Assessment** – Durch dieses computer-interaktive Assessment-Center können Vorauswahlen stattfinden.
- **Job-Consulting** – Dabei wird eine Berufsberatung für angebotene vakante Stellen gegeben. – „Wie bewerbe ich mich richtig?" – Diese Frage kann auf der Homepage näher beschrieben und erklärt werden, damit die Homepage als indirekte Marketingmaßnahme auf dem Bewerbermarkt genutzt werden kann.
- **Chatrooms**
- **Internet-Kontakt mit Mitarbeitern** – Es werden Internetkommunikationen mit Mitarbeitern des Unternehmens ermöglicht, die relativ kurz im Hause sind und auf die Bedürfnisse und Fragen von potenziellen Bewerbern adäquat antworten können.

Das Internet ist ein ad-on-Instrument für das moderne Personalmarketing. Daneben sollen auch klassische und Marketing-Tools genutzt werden.
- Im Rahmen elektronischer Medien ist die **CD-ROM** ebenfalls ein geeignetes Marketinginstrument. Für Personalbereiche empfiehlt es sich, akquisitionsrelevante Informationen auf Anfrage von Bewerbern als DVD oder CD aushändigen zu können. Auf Messen sind diese Medien mittlerweile ein häufig gefragter Informationsträger.
- **Zeitungsanzeige:** Die klassische Zeitungsanzeige sollte vom Corporate Design zu allen Instrumenten passen, sich jedoch von der Masse der Personalanzeigen abheben.
- **Printmedien für Personalwerbung:** Eine Broschüre sollte Auskunft über das Unternehmen, die Produkte, den Bedarf an qualifizierten Mitarbeitern, das Trainee-Programm und die Personalentwicklung geben.
- **Firmen-DVD:** Ein Unternehmensportrait auf DVD vermittelt Informationen über Unternehmen und Produkte. Es kann an potenzielle Bewerber vergeben oder bei Besuchen im Unternehmen gezeigt werden.
- **Kundenmagazin:** Diese Publikation kann auch für das Personalmarketing eingesetzt werden, um mit Erfolgsstories motivierende Informationen an potenzielle Bewerber zu geben.
- **Werkzeitung:** Durch dieses Medium erhalten die Bewerber einen Einblick in das Unternehmen und in die Themen der Mitarbeiter. Die Unternehmenskultur und der Umgang im Hause stehen hier im Vordergrund.
- **Printmedien für neue Mitarbeiter:** Eine Broschüre „Welcome to the team" gibt Informationen über die Historie des Unternehmens, tariflich wichtige Rahmenbedingungen, Sozialeinrichtungen bis zu Sportgelegenheiten.

Fachbeiträge über Personalthemen: Als Instrumente für das Personalmarketing können auch Beiträge in Zeitungen und Fachzeitschriften dienen. Sie haben den Effekt, dass sich Leser als potenzielle Mitarbeiter für das Unternehmen interessieren.

2.4 Check-up

2.4.1 Zusammenfassung

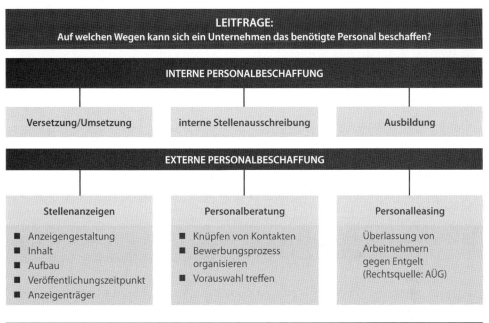

2.4.2 Aufgaben

1. Geschäftsführung und Betriebsrat haben festgelegt, dass künftig etwa 75 % der Stellen intern und 25 % der Stellen extern zu besetzen sind.

   Grenzen Sie die interne von der externen Beschaffung ab und begründen Sie, warum diese 75 %/25 %-Regelung beschlossen wurde!

2. In einem Dienstleistungsunternehmen soll die neu geschaffene Stelle eines Assistenten des Geschäftsführers besetzt werden. Mit dem Betriebsrat wurde vereinbart, die Stelle nicht intern auszuschreiben.

   Diskutieren Sie Beschaffungsmöglichkeiten, die Sie in diesem Fall für besonders geeignet halten!

3. Sie wollen künftig Stellenausschreibungen auf der Internetseite Ihres Unternehmens veröffentlichen.
   a) Erläutern Sie, welche Vorteile das Verfahren hat!
   b) Gibt es auch Nachteile?
   c) Welche organisatorischen Entscheidungen müssen getroffen werden?

4. Welche Zeitungen/Zeitschriften würden Sie für die Suche nach neuen Mitarbeitern in den folgenden Fällen einschalten:
   a) Einzelhandelskaufmann im örtlichen Discountmarkt
   b) Leiter der Filiale einer Fitnessstudio-Kette
   c) Sekretärin des Abteilungsleiters
   d) Personalleiter eines Unternehmens mit 500 Mitarbeitern
   e) Werkzeugmechaniker mit Ausbildung und Berufserfahrung
   f) Automobilverkäufer?

5. Arbeitnehmer, die bei Zeitarbeitsunternehmen beschäftigt sind, beklagen sich oft über die Nachteile ihrer Tätigkeit. Welche Nachteile können damit gemeint sein?

6. Ein Unternehmen möchte künftig einen Personalberater einsetzen.
   a) Welche Gründe könnten dazu geführt haben?
   b) Welche Anforderungen/Erwartungen stellen Sie an einen Personalberater?
   c) Welche Nachteile sehen Sie in der Zusammenarbeit mit einer Beratungsgesellschaft?

7. Was sind die drei wichtigsten Inhalte einer HR-Homepage?

8. Was sollte ein Unternehmen als attraktive Aspekte einem Bewerber vorstellen?

2.4.3 Literatur

Foidl-Dreißer/Breme/Grobsch: Personalwirtschaft, Cornelsen, Berlin 2004.

Olesch, G.: Flexible Arbeitszeiten zur Unternehmenssicherung, in: Angewandte Arbeitswissenschaften, 3/2000, S. 36–49.

Olesch, G.: Erfolgreiche Mitarbeiter durch Unternehmenskultur, in: Personal, 7/2001, S. 458–461.

Olesch, G.: Ganzheitliches e-cruiting, in: Personal, 5/2002, S. 12–15.

3 Personalauswahl

3.1 PREVIEW

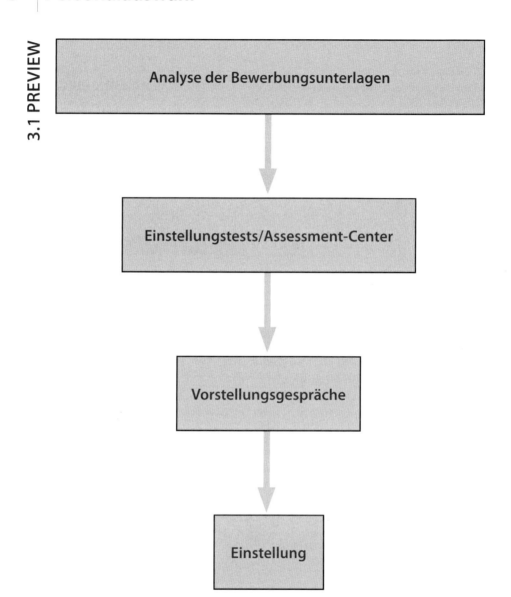

Die Auswahl und Einstellung von Mitarbeitern ist zwar mit großem Aufwand verbunden, jedoch auch von entscheidender Bedeutung für das Unternehmen. Fehlentscheidungen kosten viel Geld und können das Betriebsklima verschlechtern. Daher bietet es sich an, Ablaufpläne zu erstellen, um eine sinnvolle Durchführung des Auswahlprozesses festzulegen. Die Durchführung beginnt mit der Analyse der Bewerbungsunterlagen. Schon hier werden einige nicht geeignete Interessenten aussortiert. Dem folgen oft Testverfahren oder Assessment-Center. Die Bewerber, die auch diese Hürde überwunden haben, lädt man zum Vorstellungsgespräch ein.

Im Einstellungsprozess sollte jeder Bewerber wie ein Kunde behandelt werden, da das Unternehmen sonst Imageverluste befürchten muss. Dazu gehört, dass der Empfang der Bewerbungsunterlagen bestätigt wird, man die weitere Vorgehensweise verdeutlicht, Termine einhält, die Unterlagen sorgfältig und diskret behandelt und nach der Bearbeitung zurückschickt etc., auch wenn dies nicht gesetzlich vorgeschrieben ist.

3.2 Analyse der Bewerbungsunterlagen

Einen ersten, vorläufigen Einblick vermitteln die Bewerbungsunterlagen. Sie werden zunächst auf Vollständigkeit und auf ihre äußere Erscheinung geprüft. Diese Kriterien erfüllen die meisten Bewerber, sicher auch, weil genügend Ratgeber-Literatur zur Hilfe bereitsteht. Trotzdem weist in der Praxis ein Viertel der Bewerbungen größere formale Mängel auf.

Analyse des Bewerbungsschreibens

Im Bewerbungsschreiben achtet man auf die Berufserfahrung, die derzeitige Stellung, den Grund für einen Wechsel, spezielle Fachkenntnisse, die angegebenen Fähigkeiten und Fertigkeiten und den möglichen Eintrittstermin. Ferner erkennt man den Formulierungsstil, Satzbau und Ausdrucksformen des Kandidaten. Dadurch ist ein Einblick in seine Persönlichkeitsstruktur möglich.

Lebenslaufanalyse

Im Lebenslauf werden der schulische und berufliche Werdegang überprüft:
- kontinuierliche Entwicklung
- Ausbildung
- erfolgreiche Prüfungen
- Firmenwechsel
- zeitliche Lücken
- Angabe von Hobbys

Lichtbildanalyse

Das Lichtbild sollte aktuell sein und nicht aus einem Automaten stammen. Statt eines aufgeklebten Bildes kann das Foto auch eingescannt werden. Hierbei ist aber unbedingt auf eine gute Qualität zu achten. Als Platz ist die rechte obere Ecke des Lebenslaufes üblich oder ein entsprechend gestaltetes Titelblatt der Bewerbungsmappe.

Zeugnisanalyse

Schul- und Hochschulzeugnisse lassen fachliche Neigungen erkennen. Die Noten selbst sind jedoch nur eingeschränkt vergleichbar. Wichtiger sind qualifizierte Arbeitszeugnisse (vgl. Kapitel „Personalfreisetzung"), bei denen sich übliche Sprachformulierungen („… zu unserer vollen Zufriedenheit …" u. Ä.) durchgesetzt haben. Vor allem die Beschreibung der durchgeführten Tätigkeiten und die übertragenen Kompetenzen sind für das suchende Unternehmen aussagekräftig.

Prüfung von Referenzen

Kein Bewerber würde negative Referenzen beifügen, daher ist der Aussagegehalt eher gering. Hochschullehrer stellen auf Wunsch Referenzen für ihre Studenten aus.

Prüfung des Personalfragebogens

Personalfragebogen sind kurzgefasste, vollständige Informationen über alle Fragen, die dem Unternehmen wichtig erscheinen. Sie ermöglichen einen leichteren Vergleich zwischen verschiedenen Bewerbern. Im Personalfragebogen sollten nur arbeitsrechtlich zulässige Fragen gestellt werden (vgl. Kapitel 3.6).

Analyse von Arbeitsproben

Im technischen Bereich und Bereich Design/Entwicklung können Arbeitsproben oder Entwürfe herangezogen werden, um ein besseres Bild vom Bewerber zu erhalten.

Wie mit den Bewerbungsunterlagen weiter verfahren wird, hängt von der zu besetzenden Stelle ab und ist in der Praxis sehr unterschiedlich. Letztendlich können drei Verfahrensweisen unterschieden werden:

1. **Das 3-Gruppen-Verfahren**

   Hierbei wird eine Einteilung der Kandidaten in drei Gruppen vorgenommen. Dazu werden zunächst die wichtigsten Auswahlkriterien festgelegt (z.B. Studienabschluss, Branchenkenntnisse, Berufserfahrung). Anschließend werden die Unterlagen auf diese Kriterien geprüft und es werden drei Stapel gebildet: (1) geeignete Kandidaten, (2) bedingt geeignete Kandidaten und (3) ungeeignete Kandidaten.

2. **Die tabellarische Bewertung**

   Wenn ein genaues Anforderungsprofil vorliegt, kann mithilfe eines Kriterienkatalogs in Tabellenform angekreuzt werden, ob es sich um geeignete, bedingt geeignete oder ungeeignete Bewerber handelt. Häufig wird zuerst das 3-Gruppen-Verfahren eingesetzt und als Fortsetzung eine genauere tabellarische Bewertung durchgeführt.

3. **Die Punktebewertung**

   Hierbei werden ebenfalls Kriterien festgelegt. Der Auswerter vergibt für jeden Bewerber eine Punkt- oder Prozentzahl, mit der ausgedrückt wird, wie stark der Bewerber den Anforderungen genügt.

Beispiel

- Anforderungen: Studium, Branchenkenntnisse, Führungserfahrung, Unterlagen
- Zusätzlich wird festgelegt, wie wichtig die einzelnen Kriterien für die Stelle sind, z.B. Studium = wichtig = max. 10 Punkte; Unterlagen = weniger wichtig = max. 3 Punkte usw.

Bewerber	Studium (10 P.)	Branchenkenntnisse (10 P.)	Führung (5 P.)	Unterlagen (3 P.)	Summe
A. Meier	8	6	5	3	22
G. Müller	7	7	2	3	19
C. Schulz	7	4	4	1	16
...	...	...	...	...	...

Durch eine solche Auswertung erhält man eine gute Übersicht, die auch anderen in den Auswahlprozess involvierten Mitarbeitern oder Führungskräften offenlegt, wie man vorgegangen ist. Zudem können sich die Beteiligten vorher auf die Kriterien verständigen, sie sollten aber darauf achten, das nur die wichtigsten in die Auswertung kommen (max. 6 – 7 Kriterien). Entsprechend der Reihenfolge werden die Bewerber dann zum Vorstellungsgespräch eingeladen.

3.3 Testverfahren

Nach wie vor werden in vielen Unternehmen Testverfahren eingesetzt, um Aussagen über die Bewerber zu erhalten. Insbesondere bei der Auswahl von Auszubildenden greifen Betriebe darauf zurück, da die Schulnoten nur bedingt vergleichbar sind und nicht alle wichtigen Fähigkeiten bewerten. An Tests sind verschiedene Anforderungen zu stellen, um verwertbare Aussagen zu erhalten. Diese Anforderungen bezeichnet man auch als Gütekriterien:

- **Objektivität:** Unabhängigkeit des Ergebnisses von der testenden und auswertenden Person;
- **Reliabilität:** Zuverlässigkeit – bei einem erneuten Test sollten gleiche Ergebnisse herauskommen;
- **Validität:** Gültigkeit – misst der Test auch wirklich das, was er zu messen vorgibt?

Problematisch ist vor allem die Validität, da ein Einstellungstest Aussagen zur Befähigung zu einer bestimmten Arbeit geben soll.

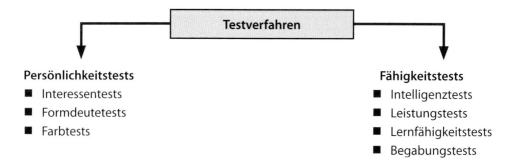

Die Tests lassen sich unterscheiden in Persönlichkeitstests und Fähigkeitstests. Bei den Persönlichkeitstests sollen Verhaltensweisen, Einstellungen, persönliche Eigenschaften, Interessen u. Ä. herausgefunden werden. Dazu werden Aufgaben zur Selbsteinschätzung oder Deutungen eingesetzt, z.B. Tintenklecksbilder. Die Bewertung sollte nur von wirklich geschultem Personal durchgeführt werden. Die Fähigkeitstests lassen sich noch weiter unterscheiden in:

- **Intelligenztests:** Gemessen wird die intellektuelle Leistungsfähigkeit. Es geht um Aufgaben, die die Kombinations- und Merkfähigkeit, die Sprachbeherrschung, das Analogiedenken und Raumvorstellungen widerspiegeln sollen. Das Ergebnis wird als Intelligenzquotient ausgedrückt.

- **Leistungstests:** Hierbei geht es um Kriterien wie die Aufmerksamkeit, Konzentration, Belastung, Geschicklichkeit, Reaktionsvermögen, Gedächtnis, technisches Vorstellungsvermögen etc. Üblich ist ein großer Testumfang, der von den meisten Bewerbern zeitlich nicht zu schaffen ist. Hier zeigt sich dann gleich, wie der Bewerber mit solchen Situationen umgeht: ob er ruhig weiterarbeitet oder ob er nervös wird.

- **Lernfähigkeitstests:** Hier geht es darum, ob sich Personen veränderten Anforderungen anpassen können.

Natürlich können die drei Arten bei umfangreicheren Testverfahren auch kombiniert werden.

3.4 Assessment-Center

Das Assessment-Center (AC) wird nicht nur zur Neueinstellung von Mitarbeitern eingesetzt, sondern auch zur Potenzialbeurteilung im Unternehmen. Es handelt sich um ein seminarähnliches, systematisches Verfahren zur qualifizierten Feststellung von Verhalten und Leistungen. Die Kandidaten (ca. 6–12 Personen, möglichst gerade Anzahl) werden für 1–2 Tage eingeladen. Während des ACs werden sie mit verschiedenen Aufgaben konfrontiert, die sie zum Teil allein, zum Teil in der Gruppe bearbeiten müssen. Dabei werden sie von einem geschulten Beobachterteam bewertet. Bei einem AC ist es nicht das Ziel, den besten Mitarbeiter zu finden, sondern den Mitarbeiter, der am besten für eine bestimmte Position geeignet ist.

Um dies zu gewährleisten, werden die Übungen so zusammengestellt, dass verschiedene **Dimensionen des Bewerbers** betrachtet werden können. Dazu zählen

- kommunikative Kompetenzen wie z. B. Rhetorik, Moderation, Gesprächsführung;
- soziale Kompetenzen wie z. B. Teamfähigkeit, Solidarität, Empathie;
- persönliche Kompetenzen wie z. B. Selbstbewusstsein, Offenheit, Frustrationstoleranz;
- Übereinstimmung mit der Unternehmenskultur (Passt jemand von seiner Persönlichkeit her zur Firma bzw. zur Abteilung?).

Typische Bestandteile sind:

- **Interviews:** Die verbale Ausdrucksfähigkeit wird betrachtet. Partner beim Interview können Beobachter oder andere Teilnehmer sein.
- **Präsentationen:** Nach einer kurzen Vorbereitungszeit müssen die Teilnehmer ein bestimmtes Thema vorstellen. Bewertet werden u.a. das Auftreten, die Selbstsicherheit, die Ausdrucksfähigkeit.
- **Rollenspiele:** Hier geht es meist um Situationen aus der Praxis, die am betreffenden Arbeitsplatz auftreten können, z. B. Beschwerden von Kunden. Bewertet werden u. a. die Ausdrucksfähigkeit, die Kontaktfähigkeit, das soziale Verhalten, die Zielgerichtetheit der Gesprächsführung.
- **Gruppendiskussionen:** Hier sollen die Teilnehmer zu einem bestimmten Thema eine gemeinsame Diskussion führen. Bewertet werden u. a. das Durchsetzungsvermögen, die Kompromiss-, Kooperations- sowie die Moderationsfähigkeit.
- **Postkorbübung:** Unter Zeitdruck sollen verschiedene Schriftstücke sortiert und bearbeitet werden. Bewertet werden u. a. das konzeptionelle Arbeiten, die Organisationsfähigkeit, die Entscheidungsfähigkeit.
- **Fälle und Fallstudien:** Zu vorgegebenen Entscheidungsproblemen sollen die Teilnehmer allein oder in Gruppen Lösungsvorschläge erarbeiten. Bewertet werden u. a. das konzeptionelle Arbeiten, der Einfallsreichtum, die Gewichtung der Materialien.
- **Computersimulierte Szenarien:** Aufgaben der Kontrolle und Steuerung dynamischer Prozesse, gekennzeichnet durch hohe Komplexität, starke Vernetztheit und hohe Intransparenz der Variablen. Bewertet werden sollen die Fähigkeit zur Zieloptimierung, das Informations- und Entscheidungsverhalten und die Reaktionen auf Störfaktoren (Foidl-Dreisser/Breme/Grobsch 2004, S. 184 und S. 277).

Hilfreich für die Bewertung ist der Einsatz von Videoaufnahmen, mit denen auch dem Kandidaten Verbesserungsmöglichkeiten aufgezeigt werden können. Dazu sollte man jedoch das Einverständnis der Teilnehmer einholen, um abwehrende Reaktionen zu vermeiden. Über die Zahl der Beobachter sind sich Wissenschaft und Praxis nicht einig. Ideal scheint eine gleich große Anzahl von Beobachtern und Teilnehmern. Die Beobachter sollten selbst gründlich vorbereitet werden. Dazu gehört die Klärung, welche Eigenschaften für die Stelle besonders wichtig sind, wie, wann und nach welchen Kriterien eine Bewertung durchgeführt werden soll, und das Vorstellen der Übungen, um die Erwartungen zu verdeutlichen.

Das Assessment-Center ist durch die Zeitdauer und den Einsatz von mehreren Beobachtern ein scheinbar teures Verfahren. Der Aufwand relativiert sich jedoch durch die gute Aussagekraft und die Anzahl der Personen, die gleichzeitig beurteilt und miteinander verglichen werden können. Prinzipien zur Durchführung sind:

Prinzipien zur Durchführung eines Assessment-Centers	
Verhaltensbezogenheit	Durch Simulation wird das tatsächliche Verhalten des Bewerbers sichtbar gemacht.
Methodenvielfalt	Durch verschiedene Übungen können unterschiedliche Anforderungen ermittelt werden.
Anforderungsbezogenheit	Die Aufgaben beziehen sich auf tatsächliche Anforderungen der ausgeschriebenen Position.
Beobachtertraining	Die eingesetzten Beobachter müssen selbst über ausreichendes Fachwissen (evtl. vermittelt durch Schulungen) verfügen.
Mehrfachbeurteilung	Einsatz mehrerer Beobachter; Bewertung gleicher Anforderungen in unterschiedlichen Situationen.
Trennung von Beobachtung und Bewertung	Um Beurteilungsfehler zu minimieren, gib es zuerst eine Beobachtungsphase, erst danach wird bewertet.
Feedback an die Bewerber	Das Verfahren sollte vorher transparent gemacht werden. Am Ende erhält jeder Teilnehmer eine individuelle Bewertung, um selbst seine Stärken und Schwächen einschätzen zu können.

3.5 Praxisbeispiel

Assessment-Center

Einführung

In diversen Unternehmen werden heute Assessment-Center (kurz: AC) eingesetzt. Es sind Unternehmen, die in personalwirtschaftlichen Fragen innovativ eingestellt und darauf angewiesen sind, ständig eine größere Zahl von Mitarbeitern neu einzustellen, um ihre Zukunft personell zu sichern. Weiterhin wird das AC als Instrument zur Personalentwicklung genutzt.

Der vorliegende Abschnitt will ein spezielles AC-Konzept skizzieren, das neben methodischen Aspekten ökonomisch günstig ist. Weiterhin ist es daraufhin entwickelt worden, dass nicht nur Spezialisten, wie beispielsweise Psychologen oder Personalberater mit entsprechender Fachkompetenz, es anwenden können. Dieses AC soll nicht nur als „Experten-Instrument" für die Anwendung von „Experten" Geltung haben. Bevor das AC-Konzept detailliert dargelegt wird, werden die generellen Vorteile dieses Verfahrens beschrieben (OLESCH/PAULUS 2000).

Vorteile des ACs

Die Vorteile des ACs liegen zum einen darin, dass es ein optimales Maß an Lebensnähe und Realismus in den Auswahlprozess einbringt. Zum anderen misst es tatsächliches Verhalten, insbesondere Sozialkompetenz, und es berücksichtigt die Dynamik des Arbeitsplatzes, gegenseitige Abhängigkeiten sowie Interaktionen. Des Weiteren werden Talente, Charakteristika und Neigungen durch die Vielzahl der Techniken und durch das Vorhandensein mehrerer Bewerber valider und reliabler identifiziert und gemessen, und zwar aufgrund der Mehrfachbeurteilung. Jeder Beurteiler von Verhaltensweisen macht individuelle Fehler. Beobachten mehrere Beurteiler dasselbe Verhalten, heben sich die subjektiven Fehler gegenseitig auf. In dem AC werden daher mehrere Beobachter eingesetzt. Langzeituntersuchungen zeigen, dass ACs valide Urteile über zukünftiges Arbeitsverhalten erlauben. Überlässt man die Auswahl von Nachwuchs- oder Führungskräften dem Zufall, so beträgt die Wahrscheinlichkeit, eine leistungsmäßig überdurchschnittliche Kraft auszuwählen, 15 %. Werden Nachwuchs- oder Führungskräfte über den Vorschlag der Vorgesetzten bestimmt, erhöht sich diese Wahrscheinlichkeit auf 35 %. Werden dieser Vorschlag und das AC kombiniert, so beträgt die Wahrscheinlichkeit 76 %. Es wurde in zahlreichen Untersuchungen festgestellt, dass sich das AC durch eine hohe Reliabilität auszeichnet. Auch die Validität des Verfahrens kann als hoch betrachtet werden. Zusammenfassend lässt sich sagen, dass hinsichtlich der Überlegenheit des AC-Verfahrens gegenüber den bis heute üblichen Leistungs- und Persönlichkeitstests keine Zweifel bestehen.

Heutzutage gibt es nicht mehr „das AC", sondern verschiedene Systeme des ACs. Besonders ökonomische Gründe haben dazu geführt, dass moderne ACs kürzer abgehalten werden als zu Zeiten der Einführung dieser Methode in die Wirtschaft. Früher dauerte ein AC zwischen 3 und 5 Tagen. Moderne Verfahren benötigen zum Teil nur noch einen Tag. Sie werden beispielsweise als „Beratertag" oder als „Beurteilungs- bzw. Erfahrungsseminar" bezeichnet. Einst nahmen 12 bis 15 Personen an einem AC teil, heute werden auch Einzel-ACs durchgeführt.

Vorstellung eines praxisorientierten AC-Konzeptes

Im Folgenden wird ein AC vorgestellt, das einen Tag in Anspruch nimmt. Neben den methodischen Aspekten der Validität, Reliabilität und Objektivität stehen Ökonomie und Rationalität im Vordergrund. Die beiden letztgenannten Aspekte sind besonders wichtig, da diverse Anwendungen von ACs häufig gar nicht erst zustande kommen, weil die Methode in ihrer traditionellen Form ausgesprochen kostenintensiv ist.

ACs zeigen den größten Nutzen bei der Auswahl von Mitarbeitern, die sich erstmalig für eine Position in einem Unternehmen bewerben. In diesem Sinn wurde im vorliegenden Fall ein AC entwickelt und geprüft, das geeignete Bewerber für Traineeprogramme in einem Unternehmen auswählt.

Folgende Aspekte, die bereits in Kap. 3.4 näher erläutert wurden, finden besondere Berücksichtigung:

1. Methodenvielfalt
2. Vergleichbarkeit der Teilnehmer
3. Mehrfachbeurteilung durch mehrere Beobachter
4. Standardisierte Beurteilungskriterien
5. Ökonomie des Verfahrens

Die Teilnehmer des ACs sind z. B. Bewerber von Fach- und Hochschulen. Sie werden im Kontext mit der Personalentwicklung des Unternehmens betrachtet. Von diesen Bewerbern liegen primär nur Ausbildungsnoten vor. Diese sind kaum als Vorhersagefaktoren für Berufserfolg zu verwenden. Sozialkompetenz, die entscheidend für einen solchen Erfolg ist, wird durch das Ausbildungssystem nicht festgestellt. Daher ist es für Unternehmen relevant, diese durch entsprechende Verfahren zu messen, damit ein Kandidat eingestellt wird, bei dem die Wahrscheinlichkeit hoch ist, erfolgreiche Arbeit in der Praxis zu leisten.

(1) Methodenvielfalt

Eine Methodenvielfalt wird angestrebt, indem drei verschiedene Aufgaben von den Bewerbern bearbeitet werden müssen.

(2) Vergleichbarkeit der Teilnehmer

Zirka acht Bewerber nehmen am AC teil. Alle führen dieselben Aufgaben aus. Dadurch ist eine Vergleichbarkeit der Kandidaten gewährleistet.

(3) Mehrfachbeurteilung

Dem beschriebenen AC sitzen vier Beurteiler bei. Sie stammen teilweise aus den Fachbereichen, für die die Bewerber vorgesehen sind. Bei diesen Beurteilern handelt es sich um Führungskräfte der zweiten Ebene eines Großunternehmens. Sie sind den Vorständen direkt unterstellt. Weitere Beurteiler sind Führungskräfte des Personalwesens. Durch die Beteiligung von Führungskräften als Beurteiler wird deren Akzeptanz dem AC gegenüber gefördert, was eine Notwendigkeit ist.

Ein weiterer Mitarbeiter des Personalwesens moderiert das AC. Vor der Implementierung des ACs werden die Beurteiler durch ihn über ihre Aufgaben informiert und vorbereitet, was als wichtige Voraussetzung für einen Erfolg des ACs gilt. Darüber hinaus ist es die Aufgabe des Moderators, das AC zu leiten, die Aufgaben den Kandidaten zu erklären, die direkte Betreuung der Kandidaten vorzunehmen sowie das Einhalten der zeitlichen Vorgaben zu sichern.

(4) Standardisierte Beurteilungskriterien

Damit eine Vergleichbarkeit der Bewertungen der Beobachter gegeben ist, wurden zwei standardisierte Beurteilungsbogen entwickelt. Sie dienen den Beobachtern auch als Hilfe zur rationellen Handhabung der Bewertung.

(5) Ökonomie

Der ökonomische Vorteil des beschriebenen Verfahrens stellt sich wie folgt dar: An dem sechsstündigen AC nehmen acht Bewerber teil. Als Alternative zu dieser Methode wurden einst traditionelle Vorstellungsgespräche geführt. Bei acht Bewerbern werden dafür ca. 20 Stunden benötigt. Es nahmen in der Regel drei Vertreter des Unternehmens an dem Gespräch teil. Die Kosten des ACs betragen weniger als 50 % dieser traditionellen Einstellungsmethode.

Ablauf

Bewerber für ein Traineeprogramm werden vom Personalwesen nach Sichtung und Vorauswahl der Bewerbungsunterlagen zu dem AC beziehungsweise Vorstellungstreff eingeladen. Die Veranstaltung findet in dem Unternehmen statt. Nach dem Eintreffen der Bewerber werden ihnen der zeitliche und inhaltliche Ablauf des Vorstellungstreffs durch den Moderator erläutert. Es soll dabei eine lockere Atmosphäre aufgebaut werden, um die Anspannung der Bewerber zu reduzieren und eine positive Unternehmenskultur zu präsentieren.

■ Zeitablauf des Programms

Zeit	Programm
9.00 – 9.30 Uhr	Vorstellung der Veranstaltung (Personalwirtschaft)
9.30 – 9.45 Uhr	Teilnehmer bereiten sich einzeln auf die eigene Präsentation vor.
9.45 – 11.30 Uhr	**Aufgabe I:** Teilnehmer stellen sich der Gruppe vor und beschreiben ihre Entwicklungsziele und wie sie sie umsetzen wollen. Die Beobachter und anderen Teilnehmer stellen nach Bedarf Fragen.
11.30 – 12.00 Uhr	Grobvorstellung der zu besetzenden Stellen und Aufgaben (anfordernde Bereiche)
12.00 – 12.45 Uhr	Mittagessen
12.45 – 13.00 Uhr	Vorbereiten auf Fallbeispiele
13.00 – 13.45 Uhr	**Aufgabe II:** Eigene Lösungsdarstellung des Fallbeispiels
13.45 – 14.15 Uhr	**Aufgabe III:** Diskussion und gemeinsame Lösungsfindung des Fallbeispiels
14.15 – 15.30 Uhr	Einzelgespräche und Vorstellung des PE-Programms (Personalwirtschaft und anfordernde Bereiche)

Der Moderator und die Beobachter stellen sich den Kandidaten vor. Ersterer erklärt die Funktion der Beobachter im Vorstellungstreff. Danach werden Informationen über das Unternehmen und die potenziellen zukünftigen Arbeitsfelder der Kandidaten in einem kurzen Vortrag gegeben. Diese Einführung nimmt ca. eine Dreiviertelstunde in Anspruch. Hier, wie auch im folgenden Verlauf, ist es die Aufgabe des Moderators, auf die Zeiteinhaltung zu achten.

■ Aufgabe I

Im Anschluss daran erklärt der Moderator Aufgaben. Die Kandidaten sollen sich innerhalb einer Viertelstunde in einem Nachbarraum darauf vorbereiten, sich dem Plenum vorzustellen. Um die Vergleichbarkeit und Standardisierung dieser Vorstellung zu gewährleisten, verteilt der Moderator einen Leitfaden.

Die Selbstvorstellung soll in fünf Punkten erfolgen:

1. Schulischer Werdegang mit Interessenschwerpunkten
2. Studentischer Werdegang mit Interessenschwerpunkten
3. Private Interessen und Hobbys
4. Beschreibung der Inhalte der eigenen Diplomarbeit (Hierbei soll primär der Transfer des fachlichen Wissens der Kandidaten festgestellt werden.)
5. Wünsche bezüglich der eigenen zukünftigen Tätigkeit in dem Unternehmen.

Während der Viertelstunde der Vorbereitungszeit steht der Moderator den Kandidaten bei Fragen zur Verfügung.

Anschließend werden die Bewerber ins Plenum gebeten und sie stellen sich einzeln laut Leitfaden vor. Jedem Kandidaten stehen dafür circa 20 Minuten zur Verfügung. Nach Abschluss der Vorstellungsaufgaben bewerten die Beobachter die Kandidaten auf einem speziell entwickelten, standardisierten Fragebogen. Es werden folgende operationalisierte Kriterien angewendet:

Kriterienbogen: Selbstpräsentation

Kriterien	Kandidatennamen				
1. Rhetorik Spricht flüssig und verständlich	1–2–3	1–2–3	1–2–3	1–2–3	1–2–3
2. Selbstsicherheit Erscheint im Auftreten sicher; behält Übersicht, wirkt beherrscht	1–2–3	1–2–3	1–2–3	1–2–3	1–2–3
3. Fachwissen Schilderung der bisherigen Tätigkeit	1–2–3	1–2–3	1–2–3	1–2–3	1–2–3
Sonstige Kommentare:					

Die Bewertung erfolgt mithilfe einer dreistufigen Ratingskala, wie sie sich in der betrieblichen Praxis bewährt hat. Jeder Kandidat wird anhand der drei Kriterien bewertet.

■ **Aufgabe II**

Es folgt die Bearbeitung eines Fallbeispiels. In diesem werden Führungs- und Arbeitsprobleme geschildert. Dafür sollen von den Kandidaten Lösungen erarbeitet werden. Das Fallbeispiel ist derart gestaltet, dass keine Ideallösung gefunden werden kann. Ziel ist es, Strategien und Argumente zur Lösung zu finden. Bei dieser Aufgabe steht also nicht die Lösung im Mittelpunkt des Interesses, sondern der Weg bzw. die Vorgehensweise.

Wieder erhalten die Kandidaten eine Viertelstunde Zeit, um allein eine Lösung zu erarbeiten. Im Anschluss daran trägt jeder Bewerber im Plenum „seine Lösung" vor. Ihm stehen fünf Minuten zur Verfügung.

Aufgabe/Fallbeispiel A

> **Aufgabe/Fallbeispiel (Produktmarketing)**
>
> Sie sind als Ingenieur/-in im Produktmarketing verantwortlich für die Einführung eines neuen Produktes, das kurz vor der Fertigstellung für den Markt steht.
>
> Bitte erarbeiten Sie ein Grobkonzept für die Aktivitäten, die eingeleitet und verfolgt werden müssen. Ihnen stehen 10 Minuten Vorbereitungszeit zur Verfügung.
>
> Anschließend präsentieren Sie bitte Ihr Grobkonzept und Ihre Vorgehensweise dem Plenum (ca. 5 Minuten).

Aufgabe/Fallbeispiel B

> **Aufgabe/Fallbeispiel (Entwicklung Elektronik):**
>
> Sie stehen als Elektronik-Entwickler vor der Aufgabe, ein Gerät für den industriellen Einsatz zu entwickeln, das in der Lage sein soll, einfache logische Verknüpfungen durchzuführen. Es sollen acht binäre Prozesssignale von dem Steuerungsmodul erfasst werden und nach entsprechenden schaltalgebraischen Gleichungen zu Ausgangssignalen verknüpft werden. Es sind vier verschiedene Verknüpfungs-gleichungen vorgegeben, die über Schalter am Gerät ausgewählt werden können.
>
> Es liegt in Ihrem Ermessen, die Funktionalität dieses Gerätes durch eine reine Hardwarelösung oder durch eine Softwarelösung (mit einem Mikroprozessor) zu realisieren.
>
> **Aufgaben:**
> 1. Welche Randbedingungen (Kosten, Stückzahlen, Entwicklungszeit) haben Einfluss auf Ihre Entscheidungsfindung?
> 2. Für welchen Lösungsweg würden Sie sich entscheiden?

Begründen Sie die Vor- und Nachteile dieser Lösung!

Ihnen stehen 10 Minuten Vorbereitungszeit zur Verfügung. Präsentieren Sie dann bitte Ihre Lösung dem Plenum (ca. 5 Minuten).

■ Aufgabe III

Als dritte Aufgabe des Vorstellungstreffs sollen sich die Kandidaten in der Gruppe auf „eine Lösung" einigen. Dafür werden 30 Minuten angesetzt.

Während bei Aufgabe II die Argumente einzeln im Vordergrund stehen, wird in Aufgabe III das Überzeugungs- und Durchsetzungsverhalten in der Gruppe fokussiert. Folgende Kriterien werden auf einer dreistufigen Skala von den Beobachtern bewertet:

Kriterienbogen: Fallbeispiel

Kriterien / Kandidatennamen					
1. Überzeugungskraft Setzt stichhaltige Argumente und Logik ein; überzeugt durch Gesagtes	1–2–3	1–2–3	1–2–3	1–2–3	1–2–3
2. Durchsetzungsfähigkeit Kann sich in der Diskussion behaupten; setzt seine Stimmstärke und Gestik gezielt ein	1–2–3	1–2–3	1–2–3	1–2–3	1–2–3
3. Ausdauer Gibt bei Misserfolg nicht auf; versucht seine Überzeugung weiterhin einzubringen; zeigt Ausdauer	1–2–3	1–2–3	1–2–3	1–2–3	1–2–3
4. Entscheidungsfähigkeit Wägt Vor- und Nachteile ab und fällt dann eine Entscheidung konsequent	1–2–3	1–2–3	1–2–3	1–2–3	1–2–3
5. Soziales Verhalten Zeigt Verhalten der Zusammenarbeit; überlegt und akzeptiert Meinungen anderer; gibt Informationen weiter; versucht Anspannungen in der Gruppe zu reduzieren	1–2–3	1–2–3	1–2–3	1–2–3	1–2–3
Sonstige Kommentare:					

Der Vorstellungstreff wird mit dem Hinweis des Moderators beendet, dass nach etwa einer Woche die Bewerber einen Bescheid über Einstellung oder Ablehnung erhalten werden.

> **Auswertung**
>
> Die Bewertungsbögen der Beobachter werden vom Moderator einbehalten, um sie mithilfe eines speziell entwickelten, EDV-gestützten Verfahrens auszuwerten. Zur rationellen Arbeitsweise im Personalwesen, besonders in der Personalentwicklung, sind EDV-Systeme außerordentlich wichtig. Das Verfahren durchläuft drei Phasen:
>
> **1. Phase:**
>
> Die Beurteilungen der vier Beobachter werden für jeden Kandidaten anhand aller neun Kriterien separat und EDV-gestützt ausgewertet. So erhält man den Mittelwert eines jeden Kandidaten über die neun Kriterien. Dabei wird ein Personalcomputer mit der Software EXCEL verwendet.
>
> Um die Reliabilität des Messinstrumentes bzw. des Kriterienbogens zu ermitteln, wird die Korrelation der Bewertungen der Beobachter vorgenommen. Der Korrelationseffekt beträgt bei dem beschriebenen AC in der Regel 0,81, was eine hohe Reliabilität bestätigt.
>
> **2. Phase:**
>
> Die in der ersten Phase ermittelten Mittelwerte werden in eine zweite Summendatei übernommen. Es werden hier alle Bewertungen eines jeden Kandidaten aufsummiert und zu einem weiteren Mittelwert zusammengefasst.
>
> **3. Phase:**
>
> Die Gesamtbeurteilung wird als Entscheidungskriterium für die Aufnahme bzw. Ablehnung des jeweiligen Kandidaten zum Nachwuchskräfteprogramm genommen.
>
> **Fazit**
>
> Das hier skizzierte AC stellt ein rationelles und objektives Instrument dar, das gegenüber dem traditionellen und umfangreicheren AC mit einem geringeren Aufwand eine entsprechende Effizienz erreicht. Daher kann es günstig in moderne Konzeptionen von Personalentwicklung eingebaut werden.

3.6 Das Vorstellungsgespräch

Vorstellungsgespräche können allein oder zusätzlich zu anderen Instrumenten eingesetzt werden. Bei genauer Betrachtung handelt es sich um kein kostengünstiges Verfahren. Neben dem Zeitaufwand für die eigenen Mitarbeiter kommt noch die Erstattung der üblichen Bewerbungskosten wie z. B. Fahrtkosten, Verpflegungskosten und Übernachtungskosten dazu, wenn der Bewerber zur Vorstellung aufgefordert wird. Wenn zum gegenseitigen Kennenlernen nur ein Smalltalk geführt wird, ist

keineswegs sichergestellt, dass über dieses Auswahlinstrument ein wirklich guter Kandidat gefunden wird. Zur Steigerung der Effektivität sollte man daher:
1. eine gründliche, geplante Vorbereitung, Durchführung und Auswertung der Gespräche vornehmen und
2. eine Schulung der verantwortlichen Mitarbeiter durchführen.

3.6.1 Ziel des Vorstellungsgesprächs

Das Vorstellungsgespräch dient der persönlichen Kontaktaufnahme der beiden Parteien. Es hat das Ziel:
- einen persönlichen Eindruck vom Bewerber zu bekommen;
- die Eignung des Bewerbers festzustellen;
- offene Fragen zu klären/Daten zu ergänzen;
- die Interessen des Bewerbers zu erfassen;
- über die Tätigkeit zu informieren;
- über das Unternehmen zu informieren.

3.6.2 Vorbereitung des Vorstellungsgesprächs

Vor der eigentlichen Durchführung des Vorstellungsgesprächs sind verschiedene Fragen zu klären. So müssen organisatorische Gesichtspunkte festgelegt und die Aufgabenverteilung im Gespräch durchgeführt werden. Um diesen Prozess zu systematisieren, können die Beteiligten mithilfe einer Checkliste prüfen, ob sie über alle benötigten Informationen verfügen.

▶ Organisation

Organisatorisch sind zu klären:
- die Festlegung der Zeit,
- die Reservierung der Räumlichkeiten und
- die Festlegung und Information der Teilnehmer.

▶ Aufgabenverteilung

Die Aufgabe der Personalauswahl wird in den meisten Unternehmen vom Personalverantwortlichen, dem Abteilungsleiter und dem unmittelbaren Vorgesetzten durchgeführt, die gemeinsam die Einstellungsgespräche führen. Zwischen diesen Personen ist zu klären, wer die Gesprächsführung übernimmt, wer welche Informationen weitergibt, welche Themen vermieden werden und nach welchen Kriterien eine Beurteilung erfolgt. Einen sinnvollen Ansatz zeigt die folgende Übersicht:

| Aufgabenverteilung für ein Vorstellungsgespräch ||||
Beteiligte Informa- tionsfeld	Personalabteilung	Fachabteilung	Vorgesetzter
Informationen für den Bewerber	■ Informationen über das Unternehmen ■ Unternehmensgrundsätze ■ Personalpolitik ■ Organisation ■ Ermitteln der Gehaltsvorstellung	■ Aufgaben der Abteilung ■ Aufbau ■ Organisation ■ Zahl und Zusammensetzung der Mitarbeiter ■ Ermitteln der Erwartungen des Bewerbers hinsichtlich seiner Tätigkeit	■ Darstellung der Tätigkeit ■ Beschreibung der nötigen Erfahrungen
Beurteilung	■ Qualifikation des Bewerbers ■ Zeugnisse ■ Auftreten ■ Gesprächsverlauf ■ Sozialkompetenz ■ Arbeitseinstellung ■ Abstimmung der Beurteilung	■ Vergleich der Anforderungen mit den fachlichen und persönlichen Kompetenzen des Bewerbers	■ Eingliederung ins Team

3.6.3 Checkliste zu Einstellungsgesprächen

Bevor das eigentliche Gespräch stattfindet, müssen sich der oder die Verantwortlichen über etliche Fragen klar werden, die sich in der folgenden Checkliste wiederfinden:

1	Stellenbezeichnung	
2	Abteilungsleiter/Vorgesetzter	
3	Welche Berufsausbildung ist Voraussetzung?	
4	Welche/wie viel Erfahrung braucht der Stelleninhaber?	
5	Welche Vollmachten und Befugnisse hat der Stelleninhaber?	

6	Sind ihm/ihr Mitarbeiter unterstellt? Wie viele? Mit welchen Qualifikationen?	
7	Wer vertritt den Mitarbeiter? Wen muss er vertreten?	
8	Wer erteilt die Arbeitsanweisungen?	
9	Welche Tätigkeiten fallen an dem Arbeitsplatz an?	
10	Welche innerbetrieblichen Kontakte sind wichtig?	
11	Welche außerbetrieblichen Kontakte sind notwendig?	
12	Wer prüft die Arbeitsergebnisse?	
13	Welche persönlichen Eigenschaften sind für die Stelle wichtig?	
14	Welche Charaktereigenschaften passen überhaupt nicht zur Stelle?	
15	Topkandidat erforderlich oder „Durchschnittsmensch" genügend?	
16	Ist es wichtig, dass der Mitarbeiter dauerhaft im Unternehmen bleibt?	
17	Welche Info braucht der Bewerber, welche Fragen könnte er stellen?	
18	Soll es ein zweites Gespräch geben?	
19	Welche Vertragsbestandteile können/sollen besprochen werden?	
20	Wie und durch wen wird die Entscheidung auf Zusage/Absage getroffen?	

3.6.4 Verlauf des Vorstellungsgesprächs

Das Gespräch kann unstrukturiert, halb strukturiert oder nach einem vorher festgelegtem Schema bzw. Fragenkatalog durchgeführt werden. Präferiert wird das halb strukturierte Gespräch. Es bietet für beide Seiten die größten Möglichkeiten, etwas über die Person bzw. etwas über das Unternehmen zu erfahren. OLFERT (2008, S. 149) schlägt eine Strukturierung des Verlaufs in sieben Phasen vor:

		Phasenmodell für ein Vorstellungsgespräch
Phase I	Begrüßung	■ Schaffen einer angenehmen Atmosphäre: gegenseitige Vorstellung ■ Dank für die Bewerbung und das Zustandekommen des Gesprächs ■ Betonen der Vertraulichkeit ■ Begründung der Einladung
Phase II	Soziale Bindungen	■ Eingehen auf die persönliche Situation des Bewerbers: Herkunft, Elternhaus, Familie, Wohnort
Phase III	Bildungsgang	■ Schulischer Werdegang ■ Weiterbildungen ■ Geplante Maßnahmen auf beruflichem und privatem Gebiet
Phase IV	Berufliche Entwicklung	■ Erlernter Beruf ■ Bisherige Stellen und Tätigkeiten ■ Berufliche Pläne ■ Gründe für Stellenwechsel
Phase V	Informationen zum Unternehmen	■ Unternehmensdaten ■ Informationen zur Stelle und deren Einbindung ■ Fragen des Bewerbers zur Position
Phase VI	Vertragsverhandlungen	■ Klärung der Einkommensfrage ■ Frühester Einsatztermin ■ Sonstige Leistungen ■ Bisherige Nebentätigkeiten
Phase VII	Gesprächsabschluss	■ Möglichst weder Zu- noch Absage ■ Weitere Vorgehensweise ■ Voraussichtlicher Entscheidungstermin

Im Vorstellungsgespräch sind, wie auch beim Personalfragebogen, nur solche Fragen arbeitsrechtlich zulässig, die objektiv mit der Stelle zusammenhängen. Je nach der Position können die Fragen unterschiedlich stark in den privaten Bereich des Bewerbers eindringen, je nachdem, wie hoch der Grad der persönlichen Zuverlässigkeit und Vertraulichkeit ist. Arbeitsrechtlich zulässige Fragen müssen wahrheitsgemäß beantwortet werden. Eine bewusste Falschaussage berechtigt den Arbeitgeber aufgrund der arglistigen Täuschung zur Anfechtung des Vertrages. Falls eine Offenbarungspflicht erwähnt wird, so bedeutet dies, dass der Bewerber von sich aus auf den Sachverhalt hinweisen muss. Unerlaubte Fragen brauchen dagegen nicht wahrheitsgemäß beantwortet zu werden; der Bewerber braucht keine späteren Reaktionen des Arbeitgebers zu befürchten (s. folgende Übersicht nach OLFERT 2008, S. 138 f.).

Zulässige und unzulässige Fragen bei Einstellungsinterviews		
Themenbereich	**Zulässigkeit**	
	Arbeitsrechtlich zulässig = Wahrheitsgemäße Beantwortung	Arbeitsrechtlich nicht zulässig = Verweigerung (Lügerecht)
Beruflicher Werdegang	Ja	Nein
Wettbewerbsverbot	Ja, Offenbarungspflicht von sich aus	Nein
Schwerbehinderung	Ja	Nein
Chronische Krankheiten	Wenn der Bewerber erkennen muss, dass es von Bedeutung ist, für: ■ das Unternehmen ■ die übrigen Arbeitnehmer ■ für die Arbeit	Wenn kein Einfluss auf den Vertrag bzw. die geschuldete Leistung
Schwangerschaft	Bei unverzichtbarer Einstellungsvoraussetzung: Sportlehrerin, Stewardess, Model oder bei Beschäftigungsverboten	Ja, wenn sich sowohl Männer als auch Frauen für die Stelle bewerben.
Heiratsabsicht	Nein	Ja
Frühere Gehaltshöhe	Wenn das bisherige Einkommen Rückschlüsse auf die Eignung zulässt und damit Bedeutung für das künftige Gehalt hat	Wenn das frühere Gehalt nicht aufschlussreich für die neue Position ist.
Vermögensverhältnisse	Bei besonderem Vertrauensverhältnis: höhere Hierarchieebenen, Bankkassierer etc.	Ja
Pfändungen	Wenn sie gegenwärtig bestehen	Wenn sie früher bestanden
Vorstrafen	Soweit für die Stelle von Bedeutung, z.B. Verkehrsdelikte bei Busfahrern	Ja, wenn kein berechtigtes Interesse vorliegt
Gewerkschaftszugehörigkeit	Nur wegen Tarifbindung oder betrieblichem Beitragseinzug	Es muss dem Arbeitgeber ausreichen, wenn er nach Abschluss des Vertrages davon erfährt.
Religionszugehörigkeit	Nur bei konfessionell gebundenen Einrichtungen, z.B. Kindergärten, Krankenhäuser	Ja
Parteizugehörigkeit	Nur bei parteipolitisch gebundenen Arbeitgebern	Ja

Neben den zulässigen/nicht zulässigen Fragen werden durch das AGG weitere Fragen problematisch. So kann z. B. die Frage nach den Kindern als Benachteiligung ausgelegt werden. Der Arbeitgeber könnte unterstellen, dass eine Mitarbeiterin mit mehreren Kindern häufiger fehlt. Gleiches gilt für die Frage der Mitgliedschaft in der Scientology-Sekte. Sie ist nicht als Kirche anerkannt; damit ist die Frage nach der Zugehörigkeit zulässig. Andererseits könnten Bewerber behaupten, nur dadurch abgelehnt zu werden. Um solche Ärgernisse zu vermeiden, bietet es sich an, die Personalreferenten entsprechend vorzubereiten bzw. zu schulen.

3.6.5 Bewertung des Vorstellungsgesprächs

Im Anschluss an das Gespräch sollte zeitnah eine Bewertung stattfinden. Welche der im Folgenden genannten Kriterien wichtig sind, hängt von der Art der zu besetzenden Stelle ab:

Mögliche Bewertungskriterien	
■ Allgemeinwissen	■ Flexibilität
■ Art des Auftretens	■ Führungskompetenz
■ Aufgeschlossenheit	■ Gewissenhaftigkeit
■ Ausdrucksfähigkeit	■ Handlungskompetenz
■ Äußeres Erscheinungsbild	■ Methodenkompetenz
■ Beharrlichkeit	■ Selbstbeherrschung
■ Denkfähigkeit	■ Sozialkompetenz
■ Einstellung zu Kollegen	■ Teamfähigkeit
■ Entscheidungsfreudigkeit	■ Urteilsfähigkeit
■ Fachwissen	

Kriterien, die für die Stelle wichtig sind, können auch in einem Anforderungsprofil festgehalten werden. Dieses kann anschließend mit den Fähigkeiten des Bewerbers verglichen werden. Der Vergleich von Anforderungen und Fähigkeiten eignet sich besonders, wenn die Stelle intern besetzt werden soll, da dann die Eigenschaften des Kandidaten besser bekannt sind. Ebenso kann es zur Bestandsanalyse und zur Personalbeurteilung herangezogen werden.

Beispiel

Anforderungsprofil für einen Bilanzbuchhalter									
lfd. Nr.	Profilmerkmal	Ausprägungsgrad							
		schwach						stark
		1	2	3	4	5	6	7
1	Kreativität	X						
2	Analytische Kompetenz						X	
3	Überzeugungsfähigkeit				X			
4	Kontaktfähigkeit			X				
5	Zuverlässigkeit							X
6	Sorgfalt							X
7	Lernbereitschaft					X		
8	Teamfähigkeit			X				
9	Durchsetzungsfähigkeit				X			
10	Problemlösungsvermögen				X			

Viele der genannten Kriterien können auch in einem Beurteilungsbogen vorgegeben und von den beurteilenden Personen angekreuzt werden. Dies erleichtert den Vergleich und die Auswertung, wenn eine Reihe von Gesprächen geführt wird. Auf der anderen Seite sollte der Bewertungsbogen auch nicht zu umfangreich sein, damit man sich auf die Person konzentrieren kann und nicht nur auf Formalismen.

Muster eines Beurteilungsbogens						
	1	2	3	4	5	
Auftreten Selbstsicher Extrovertiert Angemessenes Äußeres						Unsicher Introvertiert Unpassendes Äußeres
Reaktion Schlagfertig Beherrscht Themenbezogen						Schleppend Unbeherrscht Schweift ab
Sprechweise Akzentuiert Flüssig Durchdacht						Monoton Stockend Konfus
Bewegung/Haltung Aufrecht Weich/fließend Kämpferisch						Gebeugt Eckig/abrupt Devot

	1	2	3	4	5	
Aussagen Überzeugend Wendig Flexibel						Hilflos Stur/eigensinnig Unflexibel

3.7 Der Arbeitsvertrag

Am Ende des Bewerbungsverfahrens steht der Arbeitsvertrag. Bisher war man der Meinung, dass man einen Arbeitsvertrag auch mündlich abschließen kann. Dies ist zwar richtig, laut Nachweisgesetz müssen jedoch die wichtigsten Punkte der Vereinbarung schriftlich festgehalten werden (vgl. § 2 NachwG):

1. der Name und die Anschrift der Vertragsparteien;
2. der Zeitpunkt des Beginns des Arbeitsverhältnisses;
3. bei befristeten Arbeitsverhältnissen: die vorhersehbare Dauer des Arbeitsverhältnisses;
4. der Arbeitsort oder, falls der Arbeitnehmer nicht nur an einem bestimmten Arbeitsort tätig sein soll, ein Hinweis darauf, dass der Arbeitnehmer an verschiedenen Orten beschäftigt werden kann;
5. eine kurze Charakterisierung oder Beschreibung der vom Arbeitnehmer zu leistenden Tätigkeit;
6. die Zusammensetzung und die Höhe des Arbeitsentgelts einschließlich der Zuschläge, der Zulagen, Prämien und Sonderzahlungen sowie anderer Bestandteile des Arbeitsentgelts und deren Fälligkeit;
7. die vereinbarte Arbeitszeit;
8. die Dauer des jährlichen Erholungsurlaubs;
9. die Fristen für die Kündigung des Arbeitsverhältnisses;
10. ein in allgemeiner Form gehaltener Hinweis auf die Tarifverträge, Betriebs- und Dienstvereinbarungen, die auf das Arbeitsverhältnis anzuwenden sind.

Sinnvoll ist der Einsatz eines entsprechenden Formulars, das dann jeweils um die individuellen Daten ergänzt wird.

▶ **Musterarbeitsvertrag**

Bei Positionen im Angestelltenbereich oder bei Mitarbeitern, die nicht tarifgebunden sind, ist ein individueller, schriftlich niedergelegter Arbeitsvertrag üblich (TESCHKE/ BÜHRLE 2006, S. 49ff.).

Arbeitsvertrag

Anschrift Arbeitnehmer   Anschrift Arbeitgeber

§ 1 Beginn des Arbeitsverhältnisses

Der Arbeitnehmer tritt am .... als Angestellter in das Unternehmen ein. Die ersten 6 Monate gelten als Probezeit. Während dieser Zeit kann das Arbeitsverhältnis beiderseitig ohne Angabe von Gründen mit einer Frist von 2 Wochen zum 15. oder zum Monatsende gekündigt werden. Eine Kündigung vor Arbeitsantritt ist ausgeschlossen.

(Anmerkung: 6 Monate Probezeit sind der maximal festgelegte Zeitraum lt. § 622 III BGB. In dieser Zeit gelten für beide Seiten erleichterte Kündigungsbedingungen.)

§ 2 Tätigkeitsbereich

Der Arbeitnehmer wird eingestellt als: ....

Zu seinem Aufgabengebiet gehört:

....

....

....

Der Arbeitgeber behält sich vor, dem Arbeitnehmer auch andere seiner Vorbildung und seinen Fähigkeiten entsprechende gleichwertige Aufgaben zu übertragen. In dringenden Fällen können dem Arbeitnehmer auch sonstige Aufgaben übertragen werden.

§ 3 Arbeitszeit

Die wöchentliche Arbeitszeit beträgt ...... Stunden. Der Arbeitnehmer ist verpflichtet, bei Bedarf auch darüber hinaus im Rahmen der gesetzlichen Bestimmungen zu arbeiten. Das Arbeitszeitkonto darf um plus/minus .... Stunden differieren. Der Ausgleich ist mit dem Vorgesetzten abzustimmen.

§ 4 Vergütung

Der Arbeitnehmer erhält monatlich ein Gehalt in Höhe von .... EUR brutto.

Die Vergütung wird nachträglich am Monatsende auf ein vom Arbeitnehmer zu bestimmendes Bankkonto überwiesen.

§ 5 Weitere Leistungen

Die Firma gewährt den Mitarbeitern, die vor dem 01.01.XX begonnen haben und am 30.06.XX in einem ungekündigtem Arbeitsverhältnis stehen, als Urlaubsgeld .... EUR brutto. Als Weihnachtsgratifikation wird eine Zahlung in Höhe eines Monatsgehalts mit der Novemberabrechnung gezahlt. Es handelt sich um eine freiwillige Leistung, die keinen Rechtsanspruch begründet. Die Gratifikation erhält nicht, wer vor dem 30.11. ausscheidet oder in gekündigtem Arbeitsverhältnis steht.

Die Gratifikation ist zurückzuzahlen, wenn der Arbeitnehmer bis zum 31.03. des auf die Auszahlung folgenden Kalenderjahres aufgrund eigener oder einer von ihm zu vertretenen Kündigung durch die Firma das Unternehmen verlässt.

(Anmerkung: An dieser Stelle kann auch der Hinweis auf tarifliche Vereinbarungen stehen. Für den Arbeitnehmer ist ein 13. Monatsgehalt vorteilhafter als eine Weihnachtsgratifikation. Bei einem vorzeitigen Ausscheiden erhält er dann den entsprechenden Anteil der Gratifikation. Falls der Hinweis auf die Freiwilligkeit der Leistung fehlt, besteht nach dreimaliger Zahlung ohne Widerrufsvorbehalt ein Rechtsanspruch darauf.)

§ 6 Urlaubsanspruch

Der Urlaub dient ausschließlich Erholungszwecken. Der Arbeitnehmer erhält pro Kalenderjahr .... Arbeitstage Urlaub.

(Anmerkung: Der gesetzlich festgelegte Urlaubsanspruch beträgt 24 Werktage pro Kalenderjahr. Der Hinweis auf die Zahlung von Urlaubsgeld und die Regelung der Auszahlung können ebenfalls an dieser Stelle stehen. Schwerbehinderte erhalten eine Woche Urlaub zusätzlich.)

§ 7 Arbeitsverhinderung

Der Arbeitnehmer ist verpflichtet, jede Arbeitsverhinderung und ihre voraussichtliche Dauer unverzüglich der Firma anzuzeigen. Im Falle krankheitsbedingter Arbeitsunfähigkeit hat der Arbeitnehmer eine entsprechende ärztliche Bescheinigung vorzulegen.

(Anmerkung: In vielen Unternehmen ist die sofortige Meldung üblich, ein ärztlicher Nachweis erst ab dem dritten Tag der Arbeitsunfähigkeit erforderlich.)

§ 8 Nebenbeschäftigung

Jede Nebenbeschäftigung ist der Firma anzuzeigen und vom Vorgesetzten zu genehmigen. Eine Genehmigung wird immer dann erteilt, wenn keine Firmeninteressen gefährdet sind und die Arbeitsleistung nicht beeinträchtigt wird. Die Regelung gilt auch während des Erholungsurlaubs.

(Anmerkungen: Grundsätzlich darf der Arbeitnehmer eine Nebenbeschäftigung ausüben. Ausnahmen bestehen nur dann, wenn die Arbeitsleistung beeinträchtigt wird oder der Arbeitnehmer gegen das Wettbewerbsverbot verstößt.)

§ 9 Verschwiegenheitspflicht

Der Arbeitnehmer verpflichtet sich, während des Dienstverhältnisses und nach der Beendigung keine ihm bekannten Geschäfts- oder Betriebsgeheimnisse an Dritte weiterzugeben.

(Anmerkung: Die Verschwiegenheitspflicht ergibt sich bereits aus der Treuepflicht des Arbeitnehmers. Trotzdem ist es sinnvoll, den Arbeitnehmer ausdrücklich darauf hinzuweisen.)

§ 10 Beendigung des Arbeitsverhältnisses

Das Arbeitsverhältnis kann beiderseitig mit einer Frist von 4 Wochen zum Monatsende gekündigt werden. Die Kündigung bedarf der Schriftform.

(Anmerkung: Kündigungen müssen von beiden Parteien grundsätzlich schriftlich abgefasst werden. Die gesetzliche Grundkündigungsfrist beträgt 4 Wochen zum 15. oder zum Monatsende. Die verlängerten Kündigungsfristen aufgrund der Betriebszugehörigkeit gelten nur für die arbeitgeberseitige Kündigung.)

§ 11 Sonstige Vereinbarungen

Nebenabreden und Änderungen dieses Vertrages bedürfen zu ihrer Wirksamkeit der Schriftform. Die Unwirksamkeit einer Bestimmung dieses Vertrages berührt die Wirksamkeit des Vertrages insgesamt nicht.

....
(Arbeitnehmer)   (Arbeitgeber)

....
(Ort, Datum)   (Ort, Datum)

3.8 Die Rolle des Betriebsrates bei der Personalauswahl

Vor der endgültigen Einstellung sind dem Betriebsrat (in Betrieben mit mehr als 20 wahlberechtigten Arbeitnehmern) die Unterlagen sämtlicher Bewerber vorzulegen und schriftlich mitzuteilen, welche Personen eingestellt werden sollen. Bei der beabsichtigten Einstellung eines leitenden Angestellten genügt die Information. Der Betriebsrat kann innerhalb einer Woche

- der Einstellung zustimmen;
- auf eine Stellungnahme verzichten;
- der Einstellung widersprechen (§ 99 BetrVG).

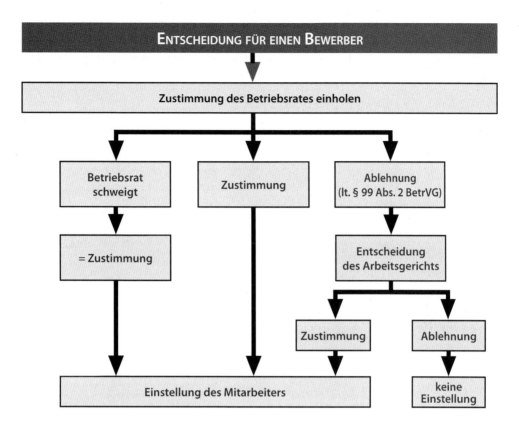

3.9 Personaleinführung

3.9.1 Funktion und Durchführung

Die Personaleinführung dient der Integration eines neuen Mitarbeiters. Für diesen ergibt sich durch den neuen Arbeitsplatz eine neue Lebenssituation, der er meist mit Freude, aber auch mit Skepsis gegenübersteht. Er kennt in der Regel weder seine Kollegen noch seine Vorgesetzten oder die konkreten Aufgaben, die er zu erledigen hat. Für das Unternehmen ist die gute Integration in persönlicher und fachlicher Hinsicht wichtig, weil viele Kündigungen von Mitarbeitern im ersten Jahr ihrer Beschäftigung erfolgen. Die erneute Suche und die evtl. nicht besetzte Stelle sind mit hohen Kosten verbunden. Zur internen Erfolgskontrolle bei Stellenbesetzungen sollte die Fluktuation in den ersten Monaten gesondert festgehalten werden.

Eine sinnvolle Hilfestellung bei der Einarbeitung ist die Aufstellung eines Konzeptes, das alle Maßnahmen enthält, die in dieser Phase zu berücksichtigen sind (nach TÜLLMANN 1993, S. 214):

- Festlegung der Einführungsmaßnahmen;
- Ablauf und inhaltliche Gestaltung aller Einführungsmaßnahmen planen;
- Auswahl geeigneter Personen zur Durchführung der Maßnahmen;

- inhaltliche und terminliche Abstimmung der Maßnahmen mit diesen Personen;
- Bereitstellung von geeignetem Informationsmaterial zur Einführung;
- Auswahl einer geeigneten Person zur Einarbeitung des Mitarbeiters (Pate);
- Erarbeitung eines Konzeptes mit dem Paten zur Einarbeitung des Mitarbeiters;
- Auswahl und Bereitstellung geeigneter Unterlagen;
- Freistellung des Paten in erforderlichem Umfang;
- Festlegung, wie und wann die Einarbeitungsfortschritte erfasst werden.

Nachdem ein solches Konzept erarbeitet wurde, sollte man die zu berücksichtigenden Punkte in einer Checkliste festlegen (siehe S. 85–87).

Am ersten Tag ist es die Aufgabe des Vorgesetzten, den neuen Mitarbeiter zu begrüßen und ihn bei den Kollegen und am Arbeitsplatz einzuführen. Der neue Mitarbeiter sollte einen vorbereiteten Arbeitsplatz vorfinden und positiv empfangen werden.

Darüber hinaus gehört zu den Einführungsmaßnahmen:
(1) das Aufzeigen von Unternehmensstrukturen;
(2) die Bekanntgabe von geltenden Unfallverhütungsvorschriften;
(3) die Bekanntmachung von Betriebsvereinbarungen;
(4) das Vorstellen von Sozial- und Bildungseinrichtungen.

(1) Unternehmensstrukturen

Hier geht es um Fragen der Organisation, der Größe des Unternehmens, der Produktpalette, der Fertigungsverfahren oder des Dienstleistungsangebots. Neben Gesprächen eignen sich Werksführungen, Filme und schriftliches Informationsmaterial zur Veranschaulichung.

(2) Unfallverhütungsvorschriften

In §81 des BetrVG ist geregelt, dass der Arbeitgeber den Arbeitnehmer vor Beginn der Beschäftigung über die Unfall- und Gesundheitsgefahren zu unterrichten hat. Falls es Sicherheitsbeauftragte im Unternehmen gibt, können diese den neuen Mitarbeiter mit allen Regelungen vertraut machen und dafür sorgen, dass er mit entsprechenden Materialien (z.B. Sicherheitshelm) ausgestattet wird.

(3) Betriebsvereinbarungen

Diese können von einem Mitarbeiter der Personalabteilung vorgestellt werden. Gut ist es aber auch, wenn ein Mitglied des Betriebsrates diesen Teil übernimmt, da der Mitarbeiter dann gleich eine weitere Kontaktperson kennenlernen kann. Neben den bisher getroffenen Vereinbarungen sollte der neue Mitarbeiter erfahren wie und wo (z.B. im Intranet) er sich auf dem Laufenden halten kann. Weiterhin sollten an dieser Stelle die geltenden Arbeitszeit- und Pausenregelungen besprochen werden. Auch über die Urlaubsplanung und die Modalitäten der Entgeltauszahlung ist zu informieren. Zusätzlich sollte man den Mitarbeitern Tipps bezüglich des erwarteten Verhaltens geben (z.B. Rauchen am Arbeitsplatz, private Telefonate, Internetnutzung, Kleidung, Alkoholgenuss, Fernbleiben von der Arbeit usw.).

(4) Sozial- und Bildungseinrichtungen

Hier sind zunächst die Betriebseinrichtungen vorzustellen (z. B. Sanitärräume, Kantinen, Sporteinrichtungen, Werksbüchereien etc.). Falls es Einrichtungen wie den Werksverkauf für Mitarbeiter oder Betriebskrankenkassen und freiwillige Unterstützungskassen gibt, sollten auch diese erläutert werden.

Viele Unternehmen verfügen über eine eigene Abteilung, die sich mit der Personalentwicklung befasst. Auch hierüber ist der Mitarbeiter zu informieren.

3.9.2 Checkliste zur Einführung neuer Mitarbeiter

Checkliste zur Einführung neuer Mitarbeiter		
Phasen	Anmerkungen	Erledigt
Vorbereitung ■ Genauen Einsatz geplant? Arbeitsplatz vorbereitet?		
■ Arbeitsunterlagen überprüft?		
■ Kollegen unterrichtet?		
■ Einarbeitung an Betriebspaten übertragen?		
■ Arbeitsbeginn und Zeit für die Einführung vorgemerkt?		
Begrüßung ■ Persönliches Gespräch über Werdegang und berufliche Ziele geführt?		
■ Überblick über Betriebsorgane und die Einordnung der Stelle gegeben?		
■ Arbeit im betrieblichen Gesamtrahmen erklärt?		
■ Schwerpunkte und Ziele des Arbeitsgebiets erläutert?		
■ Einführungsschrift, Betriebszeitschrift, Führungsgrundsätze und Arbeitsordnung ausgehändigt?		
Vorstellung ■ Evtl. beim nächsthöheren Vorgesetzten?		
■ Bei den künftigen Kollegen?		
■ Beim Betriebspaten?		
■ Bei anderen Mitarbeitern, mit denen er zu tun hat?		

Phasen	Anmerkungen	Erledigt
Orientierung ■ Arbeitsplatz gezeigt?		
■ Garderobe gezeigt?		
■ Sanitärräume gezeigt?		
■ Auf Sanitätsräume (erste Hilfe) hingewiesen?		
■ Kantine gezeigt und Modalitäten (Essensmarken, Essenszuschuss) erläutert?		
■ Schlüssel ausgehändigt?		
■ Materialbestellung erklärt?		
■ Zutrittskarte/ Zeiterfassung geklärt?		
Information ■ Die wichtigsten Arbeitsunterlagen erläutert?		
■ Hinweise auf Sicherheitsvorschriften und -einrichtungen sowie auf besondere Unfallgefahren?		
■ Schwarzes Brett gezeigt?		
■ Intranet erklärt?		
■ Hinweise über Verhalten bei Unfall und Krankheit gegeben?		
■ Über Arbeitszeit, Pausen, Urlaubsregelung, Zahlung des Entgelts informiert?		
■ Betriebliches Vorschlagswesen erläutert?		
■ Über Betriebsrat, Betriebsarzt, Schwerbehindertenvertretung, Sicherheitsbeauftragte, Datenschutzbeauftragten informiert?		
■ Auf betriebliche Einrichtungen hingewiesen?		

Phasen	Anmerkungen	Erledigt
Einarbeitung ■ Stellenbeschreibung ausgehändigt?		
■ Unterlagen und Arbeitsabläufe erklärt?		
■ Über Arbeitsgänge, Befugnisse und Verantwortung in Einzelheiten unterwiesen?		
■ Fragen des Datenschutzes erörtert?		
■ Arbeitsausführung geprüft?		
■ Arbeitsergebnisse besprochen?		
Kontrolle ■ Um den neuen Mitarbeiter systematisch gekümmert?		
■ Fortschritte anerkannt?		
■ Erforderlichenfalls Hilfestellung gegeben? – Nach einer Woche? – Nach 4 Wochen – Nach 3 Monaten?		
Beurteilung ■ Eignung oder Nichteignung innerhalb der Probezeit festgestellt?		
■ Evtl. Umsetzung veranlasst?		
■ Weitere Einarbeitungshilfen in die Wege geleitet?		
■ Entscheidung über endgültige Einstellung getroffen?		
■ Fortbildungmaßnahmen geplant?		

Statt die Spalten „Erledigt" und „Anmerkungen" in der Checkliste zu verwenden bzw. als Ergänzung könnte auch ein kurzer Hinweis enthalten sein, wer den betreffenden Teil übernimmt (z.B. Vor. = Vorgesetzter, PA = Personalabteilung, Kol.= Kollegen usw.). Ebenfalls möglich ist, dass die eingesetzten Informationsmittel genannt werden. Denkbar ist auch eine Aufteilung nach Zeitabschnitten, z.B. folgendermaßen:

1. Tag	Begrüßung durch den Vorgesetzten …
1. Woche	Einführungsveranstaltung …
1. Monat	Betriebsrundgang …

3.9.3 Praxisbeispiel 1

Sonderformen der Personaleinführung

Die Bedeutung von Übergangssituationen

Von besonderer Bedeutung für die Personalentwicklung sind sowohl aus der Sicht der Mitarbeiter als auch aus der Sicht des Unternehmens Übergangssituationen, bei denen es um die Übernahme neuer Aufgaben geht. An diesen Übergängen werden entscheidende Weichen für den beiderseitigen Erfolg gestellt.

Für die Mitarbeiter geht es darum, den eigenen Erfolg und das weitere Vorankommen in einem neuen Arbeitsumfeld zu sichern. Das Interesse des Unternehmens und seiner Führungskräfte ist es, bei der Besetzung von Stellen sicherzugehen, dass sie von den Mitarbeitern erfolgreich übernommen werden.

Die optimale Stellenbesetzung bildet auch für das Unternehmen eine wesentliche Erfolgsvoraussetzung. Die Einführung neuer Mitarbeiter folgt ebenso wie die Entwicklung der High-Potentials des Unternehmens zur Übernahme anspruchsvoller Aufgaben – mit einigen Besonderheiten – der gleichen Logik wie die allgemeine Mitarbeiterentwicklung, die in Kapitel 6 beschrieben ist.

Die Einführung neuer Mitarbeiter hat das Ziel, zwischen neuen Mitarbeitern und Unternehmen eine tragfähige Beziehung zu konstituieren. Es soll eine Verbindung zu beiderseitigem Nutzen entstehen. Das Unternehmen will sicherstellen, dass die neuen Mitarbeiter schnell produktiv an der Realisierung der Unternehmensziele mitwirken. Die Neulinge wollen im Unternehmen einen Platz finden, an dem sie erfolgreich ihre berufliche Zukunft gestalten können.

Am Anfang jeden Beziehungsaufbaus liegt eine Phase, in der sich die Partner miteinander vertraut machen, indem sie einander kennenlernen und sich aufeinander einstellen. Das gegenseitige Kennenlernen ist am Anfang eines Arbeitsverhältnisses besonders wichtig, denn beide Seiten lassen sich – bei allen Chancen, die das ganze natürlich bietet – bis zu einem gewissen Grad auf ein Wagnis ein.

Das Verhältnis, auf das man sich einlässt, verursacht zunächst für beide Partner Kosten. Das Unternehmen investiert Geld und Zeit in die Anwerbung, Auswahl und Einarbeitung der neuen Mitarbeiter. Neue Mitarbeiter lösen sich aus bestehenden Arbeitsverhältnissen, legen sich fest, verwerfen mögliche andere Beschäftigungsalternativen, nehmen zum Teil einen Wohnortwechsel in Kauf und ändern nicht selten weite Teile ihrer Lebensführung. Beide Seiten investieren eine Menge in das neue Arbeitsverhältnis. Das tun sie in der Regel, obwohl sie sich eher flüchtig kennen. Nach den üblichen zwei oder drei Gesprächen, in denen sich beide Seiten von ihrer „Schokoladenseite" zeigen, kann man kaum mehr erwarten. Das Unternehmen hat es in der Hinsicht etwas leichter. Es kann sich ausgeklügelter Auswahlverfahren bedienen, die ihm helfen, sich ein realistischeres Bild von der Eignung der Bewerber zu machen. Das Risiko einer Fehlentscheidung aber bleibt.

Unternehmen und neue Mitarbeiter stellen sich zu Beginn des Arbeitsverhältnisses aufeinander ein, indem sie beiderseitig Ziele, Rollen, Rechte, Pflichten, Aufgaben und Leistungen, aber auch Wünsche und Erwartungen, Normen und Werte vereinbaren. Die Partner richten sich aufeinander ein und passen sich einander an. All das passiert in den ersten Monaten der Beschäftigung. Während der Probezeit, mit der fast jedes Arbeitsverhältnis startet, passiert der größte Teil der gegenseitigen Anpassung. Die Idee freilich, diese Probezeit zu wörtlich zu nehmen („Wenn es nicht funktioniert, dann trennt man sich eben wieder"), verbietet sich in der Regel. Die „Investitionen", die beide Seiten vorab in das gegenseitige Verhältnis gesteckt haben, verbieten einen leichtfertigen Umgang damit, wenn gegenseitige Fairness die weitere Beziehung bestimmen soll.

Der Anfang des Beschäftigungsverhältnisses ist also von entscheidender Bedeutung für die gegenseitige Partnerschaft. Was sich hier – gewollt oder unwillentlich, bewusst oder unbewusst – an gegenseitigen Annahmen, Erwartungen und Handlungsmöglichkeiten etabliert, bestimmt das restliche Arbeitsverhältnis. Aus diesem Grund wird diese Phase hier besonders hervorgehoben. Im Folgenden werden zwei Möglichkeiten beschrieben, eine tatsächliche „Probezeit" zu beiderseitigem Nutzen zu gestalten. Gemeint ist die zeitlich befristete Beschäftigung von Praktikanten und die Zusammenarbeit mit Diplomanden.

Praktikanten

Für viele Unternehmen stellt sich die Lage auf dem Arbeitsmarkt in gewisser Weise paradox dar. Millionen Menschen suchen nach Arbeit, während sich die Besetzung bestimmter Stellen mangels geeigneter Bewerber schwierig gestaltet. Die Situation wird in einigen Bereichen dadurch dramatisch, dass ausgerechnet die Qualifikationen, die von Unternehmen im Bereich der Zukunftstechnologien gebraucht werden, am Arbeitsmarkt nicht verfügbar sind. So ist beispielsweise der Arbeitsmarkt für bestimmte Ingenieurberufe (z. B. Elektrotechnik, Softwareentwicklung, Maschinenbau) zum gegenwärtigen Zeitpunkt – und es gibt keine Anzeichen für eine baldige Änderung – durch eine geringe Anzahl von Absolventen gekennzeichnet, der eine Vielzahl von Unternehmen gegenübersteht, die genau diese Absolventen dringend benötigen. Die Industrie hat mehr Bedarf an Ingenieuren als die Hochschulen ausbilden. Jungingenieure sind dadurch in der glücklichen Lage, sich ihren zukünftigen Arbeitgeber sorgfältig auswählen zu können.

Für Unternehmen, die in einem Wettbewerb um die wenigen Bewerber stehen, ist es wichtig, als Arbeitgeber attraktiv zu sein. An dieser Stelle wird es notwendig, so früh wie möglich eine Beziehung zu den angehenden Fachleuten aufzubauen. Praktika bieten hierzu eine gute Möglichkeit. Die meisten Studiengänge fordern von den Studenten die Ableistung von mehrwöchigen bis mehrmonatigen Praktika. Für die Unternehmen gibt das eine willkommene Gelegenheit, mit jungen Fachkräften in Beziehung zu treten. Das Unternehmen kann den Studenten einen klaren Nutzen bieten. Die Studenten können die Arbeit im Unternehmen kennenlernen. Das Unternehmen kann sich einen Eindruck von der Leistungsfähigkeit der Praktikanten machen.

Entscheidend für den Erfolg des Praktikums ist seine Gestaltung. Durch sie soll der potenzielle zukünftige Mitarbeiter einen Eindruck von der Arbeit und davon, wie das Unternehmen seine Mitarbeiter integriert und erfolgreich macht, erhalten.

Bestandteile eines Praktikums:
- Persönliche Betreuung
- Zielvereinbarung
- Praktische Arbeit im Unternehmen
- Kennenlernen des Unternehmensumfeldes
- Feedback

Wichtig für einen Praktikanten, der nur wenig Zeit hat, sich im Unternehmen zu orientieren, sind klare Ansprechpartner, die ihm helfen, sich im Unternehmen zurechtzufinden. Es hat sich an dieser Stelle bewährt, wenn die Verantwortung für die Praktikantenbetreuung an einer Stelle im Unternehmen – idealerweise bei einer Person – gebündelt ist. Sie dient sowohl den Studenten als auch den Fach- und Führungskräften, die mit den Praktikanten zusammenarbeiten sollen, als Bezugsperson und sorgt dafür, dass die Praktika in den gewünschten Bahnen verlaufen und alle notwendigen Bestandteile beinhalten. Sie übernimmt zu Beginn die Kontaktaufnahme zu möglichen Praktikanten, trifft die Auswahl, erledigt die Formalitäten dieser zeitlich befristeten Beschäftigung und sorgt für ein adäquates Einsatzfeld in einer Fachabteilung, in der ein fachlich kompetenter Ansprechpartner zur Verfügung steht.

Im Verlauf des Praktikums begleitet die Bezugsperson eher moderierend den Aufenthalt. Zu Anfang sorgt sie z. B. dafür, dass der Praktikant mit dem Ansprechpartner der Fachabteilung eine klare Zielvereinbarung trifft. Diese beinhaltet zum einen die Ziele, die der Praktikant aus seiner Ausbildungssituation heraus erreichen will, und zum anderen die Ziele, die er für das Unternehmen erreichen soll.

> **Zielvereinbarung zum Praktikum:**
> - Welche Kompetenzen, Erfahrungen soll der Praktikant nach Ablauf des Praktikums erworben haben?
> - Welche praktischen Leistungen und Ergebnisse soll der Praktikant in der Fachabteilung für das Unternehmen erbringen?
> - Welche Unterstützung erhält der Praktikant von der Fachabteilung?
> - Welches Know-how bringt der Praktikant ins Unternehmen ein?

Die Zielvereinbarung macht den Praktikanten mit einem wesentlichen Prinzip der Arbeit in Organisationen bekannt, nämlich dem der gegenseitigen Verpflichtung. Beide Seiten verpflichten sich, für den jeweils anderen Partner eine Leistung zu erbringen, und erhalten dafür eine Gegenleistung. Der Betreuer achtet darauf, dass zwischen der Fachabteilung und dem Studenten eine echte Vereinbarung, also eine faire Übereinkunft zwischen zwei Partnern, zustande kommt – und nicht etwa eine einseitige Zielvorgabe erfolgt.

Bei der Auswahl eines Einsatzbereiches ist streng darauf zu achten, dass ein Aufgabenfeld gefunden wird, in dem der Praktikant mit seiner Qualifikation eine reale Aufgabe zu lösen hat. Der Student will die praktische Arbeit kennenlernen. Das passiert nicht durch Beobachtung oder durch das Lösen von Scheinaufgaben. Nur die Bearbeitung von echten Aufträgen – z. B. Lösung von Aufgabenstellungen in einem realen Projektzusammenhang – bringt das Gefühl mit sich, eine sinnvolle Leistung erbracht zu haben, und verschafft die Möglichkeit echter Erfolgserlebnisse. Ideal ist es, wenn der Praktikant sein im Studium erworbenes Know-how einsetzen kann.

Damit der Student im Praktikum auch einen Eindruck vom unternehmerischen Umfeld erhält, in dem er arbeitet, sollten Informationsveranstaltungen und Betriebsbesichtigungen angeboten werden.

Am Ende eines Praktikums steht die gemeinsame Betrachtung seines Verlaufs und seiner Ergebnisse, also eine Überprüfung, ob die zu Beginn vereinbarten Ziele erreicht wurden. Auch an dieser Stelle ist es wichtig, dafür zu sorgen, dass die beiden Parteien voneinander profitieren. Auch wenn die Zusammenarbeit nur von kurzer Dauer war, konnten beide Partner nützliche Informationen über einander sammeln. Der Student kann dem Unternehmen und insbesondere seinen Betreuern aus seiner unvoreingenommenen, noch nicht betriebsblinden Sicht eine Rückmeldung über die Arbeit in der Fachabteilung und die Organisation des Praktikums geben. Für das Unternehmen kann diese Außenperspektive zur wichtigen Quelle für Optimierungsansätze im Rahmen kontinuierlicher Verbesserungsprozesse werden.

Für den Praktikanten ist es wichtig, ein Feedback über die eigene Arbeit im betrieblichen Kontext zu erhalten. Aussagen über Stärken und Schwächen in arbeitsrelevanten Kompetenzen sollten mit Hinweisen darüber verbunden werden, was der Student bis zum endgültigen Eintritt ins Berufsleben unternehmen kann, um Stärken weiter auszubauen und Schwächen zu kompensieren. Für die meisten Studenten ist diese Art von „Karriereberatung" einer der wichtigsten Teile des Praktikums.

> **Entwicklungshinweise für Praktikanten:**
> - Fach- und Methodenkompetenz
>   – Einschätzung der Stärken und Schwächen
>   – Entwicklungsempfehlung zur Fach- und Methodenkompetenz
> - Sozialkompetenz und Persönlichkeit
>   – Einschätzung der Stärken und Schwächen
>   – Entwicklungsempfehlung zur Sozialkompetenz und Persönlichkeit
> - Sonstige Empfehlungen für Studium und Karrierevorbereitung

Die Beurteilung, die für die Studenten zur weiteren Gestaltung ihrer beruflichen Entwicklung wertvoll ist, hat natürlich auch für das Unternehmen einen Nutzen. Sofern sich der Praktikant als erfolgversprechende Nachwuchskraft darstellt, wird das Unternehmen alles tun, um die Beziehung aufrecht zu halten, und eine spätere Beschäftigung anstreben. Sofern das Potenzial wenig interessante Anknüpfungspunkte bietet, wird das Unternehmen die Beziehung auslaufen lassen.

Die Beurteilung der Leistungen im Praktikum erleichtert auch die Erstellung eines aussagefähigen Arbeitszeugnisses für den Praktikanten. Gerade die Zeugnisse über praktische Tätigkeiten außerhalb des Studiums sind oft bei späteren Bewerbungen von höherer Bedeutung als die Zeugnisse über schulische Leistungen oder abgelegte Prüfungen.

Diplomanden

Praktika bieten Unternehmen und Studenten die Möglichkeit zu einem ersten vertieften Kennenlernen. Die Möglichkeiten, voneinander zu profitieren, sind in der Regel durch den knappen zeitlichen Rahmen begrenzt. Eine weiter gehende Möglichkeit bietet die Vergabe und Betreuung von Diplomarbeiten. Unternehmen haben so die Möglichkeit, eine vorhandene Problemstellung von einer wissenschaftlich ausgebildeten Fachkraft bearbeiten zu lassen, die wahrscheinlich mit großem Engagement all ihr Wissen in die Bearbeitung der Fragestellung investieren wird.

Das Know-how eines Diplomanden ist dabei frisch vom aktuellen „Stand der Kunst" im jeweiligen Fachgebiet geprägt. Der Blick des Studenten auf die Thematik ist noch nicht durch eine längere Anpassung an die betrieblichen Gegebenheiten und Routinen von „Betriebsblindheit" getrübt. Der Diplomand erhält im Gegenzug eine über die Möglichkeiten von Praktika weit hinausgehende Chance, die praktische Arbeit im Unternehmen kennenzulernen.

Er bearbeitet eine Fragestellung, die es ihm erlaubt, Theorie und Praxis ideal zu verbinden. Der betriebliche Kontext bietet ihm in der Regel die kostenlose Nutzung von Ressourcen, die ihm an den meisten Universitäten in diesem Umfang nicht zur Verfügung stehen. Mit der erfolgreichen Bearbeitung einer praxisnahen Diplomarbeit erhält er eine Bestätigung seiner Leistungsfähigkeit, die seinen Wert auf dem Arbeitsmarkt weit mehr erhöht als die Zensuren aus allen anderen Prüfungen.

Wie bei einem Praktikum steht auch am Anfang der Zusammenarbeit mit Diplomanden eine Zielvereinbarung. Diese findet allerdings hier lange vor dem eigentlichen Start der Arbeit statt, denn die Abstimmung und Genehmigung der Arbeitsthemen mit den Prüfungsausschüssen der Hochschulen nimmt eine gewisse Zeit in Anspruch. Die Zielvereinbarung definiert die Fragestellung und gibt an, welche Ergebnisse in welchem Zeitrahmen erarbeitet werden sollen. Darüber hinaus wird festgelegt, welche Ressourcen genutzt werden können und welche Unterstützung dem Studenten zur Verfügung gestellt wird.

> **Zielvereinbarung zur Diplom- /Examensarbeit**
> - Wie lauten Titel und genaue Fragestellung der Arbeit?
> - Wann werden die Ergebnisse in welcher Form präsentiert?
> - Wann werden welche Zwischenergebnisse präsentiert?
> - Welche Ressourcen werden dem Diplomanden für die Zeit der Bearbeitung überlassen?
> - Welche Ansprechpartner stehen dem Studenten zur Verfügung?
> - Welche weiteren Rechte und Pflichten ergeben sich für Diplomanden und Unternehmen?

Für die erfolgreiche Bearbeitung der Arbeit kann eine Prämie in Aussicht gestellt werden. Auch die Frage, ob und in welchem Umfang Verwertungsrechte an den Ergebnissen der Arbeit auf das Unternehmen übergehen, muss vorab klar vereinbart sein.

Nach der Fertigstellung der Diplomarbeit und der Präsentation der Ergebnisse erfolgt eine Abschlussbewertung mit den gleichen Inhalten wie bei einem Praktikum. Wenn eine Übernahme des Studenten in ein Arbeitsverhältnis erfolgen soll, geht diese in die erste Entwicklungsvereinbarung im Rahmen der weiteren Einarbeitung ein.

3.9.4 Praxisbeispiel 2

Einführung neuer Mitarbeiter

Einführung

Während der Einarbeitung neuer Mitarbeiter verfolgen das Unternehmen auf der einen Seite und die neuen Mitarbeiter auf der anderen Seite komplementäre Ziele. Das Unternehmen will die neuen Mitarbeiter so schnell und umfassend wie möglich in die Arbeitsprozesse integrieren. Sein Ziel ist es also, dafür zu sorgen, dass sich die neuen Mitarbeiter schnell in ihren Aufgaben zurechtfinden und die ihnen gestellten Ziele selbstständig realisieren. Die Mitarbeiter auf der anderen Seite wollen sich in der neuen Situation orientieren. Sie wollen das neue, unbekannte Umfeld erkunden, ihre Arbeit und die Personen, mit denen sie es zu tun haben, kennenlernen. Sie wollen den Status einer gewissen Hilflosigkeit, die sich zwangsläufig auf einem unbekannten Terrain ergibt, abstreifen und die Handlungsfähigkeit erlangen, die sie brauchen, um ihre Ziele zu realisieren (OLESCH 2008).

Die arbeitsbezogene Orientierung der neuen Mitarbeiter bezieht sich auf zwei Aspekte: Zum einen ist dies die neue Tätigkeit im engeren Sinne – also das, was konkret am Arbeitsplatz zu tun ist, die Ziele, die zu realisieren sind, Systeme und Instrumente, mit denen die Arbeit erledigt wird, und die Rahmenbedingungen, unter denen die Arbeit erfolgen muss –, zum anderen ist dies das Unternehmen, seine Beziehungen und Abhängigkeiten in sich und mit seiner Umwelt.

Arbeitsplatzbezogene Einarbeitung

Am Anfang der Einarbeitung steht die Besprechung des Stellenbildes zwischen dem Neuling und seinem Vorgesetzen. So wie sich in der späteren Zusammenarbeit im Rahmen von Zielvereinbarungsgesprächen konkrete Jahresziele aus dem Stellenbild vor dem Hintergrund der strategischen Zielsetzungen des Unternehmens ableiten lassen, werden am Beginn der Zusammenarbeit Ziele für die Einarbeitungszeit vereinbart.

Zielvereinbarung zur arbeitsplatzbezogenen Einarbeitung:

- Welche Aufgaben werden im Einarbeitungszeitraum mit welchem – überprüfbaren! – Ergebnis bearbeitet?
- Welche Kompetenzen erwirbt der neue Mitarbeiter während der Einarbeitungszeit (z. B. Fertigkeiten im Umgang mit arbeitsplatzspezifischen Instrumenten und Methoden)?
- Wann werden die Ergebnisse in welcher Form gemeinsam überprüft?
- Welche Unterstützung erhält der neue Mitarbeiter, um die Ziele erreichen zu können?
- Von wem erhält der neue Mitarbeiter die vereinbarte Unterstützung?

Mit der Vereinbarung der Ziele erhält der Mitarbeiter eine klare Ausrichtung für die erste Zeit im Unternehmen. An dieser Stelle ist es von besonderer Wichtigkeit, darauf zu achten, dass die Ziele realistisch sind, d.h., dass sie in der zur Verfügung stehenden Zeit mit den bereitstehenden Mitteln und Kompetenzen realisiert werden können.

Sofern es erforderlich ist, neue Kompetenzen zu erwerben, stehen unterschiedliche Methoden zur Verfügung, die je nach Situation und Art der Aufgabe ausgewählt werden können. Teilweise werden Kompetenzen einfach im Vollzug der Arbeit erworben, teilweise ist eine unterstützende Begleitung durch Kollegen oder Vorgesetzte notwendig. In machen Fällen wird man um eine formale Schulung oder ein Training nicht herumkommen, während das Wissen in anderen Fällen durch Selbststudium (z.B. mithilfe von Akten und Unterlagen, Literatur, Lernprogrammen, Lernsoftware, Videos oder anderer Medien) erworben werden kann.

Unternehmensbezogene Einarbeitung

Die arbeitsplatzbezogene Einarbeitung sorgt dafür, dass neue Mitarbeiter schnell in die Lage versetzt werden, das zu tun, was ihre Aufgabe ist. Darüber hinaus gibt es im weiteren Umfeld des Arbeitsplatzes eine Reihe von Zusammenhängen, in die neue Mitarbeiter eingeführt werden müssen.

> **Leitfragen zur unternehmensbezogenen Einarbeitung:**
> - Welches sind die wichtigen Schnittstellen des eigenen Bereiches?
> - Was sind die Ziele und Strategien des gesamten Unternehmens?
> - Welche anderen Bereiche arbeiten in welcher Form zusammen?
> - Wie ist das Unternehmen strukturiert und wie hat es seine Kernprozesse organisiert?
> - Was zeichnet die Unternehmenskultur aus?
> - Was sind Werte und Normen im Unternehmen?
> - Welche Personen spielen formal oder informell eine wichtige Rolle?

Man kann davon ausgehen, dass alle diese Fragen früher oder später von selbst eine Antwort finden. Wenn es – was meist der Fall ist – länger dauert, verlängert sich automatisch die Zeit der Unsicherheit, in der sich ein neuer Mitarbeiter noch fremd im Unternehmen fühlt.

Praxisorientierte Einarbeitungsprogramme

Mitarbeiter bringen dann die größte Leistungsbereitschaft auf, wenn sie sich mit dem Unternehmen und seinen Zielen identifizieren. Wie sollen Sie sich aber mit etwas identifizieren, was sie erst vage kennen? Aus diesem Grund ist es sinnvoll, das Kennenlernen aktiv zu gestalten, indem man ein Einführungsprogramm organisiert.

Nicht alle Mitarbeiter haben hier den gleichen Informationsbedarf. Das hängt vor allem mit der eigenen Aufgabe zusammen. Mitarbeiter in Dienstleistungsbereichen, die Querschnittsaufgaben für das gesamte Unternehmen wahrnehmen, also mit allen anderen Bereichen Kontakt haben und Schnittstellen pflegen müssen, brauchen in der Regel ein sehr ausführliches Einführungsprogramm. Wer innerhalb eines Kernprozesses arbeitet und weniger Schnittstellen mit anderen Bereichen hat, hat einen geringeren Informationsbedarf. Grundsätzlich sollten Einführungsprogramme – schon aus Gründen der Wirtschaftlichkeit – individuell auf den Bedarf zugeschnitten werden. Dies geschieht am einfachsten mithilfe einer Checkliste. Die Führungskraft der neuen Mitarbeiter gibt vor deren Eintritt an, welche Bereiche und Themen im Rahmen der Einführung behandelt werden sollen.

Die folgende Checkliste wird z. B. im Unternehmen Phoenix Contact verwendet:

Anforderungsbogen Einarbeitungsprogramm	
Diesen Bogen bitte zusammen mit der 1. Seite des Einarbeitungsplans ausgefüllt an die Personalentwicklung (Fax ....) senden.	
Für Rückfragen stehen wir Ihnen gern zur Verfügung (Tel.: ....).	
Name des Trainees:	
Abteilung:	
Eintrittsdatum:	
Dialog mit der Geschäftsleitung	Fix
Unternehmensorganisation und -philosophie	Fix
Arbeitsschutz – Umweltschutz	Fix
Produktschulung für techn. Mitarbeiter (40 Std.)	
Produktschulung für kaufm. Mitarbeiter (8 Std.)	
Informationsverarbeitung	
Entwicklung und Produktmarketing Verbindungstechnik	
Entwicklung und Produktmarketing Elektronik	
Patentwesen	
Testlabor Betriebsbesichtigung	
Marketing Support/Messekoordination	
Presse- und Öffentlichkeitsarbeit	

Zentrale Korrespondenz	
Personalentwicklung	
Ausbildung/Phoenix College	
Vertrieb International	
Vertrieb Deutschland	
Systemvertrieb	
Kundenschulungen und -seminare	
Einkauf	
Logistik	
Elektronikfertigung Betriebsbesichtigung	
Maschinenbau	
Teileproduktion	
Montage	
Klemmenleistenmontage	
key-market production	
Qualitätsmanagement	
Service und Reparatur	
Seminar für neue Mitarbeiter	
C.I.S. - Computer Integrated Selling	
Bitte bedenken Sie bei der Auswahl der Programmpunkte, dass dem Trainee auch die notwendige Zeit für das Programm zur Verfügung gestellt wird und dass jeder dieser Punkte Kosten verursacht, also nach betrieblicher Notwendigkeit ausgewählt werden sollte.	

Neben den Einführungspunkten, die nach Notwendigkeit von der Führungskraft zusammengestellt werden, gibt es in jedem Unternehmen einige Punkte, die für alle neuen Mitarbeiter wichtig sind. Dazu gehört z. B. eine Veranstaltung, die den Neulingen die Unternehmensstrategie und -kultur vermittelt, eine Schulung in Arbeitssicherheit und Umweltschutz oder eine Gesprächsrunde mit Mitgliedern der Geschäftsleitung.

Die verschiedenen Einführungsbausteine können unterschiedliche Formen annehmen. Einige Bausteine erfolgen in Form einer Präsentation (z. B. Bereiche stellen sich vor), andere sind Diskussionsveranstaltungen (z. B. Dialog mit der Geschäftsleitung), wieder andere finden in Form von Zweiergesprächen (Abschlussgespräch) statt. Daneben kommen Führungen und Besichtigungen (z. B. Distributionszentrum) oder sogar Arbeitsaufenthalte in einzelnen Abteilungen (z. B. in der Produktion oder im Vertrieb) infrage.

Fazit

Es hat sich in der Praxis als sehr hilfreich erwiesen, wenn eine Person als zentraler Ansprechpartner für die neuen Mitarbeiter im Unternehmen die Einführungsprogramme betreut, organisiert und auf einheitliche Qualität der Bausteine achtet. Ihre Aufgabe ist es auch, mit allen Beteiligten einheitliche Standards festzulegen (z. B. erfahren die Teilnehmer mindestens Ziele und Tätigkeiten, Organisation, handelnde Personen, Ansprechpartner und Schnittstellen der vorgestellten Bereiche und erhalten eine Unterlage, in der die wichtigsten Inhalte zusammengefasst sind). Die Teilnehmer erhalten einen Beurteilungsbogen, der dazu dient, die Qualität zu registrieren und gegebenenfalls den Referenten ein Feedback zu geben, das ihnen Hinweise zu Optimierungsmöglichkeiten gibt.

3.10 Check-up

3.10.1 Zusammenfassung

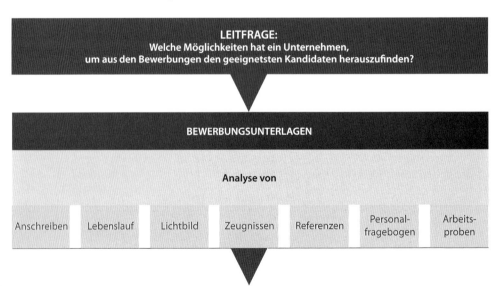

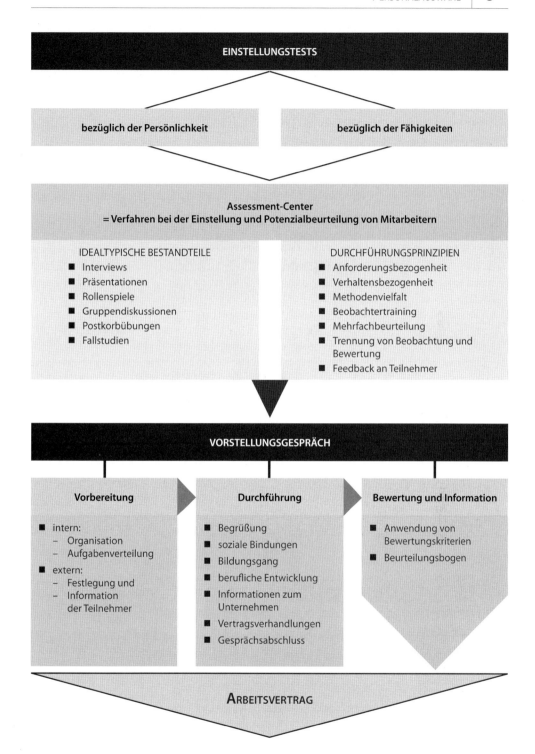

3.10.2 Aufgaben

1. Sie möchten im kommenden Sommer sechs Auszubildende einstellen: zwei im kaufmännischen Bereich, vier im gewerblichen Bereich. Erstellen Sie einen Ablaufplan über die geplante Vorgehensweise.
2. Einige Unternehmen bitten die Bewerber um das Ausfüllen eines Bewerbungsfragebogens / Personalfragebogens.
   a) Welche Gründe veranlassen die Unternehmen dazu?
   b) Welche Angaben, die nicht im Bewerbungsschreiben auftauchen, könnten dort abgefragt werden?
3. Sie sind zu einem Bewerbungsgespräch eingeladen und möchten sich darauf vorbereiten.
   a) Welche Informationen zum Unternehmen sollten Sie im Vorfeld einholen?
   b) Woher bekommen Sie die Informationen zum Unternehmen?
4. Die Nutzung des Instruments Vorstellungsgespräch gehört zu der verbreitetsten Auswahlmethode. Häufig führt die Interviewpraxis jedoch zu wenig verlässlichen Ergebnissen.
   a) Nennen Sie die Gründe dafür!
   b) Entwickeln Sie die Vorschläge, wie das Instrument effizienter gehandhabt werden kann!
5. In einer Stellenanzeige finden Sie folgende Aussagen:
   - ... eine entwicklungsfähige Position ...
   - ... in einem motivierten Team ...
   - ... bekannt für gutes Betriebsklima ...

- … eine angemessene, an der Leistung orientierte Vergütung …
- … mit hoher Verantwortung, bei weitgehend selbstständiger Bearbeitung …

Welche Fragen könnten Sie in einem Vorstellungsgespräch stellen, um den Inhalt der Aussagen zu überprüfen?

6. Erstellen Sie ein Schreiben, in dem Sie den Eingang der Bewerbungsunterlagen bestätigen, aber noch um etwas Geduld bitten!

7. Listen Sie die Kostenfaktoren auf, die durch die Einstellung eines neuen Mitarbeiters entstehen!

8. Klaus Meyer hat sein Studium zum Dipl.-Kfm. erfolgreich beendet. Nächsten Monat startet er als Verkäufer in der XY AG. Geplant ist eine dreimonatige Einarbeitung im Unternehmen, danach soll Herr Meyer auch im Außendienst tätig sein. – Entwerfen Sie einen Einarbeitungsplan für die erste Woche!

9. Im Zuge von Umstrukturierungen soll künftig auch die Personalabteilung prozessorientiert organisiert werden.

    Sie erhalten den Auftrag, den Arbeitsablauf für den Geschäftsprozess „Eintritt/Einstellung eines neuen Mitarbeiters" zu erstellen.

    a) Skizzieren Sie den Arbeitsablauf. Beginnen Sie mit der Bedarfsanforderung der Abteilung und enden Sie mit Beginn des 1. Arbeitstages.
    b) Nennen Sie weitere häufig wiederkehrende Arbeitsabläufe, bei denen sich ebenfalls eine Festlegung des Geschäftsprozesses anbieten könnte.

10. Ein Automobilzulieferer hat im Einvernehmen mit dem Betriebsrat die Stelle eines Entwicklungsingenieurs ausgeschrieben. Die Unternehmensleitung wählt Herrn Müller als neuen Mitarbeiter aus und unterrichtet fristgerecht den Betriebsrat. Dieser verweigert die Zustimmung zur geplanten Einstellung, weil Herr Müller Mitglied einer Konkurrenzgewerkschaft ist. Der Unternehmensleiter ist fassungslos.

    a) Prüfen Sie unter Zuhilfenahme des §99 BetrVG, ob die Ablehnung zulässig ist!
    b) Welche Möglichkeiten hat der Unternehmensleiter?

11. Im Rahmen einer gezielten Einarbeitung benötigt ein neuer Mitarbeiter wichtige Grundinformationen, die er zu Beginn seines Arbeitsverhältnisses erhalten sollte.

    a) Ordnen und erläutern Sie diese Grundinformationen nach
       - organisatorischen Gesichtspunkten und
       - arbeitsplatzbezogenen Gesichtspunkten!
    b) Welche Kompetenzen werden im Einarbeitungsprogramm gefördert?

12. Einige Unternehmen setzen das AC-Verfahren aus Angst vor hohen Kosten nicht ein.

    a) Welche Vorteile können Sie solchen Unternehmen nennen?
    b) Aus welchen Fachbereichen sollten die Beurteiler der AC-Bewerber kommen?
    c) Wie viele Bewerber sollten an einem AC teilnehmen?

3.10.3 Literatur

Olesch, G.: Kostenmanagement in der Personalgewinnung, in: Nachhaltiges Kostenmanagement, Schäffer Poeschel Verlag, Stuttgart 2008.

Olesch, G./Paulus, G.: Innovative Personalentwicklung, Beck-Verlag, München 2000.

Olfert, K.: Personalwirtschaft, Kiehl, Ludwigshafen 2008.

Teschke-Bährle, U.: Arbeitsrecht schnell erfasst, Springer Verlag, Berlin 2006.

Tüllmann, A.: Personalwirtschaft, EDE-VAU Verlag, Korschenbroich 1993.

4 Personalführung

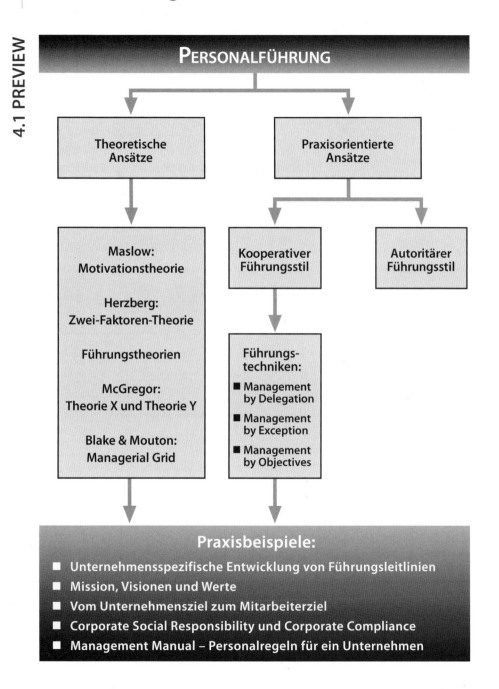

Durch zunehmende Globalisierung und verstärkte Forschung unterscheiden sich Betriebe heute nicht mehr so sehr in ihrer technischen Entwicklung oder ihrer materiellen Ausstattung, sondern vor allem in dem Maße, wie sich die Mitarbeiter für das Unternehmen einsetzen. Aussagen wie „Die Menschen sind unser wichtigstes Kapital, aber sie stehen in keiner Bilanz" belegen die herausragende Stellung des Personals als Erfolgsfaktor. Um das Potenzial der Mitarbeiter dementsprechend zu nutzen und auszubauen, brauchen Unternehmen Ansätze der Personalführung und Personalentwicklung (siehe Kap. 6).

Zunächst werden einzelne Motivations- und Führungstheorien vorgestellt. Anschließend folgt eine eher praxisorientierte Erläuterung von Führungsstilen und -techniken. Daraufhin wird am Beispiel Mobbing das breite Spektrum und die Vielschichtigkeit von Mitarbeiterführung verdeutlicht. Praxisbeispiele zur Entwicklung von Führungsleitlinien und zum sogenannten Management Manual geben zudem konkrete Einblicke in die Möglichkeiten der Personalführung.

4.2 Theoretische Ansätze zu Motivation und Führung

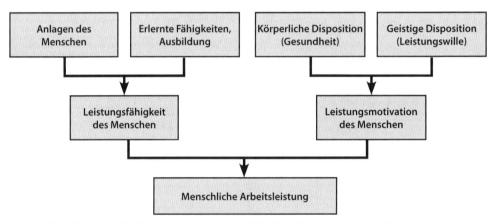

Wie in der obigen Abbildung (nach PULLIG 1980, S. 41) dargelegt, ist die Arbeitsleistung von der Leistungsfähigkeit und der Leistungsbereitschaft des Menschen abhängig. Die Anlagen und die körperliche Disposition sind vorgegeben. Daher bleiben als Gestaltungsbereiche für die Personalwirtschaft die Ausbildung und der Leistungswille des Mitarbeiters. An diesen Punkten setzen auch die theoretischen Ansätze der Mitarbeitermotivation und -führung an.

4.2.1 Bedürfnispyramide nach Maslow

Es gibt eine Reihe von Motivationstheorien, die sich nach Prozess- und Inhaltstheorien unterscheiden lassen. Inhaltstheorien versuchen herauszufinden, welche Dinge Menschen motivieren. Eine der bekanntesten Inhaltstheorien ist die Theorie des Amerikaners Abraham H. Maslow aus dem Jahr 1943. Maslow stellte eine Pyramide auf, in der er verschiedene Bedürfniskategorien in eine hierarchische Rangordnung brachte. Es gibt demnach fünf Bedürfniskategorien. Die jeweils nächsthöhere Bedürfniskategorie wird immer erst dann wirksam, wenn die tiefer liegenden Bedürfnisse befriedigt sind. Er unterscheidet dabei zwischen Defizitmotiven, die erst bei Abweichungen vom Normalmaß wirksam werden, und Wachstumsmotiven, die durch die Befriedigung nicht abnehmen, sondern weiter wachsen.

Auch wenn die Theorie von Maslow vielfach kritisiert wurde, so ist sie doch eine Basis für viele weitere Untersuchungen gewesen.

4.2.2 Zwei-Faktoren-Theorie von Herzberg

Frederick Herzberg hat 1968 primär die Frage nach der Zufriedenheit am Arbeitsplatz untersucht. Diese auch als Pittsburgh-Studie bekannte Untersuchung geht davon aus, dass die Zufriedenheit und die Unzufriedenheit der Mitarbeiter zwei unterschiedliche Dimensionen sind.

Unzufrieden wird der Mitarbeiter, wenn sich die Grundfaktoren wie Bezahlung, Qualität der Personalführung, Arbeitsbeziehungen, Arbeitsbedingungen und die Arbeitsplatzsicherheit verschlechtern. Verbesserungen machen den Mitarbeiter aber nicht zufrieden, sondern wirken sich relativ neutral aus. Herzberg nennt diese Faktoren „Hygienefaktoren". Hygienefaktoren befriedigen insbesondere extrinsische Bedürfnisse.

Zufriedenheit wird durch sogenannte „Motivatoren" oder „Satisfaktoren" erreicht. Diese entsprechen den Bedürfnissen, die aus der Arbeit selber entstehen, z.B. Anerkennung, Arbeitserledigung, Aufstieg, Erfolg. Sie befriedigen insbesondere intrinsische Bedürfnisse.

Herzberg leitet für Hygienefaktoren und Motivatoren verschiedene Wirkungen ab:
- Fehlen Hygienefaktoren, so ergibt sich Unzufriedenheit.
- Sind Hygienefaktoren vorhanden, so werden sie als selbstverständlich betrachtet und sie erzeugen keine motivationale Wirkung.
- Das Fehlen von Hygienefaktoren kann durch das Vorhandensein von Motivatoren nur zu einem geringen Teil ausgeglichen werden.
- Durch die unterschiedliche Wirkung von Motivatoren und Hygienefaktoren kann jemand gleichzeitig mit seiner Arbeit zufrieden und unzufrieden sein.

Als Kritik an Herzberg wird genannt, dass Zufriedenheit nur sehr schwer zu messen ist und nicht sichergestellt ist, dass die Fragestellung Herzbergs dies wirklich ermittelt. Weiterhin ist es möglich, dass ein Faktor wie die Bezahlung für eine bestimmte Mitarbeitergruppe Motivator ist, für eine andere Gruppe dagegen Hygienefaktor.

4.2.3 Führungstheorien

Die Führungstheorie versucht, den optimalen Führungsstil herauszufinden. Dazu betrachtet sie, wie sich die verschiedenen Führungsstile sowohl auf die Leistung als auch auf die Zufriedenheit der Mitarbeiter auswirken. Ferner wird untersucht, von welchen Einflussfaktoren die Führung abhängt. Dies kann z.B. die Art der Arbeit sein, die Eigenschaften der Mitarbeiter, die Eigenschaften des Führenden usw. Weiterhin wird untersucht, welche Zusammenhänge zwischen der Organisationsstruktur und der Art der Führung bestehen. Daraus haben sich vier Ausrichtungen der Führungstheorie entwickelt (PULLIG 1980, S. 60):

1. Personenmodelle
Diese Modelle fragen danach, welche Eigenschaften „große" Führende der Geschichte hatten. Dabei sind dann der Charakter und persönlichkeitspsychologische Merkmale ausschlaggebend für den Führungserfolg.
2. Gruppenmodelle
Hier ist der Führungserfolg abhängig von der geschickten Steuerung gruppendynamischer Prozesse.
3. Situationsmodelle
Hier gibt es nicht den einen erfolgreichen Führungsstil, sondern bei unterschiedlichen Führungssituationen sind unterschiedliche Führungshandlungen erfolgreich.

> **4. Interaktionsmodelle**
>
> Diese Modelle gehen davon aus, dass sich der Führende mit seinen Eigenschaften, die Situation selbst und die geführten Mitarbeiter in einer ständigen wechselseitigen Beziehung befinden. Der Erfolg hängt dann von der Konstellation der interdependenten Variablen ab.

4.2.4 Theorie X und Theorie Y von McGregor

D. McGregor stellt zwei unterschiedliche Denkweisen gegenüber, die infolgedessen unterschiedliches Führungsverhalten hervorrufen. Die traditionellen Ansichten von Führungskräften über ihre Mitarbeiter finden sich in der Theorie X wieder. Dieser – seiner Meinung nach falschen Ansicht – steht seine Theorie Y gegenüber (ALBERT 2005, S. 140).

▶ Theorie X

- Der Durchschnittsmensch hat eine angeborene Abneigung gegen Arbeit. Er versucht ihr nach Möglichkeit aus dem Weg zu gehen.
- Der Mensch muss deshalb gezwungen, gelenkt, geführt und mit Strafe bedroht werden, um das Ziel des Unternehmens zu erreichen.
- Der Mensch zieht es vor, an die Hand genommen zu werden, er möchte sich vor Verantwortung drücken, besitzt wenig Ehrgeiz und ist vor allem auf Sicherheit bedacht.

▶ Theorie Y

- Dem Durchschnittsmensch ist keine Arbeitsscheu angeboren. Arbeit kann zur Befriedigung dienen oder auch als Strafe hingenommen werden. Die Verausgabung ist bei der Arbeit ebenso da wie beim Spiel.
- Wenn der Mensch sich mit den Zielen der Organisation identifiziert, sind externe Kontrollen unnötig; er wird Selbstkontrolle und eigene Initiative entwickeln.
- Wie sehr er sich den Zielen verpflichtet fühlt, ist eine Funktion der Belohnungen, die er dafür erhält.
- Der Mensch kann unter geeigneten Bedingungen lernen, Verantwortung zu übernehmen und sogar zu suchen.
- Die wichtigsten Arbeitsanreize sind die Befriedigung von Ich-Bedürfnissen und das Streben nach Selbstverwirklichung.
- Viele Menschen besitzen einen hohen Grad an Einfallsreichtum und Kreativität.

Folgt man der Einschätzung McGregors, so wird unter den Bedingungen der industriellen Produktion das Vermögen der Mitarbeiter nur zum Teil genutzt.

4.2.5 Managerial Grid von Blake & Mouton

Zwischen 1945 und 1960 wurden an der Ohio State University eine Reihe von Untersuchungen zum Führungsstil durchgeführt. Danach hat das Führungsverhalten eine aufgabenorientierte und eine beziehungsorientierte Dimension. Darauf basiert auch der Ansatz von Robert J. Blake und Jane S. Mouton. Sie entwickelten das folgende Verhaltensgitter:

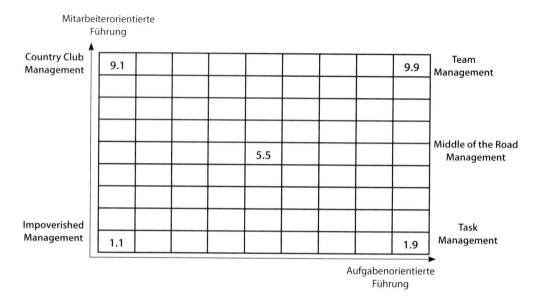

Erläuterungen (vgl. Albert 2005, S. 143)

- **Führungsform 1.1 – Impoverished Management**
  „Ausharren" – eine minimale Arbeitsleistung reicht aus, um die Zugehörigkeit zu sichern. Man verzichtet praktisch auf eine Führung. Andererseits sind auch keine befriedigenden sozialen Beziehungen zwischen den Mitarbeitern zu erreichen.

- **Führungsform 1.9 – Task Management**
  „Herrschen und Kontrollieren" – Führung mit alleiniger Aufgabenorientierung wie beim autoritären Führungsstil (vgl. Kap. 4.3.3); reine Ausrichtung auf die Leistung. Menschen werden ähnlich wie Maschinen behandelt, individuelle und soziale Bedürfnisse der Mitarbeiter werden minimiert.

- **Führungsform 9.1 – Country Club Management**
  „Nach Zuneigung und Zustimmung suchen" – bequemes Organisationsklima, einseitige Betonung der Mitarbeitererwartung ohne Berücksichtigung der Leistungen. Es herrscht freundliche Arbeitsatmosphäre bei entsprechend gemütlichem Arbeitstempo.

- **Führungsform 9.9 – Team Management**
  „Bedeutsame Beiträge liefern" – gemeinsames Engagement für die Erreichung der Unternehmensziele. Die gleichzeitige Ausrichtung auf Aufgabenerfüllung und die Berücksichtigung der Mitarbeiterbedürfnisse ist als Idealfall anzustreben.

- **Führungsform 5.5 – Middle of the Road Management**
  „Beliebt sein und dazugehören" – Eine befriedigende Arbeitsleistung wird durch ständige Kompromisse zwischen den Leistungsanforderungen der Organisation und den individuellen Bedürfnissen der Mitarbeiter aufrechterhalten.

4.3 Praxisorientierte Ansätze

4.3.1 Entwicklung der Personalführung

So wie sich in den vergangenen Jahrzehnten die Betriebe und ihre Organisation verändert haben, so hat es auch einen Wandel in der Personalführung gegeben. Ursachen für diesen Wandel sind:

- die veränderten Aufgaben – statt Körperkraft werden heute mehr geistige Anforderungen an die Mitarbeiter gestellt;
- die technische Weiterentwicklung – durch computergesteuerte Tätigkeiten haben die Arbeitnehmer weniger menschliche Kontakte;
- Rationalisierungsmaßnahmen – Menschen fühlen sich mehr und mehr durch Maschinen bestimmt;
- die Automatisierung – Psychologen begründen die zunehmende Aggression gegenüber Kollegen, Vorgesetzten und der Familie durch fehlende Möglichkeiten, Aggressionen abzubauen (z. B. durch harte körperliche Arbeit);
- die Beschäftigtenstruktur – Arbeitnehmer verfügen heute über mehr Bildung, haben häufig Spezialwissen, über das der Vorgesetzte nicht verfügt;
- die Anforderungen der Mitarbeiter – Mitarbeiter kennen ihren Wert, haben ein stärkeres Selbstbewusstsein, haben eigene Ziele;
- das Bildungsniveau – der qualitative Abstand zwischen Führungskräften und Mitarbeitern hat sich verringert;
- die Teambildung – es muss nicht ein Mitarbeiter gesteuert werden, sondern gruppendynamische Prozesse;
- die Unternehmenskonzentration – die Arbeitsabläufe sind nicht mehr überschaubar.

4.3.2 Aufgaben und Ziele der Mitarbeiterführung

Nachdem Gründe für den Wandel aufgezeigt wurden, ist die Frage, welche Aufgaben und Ziele heute im Einzelnen durch die betriebliche Führung erreicht werden sollen.

Leitlinien moderner Mitarbeiterführung

1. Planung

Im Bereich der Planung geht es um die Frage, welcher Mitarbeiter zu welchem Zeitpunkt mit welchen Hilfsmitteln eine bestimmte Arbeit erledigen soll.

2. Information

Der Mitarbeiter muss über seine Aufgaben informiert werden. Die Aufträge müssen klar formuliert und vollständig sein. Er muss sich rechtzeitig auf Veränderungen einstellen können, Änderungen sind zu begründen.

3. Leitungsfunktion

Mitarbeiter müssen sorgfältig ausgewählt und sinnvoll eingesetzt werden. Die Mitarbeiter sollen mit Kompetenzen ausgestattet werden, um die Aufgaben sinnvoll erledigen zu können. Ihre Arbeit soll anerkannt und gerecht entlohnt werden. Dazu gehört auch eine sinnvolle Aufgabenverteilung, die den Einzelnen weder unter- noch überfordert.

4. Kontrollfunktion

Die Kontrolle dient zur Sicherstellung der angestrebten Ziele. Gleichzeitig soll eine Verbesserung der Arbeit und die Entfaltung der Fähigkeiten der Arbeitskraft erreicht werden. Dazu muss der Mitarbeiter gerecht beurteilt werden. Basierend auf der Beurteilung können Lob und Kritik ausgesprochen werden und Wege für mögliche Verbesserungen seiner Arbeitsleistung gesucht werden.

5. Menschenführung

Der Vorgesetzte hat die schwierige Aufgabe, den einzelnen Menschen und Gruppen von Menschen zu einer optimalen Aufgabenerledigung zu bewegen. Dabei sollen das Gemeinschaftsbewusstsein, die Solidarität und das Teamwork gefördert werden. Der Vorgesetzte soll Konflikte erkennen und bei ihrer Beseitigung unterstützend mitwirken.

Zur Erledigung der genannten Aufgaben wird der Vorgesetzte einen bestimmten Führungsstil einsetzen, um eine optimale Arbeitsleistung zu erreichen. Neben dem Führungsstil gibt es noch Führungstechniken, bei denen es um die Art der Delegation von Aufgaben an den Mitarbeiter geht.

4.3.3 Führungsstile

Der Führungsstil ist die Art und Weise, wie ein Vorgesetzter die Mitarbeiter leitet. Zur Kennzeichnung des Führungsstils werden die folgenden Merkmale herangezogen:

- Partizipationsrate;
- Strukturierung der Arbeit;
- Kontrolle;
- Entscheidungsgewalt;
- Motivation.

Letztendlich resultiert ein erfolgreiches Führungsverhalten aus dem Zusammenwirken vieler Einflussfaktoren, zu denen insbesondere die folgenden gehören:

Führungssituationen	Gruppe	Führender
■ Zielsetzung des Unternehmens ■ Organisationsform ■ Personelle Gegebenheiten ■ Eingesetzte Technik ■ Fertigungsverfahren ■ Situation auf dem Arbeitsmarkt ■ Arbeitsgesetze	■ Anzahl der Gruppenmitglieder ■ Altersstruktur ■ Normen, Werte ■ Gruppendisziplin ■ Vorhandensein von Konflikten ■ Bildungsstand ■ Erwartungen ■ Zielsetzung der Gruppenmitglieder	■ Menschenbild ■ Zielsetzung ■ Persönlichkeit ■ Erfahrungen ■ Eigenschaften ■ Führungsstil
FÜHRUNGSERFOLG		

Die Rollen einer Führungskraft unterscheiden sich nach Führungssituationen und individuellem Führungsstil. Folgende Rollen einer Führungskraft können unterschieden werden (FRANKE/ZICKE/ZILS 2004, S. 544 f.):

- Organisator;
- Entscheider;
- Motivator;
- Koordinator;
- Manager;
- Teambilder;
- Persönlichkeitsentwickler;
- Ideengeber;
- Prozessbegleiter.

Aus den unterschiedlichen Rollen ergibt sich eine Reihe von Detailaufgaben, die sich im Zeitablauf und von Mitarbeiter zu Mitarbeiter ständig verändern können.

Grundsätzlich unterscheidet man den autoritären und den kooperativen Führungsstil, obwohl in der Praxis weder der eine noch der andere Stil in Reinform anzutreffen ist. Je nach dem Unternehmen, den Führungskräften und den zu führenden Mitarbeitern unterscheidet sich der Spielraum der Beteiligten. In der folgenden Übersicht werden zur Verdeutlichung die Extrempositionen miteinander verglichen.

Autoritärer und kooperativer Führungsstil im Vergleich

Entscheidungsspielraum des Vorgesetzten — Entscheidungsspielraum des Mitarbeiters

Merkmal	Autoritärer Führungsstil	Kooperativer Führungsstil
Menschenbild	Führender = Herrscher, Mitarbeiter = Untergebene	Führender = Koordinator, Mitarbeiter = Partner
Entscheidungsfindung	Vorgesetzter allein	Kollegiale Zusammenarbeit
Qualität der Entscheidung	Kenntnisse des Vorgesetzten	Kenntnisse und Erfahrungen mehrerer Personen
Entscheidungzeit	Schnell	Relativ langsam
Entscheidungsdurchsetzung	direktiv, in Befehlsform, Aufgaben exakt festgelegt	Zielvorgaben der Führungskraft, Delegation des Entscheidungsprozesses
Kontrolle	Vorgesetzter muss bis ins kleinste Detail prüfen	Selbstkontrolle der Mitarbeiter, Ergebniskontrolle durch den Vorgesetzten
Handlungsmotiv der Mitarbeiter	„Geld verdienen", Zwang, Anpassung	Bereitschaft zur Realisation gemeinsamer Entscheidungen
Auswirkungen auf den Mitarbeiter	Arbeit nach Befehl, Unselbstständigkeit, Abneigung gegen Arbeit	Selbstständiges Arbeiten, mehr Arbeitsfreude, Entwicklung von Eigeninitiative
Anforderungen an die Mitarbeiter	Anerkennung des Vorgesetzten, geringe Fachkenntnisse	Qualifizierte Fachkenntnisse, Selbstkontrolle, Verantwortungsbewusstsein
Anforderungen an den Vorgesetzten	Übergreifendes Fachwissen, vorausschauendes Handeln, selbstkritische Persönlichkeit, Entscheidungs- und Durchsetzungsvermögen	Delegationsvermögen, Kommunikationsfähigkeit, Vertrauen in die Mitarbeiter, Verzicht auf persönliche Vorrechte, Aufgeschlossenheit, Durchführung von Erfolgskontrollen
Kommunikationsbeziehungen	Rein fachliche Informationen, nur notwendige Gespräche	Information ist ein Führungsgrundsatz, Diskussionen, Gedankenaustausch
Persönliche Einstellung	Abwehrhaltung, gegenseitiges Misstrauen	Offenheit, Vertrautheit
Betriebsklima	Eher angespannt	Verträglich, gute Atmosphäre

4.3.4 Führungstechniken

Führungstechniken beschreiben grundsätzliche Verhaltens- und Verfahrensweisen, die in einem Unternehmen zur Bewältigung der Aufgaben heranzuziehen sind. Sie werden auch als Führungskonzeptionen, Managementtechniken oder Managementprinzipien bezeichnet. Grundsätzlich gehen die folgenden Führungstechniken von einer kooperativen Führung aus; jedoch kann der einzelne Vorgesetzte im Rahmen des Systems mehr oder weniger kooperativ sein.

Die Hauptziele der einzelnen Techniken sind identisch:
- Abbau der Hierarchie und des autoritären Führungsstils;
- Entlastung der Vorgesetzten;
- Identifikation der Mitarbeiter mit ihrer Aufgabe;
- Delegation von Aufgaben, Kompetenzen und Handlungsverantwortung an die Mitarbeiter;
- Förderung von Eigeninitiative, Leistungsmotivation und Verantwortungsbereitschaft;
- Entscheidungen sollen auf der Ebene getroffen werden, wo sie vom Sachverstand her hingehören.

4.3.4.1 Management by Delegation

Management by Delegation	
Definition	Führung durch Aufgabendelegation
Voraussetzungen	■ Delegationsbereitschaft der Vorgesetzten ■ Fähigkeit der Mitarbeiter zum eigenständigen Handeln ■ Klärung von delegierbaren und nicht delegierbaren Aufgaben ■ Aufbau eines Kontroll- und Berichtssystems ■ Information der Mitarbeiter
Bestandteile/ Instrumente	■ Delegation von Aufgaben ■ Festlegung von Kompetenzen und Handlungsverantwortung ■ Effizientes Informationsnetz ■ Stellenbeschreibungen ■ Regelung von Dienstaufsicht und Erfolgskontrolle ■ Verbot der Rückgabe und Rücknahme der Delegation ■ Regelung von Ausnahmefällen
Kritik	■ Modell ist nicht dynamisch genug ■ Keine gemeinsamen Entscheidungen von Vorgesetzten und Mitarbeitern ■ Verfestigung der Hierarchie ■ Motivation wird als selbstverständlich vorausgesetzt ■ Die Frage, wie und was delegiert wird, bleibt offen ■ Zusammenarbeit zwischen Mitarbeitern oder Abteilungen wird nicht geregelt (nach Jäger u. a. 2000, S. 238 ff.)

Management by Delegation ist vor allem durch das Harzburger Modell bekannt geworden. Dort werden für Standardsituationen Verhaltensregeln aufgestellt, die dem Vorgesetzten bei der Umsetzung des Modells helfen sollen. Mit über 300 Regelungen eignet es sich aber nur bedingt für die Praxis. Der Nutzen darf vor allem in einer Hilfestellung und Unterstützung bei der Einführung von Aufgabendelegation gesehen werden.

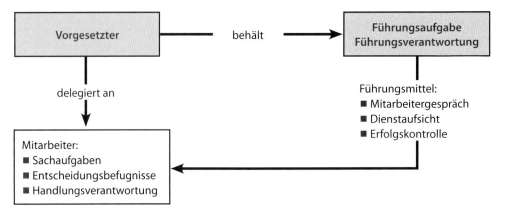

4.3.4.2 Management by Exception

Management by Exception	
Definition	Führung durch Abweichungskontrolle und Eingriff im Ausnahmefall
Voraussetzungen	■ Klare Regelung der Zuständigkeiten ■ Wiederkehrende Standardentscheidungen ■ Ziele, Abweichungstoleranzen und Definition der Ausnahmefälle müssen bekannt sein ■ Entsprechendes Berichts- und Kontrollsystem
Bestandteile/ Instrumente	■ Festlegung von Sollergebnissen ■ Abweichungskontrolle und -analyse ■ Kompetenzabgrenzung ■ Informationsrückkopplung ■ Vorgesetzter greift nur bei Abweichungen und in Ausnahmefällen ein
Kritik	■ Lerneffekte bei Mitarbeitern beschränkt ■ Mitarbeiter dürfen nur Standardaufgaben bearbeiten ■ Motivation wird nicht gefördert, kann sich sogar negativ verändern ■ Über Ziele und Pläne als Grundlage für Sollgrößen und Kontrolle wird nichts gesagt ■ Tendenz zum „Management by Surprise"

Management by Exception eignet sich nur für bestimmte Situationen; die Technik stellt kein allgemein gültiges Modell dar. Zudem ist es schwierig, einen sinnvollen Kompetenzrahmen für die Mitarbeiter festzulegen, da dann alle möglichen Situationen erfasst werden müssten. Das Modell kann aber in andere Modelle integriert werden.

	Ausnahmebereich = Vorgesetzter
Tätigkeitsbereich des Mitarbeiters	Handlungsspielraum des Mitarbeiters
	Ausnahmebereich = Vorgesetzter

4.3.4.3 Management by Objectives

Management by Objectives	
Definition	Führung durch Zielvereinbarung
Voraussetzungen	■ Entsprechende Organisationsstruktur muss vorhanden sein ■ Entscheidungsdezentralisierung ■ Gut organisiertes, leistungsfähiges Planungs-, Informations- und Kontrollsystem ■ Schulung der Mitarbeiter
Bestandteile/ Instrumente	■ Festgelegter Zielbildungs- und Planungsprozess ■ Stellenbeschreibungen ■ Ausnahmeregelungen ■ Präzisierung der Ziele durch Leistungsstandards und Kontrolldaten ■ Regelmäßige Ziel-Endergebnis-Analysen ■ Leistungs- bzw. Personalbeurteilung ■ Leistungsgerechte Bezahlung ■ Mitarbeitergespräche zur Vereinbarung und Überprüfung der Ziele
Kritik	■ Planungs- und Zielbildungsprozess ist zeitaufwendig ■ Zielidentifikation nicht ohne Weiteres erreichbar ■ Tendenz zur Konzentration auf messbare Ziele ■ Gefahr überhöhten Leistungsdrucks ■ Schwierigkeiten bei Zielabhängigkeiten über Abteilungsgrenzen hinweg

Trotz der genannten Kritik ist die Technik des Management by Objectives in der Praxis (vgl. Kap. 7.5) am weitesten verbreitet. Sie eignet sich für fast alle Branchen und kann nach und nach eingeführt und verbessert werden.

Aufgabe des Vorgesetzten ist die Unterstützung der Mitarbeiter bei der Zielerreichung und die Kontrolle. Hierzu wird mittels eines Kontrollsystems verglichen, ob die Sollwerte (Ziele) mit den Istwerten (Ergebnissen) übereinstimmen. Sollte dies nicht der Fall sein, müssen die Ursachen für die Abweichung gesucht werden. Dies können sein:

- Setzen unrealistischer Ziele;
- unvorhersehbare Ereignisse oder
- mangelhafte Leistungen des Mitarbeiters.

In Gesprächen werden die Gründe analysiert und Verbesserungsvorschläge gesucht.

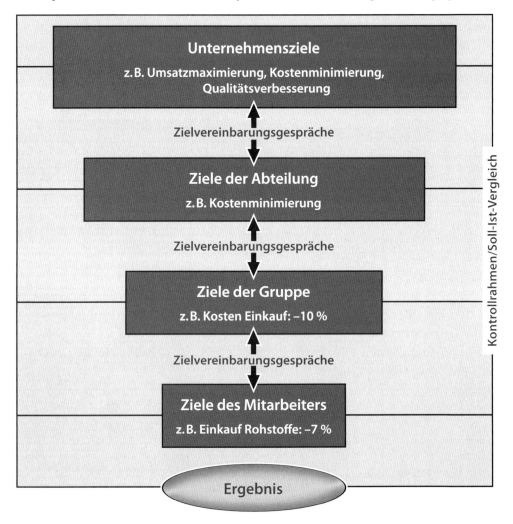

4.4 Führungskultur

Viele Unternehmen haben sich bereits vor geraumer Zeit entschlossen, Führungsleitlinien einzuführen. Zwischen 50 % und 70 % aller Unternehmen mit mehr als 1.000 Mitarbeitern verfügen über schriftliche Führungsgrundsätze. Dieses Thema ist also ein Muss im modernen Personalmanagement.

4.4.1 Sinn von Führungskultur und -leitlinien

In den Führungsgrundsätzen werden die Werte dokumentiert, an denen sich die Unternehmensspitze nach ihrem Führungskonzept orientiert. Ihr Ziel ist es, dass Vorgesetzte und Mitarbeiter mit widerspruchsfreien Begriffen in Führungsfragen umgehen. Die betriebsintern verwendeten Führungsbegriffe können auf diese Weise einer Klärung und einheitlichen Bestimmung zugeführt werden. Dadurch kann in Führungsangelegenheiten mit einer Sprache gesprochen werden. Somit erfüllen Führungsgrundsätze eine Koordinierungsfunktion ersten Ranges. Sie sind deshalb auch als erste Stufe auf dem Wege zu den übergeordneten Unternehmensgrundsätzen geeignet. Führungsgrundsätze sind als notwendiger Bestandteil der „Unternehmensgrundsätze" und somit des Gesamtkonzeptes der Unternehmensphilosophie und -politik zu sehen und dort einzuordnen.

Führungsleitlinien erinnern an Leitplanken der Autobahn. Sie verhindern, dass der Fahrer von der Straße abkommt. Ihm lassen sie aber die Wahl, ob er ganz rechts oder vielleicht auf der Überholspur fahren will. Selbst die Benutzung der Reservespur kann je nach Situation sinnvoll und erlaubt sein. Führungsgrundsätze geben sowohl dem Mitarbeiter als auch dem Vorgesetzten die Möglichkeit, sein Führungsverhalten an einer Richtschnur zu überprüfen. Sie erleichtern dem Vorgesetzten seine Führungsaufgabe.

Bei der Gestaltung von Führungsgrundsätzen sollte man Folgendes beachten:

> **Leitlinien zur Gestaltung von Führungsgrundsätzen:**
>
> 1. Beschränkung auf Kernsätze
> 2. Führungsgrundsätze sprechen nicht nur das (richtige) Führungsverhalten des Vorgesetzten, sondern auch die Zusammenarbeit zwischen Vorgesetzten und Mitarbeitern an.
> 3. Führungsgrundsätze sollten auf die jeweiligen Rahmenbedingungen im Unternehmen (z.B. Größe, Branche) abgestimmt sein.
> 4. Führungsgrundsätze können stets nur allgemeine Prinzipien, also einen Handlungsrahmen vorgeben, innerhalb dessen sich eine Führungskraft entsprechend seiner Persönlichkeit einen eigenen Führungsstil schaffen muss. Führungsgrundsätze sind also keine Rezeptansammlung, der man bei Bedarf und nach Belieben Einzelfalllösungen entnehmen könnte.

Die Erfahrungen haben gelehrt, dass zu umfangreiche Führungsgrundsätze für die Praxis nachteilig sind. Eine Konzentration auf die wesentlichen Zielsetzungen und Aussagen hat mehr Erfolg, weil sich die Betroffenen daran besser orientieren können. Jedenfalls sollten Führungsgrundsätze zur Erreichung wirklicher Zweckmäßigkeit und einer echten Befolgungschance knapp, eindeutig und verständlich formuliert, übersichtlich und auf das Wesentliche beschränkt sein, logisch im Aufbau, präzise in der Substanz. Führungsgrundsätze neuerer Art sind deswegen oft so aufgebaut, dass sie sich auf Kernsätze beschränken, die dann in Schulungen vertieft und/oder erläutert werden.

Eine wesentliche Voraussetzung für die Wirksamkeit von Führungsleitlinien ist ihre kooperative Erstellung und Anwendung. Wenn sie zudem im Unternehmen selbst erarbeitet werden, ist ihre Realisierung leichter, als wenn sie von externen Beratern entwickelt werden. Es ist nicht damit getan, Verhaltensregeln zu formulieren und von der Geschäftsleitung verabschieden zu lassen. Alle Mitarbeiter müssen überzeugt und praktisch angeleitet werden. Menschliches Verhalten lässt sich nur schwer durch Anordnung von oben beeinflussen. Grundlegende Veränderungen im Verhalten sind daher hauptsächlich durch Überzeugung erreichbar. Menschen sind meistens dann bereit, bestimmte Verhaltensgrundsätze zu akzeptieren und dafür einzutreten, wenn diese mit ihren Vorstellungen konform gehen und wenn sie bei deren Kodifizierung mitgewirkt haben. Diese Erfahrungen kann man im Unternehmen bei der Einführung von Führungsleitlinien machen. Führungsgrundsätze werden von Betroffenen mit mehr eigenem Engagement vertreten, wenn sie an ihrer Entwicklung beteiligt werden. Als flankierende Maßnahmen zur Einführung von Führungsgrundsätzen müssen systematische Schulungen der Führungskräfte stattfinden.

Führungsverhalten darf nicht dem Zufall überlassen werden. Häufig kommt es vor, dass Trainings stattfinden, in die ein Unternehmen viel Geld investiert, die entsprechenden Effekte jedoch zu gering ausfallen. Führungsleitlinien werden durch umfangreiche Stäbe erstellt, von der Geschäftsleitung begutachtet und genehmigt und anschließend in den Schubladen der Führungskräfte begraben. Sie sterben, bevor sie zum Leben erweckt wurden, obwohl sie in den schönsten Farbbroschüren gedruckt wurden.

Das Problem ist meistens nicht, dass Führungstrainings und -leitlinien als sinnlos oder überflüssig betrachtet werden. Sie finden oft nicht die notwendige Akzeptanz und Motivation, um umgesetzt zu werden. Motivation zur Anwendung ist der casus knacksus. Sie wird bei Implementierung von Führungsphilosophie und -trainings zu wenig aufgebaut. In einer Befragung des Management Centre Europe von 1.000 europäischen Führungskräften wurde eine zu große Kluft zwischen Anspruch und Wirklichkeit ermittelt.

4.4.2 Praxisbeispiel

Unternehmensspezifische Entwicklung von Führungsleitlinien

Ausgangssituation

Das im Folgenden vorgestellte Praxisbeispiel wurde in der geschilderten Form in einem Industriebetrieb realisiert. Die Motivation zur Optimierung des eigenen Führungsverhaltens eines Vorgesetzten wurde zunächst aufgebaut. Bei der klassischen Konstituierung von Führungssystemen erarbeitet eine Projektgruppe bzw. Stabsabteilung Leitlinien für Vorgesetzte. Zu solchen Gruppen gehören Verantwortliche aus dem Personalwesen, der Geschäftsleitung und Vorgesetzte aus anderen operativen Unternehmensbereichen. Häufig werden Führungsleitlinien und Erfahrungen anderer Unternehmen herangezogen. Zum Teil werden Personalberater engagiert, um Konzepte zu erarbeiten. Literatur ist eine weitere Konzeptionshilfe. Schließlich verabschieden Geschäftsleitung und Mitarbeiter die von ihnen entwickelten Leitlinien und Trainings. Die tatsächlich betroffenen Führungskräfte der Basis werden hierbei wenig oder sogar gar nicht gefragt oder miteinbezogen. Da die Partizipation der Basisführungskräfte bei dieser Vorgehensweise zu kurz kommt, tragen diese die neue Führungsphilosophie kaum mit.

```
┌─────────────────────────────────────────────────────────────┐
│ Geschäftsführung oder Vorgesetzte oder Personalmanagement   │
│ initiieren die Entwicklung einer neuen Führungskultur       │
└─────────────────────────────────────────────────────────────┘
                              ▼
┌─────────────────────────────────────────────────────────────┐
│           Gründung eines Workshops bestehend                │
│              aus Führungskräften der Basis                  │
└─────────────────────────────────────────────────────────────┘
                              ▼
┌─────────────────────────────────────────────────────────────┐
│          Workshop-Teilnehmer entwickeln neue                │
│            Führungsleitlinien und Trainings                 │
└─────────────────────────────────────────────────────────────┘
                              ▼
┌─────────────────────────────────────────────────────────────┐
│              Diskussion und Commitment                      │
│      Abstimmung der Inhalte mit allen Führungskräften       │
└─────────────────────────────────────────────────────────────┘
                              ▼
┌─────────────────────────────────────────────────────────────┐
│           Umsetzen der Personalentwicklungsmaßnahmen        │
└─────────────────────────────────────────────────────────────┘
```

Zu wenig Partizipation resultiert in zu geringer Motivation, das gewünschte Führungsverhalten zu erlernen und umzusetzen. Die folgende Vorgehensweise berücksichtigt gerade diese Problematik. Ziel war es, dass Vorgesetzte und Nachwuchskräfte ein ganz und gar unternehmensspezifisches und homogenes

Führungsverhalten beherrschen sollten. Zu diesem Zweck sollten die Aufgaben, die speziell in diesen Unternehmen relevant sind, ermittelt werden. Ermittelt wurden sie dort, wo sie hauptsächlich Anwendung finden, nämlich bei der Führungskraft vor Ort. Intention war es, keinen Katalog der Führungsaufgaben „von der Stange" einzusetzen und sie nicht von einem Stab erstellen zu lassen. Erste und wichtigste Voraussetzung war die ehrliche Absicht der Geschäftsleitung, die Führungskräfte in unternehmensspezifische Verhaltensweisen einzuführen, um weiterhin erfolgreich im Markt bestehen zu können. Diese Aufgabe übernahm, wie es üblich ist, das Personalressort (OLESCH 2002, S. 14).

Analyse von unternehmensspezifischem Führungsverhalten

Das Personalressort kreierte drei Workshops, die die Aufgabe hatten, das Führungsverhalten streng unternehmensorientiert zu ermitteln. Teilnehmer der Workshops waren Führungs- und Nachwuchskräfte des mittleren Managements, schwerpunktmäßig Abteilungsleiter. Die drei Workshops bestanden aus je zwölf Teilnehmern von verschiedenen Unternehmenseinheiten. In einem Workshop waren speziell Führungs- und Nachwuchskräfte aus Vertrieb und Entwicklung, im zweiten aus dem betrieblichen Bereich und im dritten Workshop aus kaufmännischen Abteilungen vertreten. Die Gruppen wurden derart zusammengesetzt, da unterschiedliche bereichsspezifische Schwerpunkte bei Führungsthemen erwartet wurden.

Jeder der drei Workshops bestand aus drei Sitzungen, jeweils freitags nachmittags à zwei Stunden. Die Moderation wurde vom Leiter Personal gemeinsam mit dem Leiter Personalentwicklung übernommen. Es wurde bewusst kein externer Trainer oder Moderator an dieser Stelle eingesetzt. Es sollten Unternehmensinsider sein, damit die Inhalte der Workshops unbedingt unternehmensspezifisch ausfallen. Sie wurden durch die Metaplan-Methode erarbeitet.

■ Entwicklung des Anforderungsprofils

In der ersten der drei Sitzungen wurde erarbeitet, welche Aufgaben eine Führungskraft speziell in dem betreffenden Unternehmen hat. Es sollte das Anforderungsprofil im Detail erarbeitet werden. Die zwölf Teilnehmer wurden in drei Arbeitsgruppen unterteilt, die auf Metaplan-Wänden die einzelnen Aufgaben vor allem operational beschreiben sollten. Anschließend trugen die drei Gruppen ihre Themen im Plenum vor und diskutierten sie unter Anleitung und Unterstützung des Moderators.

Nach der ersten Sitzung wurden alle als wichtig erachteten Verhaltensaspekte der Führung von den Mitarbeitern des Personalwesens zusammengefasst. Daraus sollten später die Führungsleitlinien abgeleitet werden. Die Zusammenfassung wurde so aufgebaut, dass sie als Fragebogen eingesetzt werden kann. Neben jeder Verhaltensweise einer Führungskraft wurde eine fünfstufige Ratingskala angesetzt, wie sie häufig in der Praxis angewendet wird. Dieser Bogen beschreibt die ideale Führungskraft, d.h. das optimale Anforderungsprofil.

■ Einschätzung des eigenen Führungsverhaltens

In der zweiten Sitzung im Abstand von einer Woche sollten sich die Teilnehmer selber auf dem „Fragebogen zur Selbsteinschätzung des Führungsverhaltens" bewerten. Ziel war es, ihr Istverhalten dem Sollverhalten, sprich: dem Führungsanforderungsprofil, gegenüberzustellen. Es sollten noch mal Defizite, die später in einem Maßnahmenkatalog zur Optimierung des eigenen Führungsverhaltens resultierten, ermittelt werden.

Diese Selbstbewertung erfolgte anonym. Dadurch hatten die Teilnehmer die Gewähr, dass die eigenen negativ beurteilten Führungseigenschaften nicht an Dritte weitergeleitet werden konnten. Diesbezüglich bestanden zu Beginn der Veranstaltung Bedenken der Teilnehmer.

■ Entwicklungen von Maßnahmen zur Verbesserung des Führungsverhaltens

Ziel der dritten Sitzung war es, aufgrund der Analysen von Sitzung 1 und 2 die Maßnahmen zu bestimmen, die notwendig sind, um das Führungsverhalten zu optimieren. Primär sollten Maßnahmen zur Verbesserung des Führungsverhaltens der Teilnehmer entwickelt werden. Es wurden insgesamt dreizehn Maßnahmen mit Unterpunkten zur Führungsoptimierung vorgeschlagen. Diese Maßnahmen haben die Teilnehmer ausgewählt, um ihr persönliches Verhalten zu verändern. Damit das Unternehmen sie dabei unterstützt, sollten daraus Trainings initiiert werden. Diese sollten die Defizite im Führungsverhalten bereinigen.

Führungsverhaltensweisen sind in die Rahmenbedingungen eines Unternehmens eingebunden. Diese Bedingungen werden von den Vorgesetzten der Teilnehmer oder sogar von der Geschäftsleitung vorgegeben. Um einige Verhaltensweisen des mittleren Managements zu optimieren, ist es notwendig, dass auch die höheren Vorgesetzten ihr eigenes Verhalten verbessern. So kann ein Gruppenleiter wichtige Informationen nur dann an seine Mitarbeiter weitergeben, wenn er von seiner Geschäfts- oder Bereichsleitung Informationen erhält. Diese Rahmenbedingung muss beispielsweise vom oberen Führungskreis gewährleistet werden.

Auf der Grundlage dieser Erkenntnis im Maßnahmenkatalog zur Optimierung des Führungsverhaltens wurde festgestellt, in welchem Verhaltensbereich sich die Teilnehmer des Workshops, deren Vorgesetzte und sogar die Geschäftsleitung verbessern sollten. In erster Linie jedoch sollten die Teilnehmer „sich selber an die Nase fassen" und Maßnahmen primär zur Optimierung ihres eigenen Führungsverhaltens initiieren.

Durch welche Maßnahmen können wir unser Führungsverhalten optimieren?			
Führungsaufgabe:	Optimierung durch ... Für die erfolgreiche Durchführung dieser Maßnahme ist zuständig: (Bitte geben Sie Prozentzahlen an.)		
	Ich	Vor-gesetzter	Geschäfts-leitung
1. Ziele vereinbaren			
Zielvorgaben bekannt machen	70 %	20 %	10 %
Ziele gemeinsam definieren	95 %	5 %	0 %
langfristige Planung, klare Zieldefinition mit Zeitrahmen und Kontrolle stecken	25 %	30 %	45 %
2. Motivieren der eigenen Mitarbeiter			
mehr Informationen	60 %	30 %	10 %
Verantwortung übertragen	60 %	20 %	20 %
„Nein sagen" (z. B. zu neuen Aufträgen, falls alle Kapazitäten belegt)	40 %	50 %	10 %
gemeinsame Zielsetzung	65 %	25 %	10 %
Teamgeist fördern	75 %	20 %	5 %
mehr Anerkennung	70 %	20 %	10 %
Freiräume für Mitarbeiterentscheidungen schaffen	60 %	30 %	10 %
Anreize: Lob/Tadel	30 %	30 %	40 %
konstruktive Kritik (und nicht zerreden)	50 %	45 %	5 %

Beispiel für Führungsleitlinien

Umgehend nach Abschluss des letzten Workshops wurde vom Personalressort ein erster Vorschlag für Führungsleitlinien entwickelt. Sie wurden als „Orientierung für Führungs- und Nachwuchskräfte" bezeichnet:

- **Motivation**

Leistungspotenzial und Leistungsbereitschaft der Mitarbeiter sind wichtige Quellen für den Unternehmenserfolg. Die Mitarbeitermotivation nimmt im Spektrum der Führungsaufgaben eine Schlüsselrolle ein. Aber auch die anderen Aufgaben der Führungskraft zielen darauf ab, den Leistungswillen der Mitarbeiter zu stärken.

- **Vertretung der Unternehmensinteressen**

Der Vorgesetzte identifiziert sich mit dem Unternehmen und verhält sich stets loyal. Er fördert die Loyalität seiner Mitarbeiter und gibt ihnen durch Handeln und Verhalten ein positives Vorbild als Orientierungshilfe.

Dies zeigt sich in kostenbewusstem Denken und Tun, ebenso wie im sympathischen Repräsentieren des Unternehmens und der Abteilung nach innen und außen, ferner im engagierten Verfolgen von Abteilungs- und Unternehmensinteressen.

- **Organisation**

Der Vorgesetzte trifft und lebt organisatorische Regelungen, um allgemeine oder besondere Zielsetzungen zu erreichen, Arbeitsabläufe sicherzustellen und zu optimieren, die Arbeitseffizienz zu steigern und die Selbstständigkeit der Mitarbeiter zu fördern.

Ziele werden eindeutig gesetzt und mit den Mitarbeitern besprochen. Die Mitarbeiter können auf dieser Grundlage eigenverantwortlich handeln und wissen, woran sie und andere ihre Leistung (Ergebnisse) messen.

Die Gesamtaufgabe sollte in Teilaufgaben zerlegt und verteilt werden, wobei Prioritäten gesetzt werden; dadurch können die Mitarbeiter jegliche Leitlinie erkennen.

Aufgaben werden zur möglichst selbstständigen Erledigungen und Entscheidungen an Mitarbeiter übertragen. Durch Delegation von Aufgaben fördert der Vorgesetzte die verantwortungsvolle Handlungsweise seiner Mitarbeiter und gewinnt Zeit für das Wesentliche.

Entscheidungen werden im zuständigen Verantwortungsbereich in angemessener Zeit und in Abstimmung mit anderen betroffenen Abteilungen und/oder Mitarbeitern eindeutig gefällt. Die Mitarbeiter erhalten einen hinreichend klaren Orientierungsrahmen, der kurze Bearbeitungszeiten sichert und Bürokratie vermeidet.

Ergebnisse werden kontrolliert und an den Zielen gemessen. Abweichungen von Zielen werden angemessen analysiert und Schlussfolgerungen gezogen.

Der Vorgesetzte initiiert und unterstützt nützliche Innovationen jeglicher Art; er verhindert starres Festhalten an überkommenen Regelungen und bietet die Chance, Verbesserungen zu realisieren.

Er leitet kooperativ und fördert die Teamarbeit.

- **Kommunikation**

Bereiche und Abteilungen benötigen eine gut funktionierende Kommunikation zum Austausch von Nachrichten zwischen den Beteiligten, um Reibungsverluste möglichst gering zu halten. Die Führungskraft stellt die Kommunikation mit Dritten sicher und sorgt in ihrem Verantwortungsbereich für die Schaffung und Erhaltung eines solchen Netzes.

Um Missverständnisse zu vermeiden, die Effektivität zu erhöhen und eine Vertrauensbasis zu schaffen und zu erhalten, werden Mitarbeiter regelmäßig und ausreichend informiert.

Der offene Dialog zwischen Vorgesetzten und Mitarbeitern fördert die konstruktive Kritikfähigkeit aller und trägt zur weiteren Optimierung der Zusammenarbeit und zum Abteilungserfolg bei.

Mitarbeiter erhalten durch ihren Vorgesetzten ein regelmäßiges Feedback, um Schwachstellen aufgezeigt zu bekommen, weiterentwickelt und motiviert zu werden.

- **Förderung der Mitarbeiter**

Jeder Vorgesetzte versteht die Förderung seiner Mitarbeiter als unverzichtbaren Bestandteil seiner Führungsfunktion. Die Mitarbeiter werden entwickelt, damit sie ihre Aufgaben noch besser erfüllen und komplexere Tätigkeiten übernehmen können. Zugleich werden ihre berechtigten Interessen und Wünsche berücksichtigt.

Der Vorgesetzte beurteilt jährlich die Leistungen seiner Mitarbeiter. Er spricht ihnen Anerkennung aus und übt Kritik. Er bespricht mit den Mitarbeitern seine Beurteilung und zeigt Entwicklungsmöglichkeiten auf. Er erörtert mit ihnen Hilfestellungen und entwirft Förderungsmaßnahmen (z. B. Delegieren herausfordernder Aufgaben, Trainingsmaßnahmen am Arbeitsplatz u. a.).

- **Verantwortung für Mitarbeiter**

Es wird großes Gewicht darauf gelegt, die Mitarbeiter als Menschen und Persönlichkeiten ernst zu nehmen und sich um ihre Belange und Anliegen zu kümmern. Jede Führungskraft sollte sich der Fortsetzung dieser Tradition widmen, indem sie die soziale Verantwortung und die Fürsorgepflicht wahrnimmt. Im Einzelnen heißt dies u. a.: Der Vorgesetzte hat für seine Mitarbeiter ein „offenes Ohr". Dies schafft Vertrauen und lässt Probleme frühzeitig erkennen. Der Vorgesetzte trägt zur Schaffung und Erhaltung eines positiven Arbeitsklimas bei.

Unverzichtbare Voraussetzungen zur Erfüllung der Führungsaufgaben sind Kenntnisse und die Beachtung grundlegender arbeitsrechtlicher und tarifvertraglicher Regelungen sowie der Arbeitssicherheitsbestimmungen.

Umsetzungsmaßnahmen

Nachdem die Führungsleitlinien verabschiedet waren, wurden folgende Maßnahmen entwickelt:
1. Einführung spezieller Trainings zur Umsetzung der Führungsleitlinien;
2. begleitende Maßnahmen zur Förderung der Kommunikation im Unternehmen durch Einrichtung ressort- und bereichsinterner Informationsrunden zur Weiterleitung von Informationen, die von der Geschäftsleitung kommen;

3. Verpflichtung aller Führungskräfte zur Durchführung von Mitarbeitergesprächen im Rahmen der jährlichen Leistungsbeurteilung. Aufzeigen von Stärken und Schwächen, Entwicklungsmöglichkeiten, Fördermaßnahmen usw.

- **Führungstrainings**

Eine der wichtigsten Maßnahmen sind die Führungstrainings. Seit geraumer Zeit bestanden im Unternehmen verschiedene Seminare für Vorgesetzte. Jetzt sollten Trainings speziell zur Umsetzung von Führungsleitlinien eingerichtet werden. Zahlreiche Untersuchungen bestätigen, dass die Realisierung und das Leben von Führungsleitlinien nur durch entsprechende systematische Schulungen und Entwicklungsprogramme möglich ist.

Der erste Teil des Trainings bestand aus drei Seminaren. Im ersten Seminar mit dem Titel „Aufgaben einer Führungskraft" wurden verstärkt kognitiv die Inhalte der Führungsleitlinien geschult. Diese Inhalte wurden im zweiten Seminar, „Führen im Unternehmen", in Rollenspielen trainiert. Im dritten Seminar wurde das unternehmensspezifische „Mitarbeitergespräch als Führungsinstrument" geschult. Der zweite Teile des Entwicklungsprogramms für Vorgesetzte bestand aus bereits vorhandenen Seminaren und Workshops wie: „Kostenrechnung", „Zeit- und Selbstmanagement," „Repräsentationstraining", „Rhetorik", „Gesprächsführung", „Präsentationstechnik", „Grundlagen des Arbeitsrechts", „Tarifvertragsrecht" und „Aktuelle Personalfragen".

- **Partizipation der Geschäftsleitung**

Die Entwürfe von Führungsleitlinien, -trainings und Maßnahmen zur Optimierung des Führungsverhaltens wurden vom Personalwesen der gesamten Geschäftsleitung vorgelegt und mit ihr diskutiert. Mit der Detailerfahrung der mittleren Führungsebene konfrontiert, zeigte die Geschäftsleitung weiterhin starkes Engagement, aktiv mitzuwirken. Jedes Mitglied der Geschäftsleitung konnte das Führungskonzept für sich überarbeiten. Darüber hinaus regten die Vertreter des Personalressorts an, dass die Geschäftsleitung mit jedem der drei Workshop-Gruppen über deren Ergebnisse diskutieren sollte.

Nach einem Monat fanden diese Gesprächsrunden statt. Die erarbeiteten Inhalte wurden weiter vertieft und die Führungsleitlinien und -trainings erhielten ihren vorletzten Schliff. Dieses Treffen zwischen Workshop-Teilnehmern und Geschäftsleitung stellte einen weiteren Motivationseffekt dar, das Führungssystem einzuführen und umzusetzen. Anschließend wurde die endgültige Form der Führungsleitlinien und der -trainings mit den Vorgesetzten der zweiten Führungsebene zum letzten Mal diskutiert, modifiziert und schließlich verabschiedet.

Alle Entscheidungsträger arbeiteten also am Konzept mit und konnten es so mitgestalten. „Die Treppe muss von oben gefegt werden", d.h., die Geschäftsleitung muss mit ehrlicher Überzeugung das Programm starten. Erarbeiten und Entwickeln müssen es die Führungskräfte an der Basis. Die endgültige Abstimmung und Verabschiedung erfolgt durch alle Führungskräfte. Alle Entscheider waren bei der Einführung der neuen Führungskonzeption beteiligt, sodass die Motivation zur Umsetzung optimal beschaffen war.

- **Informationsmanagement zur Führungskultur**

Vom Personalwesen wurde ein externer Trainer ausgewählt. Ihm wurde das erarbeitete Führungskonzept erläutert. Es wurde betont, dass er dieses unternehmensspezifische Konzept und keine allgemeinen Führungsstandards in den Trainings umsetzt. Bevor das erste Seminar startete, präsentierte der Trainer seine Vorgehensweise dem oberen Führungskreis. Dabei wurden dem Trainer informelle Informationen und unternehmenstypische Eigenschaften vermittelt. So gebrieft, fanden unter der Koordination der Personalentwicklung die Führungstrainings statt.

Die einzelnen Seminare des Entwicklungsprogramms für Führungskräfte dauern je zwei Tage. Drei Seminare werden für jeden Vorgesetzten über zwei Jahre angesetzt. Die Kosten dieses Entwicklungsprogramms betragen ca. 25 % des unternehmensweiten Weiterbildungsbudgets. Die Seminare werden in einem Seminarhotel durchgeführt. Fast alle Weiterbildungsmaßnahmen haben bisher intern im Unternehmen stattgefunden. Der Outdoorcharakter des Personalentwicklungsprogramms dokumentiert die Bedeutung dieser Maßnahme. Die Teilnehmer übernachten im Hotel, um einen kommunikativen und kooperativen Effekt zu erzeugen.

- **Förderung der vertikalen Kommunikation**

An einem Abend des zweitägigen Seminars kam ein Mitglied der Geschäftsleitung hinzu, um aktuelle Fragen mit den Teilnehmern zu diskutieren. Durch die Nähe von Geschäftsleitung und Führungskräften wurde ein weiterer positiver Effekt erzeugt. Er förderte die vertikale Kommunikation zwischen Geschäftsleitung und Führungskräften. Gerade in größeren Unternehmen leidet aufgrund des Tagesgeschäfts diese wichtige Kommunikation. Sie ist jedoch eine Voraussetzung für erfolgreiche Zusammenarbeit. Durch den intensiven Kontakt von Geschäftsleitung und Führungskräften kann sie gestärkt werden.

- **Förderung der horizontalen Kommunikation**

Ebenfalls zu den unternehmensspezifischen Führungsleitlinien und -trainings wurde ein „Quasi-Qualitätszirkel" bei den mittleren Führungskräften eingeführt. Unter der Koordination des Personalwesens trafen die Teilnehmer der einzelnen Führungsseminare in weiteren Workshops zusammen. Jede Führungskraft sollte die Aufgabeninhalte und -abläufe der eigenen Abteilung seinen Kollegen aus anderen Abteilungen darstellen und mit ihnen diskutieren.

Folgende Vorteile beinhaltet diese Maßnahme:
1. Jeder Abteilungsleiter wird dazu veranlasst, differenziert über seine Aufgaben, Arbeitsabläufe und Schnittstellen zu anderen Bereichen zu reflektieren, damit er sie vor seinen Kollegen optimal präsentieren kann.

> 2. Durch die Abteilungspräsentation wird Transparenz über ihre Aufgaben im Unternehmen gegeben. Es wird gegenseitiges Verständnis aufgebaut.
> 3. Im Anschluss an den Vortrag einer Führungskraft wird mit den Kollegen über Optimierung diskutiert. Daraus resultiert eine Verbesserung der Organisation und ihrer Abläufe im Unternehmen.
>
> Die beschriebene Einführung einer Führungskonzeption ist ein typisches Beispiel, wie aus Personalentwicklung Organisationsentwicklung entstehen kann. Das Konzept hat sich als für Unternehmen wirkungsvoll bewiesen.

4.5 Unternehmenskultur

4.5.1 Moderne Personalpolitik zur Sicherung von Wirtschaftsstandorten

Zentrale Themen in der Diskussion von Industrieunternehmen waren in den Sechziger- und Siebzigerjahren neue Technologien sowie Produktinnovationen. Diese Jahrzehnte waren geprägt von umfangreichen Einstellungsschüben. Arbeitslosigkeit war seinerzeit ein Fremdwort.

Mitte der Achtzigerjahre wurden die Themen Lean Management, Rationalisierung sowie Kostenreduzierung bestimmend und sind auch heute noch aktuell. Im Gegensatz zu den vorangegangenen Jahrzehnten ist jedoch die rapide steigende Arbeitslosigkeit ein Kernthema für Wirtschaft und Politik. Die Folgen der Rationalisierung sind nicht nur schnellere und effizientere Abläufe durch den Einsatz komplexer Computer- und Automatisierungstechnik, sondern auch ein massiver Personalabbau in allen Bereichen.

Im internationalen Vergleich steht Deutschland in puncto Personalkosten mit an erster Stelle. Daher stimmt es nicht verwunderlich, dass Maßnahmen des Lean Managements und der Kostensenkung häufig Konsequenzen für die Mitarbeiterschaft eines Unternehmens haben. Ganze Produktionsbetriebe werden in Billiglohnländer ausgelagert, sodass diese Arbeitsplätze hier zu Lande entfallen. Manche Unternehmen, vor allem Unternehmen der Großindustrie, haben mit diesen Verlagerungen ihre Ertragssituation entsprechend verbessert (GOLEMAN 1999, S. 101).

Der Mittelstand konnte diesen wirtschaftlichen Vorteil nicht in vergleichsweisem Umfang wahrnehmen. Ihm fehlte es häufig an der notwendigen Infrastruktur und Logistik. Da die deutsche Industrie zu 80 % eine mittelständische Struktur aufweist, ist der Arbeitsplatzabbau durch Verlagerungen von Produktionen ins Ausland nicht ins Grenzenlose ausgeufert.

Heute herrscht die Erkenntnis, dass nicht nur produktionsorientierte Maßnahmen, sondern auch eine moderne Unternehmensführung sowie Personalpolitik Voraussetzungen sind, um den wirtschaftlichen Erfolg eines Unternehmens zu sichern.

In den letzten Jahren wurden diverse Managementinstrumente und personalwirtschaftliche Neuerungen entwickelt. Dazu gehören die beschriebenen modernen Führungsstile, leistungsfördernde Vergütungssysteme, flexible Arbeitszeitmodelle sowie teamorientierte Arbeitsformen.

Bei all diesen Themen steht die Funktionalität und der unternehmerische Nutzen im Vordergrund. Ethische Aspekte werden dabei oftmals weniger berücksichtigt. Die personalrelevanten Maßnahmen und Instrumente können zum Nutzen und Wohle der Mitarbeiter, aber auch zu deren Nachteil eingesetzt werden. Das Instrument ist wie ein Messer: Man kann es nutzen, um Brot zu schneiden oder um Menschen zu verletzen. Nicht das Messer selbst ist dabei der negative Faktor, sondern der Mensch, der es entsprechend einsetzt (OLESCH/PAULUS 2000, S. 98).

4.5.2 Win-lose-Situation: Kosten reduzieren um jeden Preis?

Nicht selten herrschte in den letzten Jahrzehnten eine Win-lose-Situation zwischen Management und Mitarbeitern vor. Das Management wollte im Sinne seines Unternehmens eine Win-Situation erreichen, wobei die Mitarbeiter unter Umständen in eine Lose-Situation versetzt wurden, da ihre Bedürfnisse keine Berücksichtigung fanden. Die verantwortlichen Führungskräfte, die ihre rein ökonomische Zielsetzung versteckt oder offen vertraten, erzielten vielleicht kurzfristig Erfolge, langfristig gesehen jedoch einen Schaden für das Unternehmen. Erkennen Mitarbeiter, dass sie in eine Lose-Situation versetzt werden, sinkt ihre Motivation und Leistungsfähigkeit, was mittelfristig wirtschaftliche Schäden für das Unternehmen zur Folge hat.

Unternehmensberater oder sogenannte Sanierungsmanager, die mit radikalen Maßnahmen kurzfristig Kostenreduzierungen erreichen, können für die sich langfristig ergebenden negativen Auswirkungen nicht mehr verantwortlich gemacht werden. Zu diesem Zeitpunkt haben sie sich als „Sanierungsmanager" bereits zu einem anderen Unternehmen „weiterentwickelt". Diese Manager stellen ihren Auftraggebern oft ohne differenzierte Analyse in Aussicht, drastisch Kosten zu reduzieren – welchem Unternehmer gefällt eine derartige Perspektive nicht? Ob bei diesen verlockenden Angeboten jedoch auch der langfristige wirtschaftliche Erfolg und die Erhaltung der Motivation der Mitarbeiter gebührend berücksichtigt wird, mag bezweifelt werden.

Im Unternehmen gibt es den Managertypus, der seine Aufgabe als stringentes Führen ganz im Sinne des Unternehmens versteht. Er sieht sich selbst als starke Führungskraft mit Durchsetzungsvermögen. Dieser Manager muss allen beweisen, dass er derjenige ist, der allein weiß, was richtig ist, der ständig seinen Mitarbeitern sagt, was sie zu tun haben. Dieser Managertyp entspricht nicht dem Profil der verantwortlichen und kompetenten Führungskraft, der die Stärken seiner Mitarbeiter erkennt und zum Wohle des Unternehmens fördert. Philipp Rosenthal hat es einmal so formuliert: „Das Ideal eines Managers ist der Mann, der genau weiß, was er nicht kann, und der sich dafür die richtigen Leute sucht."

Dieser Managertyp besitzt oftmals ein geringes Verantwortungsgefühl gegenüber seinen Mitarbeitern. Das eigentliche Ziel des Erfolgs für das Unternehmen ist der persönliche Erfolg für ihn. Dafür nimmt er ein Win-lose-Verhältnis zu seinen Mitarbeitern in Kauf.

Häufig werden Mitarbeiter in ihrer Leistungsbereitschaft unterschätzt und die Verantwortung für ihre Motivation vernachlässigt. Fälschlicherweise meinen manche Vorgesetzte, ihre Mitarbeiter permanent antreiben zu müssen, statt sie zu ermutigen und zu unterstützen. Leider bewahrheitet sich in solchen Führungskulturen das Phänomen der self-fulfilling prophecy: Einstellung und Führungsstil erzeugen langfristig Mitarbeiter, die aufgrund von mangelndem Feedback und nicht förderlicher Führung nur noch mit geringer Motivation Dienst nach Vorschrift machen. Die Folge ist, dass Leistungsfähigkeit sowie Arbeitsqualität sinken. Damit schließt sich der Circulus vitiosus.

Nicht nur der langfristige Misserfolg dieser Manager, sondern auch der Schaden am gesamtunternehmerischen Erfolg resultiert somit aus einer mangelnden Unternehmensethik.

4.5.3 Unternehmensethik

Unternehmensethik und Leistung: Was bedeutet Unternehmensethik nun konkret? Unternehmensethik ist die humane Verantwortung den Mitarbeitern gegenüber sowie die uneingeschränkte Verpflichtung, in der Unternehmensführung danach zu handeln. Unternehmensethik ist auf sittlichen und tugendhaften Grundsätzen aufgebaut und begreift eine menschliche, respektvolle und förderliche Mitarbeiterführung sowie ein gutes Unternehmensklima als wesentliche Einflussfaktoren für den gesamtunternehmerischen Erfolg. Schließlich sind es die Menschen, die neue Produkte entwickeln, sie herstellen, vermarkten und verkaufen. Daher sollten sie im Mittelpunkt der Unternehmensführung stehen.

Lee Iacocca hat dazu gesagt: „Letzten Endes kann man alle wirtschaftlichen Vorgänge auf drei Worte reduzieren: Menschen, Produkte und Profite. Die Menschen stehen dabei immer an erster Stelle. Wenn man kein gutes Team hat, kann man mit den beiden anderen nicht viel anfangen."

Auch die Unternehmensethik unterliegt einem Wandel, denn die Auffassung über ethische Grundsätze ändert sich. Konstanter Faktor ist jedoch immer eine menschenfreundliche Einstellung. Manager zeigen langfristig mehr Erfolg mit ihrem Team, wenn sie von einem positiven Menschenbild ausgehen, das von Respekt vor dem anderen geprägt ist. Damit ist jedoch kein Laissez-faire-Führungsstil gemeint. Einen guten Manager, der echtes Interesse an seinen Mitarbeitern hat, zeichnet ein ziel- und leistungsorientiertes Führen aus. Das Ideal ist erreicht, wenn Leistung und Erfolg des Unternehmens sowie der Mitarbeiter miteinander einhergehen.

4.5.4 Unternehmensgrundsätze als Ausdruck von Unternehmensethik

Eine ausgeprägte Unternehmenskultur und -ethik beeinflusst das wirtschaftliche Ergebnis eines Unternehmens positiv. Das hat Daniel Goleman in 300 Untersuchungen bei internationalen Unternehmen herausgefunden (GOLEMAN 1999). Im Unternehmen Phoenix Contact werden die Prinzipien einer Unternehmenskultur wie folgt definiert:

> **Beispiel**
>
> **UNTERNEHMENSGRUNDSÄTZE**
>
> Unsere Mitarbeiter und Kunden profitieren ...
>
> ... von einer Unternehmensführung und Personalpolitik, die nach ethischen Grundsätzen gestaltet wird.
>
> Die Unternehmenskultur basiert auf Vertrauen und Förderung aller Mitarbeiter zur Erreichung vereinbarter Ziele.

Es ist ein Leichtes, zu diesen Prinzipien verbale Zustimmung zu erhalten. Schwieriger wird es, sie bei Konflikten im Unternehmen unverändert zu beherzigen und in angespannten Situationen und Krisen gleichbleibend überzeugt zu leben. Hier beweisen sich die echten Führungskräfte und outen sich die Mitläufer. Die Unternehmensgrundsätze wurden im Unternehmen des Autors von der Geschäftsleitung im Zuge der Entwicklung einer Unternehmensstrategie selbst entworfen und definiert. Alle drei bis fünf Jahre müssen sie aktualisiert und neuen Marktgegebenheiten angepasst werden. In den Personalentwicklungsmaßnahmen trainiert ebenfalls das Top-Management die Mitarbeiter in diesen Grundsätzen. Dadurch leben die Führungskräfte die Unternehmensgrundsätze vor. Dass „die Treppe von oben gefegt wird" ist ein wesentlicher Schlüssel zum Erfolg der Unternehmenskultur.

Ist einmal eine Unternehmensethik für ein Unternehmen definiert und von Führungskräften und Mitarbeitern angenommen, bedeutet das nicht, dass jeder Mitarbeiter sie gleich intensiv lebt. Verschiedene Menschen haben unterschiedliche Einstellungen, wobei Spielregeln und Grundsätze nicht von jedem als verbindlich betrachtet werden. Selbst mit modernen Personalauswahlverfahren, Personalentwicklung und Coaching gelingt es nicht, nur loyale und verantwortungsbewusste Führungskräfte zu gewinnen. Ist die Unternehmensethik jedoch mehrheitlich angenommen, stellen Quertreiber kein existenzielles Risiko dar. Im Falle von anders handelnden Führungskräften obliegt es der Unternehmensleitung, abzuwägen, ob diese Kraft weiterhin für das Unternehmen tragbar ist, da sie langfristig die Glaubwürdigkeit der Unternehmenskultur schwächt.

Lebendige und gelebte Unternehmensethik ist wie ein gesunder Körper. In ihm befinden sich immer Krankheitserreger. Die Krankheiten kommen jedoch nicht zwangsläufig zum Ausbruch und schwächen den Organismus. Wird der Körper jedoch nicht fit gehalten, so können sie ihm schaden. Bei einer mangelnden Unternehmensethik kann durch fehlende Motivation, Konflikte und Leistungsschwäche der Erfolg des Unternehmens stark beeinträchtigt werden. Es wird nicht seine volle Kraft entfalten und den möglichen Erfolg auf dem Markt erzielen können.

Mit dieser Erkenntnis pflegen strategisch ausgerichtete Unternehmen eine eigene Unternehmensethik, um auch in Zukunft erfolgreich zu sein und weiter zu wachsen. Ohne tiefe Überzeugung von ihrer Sinnhaftigkeit ist deren Implementierung jedoch von wenig Erfolg gekrönt, denn Ethik und Kultur können einem Unternehmen und seiner Belegschaft nicht aufgepropft werden.

4.5.5 Praxisbeispiel 1

Mission, Visionen und Werte

Ausgangssituation

Moderne HR-Bereiche haben sich die Formulierung **„Vom Verwalter zum Gestalter"** auf die Fahne geschrieben. Daher müssen sie sich intensive Gedanken über ihre Zukunft machen, und dies sowohl visionär als auch strategisch als auch operativ. Aus diesem Grund wurde in unserem Unternehmen unter dem Motto „Creating the Future" ein **„HR-Vision-Team"** etabliert. Die Mitglieder dieses Teams sind ambitionierte HR-Fachleute, die neben ihrer operativen Arbeit ein starkes intrinsisches Interesse an visionären Ausrichtungen hegen.

Ihr Auftrag lautete, zukunftsausgerichtete Bedürfnisse der Kunden zu ermitteln und kreative Konzepte für zukünftige, erfolgreiche HR-Arbeit zu entwickeln. Dabei sollten sie sich an Vision, Mission, Strategien und Kulturwerten des Unternehmens ausrichten. Folgende **Leitfragen** wurden erarbeitet:

1. Welche Trends wird es in Ökonomie, Gesellschaft, Arbeitsmarkt und Demografie geben?
2. Welche Mitarbeiter braucht ein Unternehmen in Zukunft?
3. Welche Kultur benötigt ein Unternehmen in den Arbeitsbeziehungen?

Dabei galt es, die zukünftigen Anforderungen an die Mitarbeiter, an die Führungsstruktur, an das Gesamtunternehmen sowie an seine Geschäftsfelder zu ermitteln. Daraus sollten zukünftige HR-Visionen und -Strategien abgeleitet werden.

Im Vorfeld war zu klären, was unter den Begriffen Mission, Vision, Strategie und Werte zu verstehen ist:

- Die **Mission** stellt den Auftrag des Unternehmens dar, also seinen Sinn, warum es überhaupt existiert und agiert.
- Die **Vision** soll die Zukunft der Mission beinhalten. Sie soll das große, weit reichende Unternehmensziel beschreiben. Dabei handelt es sich nicht um ein operatives Ziel, wie man es von Führen mit Zielvereinbarungen kennt, sondern um ein globales Oberziel.
- Daraus abgeleitet sollte ein Unternehmen über klare **Strategien** verfügen. Sie sollen beschreiben, wie man die Vision erreichen kann. Daraus sollen wiederum operative Ziele abgeleitet werden, aus denen dezidierte Maßnahmen resultieren.
- Die Pyramide von der Mission bis zu den Maßnahmen soll in **Werte** eingebettet sein. Werte beschreiben wichtige Regeln der Unternehmenskultur, die primär ethischer Natur sind und an die sich alle Mitarbeiter zu halten haben. Es sind „Die Zehn Gebote" eines jeden Unternehmens.

All diese Aspekte sollen den Mitarbeiterinnen und Mitarbeitern des Unternehmens Orientierung geben und einen Rahmen schaffen, in dem sie sich frei bewegen können, in dem ihre Kreativität gefördert, ihre Leistungsfähigkeit entwickelt und der Spaß an der eigenen Arbeit gesteigert wird.

| Umsetzung

Beispielhaft werden die aktuellen Unternehmensleitlinien von Phoenix Contact dargestellt:

Corporate Principles

Mission

Wir gestalten Fortschritt mit innovativen Lösungen, die begeistern.

Vision

Phoenix Contact ist eine Unternehmensgruppe, die in jedem ihrer Geschäftsfelder eine weltweit bedeutende und technologisch führende Position erreicht.

Culture

Unabhängig
Wir handeln stets so, dass unsere unternehmerischen Entscheidungsfreiräume gesichert bleiben.

Innovativ gestaltend
Wir verstehen Innovation als wegweisenden Brückenschlag in die Zukunft: so entwickeln wir vorausschauend das Unternehmen.

Partnerschaftlich vertrauensvoll
Unser Tun wird von wechselseitig verpflichtendem Geist, von Freundlichkeit und Aufrichtigkeit getragen.
Unsere Beziehungen zu Kunden und Geschäftspartnern sind auf beiderseitig nachhaltigem Nutzen ausgerichtet.

> Unsere Unternehmenskultur
> fördert Vertrauen und die Entwick-
> lung der Mitarbeiter
> zum Erreichen vereinbarter Ziele.

Diese Prinzipien gelten für unser Unternehmen und sind nicht einfach übertragbar. Jedes Unternehmen sollte für sich Mission, Vision und Werte definieren. Daneben sollte das HR-Management weitere Aspekte berücksichtigen, die sich aus der jeweiligen spezifischen Unternehmenssituation ergeben.

4.5.6 Praxisbeispiel 2

Vom Unternehmensziel zum Mitarbeiterziel

Eine große Herausforderung ist es, die Unternehmensziele zu den Mitarbeitern zu tragen. Die Unternehmensziele müssen sich am Markt und den Kundenbedürfnissen orientieren. Was erwartet der Kunde von uns und wie können wir unsere Ziele auf ihn ausrichten? In der Regel verantwortet eine Geschäftsleitung die Definition der Unternehmensziele. Sie muss im nächsten Schritt die Mitarbeiter dafür gewinnen. Das geschieht durch eine Kaskadierung. So müssen die vom Kunden abgeleiteten Ziele durch die Geschäftsleitung über die Führungsebenen der Bereichs- und Abteilungsleiter bis zum Mitarbeiter getragen werden. Die Mitarbeiter entwickeln daraus Abteilungsziele für Umsatz, strategische Ausrichtung, Investitionen, Personal und Kosten. Diese müssen im Einklang mit den Unternehmensleitlinien stehen. Alle Abteilungsziele werden zur Geschäftsleitung zurück kaskadiert. Deren Aufgabe ist es nun, alle Ziele zu einem gemeinsamen Fokus zu bündeln und mit den Unternehmensleitlinien abzugleichen.

Kaskadierung der Unternehmensziele

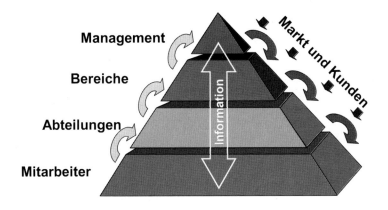

Danach werden die endgültigen Ziele im Unternehmen freigegeben und veröffentlicht. Jede Einheit des Unternehmens kann nun ihre verabschiedeten Abteilungsziele frei von sonstigen Freigabeverfahren verfolgen. Die Mitarbeiter des Bereiches können über geplante Investitionen, Kosten, Personal selbstständig entscheiden. Das entspricht der Vision des Unternehmers, über sein Budget eigenständig zu entscheiden. Das wiederum setzt eine starke Motivation und Leistungsbereitschaft frei. Quartalsweise erhalten die Abteilungen einen Soll-Ist-Vergleich durch das Controlling, sodass vor Ort eine hohe Transparenz besteht und notwendige Korrekturen vorgenommen werden können (OLESCH 2006).

Im Anschluss an das Konzept des ersten Prozessschrittes bestehend aus Unternehmens-, -kultur-, Führungsleitlinien und Zielen wurde als zweiter Prozessschritt die Lernphase gestaltet. Umfangreiche Trainings- und Entwicklungsmaßnahmen für alle Führungskräfte vermittelten die Inhalte der Leitlinien (siehe nachfolgende Tabelle).

	Ziele	Inhalte
Führungskräftetraining I	Die Teilnehmer/-innen kennen die Aufgaben einer Führungskraft in der Phoenix Contact-Gruppe. Sie wissen, ihre Stärken gezielt einzusetzen und ihre Defizite aufzuarbeiten.	■ Aufgaben und Grundeigenschaften einer Führungskraft ■ Situation der Führungskraft ■ Rollen einer Führungskraft ■ Chancen und Grenzen einer Mitarbeitermotivation ■ Wege zu besseren Führungsleistungen ■ Kommunikation mit Mitarbeitern als Führungsaufgabe
Führungskräftetraining II	Die Teilnehmer/-innen können die bisher gewonnenen Kenntnisse erfolgreich in unterschiedlichen Führungssituationen anwenden.	■ Information ■ Vereinbaren von Zielen ■ Delegation und deren Bedeutung für die Mitarbeiterentwicklung ■ Entscheidung ■ Kontrolle ■ Kommunikation und Teamarbeit
Führungskräftetraining III	Die Teilnehmer/-innen kennen Methoden, Mitarbeiter objektiv zu beurteilen, deren Leistungsvermögen richtig einzuschätzen und sie gezielt weiterzuentwickeln.	■ Ziele der Leistungsbeurteilung ■ Merkmale der Leistungsbeurteilung ■ Kritik und Anerkennung als wichtige Elemente der Mitarbeitergespräche ■ Phasen eines Leistungsbeurteilungs-Gespräches ■ Vier-Kanal-Kommunikation

Bei jedem Modul stand ein Geschäftsführer als Gesprächspartner an einem Abend zur Verfügung. Es ist sehr wichtig, dass alle Führungskräfte verpflichtet werden, die Unternehmensziele überzeugend zu vertreten. Zur dezentralen Unterstützung wurden sogenannte Prozessbegleiter entwickelt, die vor Ort die Inhalte der Trainings begleiten und vertiefen. Koordiniert wurde alles von dem HR-Management.

Damit die Unternehmensziele auf den einzelnen Mitarbeiter messbar heruntergebrochen werden, kann eine **Target Card** als Führungsinstrument eingesetzt werden (siehe nachfolgende Abb.). Sie orientiert sich an der Balanced Scorecard und enthält fünf Kriterien. Dazu gehören Markt, Finanzen, Prozesse, Innovation/Entwicklung und Mitarbeiter. Ziele werden in messbaren Kriterien dargestellt und von der Geschäftsleitung auf Bereiche, von Bereichen auf Abteilungen und auf den einzelnen Mitarbeiter kaskadenförmig vereinbart. Dadurch weiß jeder einzelne Mitarbeiter, wie sein persönlicher Beitrag zum gesamten Unternehmenserfolg aussieht.

Target Card des gesamten Unternehmens (Beispiel)

Kunde/Markt	Zielerfolgsfaktor	Zielwert	Maßnahme/Aktion/Initiative
Phoenix Contact tritt als Gruppe global auf. In Schlüsselmärkten der industriellen Elektrotechnik streben wir eine führende Marktposition an.	Wachstum Außenumsatz	10 %	Heben von Cross-Selling-Potenzialen durch Branchen-Aktivitäten und weitere Umsetzung der TNC-Strategie
Finanzen	**Zielerfolgsfaktor**	**Zielwert**	**Maßnahme/Aktion/Initiative**
Phoenix Contact verfolgt eine Strategie des nachhaltigen Wachstums bei gleichzeitiger Einhaltung der Ertragsziele zur Sicherung der finanziellen Unabhängigkeit.	Cashflow	> als der Durchschnitt der letzten 3 Jahre	Unterproportionale Kostenentwicklung zum Umsatz
Prozesse	**Zielerfolgsfaktor**	**Zielwert**	**Maßnahme/Aktion/Initiative**
Phoenix Contact steht weltweit konsequent für kundenorientierte Qualität von Produkten & Prozessen.	Liefergrad (bestätigter Termin)	> 90 %	Null-Fehler-Kultur ist in allen Bereichen umgesetzt (Stichwort: Flexibilität & KVP)
Innovation & Entwicklung	**Zielerfolgsfaktor**	**Zielwert**	**Maßnahme/Aktion/Initiative**
Phoenix Contact verfolgt mit seinen Produkten & Dienstleistungen grundsätzlich eine Strategie der Leistungsdifferenzierung.	Innovationsquote	mindestens auf dem Niveau von 2008	Bereitstellung angemessener Budgets

Mitarbeiter	Zielerfolgsfaktor	Zielwert	Maßnahme/Aktion/Initiative
Unsere Unternehmenskultur fördert Vertrauen und die Entwicklung der Mitarbeiter zum Erreichen vereinbarter Ziele.	Fach- und Führungskräfte werden primär aus der Unternehmensgruppe gewonnen.	90 % aus eigenen Reihen	Personalentwicklung als Führungsaufgabe im Sinne des WELL-Prozesses

Nun setzt der nächste Prozessschritt an, in dem der Zielvereinbarungsprozess mit der variablen Vergütung der Mitarbeiter gekoppelt wird. Aus den Unternehmenszielen wurden nun die einzelnen Mitarbeiterziele zwischen Vorgesetzten und Mitarbeitern entwickelt und vereinbart. Das erfolgt nach der SMART-Methode.

In der persönlichen Zielvereinbarung (siehe nachfolgenden Zielvereinbarungsbogen) werden maximal vier Jahresziele formuliert, die jeweils an zwei messbare Kriterien gebunden sind. Nach Ende eines Jahres werden die Unternehmensziele für das kommende Jahr verabschiedet und die persönlichen Ziele vereinbart. Nach Abschluss des Jahres wird zwischen Vorgesetzten und Mitarbeitern die Erreichung der Ziele besprochen und entsprechend vergütet. Die variable Gehaltskomponente der Vergütung bewegt sich zwischen 12 und 30 %. Mit dieser variablen Komponente kann der Mitarbeiter Einfluss auf sein Gehalt ausüben. Er wird dabei auch am Erfolg des Unternehmens beteiligt, wie ein Unternehmer, der eine Umsatzveränderung direkt zu spüren bekommt (OLESCH 2001 b).

Der vierte Prozessschritt beinhaltet die Prozessoptimierung. In jeder Entwicklung eines komplexen Systems, wie dem beschriebenen, gibt es Korrekturbedarf. Der veränderte Markt und neue Bedürfnisse des Kunden wirken auf das System ein und erfordern eine Anpassung oder Optimierung. Diese wird primär durch adäquate Trainings, Organisationsentwicklungsmaßnahmen und vor allem Coaching von Mitarbeitern und Vorgesetzten realisiert. In dieser „After-Sales-Phase" muss ein Unternehmen bereit sein, Kapazität, Zeit und Geld zu investieren, um jederzeit eine Effektivität und Glaubwürdigkeit des Prozesses zu erreichen.

4.5.7 Soziale Verantwortung für Arbeitsplätze

▶ **Zusammenhang zwischen Personalmanagement und Arbeitsmarktkrise**

In den letzten Jahren konnte man unzählige Medienberichte über den Personalabbau in der deutschen Wirtschaft lesen. Von 1991 bis 2004 wurden 3,8 Mio. Arbeitsplätze abgebaut. Das Heer dieser Betroffenen erzeugt auf indirektem Wege hohe Lohnnebenkosten, die ihrerseits Unternehmen, Staat und private Haushalte stark belasten. Diese Kosten führen Deutschland u. a. in die Situation, Investitionen für Bildung, Entwicklung und Forschung etc. einschränken zu müssen, was wiederum die internationale Wettbewerbsfähigkeit reduziert. Neben diesen volks- und betriebswirtschaftlichen Belastungen erleiden Menschen ohne Arbeit nicht selten psychische und physische Probleme. Und das belastet wiederum das Gesundheitssystem (Olesch 2009).

Wenn heute in Unternehmen gespart werden muss, entscheiden sich 60 % der Manager für Budgetkürzungen im Personalbereich und für die Reduzierung von Aus- und Weiterbildungsmaßnahmen ihrer Mitarbeiter (vgl. Schaubild Kap. 10.3.3). Welche Konsequenzen daraus folgen können, veranschaulicht das folgende Schaubild:

Reduzierung von Aus- und Weiterbildung
1. Die Reduzierung von Aus- und Weiterbildung birgt ein großes Risiko. Deutschland ist ein auf den Export ausgerichteter Hochtechnologiestandort mit komplexen Technologien wie Automobilbau, Umwelttechnologie und Maschinenbau. Dafür werden hoch qualifizierte Mitarbeiter benötigt. Wenn man sie für die Zukunft nicht mehr ausbildet und weiterqualifiziert, wird die „Exportweltmeisterschaft" verloren werden, wie auch generell der Anschluss an moderne Technologieländer.

Standortnachteile und Kosten der Arbeitslosigkeit
2. Der Stillstand in der Know-how-Entwicklung führt mittel- bis langfristig zu Standortnachteilen, Betriebsverlagerungen und Stellenabbau. Durch hohe Arbeitslosenkosten wird der Staat auf Dauer finanziell überfordert, was sich in Folge auf die Lohnnebenkosten niederschlägt. Schließlich wird vieles nicht mehr bezahlbar und verkaufbar. Auch der Kostendruck auf die Unternehmen steigt.

Drohende Instabilität
3. Langfristig können wirtschaftliche und politische Instabilitäten entstehen, die soziale Unruhen erzeugen können. Außerdem, und das lehrt die Geschichte, können extreme Demagogen und selbst ernannte „Pseudo-Retter" von links und rechts den demokratischen Rechtsstaat destabilisieren. Soziale und politische Stabilität ist wiederum ein Standortfaktor, d. h., dass Instabilität wiederum zu Standortnachteilen führt und den Kostendruck auf das einzelne Unternehmen erhöht.

Rückkopplungseffekte

 Arbeitsplatzverantwortung von AGs und Privatunternehmen im Vergleich

Die Personalmanager in den Unternehmen tragen für die politische und soziale Entwicklung einer Volkswirtschaft eine Mitverantwortung (OLESCH 2006). Diese wird jedoch in großen Kapitalgesellschaften und in klein- und mittelgroßen Privatunternehmen unterschiedlich wahrgenommen. Gerade letztere tragen heute eine größere soziale Verantwortung und sorgen so für den größeren Anteil von Arbeitsplätzen in Deutschland. Denn schließlich halten Privatunternehmen, die primär klein- und mittelständisch ausgerichtet sind, 80 % der Arbeitsplätze in unserem Land.

Manager von Aktiengesellschaften und Privatunternehmen handeln häufig mit unterschiedlicher sozialer Verantwortung. Im Folgenden wird eine Gegenüberstellung vorgenommen. Dabei wird zum besseren Verständnis bewusst ein recht kontrastives Bild gezeichnet. Manager von Privatunternehmen tragen in der Regel mehr soziale Verantwortung für ihre Mitarbeiter. Aber natürlich nehmen auch einige Aktiengesellschaften ihre soziale Verantwortung wahr, wie z. B. BMW. Dagegen handeln einige Privatunternehmen weniger sozial verantwortlich.

Profil von großen Aktiengesellschaften und klein- und mittelständischen Privatunternehmen im Vergleich	
Aktiengesellschaften	**Privatunternehmen**
1. Gewinnmaximierung steht im Vordergrund. Entlassungen werden auch bei gegebener Gewinnsituation vorgenommen, um noch höhere Gewinne zu erzielen.	1. Gewinne werden angestrebt, um wachsen zu können, indem Innovationen finanziert, neue Märkte erschlossen und Nischen erobert werden.
2. Quartalsdenken herrscht durch das notwendige Reporting gegenüber den Aktionären vor. Entscheidungen mit höheren Risiken werden seltener getroffen.	2. Langfristiges Denken wird von Privatunternehmen mehr praktiziert. Wo soll mein Unternehmen morgen und wo übermorgen sein? Höhere Risikofreudigkeit ist gegeben.
3. Wachstum wird verstärkt durch Unternehmensakquisitionen vorgenommen.	3. Wachstum wird primär durch eigene Potenziale erzeugt.
4. Gewinne werden häufig durch Kostenreduktion im Mitarbeiterbereich generiert.	4. Ein wichtiges Unternehmensziel ist die Sicherung und Schaffung von Arbeitsplätzen, das Management sieht sich für die eigenen Mitarbeiter persönlich verantwortlich.
5. Personalentlassungen werden als strategische Managementstärke angesehen, wodurch die Aktienkurse steigen. Das Management fühlt sich den Mitarbeitern moralisch nicht so stark verbunden.	5. Personalentlassungen werden nur bei wirtschaftlichen Schwierigkeiten vorgenommen. Es wird als persönliche Niederlage vom Privatunternehmer und seinem Management betrachtet, weil man sich den eigenen Mitarbeitern persönlich verpflichtet fühlt.
6. Nur 20 % der Arbeitsplätze in Deutschland werden von den großen Aktiengesellschaften angeboten.	6. Privatunternehmen und Mittelstand stellen 80 % der Arbeitsplätze in Deutschland.
7. In Aus- und Weiterbildung wird schnell gespart.	7. 80 % aller deutschen Ausbildungsplätze werden vom Mittelstand, den Privatunternehmen, gestellt.
8. Das soziale Bekenntnis, dass der Mensch im Mittelpunkt steht, wird gerne in gestylten Broschüren dargestellt und auf Sonntagsreden beschworen (Motto: „Mehr Worte als Handeln").	8. Die soziale Verpflichtung den Mitarbeitern gegenüber wird häufig ohne Broschüre „gelebt" (Motto: „Mehr Handeln als Reden").
9. Bei wirtschaftlichen Schwierigkeiten haben Aktiengesellschaften einen finanziell längeren Atem, weil sie meistens über mehr Vermögen verfügen.	9. Bei wirtschaftlichen Schwierigkeiten gehen Privatunternehmen schneller in die Insolvenz. Deswegen arbeiten sie aktiv dagegen, um nicht in solch eine Situation zu kommen.
10. Wenn ein wenig erfolgreicher Manager gehen muss, erhält er meistens eine gute Abfindung.	10. Bei schlechtem Management verliert der Privatunternehmer sein Geld.

Profil von großen Aktiengesellschaften und klein- und mittelständischen Privatunternehmen im Vergleich	
Aktiengesellschaften	**Privatunternehmen**
11. Große Aktiengesellschaften investieren schwerpunktmäßig im Ausland.	11. Der Mittelstand investiert wie große Aktiengesellschaften im Ausland. Er ist aber der größere Investor in Deutschland.
12. Durch ihre Auslandsaktivitäten werden weniger Steuern in Deutschland gezahlt.	12. Durch die wirtschaftlichen Aktivitäten in Deutschland leisten Privatunternehmen den größeren Steuerbeitrag.
13. Große Aktiengesellschaften erwarten mehr Aktivitäten von Politik, Verbänden und Institutionen, um ihre wirtschaftlichen Perspektiven zu verbessern.	13. Privatunternehmen setzen mehr auf eigene Initiativen frei nach dem Motto: „Hilf dir selbst, dann hilft dir Gott!".

Bei dieser Gegenüberstellung muss ein **Dilemma der Manager in Aktiengesellschaften** zu ihrer Entlastung aufgezeigt werden. Es sind nicht nur alleine sie, die schuld sind, dass viele Arbeitsplätze aus reinen Gewinngründen abgebaut werden. Viele Bundesbürger, die kritisch dem beschriebenen Verhalten von Managern in Aktiengesellschaften gegenüberstehen, haben z. T. ihr Geld in aktiengebundenen Fonds angelegt. Und diese Bürger wollen natürlich, dass die Kurse steigen, damit sie hohe Renditen erzielen. Das wird schließlich zum Auslöser für Manager von Aktiengesellschaften zu versuchen, die Gewinne der Gewinne wegen zu maximieren.

Dennoch gehört es für alle Manager dazu, neben dem Ziel der Gewinnmaximierung auch moralische Verantwortung zu tragen. Der Ex-Nestlé-Chef und die Manager-Legende Helmut Maucher sagte: „Kurzfristig orientierte Opportunisten können die ganze Marktwirtschaft in Verruf bringen." Moralische und soziale Verantwortung ist keine kurzfristige Angelegenheit. Sie muss als langfristiger Prozess gelebt werden, was zum Teil durch die Job-Hopper-Mentalität einiger Karriere-Manager nicht möglich ist.

▶ Perspektive durch soziale Verantwortung: Corporate Social Responsibility

Wie die Gegenüberstellung zeigt, verpflichten sich Manager von Privatunternehmen tendenziell mehr zur sozialen Verantwortung gegenüber ihren Mitarbeitern. Dieses positive Verhalten sollte von Medien, Politik und Verbänden mehr als Vorbild herausgestellt werden. Dadurch könnte es auch Modellcharakter für Manager großer Aktiengesellschaften bekommen. Marketing für das soziale Vorbild wäre hier unbedingt wünschenswert. Dies sollte auch in Führungs- und Managementakademien sowie an Hochschulen vermittelt werden.

Auch sollten sich die deutschen Manager noch stärker zur sozialen Verantwortung für die Arbeitsplätze ihrer Mitarbeiter bekennen. Der populäre Begriff der **Corporate Social Responsibility** (CSR) beinhaltet, dass Unternehmen die Menschenrechte der Vereinten Nationen anerkennen und danach auch handeln. Dazu gehört das Recht der Menschen auf Arbeit und die Verpflichtung des Managements, auf das Wohl der

Mitarbeiter zu achten. Weiterhin gehört **Corporate Compliance** dazu. Darunter wird die strenge Einhaltung aller Rechte und die Ausrichtung an Gesetzen der jeweiligen Länder verstanden. Viele Unternehmen werden von ihren Kunden gefragt, ob sie sich an CSR orientieren, da sie es von ihren Zulieferern erwarten. Sinnvoll ist es, Corporate Compliance in der Unternehmensstrategie festzuschreiben:

> **Beispiel**
>
> Phoenix Contact bekennt sich im Rahmen der unternehmerischen Verantwortung an allen Standorten zur **Corporate Compliance,** d. h. zur Einhaltung aller einschlägigen gesetzlichen Regelungen sowie zur **Corporate Social Responsibility,** um Menschenrechte zu wahren, Arbeitsnormen einzuhalten und Diskriminierung sowie Zwangs- und Kinderarbeit auszuschließen. Eine aktive Fürsorge für Gesundheit und Arbeitssicherheit der Mitarbeiter/-innen ist integraler Bestandteil der Unternehmenskultur.

Natürlich ist Deutschland auch von konjunkturellen Schwankungen abhängig. Diese können durch Weltmarkt, Geldpolitik, schwankende Energiepreise, militärische Krisen und globalisierte Wettbewerbssituationen bedingt sein. Das kann zu wirtschaftlichen Schwierigkeiten führen, die die Arbeitsplatzsituation des jeweiligen Unternehmens beeinträchtigen. Hier sollten auch Gewerkschaften in Zukunft pro-aktiv handeln, z. B. in Form von Flexibilität und betrieblichen Bündnissen für die betroffenen Unternehmen. Flächentarife der Fläche wegen zu halten kann genauso fatal sein, wie fundamentalistisches Denken und Handeln auf Gewerkschafts- und Arbeitgeberseite.

Die Reaktionsfähigkeit deutscher Unternehmen auf sich ändernde Marktbedingungen muss verbessert werden. Dem Markt entsprechende, flexible Arbeitszeitsysteme sowie der Einsatz von Personalleasing sind Instrumente, die die Reaktionskompetenz eines Unternehmens verbessern können.

Schließlich gilt: In Aus- und Weiterbildung muss auf hohem Niveau investiert werden. Daraus resultierende Innovationen schaffen und sichern schließlich Arbeitsplätze. Dies zu initiieren ist eine Schlüsselaufgabe des Managements.

4.5.8 Praxisbeispiel

Corporate Social Responsibility und Corporate Compliance

Ausgangslage

Unternehmen mit ethischen Grundsätzen fühlen sich eher verpflichtet, soziale Verantwortung wahrzunehmen. Dies gilt wie beschrieben einmal für die eigenen Mitarbeiter, aber auch für ihr unternehmerisches Umfeld. So agiert z. B. ein Unternehmen im Sinne der Corporate Social Responsibility, wenn es dem Allgemeinwohl der Regionen und der Länder, in denen es tätig ist, über den gesetzlich geforderten Rahmen hinaus dient. Diese Aktivitäten dürfen gleichzeitig auch zum Vorteil des eigenen Unternehmens gereichen.

Maßnahmen

Im konkreten Fall hat das Unternehmen u. a. folgende Maßnahmen entwickelt, um soziale Verantwortung in der Region wahrzunehmen:

(1) Bildung
- Hauptschüler zur Ausbildungsreife entwickeln
- Kinder aus Familien mit Migrationshintergrund zu Akademikern entwickeln
- Frauenförderung betreiben

(2) Gesundheitsmanagement zur Prävention
- Gründung eines Kolloquiums, in dem Gesundheitsexperten und prominente Redner zu aktuellen Themen öffentlich Stellung beziehen

(3) (Ehren-)Ämter
- Mitgliedschaft bei Global Compact
- Stadtmarketing
- Initiative für Beschäftigung
- ehrenamtliche Richtertätigkeiten

(4) Sponsoring/Stiftungen
- Lehrstuhl
- Labore für Hochschulen
- Bürgerstiftung

Global Compact

Auch international wird Corporate Social Responsibility wahrgenommen, und zwar indem die Vorgaben von Global Compact der UN eingehalten werden. Global Compact ist von dem ehemaligen UN-Generalsekretär Kofi Annan ins Leben gerufen worden. Es enthält zehn Verhaltenskriterien, die weltweit Geltung haben sollen. Unternehmen, die sich daran orientieren, werden besonders herausgestellt.

Global Compact	
Menschenrechte	
Prinzip 1:	Unternehmen sollen den Schutz der internationalen Menschenrechte innerhalb ihres Einflussbereichs unterstützen, achten und
Prinzip 2:	sicherstellen, dass sie sich nicht an Menschenrechtsverletzungen mitschuldig machen.
Arbeitsnormen	
Prinzip 3:	Unternehmen sollen die Vereinigungsfreiheit und die wirksame Anerkennung des Rechts auf Kollektivverhandlungen wahren sowie ferner für
Prinzip 4:	die Beseitigung aller Formen der Zwangsarbeit,
Prinzip 5:	die Abschaffung der Kinderarbeit und
Prinzip 6:	die Beseitigung von Diskriminierung bei Anstellung und Beschäftigung eintreten.

> **Umweltschutz**
> Prinzip 7: Unternehmen sollen im Umgang mit Umweltproblemen einen vorsorgenden Ansatz unterstützen,
> Prinzip 8: Initiativen ergreifen, um ein größeres Verantwortungsbewusstsein für die Umwelt zu erzeugen, und
> Prinzip 9: die Entwicklung und Verbreitung umweltfreundlicher Technologien fördern.
> **Korruptionsbekämpfung**
> Prinzip 10: Unternehmen sollen gegen alle Arten der Korruption eintreten, einschließlich Erpressung und Bestechung.

Fazit

Es ist heute ein Marktvorteil, sich an CSR und Global Compact auszurichten, da dies nicht nur viele Kunden von ihren Lieferanten erwarten, sondern auch zu einer stärkeren Bindung hoch qualifizierter Mitarbeiter an das Unternehmen führt. In einer anonymen Befragung von TOB JOB im Unternehmen wurde das Engagement in CSR und Global Compact positiv bewertet. Auf die Frage: „Warum soll das Unternehmen Arbeitgeber des Jahres werden?", wurde das CSR-Thema von den Mitarbeitern häufig angeführt.

4.6 Mobbing: Führungsschwäche?

Ein praktisches Problemfeld der Mitarbeiterführung sind Mobbingprozesse in Unternehmen. In den vergangenen Jahren sind etliche Forschungsansätze zu diesem Thema veröffentlicht worden. Für Führungskräfte sind diese Prozesse eine Herausforderung, da sie ein Indiz für Missstände im Unternehmen sind, die nicht nur mit einem einzelnen Mitarbeiter zu tun haben.

Unter Mobbing versteht man die fortgesetzte Belästigung durch negative kommunikative Handlungen über einen längeren Zeitraum durch eine oder mehrere Personen. In der Definition taucht der Begriff der negativen kommunikativen Handlung auf. Was versteht man nun konkret darunter? Dieser Frage ist der Arbeitspsychologe Heinz Leymann (vgl. LEYMANN 2002) nachgegangen. Er hat dabei 45 typische Mobbing-Handlungen unterschieden und anschließend in fünf Kategorien eingeteilt:

- Angriffe auf die Möglichkeit, sich mitzuteilen, z. B. durch ständige Kritik oder Beschimpfungen, lächerlich machen o. Ä.;
- Angriffe auf die sozialen Beziehungen, z. B. durch Nichtbeachtung, Ignoranz;
- Angriffe auf das soziale Ansehen, z. B. durch Klatsch, Tratsch, falsche Gerüchte und Beleidigungen;
- Angriffe auf die Qualität der Arbeit, z. B. durch Informationszurückhaltung oder dadurch, dass Aufgaben zugeteilt werden, die von der Person nicht zu bewältigen sind;
- Angriffe auf die Gesundheit, worunter z. B. auch Gewaltandrohungen oder sexuelle Belästigungen zu zählen sind.

4.6.1 Ursachen und Phasen des Mobbings

Am Anfang eines Mobbingprozesses steht meist irgendein Konflikt. Die Ursachen dafür sind vielfältig. Es kann sich um Verteilungskonflikte handeln, um unklare Hierarchiestrukturen und Kompetenzzuordnungen, um Machtdemonstrationen u. Ä. Häufig tritt dieser Konflikt auf, wenn es Änderungen gegeben hat, z. B. in der Betriebsstruktur oder in der Mitarbeiterzusammensetzung.

Phasen des Mobbings	
1. Auftakt	Ein Konflikt wird zu keiner Lösung geführt. Die Rollenverteilung ist noch unklar. Trotz Kompromissen bleibt die Spannung unterschwellig bestehen.
2. Eskalation	Der Konflikt ist in den Hintergrund gerückt. Aggressives Verhalten bleibt bestehen, ist aber lästig. Persönliche Grenzen werden überschritten, Kräfte sind auf einer Seite verbraucht, Angriffe können nicht mehr effektiv abgewehrt werden.
3. Resignation	Kontinuierliche Verletzungen des Mobbers, das Opfer zeigt kaum oder gar keinen Widerstand mehr.
4. Kapitulation	Das Opfer wird depressiv und verzweifelt. Es wird aus dem Team ausgestoßen. Angreifer sehen ihre Prognosen bestätigt. Das Opfer flüchtet in Krankheit, Kündigung usw.

4.6.2 Mobbingopfer/Mobbingtäter

Jeder kann in seinem Berufsleben zum Opfer werden. Es sind nicht die vermeintlich Schwächeren, die besonders gefährdet sind. Laut Schätzungen sind 1,5 Mio. Arbeitnehmer betroffen. Anders ausgedrückt kann man sagen, dass jede vierte Person einmal im Laufe ihres Berufslebens zum Opfer wird. Als Personengruppe sind es eher „Minderheiten", die Mobbingopfer werden:

Typische Mobbingopfer	
Der/die Einzige	Tätigkeit als einzige Frau in einer Männerabteilung oder als einziger Mann in einer Gruppe von Frauen.
Der/die Auffällige	Personen, die andere Werte, Einstellungen, Hobbys haben, eine andere Nationalität, einen Dialekt, eine Behinderung.
Der/die Erfolgreiche	Bei einem beruflichen Aufstieg kann Neid die Ursache für Mobbing sein.
Der/die Neue	Skepsis gegenüber neuen Kollegen, Angst vor Bevorzugungen, besserer Ausbildung usw.

Mobbingtäter weisen in der Regel das folgende Verhaltensmuster auf:
- Bei freier Entscheidungsmöglichkeit wählt er/sie den aggressiven Weg.
- Er/Sie sorgt für eine Aufrechterhaltung des Konflikts und versucht, ihn zur Eskalation zu bringen.
- Er/Sie nimmt negative Folgen bewusst in Kauf oder ignoriert sie.
- Er/Sie empfindet kein Schuldbewusstsein, fühlt sich häufig im Recht.

Mobbing wird verstärkt durch Sympathisanten, die sich ihrer Rolle als erforderliche Kulisse des Schaukampfes häufig nicht bewusst sind oder bewusst werden wollen.

In der Geschlechterverteilung der Täter und Opfer ist auffällig, dass am meisten gleichgeschlechtlich gemobbt wird, d.h., Männer mobben Männer, Frauen mobben Frauen. Dabei kommt es sowohl zum Mobbing auf der gleichen Beschäftigungsebene als auch zu Mobbinghandlungen von Vorgesetzten gegenüber unterstellten Mitarbeitern oder von Mitarbeitern gegenüber Vorgesetzten. Die meisten (etwa $^2/_3$) der Mobbingopfer sind in mittleren Stellungen zu finden.

Bei den Mobbinghandlungen unterscheiden sich Männer und Frauen. Männer ziehen passive Handlungen vor. Sie sprechen nicht mehr mit jemanden oder sie unterbrechen ihn, man wird zu ständig neuen Arbeiten eingeteilt usw. Frauen bevorzugen aktive Handlungen: Sie machen sich über jemanden lustig, sie verbreiten falsche Gerüchte, üben Druck durch ständige Kritik aus usw.

4.6.3 Gegenmaßnahmen

Wie aufgezeigt wurde, handelt es sich beim Mobbing um ein Organisations- und Führungsproblem. Wenn im Unternehmen ein offener Umgang miteinander gepflegt wird, eine faire und gerechte Behandlung üblich ist, ständige Kommunikation gepflegt wird und partnerschaftliche Beziehungen zwischen Mitarbeitern und Vorgesetzten bestehen, wird Mobbing ein eher seltenes Phänomen bleiben.

Hilfreich ist es auch, einen Ablaufplan für die Beseitigung von Konflikten einzuführen. Hierbei sollten Mitarbeiter, Betriebsrat und Geschäftsleitung gemeinsam Pläne entwickeln, die z.B. durch einen Vermittlungsausschuss umgesetzt werden. Geeignete Mitarbeiter könnten ihre Kompetenzen durch entsprechende Seminare wie z.B. Moderatorenschulungen erweitern.

Das abschließend vorgestellte Drei-Phasen-Modell schlägt folgende Schritte zur Beseitigung vor (GEK 2003, Infodatenbank, S. 8):

1. Mobbing aufdecken und stoppen
■ Beteiligte Personen finden
■ Waffenstillstand schließen
■ Kräfteressourcen des Opfers wieder aufbauen
■ Kräftegleichgewicht wieder herstellen
■ Neutralität des Schlichters
■ Keine Klärung von Schuldfragen
2. Knoten lösen
■ Vereinbarte Schritte in die Tat umsetzen
■ Vertrauen aufbauen
■ Transparenz herstellen
■ Praktikable Maßnahmen ableiten
■ Erreichte Etappen feiern
■ Vorsicht vor dem Dramadreieck (nicht parteiisch werden)

3. Streitkultur entwickeln

- Schaffen von funktionierenden Abläufen
- Freie Meinungsäußerung
- Meinungsunterschiede bearbeiten
- Persönliche und berufliche Ziele berücksichtigen
- Vorbildfunktion des Vorgesetzten/der Unternehmensleitung verbessern

Von Mobbing Betroffene können sich bei Krankenkassen, im Internet und durch Seminare bei kirchlichen oder öffentlichen Trägern genauer informieren. Inzwischen bietet auch einigen Mobbingopfern das AGG (Allgemeines Gleichbehandlungsgesetz, vgl. Kap. 1.8) eine rechtliche Grundlage, um vom Arbeitgeber vor Benachteiligungen geschützt zu werden.

4.7 Praxisbeispiel

Management Manual – Personalregeln für ein Unternehmen

Primäre Aufgaben eines Vorgesetzten sind das Erreichen der in seiner Abteilung gesteckten Ziele sowie das Führen seiner Mitarbeiter. Gerade Letzteres bedeutet eine große Herausforderung. Klassische Führungsaufgaben sind u. a. Ziele vereinbaren, Motivieren, Beurteilen, Coachen, Budgetieren etc. Als häufig lästige Themen werden angesehen: Wer bekommt welchen hierarchischen Titel, wer ein Einzelbüro, wer ein Handy, wer einen Firmenwagen, wer einen Firmenparkplatz etc. Wenn das Unternehmen hier kein Regelwerk anbietet, „basteln" sich Vorgesetzte häufig eines. Da dieses meist unternehmensweit nicht abgestimmt ist, entstehen häufig unnötige Diskussionen und infolgedessen Ungerechtigkeiten und Unstimmigkeiten, was wiederum zu Demotivation der Mitarbeiter und zu Spannungen im Verhältnis zu Vorgesetzten und innerhalb des Unternehmens führt. Im Kampf um Statussymbole können Mitarbeiter einen Großteil ihrer Arbeitsenergie einsetzen. Die fehlt schließlich dem Unternehmen. Daher ist es notwendig, in einem Unternehmen ein Regelwerk zu schaffen, das diese Themen behandelt und als Management Manual definiert wird.

Im Folgenden wird ein Management Manual beschrieben, in dem Regeln und Rahmenbedingungen exemplarisch dargestellt werden. Es ist ein realisiertes und pragmatisches Modell für Unternehmen und so beschrieben, dass es vom Praktiker schnell umgesetzt werden kann (OLESCH 2001, S. 8). Es werden exemplarisch Beschreibungen der Verantwortungsbereiche und Kompetenzen der Führungs- und Fachleiter aus dem Management Manual aufgeführt. Sie sind übersichtlich dargestellt, sodass sie dem Leser Anregungen zur Anwendung im eigenen Unternehmen geben können. Darüber hinaus werden Beispiele für die Vergabe von Firmenwagen und Handys dargestellt.

Ziele und Inhalte des Management Manuals

Folgende Ziele beinhaltet das Management Manual:
- klare Rahmenbedingungen im Unternehmen schaffen;
- mehr Transparenz;
- mehr Gerechtigkeit;
- weniger Diskussionsbedarf;
- Entlastung des Vorgesetzten;
- Kostenreduktion durch weniger unnötige Diskussionen.

Inhalte des Management Manuals im Unternehmen des Autors sind:
- Verantwortungsbereich der Führungskräfte;
- Kompetenzen und Vollmachten der Führungskräfte;
- Verantwortungsbereich der Fachleiter;
- Kompetenzen und Vollmachten der Fachleiter;
- Büro;
- Sekretariat und Büroassistenz;
- Firmen-Pkw (als Beispiel im Folgenden aufgeführt);
- Telefon und Handy (als Beispiel im Folgenden aufgeführt);
- Zeichnungsberechtigung;
- Gleitzeitteilnahme;
- Parkplätze;
- Werkszugang;
- Werksschlüssel;
- Zugriff auf firmenvertrauliche EDV-Dateien;
- Visitenkarten.

Es bestehen außer der Geschäftsleitung drei Führungsebenen:
- Bereichsleiter;
- Abteilungsleiter;
- Gruppen- bzw. Werkstattleiter.

Im Management Manual werden tabellarisch einmal deren Verantwortungsbereiche beschrieben, unterteilt in:
- Führung;
- Personalverantwortung;
- Zuständigkeit;
- Ergebnisverantwortung;
- Kostenverantwortung;
- Prozessverantwortung;
- Unterstellung.

Darüber hinaus wird die Kompetenz bzw. Vollmacht unterschieden in:
- Planung;
- Entscheidungsvollmacht.

Neben den Führungskäften gibt es Fachleiter. Es sind hochkompetente Mitarbeiter, die selbstständig umfassende und budgetintensive Projekte mit hoher Verantwortung bearbeiten, ohne dass sie dabei Mitarbeiter führen. Ihr Gehalt entspricht denen der Bereichs-, Abteilungs- und Gruppenleiter. Analog dazu gibt es drei Stufen:
- Fachbereichsleiter;
- Fachleiter;
- Fachreferent.

Ihre Verantwortungsbereiche unterteilen sich in:
- Zuständigkeit;
- Ergebnisverantwortung;
- Kostenverantwortung;
- Unterstellung.

Die Kompetenzen bzw. Vollmachten entsprechen denen der Führungskräfte:
- Planung;
- Entscheidungsvollmacht.

Vorbemerkung des Management Manuals

Wir wollen weiter wachsen. Dazu brauchen wir Führungskräfte, die in ihrem Wirkungskreis durch unternehmerisches Denken und Handeln dazu beitragen, dass wir auch in Zukunft unsere Kunden mit Innovationen überzeugen.

Erfolg braucht Ziele und erfordert im gleichen Maße Eigeninitiative und Selbstverantwortung, um Ziele motiviert und qualifiziert zu verfolgen.

Selbstständigkeit und unternehmerisches Handeln brauchen natürlich auch ein gewisses Maß an Abstimmung, damit das Wirken aller koordiniert wird.

Die vorliegenden Rahmenbedingungen sollen unseren Führungskräften ein Höchstmaß an Eigeninitiative und unternehmerischem Handeln ermöglichen. Gleichzeitig wird durch die Formulierung der Verantwortungsbereiche und Kompetenzen die Orientierung gegeben, die zielorientiertes Arbeiten erst ermöglicht.

Wir legen, was Arbeitsmittel angeht, Wert auf zweckorientierten Einsatz statt persönlicher Privilegien. Transparenz und klare Regeln sorgen für eine faire Vorgehensweise. Fairness wiederum ist eine wichtige Voraussetzung für Zufriedenheit, Leistung und Loyalität. Die zweckbezogene Anwendung sichert im übrigen einen effektiven und kostensparenden Einsatz.

Beispiel: Firmen-Pkw

Die Firmenwagen im Unternehmen des Autors werden nicht wie üblich nach Hierarchie (z. B. für Bereichsleiter) vergeben, sondern rein funktional, d.h., jeder Mitarbeiter, egal welcher Hierarchiestufe (auch Sachbearbeiter), erhält einen Firmenwagen, wenn er mehr als 40 % Außendiensttätigkeit hat.

- **Zuteilung von Firmenwagen**

Folgender Personenkreis erhält ein Firmenfahrzeug:
1. Mitarbeiter/-innen mit einem Außendienstanteil im Durchschnitt eines Halbjah-res von mindestens 40 % der Arbeitstage;
2. Mitarbeiter/-innen, die regelmäßig Schulungen, Seminare oder Kundenpräsentationen durchführen, sofern der Anteil der Außendiensttage regelmäßig mindestens 40 % der Arbeitstage beträgt.

Alle anderen Mitarbeiter/-innen können bei Bedarf ein Fahrzeug aus dem firmen-eigenen Fuhrpark benutzen. Die Fahrzeuge werden über den Pförtner bereit-gestellt. Sollte kein solches Fahrzeug vorhanden sein, disponiert der Pförtner ein Mietfahrzeug. Privat-Pkws sollen nur in Ausnahmefällen und im Kurzstreckenbereich, sofern kein Firmen-Pkw verfügbar ist, verwendet werden.

- **Fahrzeugklassen**

Bei der Zuteilung von Firmen-Pkws an Mitarbeiter/-innen werden folgende Fahrzeugklassen und -modelle zugrunde gelegt:

- Fahrzeugklasse I (gehobene Fahrzeugklasse) für Mitarbeiter/-innen in maßgeblichen Repräsentationsfunktionen oder mit bundesweiten Außendienstaktivitäten;

  Typen/Modelle: Mercedes E 220 (T), BMW 523i (touring), BMW 525 (tds touring), Audi A6 2.5 (TDI Avant).

- Fahrzeugklasse II (Mittelklasse-Fahrzeuge) für Mitarbeiter im Verkaufs-/Vertriebsaußendienst mit überwiegend gebietsbezogenen oder einzelkundenbezogenen Aktivitäten;

  Typen/Modelle: VW Passat Variant 1.9 TDI 82 KW, VW Sharan 1.9 TDI 82 KW.

Abweichend von den beiden Fahrzeugklassen kann ein anderes Fahrzeug zugeteilt werden, wenn dies im Rahmen der Kundenbetreuung aus sachlichen Gründen (z. B. Betreuung eines bestimmten Automobilkunden) oder aus technischen Gründen (z. B. Transportkapazität) notwendig ist.

- **Ausstattung**

Firmen-Pkws werden neben einer Standardsicherheitsausstattung (ABS, Fahrer- und Beifahrer-Airbag) mit folgenden sicherheits- und gesundheitsorientierten sowie funktionellen Extras ausgestattet:
- Außentemperaturanzeige;

- geteilte Rückbank;
- Klimaautomatik;
- Laderaumabdeckung;
- Metallic-Lack (silber-metallic);
- Nebelscheinwerfer;
- Radio/Cassette-Kombination;
- Telefonhalterung für Handy und Freispracheinrichtung;
- Reserverad normal (in Fahrbereifung);
- Wärmeschutzverglasung;
- Zentralverriegelung;
- Lordosenstütze.

■ **Kostenbeteiligung für Privatnutzung**

Mitarbeiter/-innen, die ein Firmenfahrzeug privat nutzen, tragen die hierbei entstehenden Benzinkosten sowie andere Kosten, die ursächlich mit der Privatnutzung im Zusammenhang stehen (z. B. Fahrzeugreinigung im Urlaub). Die Verrechnung der privaten Benzinkosten erfolgt in Form einer Monatspauschale, die jeweils einmal jährlich neu berechnet wird und sich nach dem durchschnittlichen Umfang der Privatnutzung der letzten zwölf Monate richtet. Bei Neuzuteilung eines Fahrzeuges wird zunächst eine Schätzpauschale angesetzt. Der Umfang der Privatnutzung wird nach Ablauf der ersten sechs Monate errechnet und gegebenenfalls rückwirkend korrigiert. Private Fahrten außerhalb von Deutschland bedürfen der Zustimmung des Unternehmens.

■ **Aufzeichnung der Dienst- und Privatfahrten**

Dienstliche und private Fahrten sind auf einem vom Rechnungswesen zur Verfügung gestellten Abrechnungsbeleg in der dort vorgegebenen Form aufzuzeichnen.

■ **Lohnsteuerpflicht für die Privatnutzung eines Firmenfahrzeugs**

Der sogenannte geldwerte Vorteil aus der Privatnutzung eines Firmenfahrzeugs wird der Lohnsteuerpflicht zulasten des/der Mitarbeiter(s)/-in unterworfen. Hierfür wird grundsätzlich die Versteuerungsmethode „1 %-Regelung" angewendet.

Beispiel: Telefon

■ **Komforttelefone**

Komforttelefone mit umfangreichen Speicher- und Sonderfunktionen werden folgenden Mitarbeitern/-innen zur Verfügung gestellt:

1. Mitarbeiter/-innen, die das Sekretariat für Ressort-, Bereichs- oder Abteilungsleiter/-innen führen und die in dieser Funktion mit vielen unterschiedlichen externen Gesprächspartnern telefonieren;

2. Ressort-, Bereichs-, Abteilungsleiter/-innen, die mit dem Telefon einer Assistenzkraft in Verbindung stehen oder die für die jederzeitige Erreichbarkeit entsprechend flexible Weiterschaltungsfunktionen brauchen bzw. die Freisprech- und Lauthörfunktion brauchen;

3. Mitarbeiter/-innen mit einer zentralen sekretariatsähnlichen Koordinationsfunktion, die in dieser Aufgabe umfangreiche telefonische Kontakte zu externen Geschäftspartnern haben.

■ **Mobiltelefone**

Mobiltelefone werden folgenden Mitarbeitern/-innen zur Verfügung gestellt:

1. Mitarbeiter/-innen, deren ständige Erreichbarkeit aus Sicherheitsgründen jederzeit notwendig ist;

2. Mitarbeiter/-innen, die aufgrund der Art ihrer Aufgabe überwiegend an unterschiedlichen Einsatzstellen im Unternehmen sind und die aufgrund der Koordination wichtiger betrieblicher Abläufe jederzeit erreichbar sein müssen;

3. Mitarbeiter/-innen in Außendienstaufgaben mit einem Außendienstanteil von regelmäßig mindestens 20 % ihrer Arbeitstage;

4. Mitarbeiter/-innen, deren Tätigkeit mit intensivem Kundenkontakt verbunden ist;

5. Ressort-, Bereichs- und Abteilungsleiter/-innen im Vertrieb und im Produktmarketing, die in ihrem Aufgabenbereich ständigen Kundenkontakt haben;

6. Ressort- und Bereichsleiter/-innen im Produktmarketing und in der Entwicklung;

7. Sekretariate von Ressorts oder Bereichen, in denen regelmäßige, häufige Dienst-reisen anfallen. Diese Mobiltelefone sollen Mitarbeitern/-innen bei Dienstreisen vorübergehend zur Verfügung gestellt werden.

Mobiltelefone dienen dienstlichen Zwecken. Von Firmen-Mobiltelefonen aus dürfen nur in dringenden Ausnahmefällen abgehende Privatgespräche geführt werden.

Anhand des Management Manuals, dessen Ansatz in diesem Praxisbeispiel exemplarisch ausgeführt wurde, konnten die Ziele wie mehr Gerechtigkeit und Transparenz, weniger Diskussionsbedarf und Unstimmigkeiten erfolgreich und mit hoher Akzeptanz im beschriebenen Unternehmen erreicht werden. Jedes Unternehmen sollte diese Regeln im Stil der eigenen Kultur formulieren und leben. Sie ersparen viele unnötige Diskussionen und Demotivationen.

4.8 Check-up

4.8.1 Zusammenfassung

LEITFRAGE:
Wie muss Personalführung gestaltet sein, um zufriedene, motivierte Mitarbeiter zu haben, die einen hohen Grad der Aufgabenerfüllung erreichen?

THEORETISCHE ANSÄTZE

- unterscheiden Leistungsfähigkeit und Leistungsbereitschaft,
- untersuchen Faktoren zur Beeinflussung der Leistungsbereitschaft,
- versuchen herauszufinden, wie oder wodurch Menschen zur Arbeit motiviert werden.

| Motivations-theorie | Zwei-Faktoren-Theorie | Führungs-theorie | Theorie X und Theorie Y | Managerial Grid |

PRAKTISCHE ANSÄTZE

verdeutlichen Kriterien, von denen Führungserfolg abhängt

AUTORITÄR | KOOPERATIV

MANAGEMENT BY DELEGATION	MANAGEMENT BY EXCEPTION	MANAGEMENT BY OBJECTIVES
= Führung durch Delegation der zu erledigenden Aufgaben	= Führung durch Abweichungskontrolle und Eingriff im Ausnahmefall	= Führung durch Zielvereinbarung

ENTWICKLUNG VON FÜHRUNGSKULTUR UND -LEITLINIEN

Analyse von unternehmensspezifischem Führungsverhalten:
- Anforderungsprofil entwickeln
- eigenes Führungsverhalten einschätzen
- Maßnahmen zur Verbesserung des eigenen Führungsverhaltens entwickeln

VORSCHLÄGE ZUR:
- Motivation
- Vertretung von Unternehmensinteressen
- Organisation
- Kommunikation
- Förderung der Mitarbeiter
- Verantwortung für Mitarbeiter

UMSETZUNGSMASSNAHMEN:
- Führungstrainings
- Partizipation der Geschäftsleitung
- Informationsmanagement zur Führungskultur
- Förderung der vertikalen Kommunikation
- Förderung der horizontalen Kommunikation

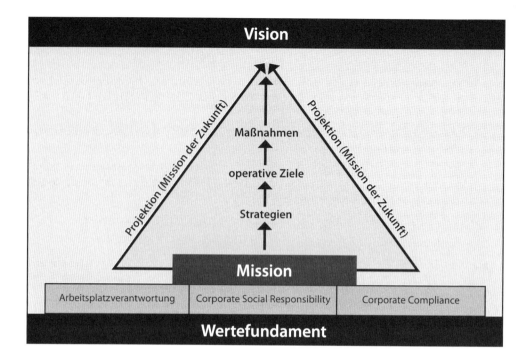

PROBLEMFELD MOBBING

Phasen:
- Auftakt
- Eskalation
- Resignation
- Kapitulation

Typische Opfer:
- Der/die Einzige
- Der/die Auffällige
- Der/die Erfolgreiche
- Der/die Neue

Gegenmaßnahmen:
- Aufdeckung
- Knotenlösung
- Entwicklung einer Streitkultur

4.8.2 Aufgaben

1. Welche Faktoren beeinflussen das Betriebsklima und das Arbeitsklima einer Abteilung bzw. einer Mitarbeitergruppe?

2. Unterscheiden Sie die Führungsaufgaben eines Abteilungsleiters von denen eines Projektleiters!

3. Eine Hauptaufgabe der Personalführung ist die Mitarbeiterinformation. Auf welche Weise können Mitarbeiter informiert werden?

4. Eine ausgeprägte Führungskultur ist für ein Unternehmen von großer Bedeutung.
   a) Welche Mitarbeitergruppen sollten eine Führungskultur entwickeln?

b) Was sollte eine Führungskultur beinhalten?
   c) Wie kann eine Führungskultur erlernt werden?
   d) Welche Vorteile beinhaltet eine gute Unternehmenskultur?
5. Der geschäftsführende Gesellschafter einer mittelständischen GmbH bezeichnet die Mitarbeiter gerne als sein wichtigstes Kapital. Die Mitarbeiter bemängeln dagegen seine autoritäre Art.
   a) Anhand welcher Kriterien (mind. 4) können Sie überprüfen, ob ein autoritärer oder kooperativer Führungsstil vorliegt.
   b) Für die Angestellten gibt es jährliche Zielvereinbarungsgespräche. Welcher Management-Konzeption entspricht dieser Ansatz? Welche Schwachstellen und Risiken sehen Sie bei dem System?
6. Welche Aspekte gehören zur Grundausrichtung eines Unternehmens?
7. Was bedeutet CSR?
8. Nennen Sie die Vorteile, die die Einführung eines Management Manuals bietet!

4.8.3 Literatur

GEK-Infodatenbank: http//media.gek.de/downloads/infodatenbank (Stand: 2003).

Goleman, D.: Der Erfolgsquotient, Carl Hanser Verlag, München/Wien 1999.

Hendricks, G./Ludeman, K.: Visionäres Management, Droemersche Verlagsanstalt Th. Knauer, München 1997.

Jäger, H./Mitterer, B./Sack, N.: Personalwirtschaft, Winklers Verlag, Darmstadt 2000.

Leymann, H.: Mobbing – Psychoterror am Arbeitsplatz und wie man sich dagegen wehren kann, Wunderlich, Hamburg 2002.

Olesch, G.: Management Manual, in: Angewandte Arbeitswissenschaften, 2/2001, S. 4–10.

Olesch, G.: Führungsmanagement als integrativer Unternehmensprozess, in: Personal, 12/2002, S. 12–15.

Olesch, G.: Soziale Verantwortung, in: Personal, 9/2006, S. 34–36.

Olesch, G.: Soziale Verantwortung trotz Krise, in: Personalwirtschaft, 7/2009.

Pullig, K.-K.: Personalwirtschaft, Hanser-Verlag, München 1980.

Tüllmann, A.: Personalwirtschaft, EDE-VAU Verlag, Korschenbroich 1993.

5 Personalbeurteilung

5.1 PREVIEW

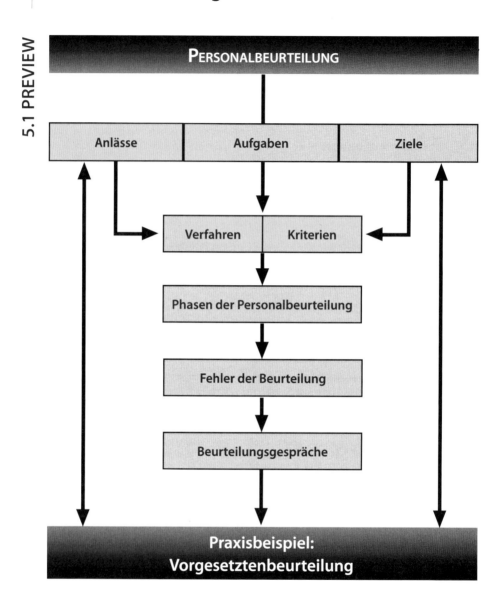

Die Personalbeurteilung ist ein wichtiges Instrument der Personalführung, des Personaleinsatzes und der Personalentwicklung, wenn sie regelmäßig und systematisch durchgeführt wird. Sie wird aber nur dann von den Mitarbeitern akzeptiert, wenn folgende Aspekte beachtet werden:

- die frühzeitige Einbeziehung des Betriebsrates;
- die Beratung über das Beurteilungsschema mit dem Betriebsrat;
- die Präsentation des Beurteilungssystems vor allen Mitarbeitern;
- die Darstellung des Systems als Bestandteil der Unternehmenskultur;
- Herausstellung des Nutzens für ein leistungsabhängiges Entgelt;
- Training der Führungskräfte für Beurteilungen und Beurteilungsgespräche;
- regelmäßige, periodische Beurteilungsgespräche mit jedem Mitarbeiter;
- Fortbildungsaktivitäten zur Beseitigung von Schwächen des Mitarbeiters;
- eine Mitgestaltung und Mitverantwortung in der Bewertung.

5.2 Anlässe, Aufgaben und Ziele der Personalbeurteilung

▶ Anlässe der Personalbeurteilung

Zu unterscheiden ist zunächst, ob es sich um die Beurteilung sämtlicher Mitarbeiter handelt oder ob es um die Beurteilung eines einzelnen Mitarbeiters geht. Konkrete Anlässe der Beurteilung könnten sein (ALBERT 2005, S. 94):

- Ablauf der Probezeit;
- turnusmäßige Personalbeurteilung;
- Versetzungen;
- Beförderungen;
- Wechsel des Vorgesetzten;
- Lohn- oder Gehaltsüberprüfung;
- Fortbildungsmaßnahmen;
- Disziplinarmaßnahmen;
- Treffen einer Sozialauswahl (Entlassungen);
- Zeugnisausstellung.

▶ Aufgaben der Personalbeurteilung

Insbesondere Unternehmen, die ihre Mitarbeiter regelmäßig beurteilen, nutzen das Instrument um:

- die Mitarbeiter zu motivieren;
- die Mitarbeiter darüber zu informieren, wie sie im Unternehmen eingeschätzt werden;
- den Personaleinsatz zu steuern;
- Leistungsdefizite zu erkennen;

- besondere Fähigkeiten und Talente der Mitarbeiter herauszufinden;
- Lohn- und Gehalt individuell festzusetzen;
- Zeugnisse zu erstellen;
- Disziplinarmaßnahmen durchzuführen.

▶ Ziele der Personalbeurteilung

Aus den Aufgaben der Personalbeurteilung ergeben sich die Ziele:

Leistungssteigerung	Mitarbeiter werden zu besseren Leistungen angespornt und erhalten dafür Anerkennung.
Verbesserung der Führungsqualität	Mitarbeiter und Vorgesetzte sind gezwungen, sich mit den Ergebnissen auseinanderzusetzen.
Einheitlichkeit des Führungssystems	Durch ein einheitliches System mit gleichen Kriterien wird das Führungsverhalten ähnlicher und gleichmäßiger.
Objektivierung der Personalarbeit	Ergebnisse werden vergleichbar.
Potenzialerkennung	Nur durch regelmäßige Betrachtung können die Mitarbeiter gemäß ihren Fähigkeiten eingesetzt werden.
Kontrolle personalpolitischer Maßnahmen	Durch die Mitarbeiterbeurteilung kann die Richtigkeit vorangegangener Personalentscheidungen überprüft werden.

5.3 Verfahren der Personalbeurteilung

Personalbeurteilungsverfahren sind Hilfsmittel, mit denen Beobachtungen festgehalten und nach bestimmten Regeln in schriftliche, zumeist wertende Aussagen umgesetzt werden können. Dabei werden offene und gebundene Verfahren unterschieden. Beim offenen Verfahren werden dem Beurteiler die Kriterien und die Formulierung selbst überlassen. Um jedoch die oben genannten Aufgaben und Ziele zu erreichen, werden in der Praxis gebundene Verfahren bevorzugt. Damit werden eine schnellere Auswertung und eine bessere Vergleichbarkeit erreicht und der persönliche Einfluss des Beurteilers relativ klein gehalten. In der Regel wird mit Skalenverfahren gearbeitet, wobei für jedes Beurteilungskriterium ein entsprechender Wert eingesetzt oder angekreuzt werden muss. Wie unterschiedlich man die Skalen gestalten kann, zeigen die folgenden Beispiele:

▶ Skalenwertbeschreibung

Für jeden anzukreuzenden Skalenwert werden verbale Definitionen vorgegeben.

Beispiel

Arbeitsplanung		Plant sorgfältig und arbeitet systematisch
		Gelegentlich unsystematisch
		Eher unsystematisches Vorgehen ohne erkennbare Planung

▶ Nominalskala

Hier verzichtet man auf textliche Beschreibungen und gibt einzelne Begriffe vor:

Beispiel

Ordentlichkeit		stets
		häufig
		manchmal
		selten
		nie

▶ Numerische Skala

Ähnlich wie bei Schulnoten werden unmittelbar Beurteilungswerte in Ziffern vorgegeben:

Beispiel

Kriterium	1	2	3	4	5	6
Arbeitsplanung						
Aufmerksamkeit						
etc.						

Unter den Verfassern von Beurteilungsbögen ist die Zahl der vorgegebenen Auswahlmöglichkeiten ein Streitpunkt. Eine Einteilung in sechs Felder erinnert häufig an Schulnoten. Eine ungerade Anzahl von Wahlmöglichkeiten kann die Tendenz zur Mitte fördern.

▶ Grafische Skala

Hier arbeitet man mit einem Zahlenstrahl, der die beiden Extrempositionen widerspiegelt. Der Beurteiler kann nach Belieben frei ankreuzen.

Beispiel

Belastbarkeit ├ — — ─✕ — — — — — — — — — — ─┤
                hoch   niedrig

▶ Polaritätenprofil

Auch hier liegt die Beurteilung zwischen zwei Extrempunkten. Es stehen sich bei den Ausprägungen zwei gegensätzliche Pole gegenüber:

Beispiel

├ ─ ─ ─ ─├─ ─ ─ ─├─ ─ ─ ─┤─ ─ ─ ─┤─ ─ ─ ─├─ ─ ─ ─┤
Mitarbeiter ist   Mitarbeiter ist
extrovertiert   introvertiert

▶ Vorgabevergleichsverfahren

Beim Vorgabevergleichsverfahren wird festgelegt, zu wie viel Prozent ein Mitarbeiter ein vorgegebenes Ziel erreicht hat.

Beispiel

Fachkenntnisse: 90 %
Leistungsqualität: 100 %
Führungsqualität: 80 %
etc.

▶ Rangordnungsverfahren

Darüber hinaus gibt es noch Rangordnungsverfahren, bei denen mehrere Mitarbeiter verglichen und in eine Rangfolge gebracht werden. Diese Verfahren eignen sich aber nur für kleinere Mitarbeitergruppen und können zu Konkurrenzkämpfen führen, wenn die Rangfolge bekannt wird.

5.4 Beurteilungskriterien

Es gibt eine Vielzahl von Beurteilungskriterien, die nach dem Zweck der Beurteilung und den Erfordernissen des jeweiligen Arbeitsplatzes ausgewählt werden müssen.

Beurteilungsformen und ihre Bedeutung	
Persönlichkeitsbeurteilung	Schwerpunkt sind die charakterlichen Eigenschaften des Mitarbeiters. Daraus prognostiziert man das zukünftige Arbeitsverhalten und die Arbeitsleistung.

Beurteilungsformen und ihre Bedeutung	
Leistungsbeurteilung	Soll-Ist-Vergleich des Arbeitsergebnisses: Eine Übereinstimmung wird als Erfolg angesehen. Die Beurteilung kann auch anhand von Zielvereinbarungen durchgeführt werden.
Entwicklungsbeurteilung	Der Vergleich der Qualifikationen der Mitarbeiter mit den Anforderungen der Arbeitsplätze zeigt Über- oder Unterqualifikationen auf und soll Entwicklungsbereitschaft fördern. Die Beurteilung dient der Planung von Personalentwicklungsmaßnahmen.
Potenzialbeurteilung	Die Beurteilung stellt die Eignung des Mitarbeiters für eine andere Aufgabe fest und ist eine Eignungs- und Befähigkeitsbeurteilung, zumeist mit dem Ziel, eine höherwertige Stelle zu besetzen.

Es gibt über 600 verschiedene Kriterien, von denen einige auszugsweise wiedergegeben werden. In der Praxis werden ca. 12–15 Kriterien angewendet, mit deren Hilfe versucht wird, das Fachkönnen, die Fachkenntnisse und die Fertigkeiten eines Mitarbeiters zu bewerten. Allerdings steigt mit einer größeren Anzahl von Kriterien die Genauigkeit nicht zwangsläufig, zumal die Unterschiede zwischen den einzelnen Kriterien oft unklar sind.

Beurteilungskriterien: Kenntnisse und Fertigkeiten		
Kriterien	Fachkenntnisse und Fertigkeiten	
Geistige Fähigkeiten	■ Auffassungsgabe ■ Ausdrucksvermögen ■ Dispositionsvermögen ■ Improvisationsvermögen	■ Kreativität ■ Organisationsvermögen ■ Selbstständigkeit ■ Verhandlungsgeschick
Arbeitsverhalten	■ Arbeitsgüte ■ Arbeitsplanung ■ Arbeitstempo ■ Aufmerksamkeit ■ Ausdauer ■ Ausdrucksvermögen ■ Belastbarkeit ■ Einsatzbereitschaft ■ Fehlerfreiheit ■ Flexibilität	■ Fleiß ■ Genauigkeit ■ Initiative ■ Kostenbewusstsein ■ Ordentlichkeit ■ Problemlösefähigkeit ■ Pünktlichkeit ■ Weiterbildung ■ Zielorientierung ■ Zuverlässigkeit
Persönliches Verhalten	■ Auftreten ■ Ausgeglichenheit ■ Aufnahme neuer Mitarbeiter ■ Erscheinungsbild ■ Gruppeneinordnung ■ Hilfsbereitschaft ■ Informationsbereitschaft ■ Konfliktfähigkeit	■ Kontaktvermögen ■ Toleranz ■ Umgangsformen ■ Verhalten gegenüber Kollegen ■ Verhalten gegenüber Vorgesetzten ■ Verhalten gegenüber Außenstehenden ■ Zusammenarbeit

Beurteilungskriterien: Kenntnisse und Fertigkeiten	
Kriterien	**Fachkenntnisse und Fertigkeiten**
Führungs-qualitäten	<ul><li>Arbeitsanleitung</li><li>Delegationsvermögen</li><li>Durchsetzungsvermögen</li><li>Entscheidungsfähigkeit</li><li>Förderung von Mitarbeitern</li><li>Gerechtigkeitssinn</li><li>Motivationsfähigkeit</li><li>Objektivität</li><li>Persönliche Integrität</li></ul> <ul><li>Zielstrebigkeit</li><li>Repräsentation</li><li>Selbstbeherrschung</li><li>Stressresistenz</li><li>Überzeugungsfähigkeit</li><li>Verantwortungsbewusstsein</li><li>Vertrauenswürdigkeit</li><li>Vorbildfunktion</li><li>Setzen von Zielen</li></ul>

Neben der Auswahl kann die Gewichtung der Kriterien ein Problem sein. So erwartet man von einem Buchhalter Ordentlichkeit, während im Bereich Werbung eher die Kreativität eines Mitarbeiters gefragt ist. Es ergeben sich folglich für verschiedene Berufsgruppen unterschiedliche Gewichtungen, die man z. B. durch Gewichtungsfaktoren von 1 (unwichtig) bis 10 (sehr wichtig) oder durch Vergabe entsprechender Prozentwerte in einem Beurteilungsbogen aufnehmen könnte.

5.5 Phasen der Personalbeurteilung

Die Beurteilung wird in den folgenden fünf Phasen durchgeführt (ALBERT 2005, S. 94 f.):

1. Beobachtung	Der Mitarbeiter wird vom Beurteiler über längere Zeit beobachtet, ohne dass sich der Mitarbeiter kontrolliert fühlt; sein natürliches Verhalten soll festgestellt werden. Der Beobachtungsort ist der Arbeitsplatz. Die Beobachtungen müssen zu unterschiedlichen Zeitpunkten stattfinden, um ein möglichst objektives Bild zu erhalten.
2. Beschreibung	Die Beobachtungen werden laufend möglichst wertfrei aufgezeichnet. Die Fakten und Verhaltensweisen werden sachlich umschrieben, damit sie nicht in Vergessenheit geraten und der Fehler vermieden wird, nur die zeitlich letzten Erkenntnisse bei der Beurteilung zu berücksichtigen.
3. Bewertung	Die beschriebenen Ergebnisse werden in die Skala des Beurteilungsschemas gebracht. Aus Umschreibungen (z. B. Frau Y arbeitet langsam und fehlerhaft) werden Benotungen.
4. Beurteilungs-gespräch	Dem Beurteilungsgespräch (siehe 5.7) kommt besondere Bedeutung zu, weil der Mitarbeiter das Recht auf eine Erläuterung seiner Beurteilung hat. Er kann seine Stellungnahme zu den genannten Punkten abgeben und evtl. auch schriftlich fixieren. Es ist ihm in Zukunft möglich, die aufgezeigten Mängel zu beseitigen und Stärken weiter auszubauen.
5. Auswertung	Die Beurteilung wird ihrem Verwendungszweck gemäß ausgewertet, z.B. Zahlung einer Leistungsprämie. Anschließend kommt die Personalbeurteilung in die Personalakte.

5.6 Typische Beurteilungsfehler

Bei der Beurteilung kann es durch persönliche Eigenschaften des Vorgesetzten oder aufgrund des besonders guten oder schlechten Verhältnisses zum Mitarbeiter zu Fehlbeurteilungen kommen. Um diese zu vermeiden, ist es sinnvoll, vorher Schulungen durchzuführen.

Typische Beurteilungsfehler sind:
- **Tendenz zur Milde:** Die Mitarbeiter werden zu gut beurteilt.
- **Tendenz zur Mitte:** Starke Konzentration der Werte im Mittelbereich, meist aus Unsicherheit des Beurteilers.
- **Tendenz zur Strenge:** Schlechte Ergebnisse, weil der Beurteiler zu kritisch ist oder von seinen Mitarbeitern zu viel fordert.
- **Korrekturfehler:** Schlechte ältere Beurteilungen wirken weiter.
- **Subjektivität:** Der Beurteiler bewertet nicht nach Fakten, sondern nach seiner eigenen Meinung.
- **Halo-Effekt:** Der Beurteiler schließt von einem Merkmal positiv oder negativ auf die gesamte Person; dadurch verfälscht ein hervorstechendes Merkmal die gesamte Beurteilung.
- **Hierarchie-Effekt:** Häufig werden Mitarbeiter einer höheren Leistungsstufe besser beurteilt, ohne Rücksicht auf die jeweiligen Anforderungen.
- **Meinungsbeeinflussung durch Dritte:** Der Beurteiler richtet sich nach den Meinungen anderer Personen.
- **Existenz aktueller Spannungen:** Der Beurteiler kann sich nicht von der aktuellen Situation lösen.

5.7 Das Beurteilungsgespräch

Nach der Erfassung und Bewertung einer Personalbeurteilung ist ein Mitarbeitergespräch zu führen. Nur durch dieses Gespräch können verhaltenssteuernde Wirkungen einer Personalbeurteilung eintreten. Das Gespräch ist als Dialog zu führen, unter Beachtung der Instrumente und Regeln der Kommunikation. Dies kann in entsprechenden Seminaren von den Führungskräften trainiert werden.

Organisation eines Beurteilungsgesprächs	
Vorbereitung	
Rahmen	■ Information des Mitarbeiters über Termin, Ort und Zeit des Beurteilungsgesprächs ■ Räumlichkeiten reservieren ■ Störungen vermeiden (z. B. kein Telefon)
Zeit	■ Zirka zwei Stunden einplanen (mit Auswertung) ■ Keinen gehetzten Eindruck machen ■ Nicht zu viele Gespräche an einem Tag durchführen

Organisation eines Beurteilungsgesprächs	
Fachliche Inhalte	■ Alte Beurteilungen lesen/prüfen ■ Beurteilungsblatt bereithalten ■ Angaben zur Person lesen ■ Stichworte für das Gespräch ■ Evtl. Rücksprache mit dem nächsthöheren Vorgesetzten
Durchführung	
Einstieg	■ Kontakt zum Gesprächspartner herstellen ■ Ziel und Zweck des Gesprächs verdeutlichen ■ Vorgehensweise klären ■ Aktivierung des Gesprächspartners, z. B. durch einen Rückblick auf die im letzten Gespräch vereinbarten Ziele
Gesprächskern	■ Konzentration auf das Wesentliche ■ Strukturierung des Gesprächs ■ Begründung der Bewertung/Resultate ■ Konzentration auf den Gesprächspartner
Kernaussagen	■ Besprechung der positiv bewerteten Kriterien, Verbesserungen herausstellen, Lob immer auf die Person beziehen ■ Besprechung der negativ bewerteten Kriterien, Tadel immer auf die Sache beziehen, Aussagen mit konkreten Beispielen belegen, möglichst keine Vorwürfe
Stellungnahme des Mitarbeiters	■ Hören Sie zu! ■ Fragen Sie nach der Selbsteinschätzung. Geeignet dafür sind sogenannte W-Fragen (wie, was, warum, wieso, weshalb …). Wiederholen Sie den Gedanken, um sicherzugehen, dass Sie den Mitarbeiter richtig verstanden haben.
Neue Ziele vereinbaren	■ Suchen Sie gemeinsam nach Verbesserungsmöglichkeiten. ■ Bieten Sie dem Mitarbeiter Hilfestellung. ■ Zeigen Sie Förderungsmöglichkeiten und Entwicklungspotenzial auf.
Abschluss des Gesprächs	■ Gesprächszusammenfassung ■ Dank für die Zusammenarbeit ■ Positiven Abschluss gewährleisten
Auswertung	
Inhaltlich	■ Ergänzung der Beurteilung, um Aspekte des Gesprächs mit aufzunehmen und neue Sichtweisen zu berücksichtigen ■ Kontrolle der Vollständigkeit
Formell	■ Selbstkontrolle der eigenen Gesprächsführung ■ Beurteilungsunterlagen der Personalakte zuführen

5.8 Die Rolle des Betriebsrates bei der Personalbeurteilung

Nach § 94 Abs. 2 BetrVG hat der Betriebsrat ein Mitbestimmungsrecht bei der Aufstellung von Beurteilungsgrundsätzen. Als Grundsätze sind hier die Kriterien und ihre verbindliche Handhabung gemeint.

Nach § 82 Abs. 2 BetrVG hat der Arbeitnehmer das Recht, seine Personalbeurteilung erörtert zu bekommen. Er kann dazu Stellung nehmen, wobei diese Stellungnahme zu den Beurteilungsunterlagen genommen werden muss. Der Arbeitnehmer kann ein Mitglied des Betriebsrats hinzuziehen.

Nach § 83 BetrVG hat der Arbeitnehmer ein Einsichtsrecht in seine Personalakte und damit auch in seine Beurteilung.

Darüber hinaus gibt es in einigen Tarifverträgen Regelungen über Beurteilungen bzw. Beurteilungsverfahren. Auch der Betriebsrat kann mit dem Arbeitgeber über Betriebsvereinbarungen zu diesem Thema verhandeln.

5.9 Praxisbeispiel

Vorgesetztenbeurteilung

Ausgangssituation

Die Mitarbeiterbeurteilung kann auf eine jahrzehntelange Tradition zurückblicken. Sie stellt eine Beurteilung top-down dar. Wie sieht es jedoch bottom-up aus? Hier zeigt sich zumindest in der Praxis ein großes Defizit, obwohl gerade der Vorgesetzte den entscheidenden Einfluss auf den Mitarbeiter und das Team ausübt. Wenn sein Führungsverhalten Mängel aufweist, steigt der Krankenstand, die Fluktuation und innere Kündigung – alles Parameter, die die Leistungsfähigkeit und den Erfolg eines Unternehmens fallen lassen. Daher ist ein Bottom-up-Feedback unbedingt wichtig.

In der modernen Personalliteratur wird immer häufiger die Vorgesetztenbeurteilung proklamiert. Wenn man nähere Informationen aus den Unternehmen einholt, so stellt man fest, dass nur wenige sie in der Praxis einsetzen. Viele Vorgesetzte scheuen sich bis heute, ein systematisches Feedback über ihr Verhalten von Mitarbeitern einzuholen. Dies spricht für eine gewisse Führungsunreife und mangelnde Souveränität. Moderne und innovative Führungsstile fordern eine ständige Optimierung der Vorgesetztenqualitäten. Diese können nur optimiert werden, wenn bekannt ist, was verbessert werden kann. Von daher drängt sich ein Beurteilungssystem für Führungskräfte auf.

Vorgehensweise

Eine Beurteilung des Vorgesetzten fällt so manchem Mitarbeiter schwer. Er ist verunsichert, da er bei negativem Feedback mit Nachteilen für sich selbst rechnet. Um etwaige Ängste auszuschalten, empfiehlt es sich, die Beurteilung anonym vorzunehmen. Je nach Wunsch des Mitarbeiters kann er auch seinen Namen in den Beurteilungsbogen eintragen. Souveräne Führungskräfte werden das positiv aufnehmen. Denn die optimale Anwendung des Beurteilungsbogens besteht nicht nur in seinem Ausfüllen, sondern auch in einem Gespräch, in dem der Mitarbeiter dem Vorgesetzten weitere Erklärungen und Verbesserungsvorschläge gibt. Wichtig ist, dass ein ehrliches Feedback erfolgt und keine soziale Erwünschtheit dominiert.

Das Feedback durch den Fragebogen ist der erste Schritt. Der zweite und wesentlichere Schritt ist die Umsetzung von Optimierungsmaßnahmen des Vorgesetzten selber. Zunächst werden alle beantworteten Fragebogen in einem Bogen, versehen mit den arithmetischen Mittelwerten, zusammengefasst. Dieses Ergebnis wird in Gesprächen mit den Beurteilern besprochen. Der Vorgesetzte leitet mit den Beurteilern Maßnahmen ein, die zur Optimierung seines Verhaltens führen. Die Mitarbeiter werden aufgefordert, ihm dabei zu helfen. Sobald er von den vereinbarten Zielen abweicht, sollen sie ihm das mitteilen. Dadurch wird gewährleistet, dass die Optimierung als ständige Prozessverfolgung gestaltet wird.

Die Beurteilung wird jedes Jahr einmal vorgenommen und immer mit der des letzten Jahres verglichen, um die Veränderung zu beobachten. Alle beurteilenden Mitarbeiter erhalten jedes Jahr das arithmetische Gesamtergebnis des Bogens ausgehändigt. Durch diesen Kontrollmechanismus ergibt sich eine stärkere Verpflichtung, die vorgenommenen Optimierungen auch einzuhalten. Schließlich ist eine Vorgesetztenbeurteilung auch ein wesentliches Element für eine gute Unternehmens- und Führungskultur. Sie beschleunigt einen erfolgreichen Personalentwicklungsprozess im Unternehmen.

Beurteilungsbogen

Fragebogen zur Vorgesetztenbeurteilung

Verhalten als Vorgesetzter:

	+ −
Informiert Sie Ihr Vorgesetzter in Angelegenheiten, die Ihre Arbeit unmittelbar betreffen und damit unmittelbare Auswirkungen auf Ihre Tätigkeit haben?	1 - 2 - 3 - 4 - 5
Informiert er Sie über allgemeine fachliche und organisatorische Belange, die für die Erledigung Ihrer Arbeiten nützlich sind? (Hintergrundinformation)	1 - 2 - 3 - 4 - 5

Sagt er Ihnen offen und ehrlich, wie er Ihre Arbeiten beurteilt und was daran gut und weniger gut war?	1 - 2 - 3 - 4 - 5
Legt er in Pannensituationen das vorrangige Gewicht auf die Beseitigung der Panne und weniger auf die Klärung der Schuldfrage?	1 - 2 - 3 - 4 - 5
Bereitet er seine Mitarbeiter auf die zu lösenden Aufgaben vor? Gibt er dabei Hilfestellung, klare Informationen?	1 - 2 - 3 - 4 - 5
Delegiert er qualifizierte Aufgaben, die seinen Mitarbeitern Entfaltungsmöglichkeiten geben?	1 - 2 - 3 - 4 - 5
Fördert er seine Mitarbeiter, indem er ihnen Möglichkeiten der Weiterbildung anbietet bzw. aufzeigt?	1 - 2 - 3 - 4 - 5
Erteilt er bei der Auftragserteilung klare Anweisungen?	1 - 2 - 3 - 4 - 5
Wie empfinden Sie die Kontrolle hinsichtlich Arbeitsmengequalität und -ergebnisse durch Ihren Vorgesetzten?	
Führt er Kritikgespräche (z. B. nachdem Ihnen ein schwerwiegender Fehler passiert ist) sachlich?	1 - 2 - 3 - 4 - 5
Erkennt er gute Leistungen an?	1 - 2 - 3 - 4 - 5
Steht er für eigene Fehler ein?	1 - 2 - 3 - 4 - 5
Versetzt er sich in die Lage seiner Mitarbeiter, um Ihre Handlungsweisen zu verstehen?	1 - 2 - 3 - 4 - 5
Fordert er Leistung von seinen Mitarbeitern?	1 - 2 - 3 - 4 - 5
Bevormundet er seine Mitarbeiter in deren Zuständigkeitsbereich?	1 - 2 - 3 - 4 - 5
Lässt er bei Mitarbeiterbesprechungen freie Meinungsbildungen zu und versucht nicht ständig seine Auffassung durchzusetzen?	1 - 2 - 3 - 4 - 5
Gibt er seinen Mitarbeitern bei ihrer Tätigkeit Rückendeckung?	1 - 2 - 3 - 4 - 5
Ist er auch den Mitarbeitern gegenüber loyal, vertritt er ihre Belange und Vorstellungen nach oben, wenn er sie als richtig anerkannt hat?	1 - 2 - 3 - 4 - 5

Arbeitsweise:

Ordnet er Probleme richtig ein, ohne sie zu stark zu vereinfachen oder zu verkomplizieren?	1 - 2 - 3 - 4 - 5
Trennt er Wesentliches von Unwesentlichem?	1 - 2 - 3 - 4 - 5
Arbeitet er systematisch?	1 - 2 - 3 - 4 - 5
Behält er auch bei außergewöhnlichen Arbeitsbelastungen die Übersicht?	1 - 2 - 3 - 4 - 5
Ist er gegenüber Änderungsvorschlägen seiner Mitarbeiter aufgeschlossen?	1 - 2 - 3 - 4 - 5

Kreativität und Zusammenarbeit:

Entwickelt er neue Konzeptionen und Ideen, die der gemeinsamen Arbeit Impulse geben?	1 - 2 - 3 - 4 - 5
Es kann sein, dass die Arbeit oder Überlegungen zu einem bestimmten Thema vorübergehend in eine Sackgasse geraten sind. Findet Ihr Vorgesetzter dann Ansätze, die Angelegenheit evtl. von einer ganz anderen Seite wieder in Gang zu bringen?	1 - 2 - 3 - 4 - 5

Versteht er, seine Ideen durch Beispiele, Vergleiche oder bildhafte Darstellungen anschaulich zu machen?	1 - 2 - 3 - 4 - 5
Regt er Sie an, neue Ideen zu entwickeln?	1 - 2 - 3 - 4 - 5
Reagiert er bei einem neuartigen Vorschlag, von dem er selbst nicht überzeugt ist, spontan abwehrend, ohne die Sache erst einmal entwickeln und vorantreiben zu lassen?	1 - 2 - 3 - 4 - 5
Vertritt er seine Überzeugungen auch nach außen und nach oben engagiert und nachdrücklich?	1 - 2 - 3 - 4 - 5
Hält er guten Kontakt zu anderen Fachbereichen, um auch deren Erkenntnisse in seine Arbeit einzubeziehen?	1 - 2 - 3 - 4 - 5
Versteht er es, in Diskussionen mit unterschiedlichen Standpunkten die Meinung der Beteiligten zusammenzuführen und soweit wie möglich zu einem „gemeinsamen Nenner" zu kommen?	1 - 2 - 3 - 4 - 5
Ändert er unter dem Eindruck guter Argumente seine Meinung?	1 - 2 - 3 - 4 - 5
Soziales Verhalten:	
Schafft er eine freundliche, entkrampfte Atmosphäre bei Gesprächen mit seinen Mitarbeitern?	1 - 2 - 3 - 4 - 5
Ist er für persönliche Probleme seiner Mitarbeiter aufgeschlossen?	1 - 2 - 3 - 4 - 5
„Verkauft" er Leistungen anderer als eigene Leistungen?	1 - 2 - 3 - 4 - 5

5.10 Check-up

5.10.1 Zusammenfassung

LEITFRAGE:
Welche Verfahren können angewendet werden, um zu einer gerechten Beurteilung zu gelangen, die dem Unternehmen und den Mitarbeitern Perspektiven für die Zukunft aufzeigen?

ANLÄSSE	AUFGABEN	ZIELE
■ turnusmäßige Beurteilung ■ Ablauf der Probezeit ■ Versetzungen ■ Beförderung ■ Wechsel des Vorgesetzten ■ Lohn-/Gehaltserhöhungen ■ Disziplinarmaßnahmen ■ Sozialauswahl/Entlassung ■ Zeugnis	■ Mitarbeiter motivieren ■ Mitarbeiter informieren ■ Personaleinsatz steuern ■ Leistungsdefizite erkennen ■ Fähigkeiten erkennen ■ Talente herausfinden ■ Entlohnung individuell gestalten ■ Zeugnisse erstellen ■ Disziplinarmaßnahmen durchführen	■ Personalarbeit objektivieren ■ Führungsqualität verbessern ■ Führungsverhalten vereinheitlichen ■ Potenziale erkennen ■ Leistung steigern ■ personalpolitische Maßnahmen kontrollieren

VERFAHREN

- Skalenwertbeschreibung
- Nominalskala
- numerische Skala
- grafische Skala
- Polaritätenprofil
- Vorgabevergleichsverfahren
- Rangordnungsverfahren

PHASEN DER PERSONALBEURTEILUNG

| Beobachtung | Beschreibung | Bewertung | Beurteilungs-gespräch | Auswertung |

BEURTEILUNGSFEHLER

| Tendenzfehler | Subjektivität | ■ Halo-Effekt
■ Hierarchie-Effekt | Meinungs-beeinflussung | aktuelle Spannungen |

BEURTEILUNGSGESPRÄCH

Nur wenn der Mitarbeiter in einem konstruktiven Gespräch eine Rückkopplung seiner Arbeitsleistung erhält, können Verbesserungen eintreten und Weiterentwicklungen ermöglicht werden.

BOTTOM-UP

Die Beurteilung des Vorgesetzten durch seine Mitarbeiter ist eine neuere, effektive Variante der Personalbeurteilung. Sie zeigt den Mitarbeitern die Wertschätzung und verdeutlicht dem Vorgesetzten die Erwartungen, die an ihn gestellt werden.

5.10.2 Aufgaben

1. Entwickeln Sie einen Beurteilungsbogen für Auszubildende, der für unterschiedliche Branchen und Abteilungen geeignet ist. Berücksichtigen Sie persönliche und fachliche Kompetenzen. Stellen Sie der Unternehmensleitung den Beurteilungsbogen vor!

2. Die Geschäftsleitung hat beschlossen, eine systematische Personalbeurteilung für alle Mitarbeiter und Führungskräfte des Unternehmens einzuführen. Sie als Personalreferent erhalten die Aufgabe, einen geeigneten Bogen zu entwickeln. Als Sie Ihr Ergebnis vorstellen, lehnen die Führungskräfte, Mitarbeiter und der Betriebsrat den Beurteilungsbogen ab.
   a) Welche Aspekte sind bei der Entwicklung eines Beurteilungsbogens zu beachten?
   b) Erläutern Sie die Rechte des Betriebsrates in dieser Situation!
   c) Skizzieren Sie, wie Sie die Führungskräfte auf den Umgang mit dem Beurteilungsbogen vorbereiten!
   d) Beschreiben Sie anhand je eines Beispiels vier mögliche Beurteilungsfehler!

3. Die Geschäftsleitung (siehe Aufgabe 2) möchte in dem Beurteilungsbogen die Überschriften Fachkompetenz, Methodenkompetenz, Sozialkompetenz und persönliche Kompetenz wiederfinden. – Erläutern Sie die Begriffe und ordnen Sie jedem Begriff zwei Kriterien zu!

4. Begründen Sie, warum eine Mitarbeiterbeurteilung ohne Zielsetzung und Feedback praktisch wertlos ist!

5. Nicht immer akzeptieren die Mitarbeiter die durchgeführte Beurteilung. Wodurch könnte es Ihrer Meinung nach zu Meinungsverschiedenheiten kommen?

6. Als der Mitarbeiter Meier wieder einmal eine fehlerhafte Arbeit abliefert, schreit der Meister: „Du Depp! Es war von Anfang an klar, dass bei Dir nichts Brauchbares herauskommt."
    a) Welche Reaktionen/Auswirkungen kann diese „Kritik" bei Meier und den Kollegen auslösen?
    b) Skizzieren Sie für diese Situation den Verlauf eines konstruktiven Gesprächs.

7. Nennen Sie die Vorteile einer Vorgesetztenbeurteilung aus der Sicht
    a) des Vorgesetzten,
    b) der Mitarbeiter,
    c) der Geschäftsführung!

8. Nennen Sie Regeln für die Gestaltung eines Fragebogens zur Vorgesetztenbeurteilung!

5.10.3 Literatur

Albert, G.: Betriebliche Personalwirtschaft, Kiehl-Verlag, Ludwigshafen 2005.

Knebel, K. u.a.: Taschenbuch für Führungsgrundsätze, Sauer-Verlag, Heidelberg 1994.

6 | Personalentwicklung

6.1 PREVIEW

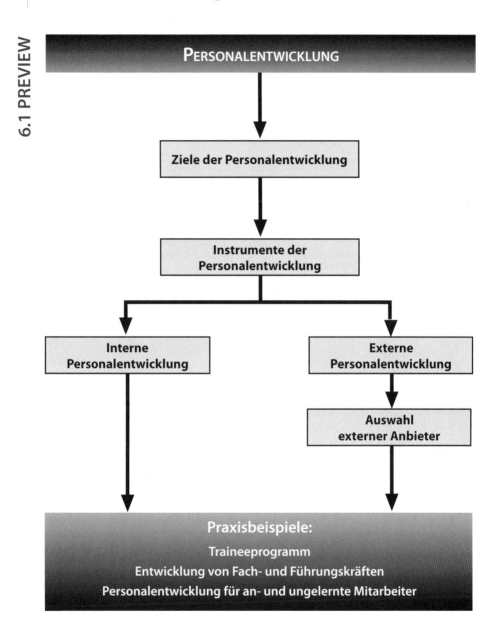

Unter Personalentwicklung versteht man alle betrieblichen Maßnahmen der Berufsbildung. Sie dient der Vermittlung beruflicher Qualifikationen und umfasst Berufsausbildungsvorbereitung, Berufsausbildung, Fortbildung und Umschulung.

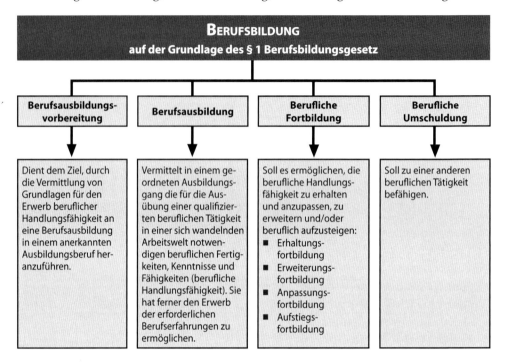

Im Rahmen dieses Buches wird der Schwerpunkt auf die betriebliche Fort- bzw. Weiterbildung gelegt. Die Inhalte der Berufsausbildung werden z. B. in Lehrgängen zur Erreichung der Ausbildungsbefähigung (AEVO-Prüfung oder AdA-Prüfung = Ausbildung der Ausbilder) von verschiedenen Trägern angeboten.

6.2 Ziele der Personalentwicklung

Der Begriff des lebenslangen Lernens ist inzwischen fest in unserer Gesellschaft etabliert. Durch fortwährende gesellschaftliche und technologische Veränderungen reicht ein einmal erlernter Beruf nicht mehr aus, um den heutigen Anforderungen der Arbeitswelt zu genügen. Die Beschäftigten und die Arbeitgeber sind gezwungen, durch Maßnahmen der Personalentwicklung den Erfordernissen des Marktes Rechnung zu tragen.

Beide, Arbeitgeber und Arbeitnehmer, verfolgen mit der Personalentwicklung eigene Ziele. Es ergibt sich zusätzlich ein gesellschaftlicher Nutzen. Durch Personalentwicklung ist man in der Lage, das Bildungsniveau anzuheben und so volkswirtschaftliche Impulse wie z. B. die Konkurrenzfähigkeit mit anderen Volkswirtschaften zu stärken.

▶ Ziele des Unternehmens

- Erhöhung der fachlichen Qualifikation;
- Anpassung an neue Technologien;
- Sicherung des Bestands an Führungskräften und Spezialisten;
- Unabhängigkeit vom Arbeitsmarkt;
- Steigerung der Motivation;
- Steigerung der Leistung;
- Senkung der Kosten;
- Verbesserung der Sozialkompetenzen;
- Steigerung der Wettbewerbsfähigkeit;
- Aufspüren von Entwicklungspotenzial bei den Mitarbeitern;
- Herausfinden von Fehlbesetzungen;
- Senkung der Fluktuation.

▶ Ziele des Mitarbeiters

- Weiterqualifizierung;
- Voraussetzungen für den Aufstieg schaffen;
- Voraussetzungen zur Übernahme neuer Aufgaben;
- neue Kenntnisse und Fähigkeiten erwerben;
- persönliche Kompetenzen erweitern;
- Sicherung des Arbeitsplatzes;
- Verbesserung der Chancen auf dem Arbeitsmarkt;
- Erhöhung des Einkommens;
- Prestigegewinn.

▶ Zusammenhang von Karrierephasen und Lebenssphären

Welche Ziele verfolgt werden, ist neben den beruflichen Aspekten aber auch vom privaten Umfeld des Mitarbeiters abhängig. Diese Zusammenhänge zeigt z. B. die folgende Darstellung (nach BERTHEL/KOCH 1985, S. 30):

Zusammenhang von Karrierephasen und Lebenssphären			
Lebenszyklus			
Phasen	Arbeitssphäre = Karriere-Zyklus	Soziale Sphäre = Familie, Freunde	Biopsychische Sphäre
Frühe Karrierephasen (15–35)	■ Berufswahl ■ Ausbildung ■ Eintritt in Betrieb ■ Realitätsschock ■ Reguläre Leistungsbeiträge oder Austritt	■ Kindschaft ■ Heirat ■ Elternschaft	■ Entwicklung eines Lebensstils ■ Entwicklung einer Karriereorientierung

Zusammenhang von Karrierephasen und Lebenssphären			
Mittlere Karrierephase (35–50)	■ Reguläre Leistungsbeiträge ■ Beförderungen ■ „Mid Career Crisis" ■ Umorientierung	■ Erwachsene Kinder verlassen das Elternhaus ■ Verantwortung für eigene Eltern ■ Neue Freunde	■ Bewusstsein der Disparität zwischen Traum und Realität ■ Bilanz
Späte Karrierephase (50–65)	■ Reguläre Leistungsbeiträge ■ Beförderungen ■ Ruhestandskrise ■ Austritt	■ Tod von Freunden und Ehepartnern ■ Übernahme von Gemeinschaftsaufgaben	■ Rückblick ■ Ungewissheit

Andere Autoren bezeichnen diejenigen Maßnahmen, mit denen der berufliche Lebenszyklus eines Mitarbeiters begleitet wird, als Personalentwicklung along-the-job. Als geeignete Formen werden das Coaching und die Supervision genannt. Beim Coaching handelt es sich um eine psychologisch-mentale Betreuung durch einen geschulten Berater, wie es aus dem Sport bekannt ist. Bei der Supervision geht es um eine problemorientierte Bearbeitung von beruflichen Fragestellungen mit dem Ziel, die berufliche Handlungskompetenz zu verbessern. Es wird eine Anleitung zur Selbstbeobachtung, -analyse und -beratung gegeben, d.h., die Erarbeitung von Lösungen ist nicht das Ziel.

6.3 Planung und Durchführung von Personalentwicklungsmaßnahmen

Erfolgreiche Personalentwicklung setzt systematische Planung und Durchführung voraus. Dies beginnt mit der Bedarfsermittlung, in der gegenwärtige und künftige Belange berücksichtigt werden. Dem folgt die Bestimmung der Inhalte und die Klärung von Fragen zur Durchführung, um anschließend Zeit und Ort festzulegen. Bei allen Planungsschritten sind die Mitarbeiterinteressen zu berücksichtigen. Das erfordert ein transparentes Konzept mit langfristiger Gültigkeit, damit Mitarbeiter und Führungskräfte ihr künftiges Verhalten darauf abstimmen können. Nach Beendigung einzelner Maßnahmen erfolgt üblicherweise ein Bildungscontrolling, um die Personalentwicklung weiter zu optimieren.

Organisation von Personalentwicklungsmaßnahmen	
Bedarfsermittlung	■ Anregungen von Mitarbeitern zur eigenen Fortbildung ■ Anregungen von Vorgesetzten ■ Erkennen von Defiziten ■ Erhebung des Bedarfs durch Umfragen oder Fragebögen

	Organisation von Personalentwicklungsmaßnahmen
Inhalte	■ Festlegung von Lernzielen ■ Didaktik: Was soll vermittelt werden? ■ Methodik: Wie soll es vermittelt werden?
Durchführung	■ Interne/Externe Durchführung ■ Angebote externer Bildungsträger ■ Kostenvergleich ■ Räumlichkeiten/Ausstattung ■ Qualifikationen ■ Zertifikate/externe Prüfungen ■ Geheimhaltung ■ Vermeidung von Betriebsblindheit ■ Referenten
Zeit und Ort	■ Saisonale Gesichtspunkte ■ Notwendiges Personal sichern ■ Entscheidung nach sozialrelevanten Kriterien: weg vom täglichen Geschehen hin zur Förderung von Kooperation und Kommunikation ■ Bezahlung/Verrechnung der Stunden

Controlling	a) Theoretische Ansätze
	  ■ Zielcontrolling
	  ■ Planungscontrolling
	  ■ Prozesscontrolling
	  ■ Erfolgscontrolling
	b) Praktische Ansätze
	  ■ Kosten-Controlling
	    (Personalkosten, Sachkosten, sonstige Kosten)
	  ■ Ergebnisorientiertes Controlling
	    (Umsatzsteigerung, Ausschusssenkung etc.)
	  ■ Nutzenorientiertes Controlling
	    (Vergleich Aufwendungen – Erträge)

6.3.1 Instrumente der Personalentwicklung

Bei der Personalentwicklung steht den Verantwortlichen ein breites Instrumentarium zur Verfügung. Gegliedert werden kann es nach der Nähe zum Arbeitsplatz (FOIDL-DREISSER/BREME/GROBSCH 2004, S. 295):

- **Personalentwicklung on-the-job:** Einsatz von Instrumenten, die das Lernen am eigenen Arbeitsplatz ermöglichen, z.B. systematische Arbeitsunterweisungen, systematische Arbeitsplatzwechsel (job rotation).
- **Personalentwicklung near-the-job:** Einsatz von Instrumenten, die zwar tätigkeitsbezogen sind, aber nicht am eigenen Arbeitsplatz stattfinden, z.B. Lernwerkstatt, Qualitätszirkel, Sonderprogramme.
- **Personalentwicklung off-the-job:** Einsatz von Instrumenten, die bewusst die Distanz zum Arbeitsplatz in Kauf nehmen, z.B. Seminare, Kurse, Studiengänge.

Wenn man die Phasen des Eintritts in das Unternehmen und des Austritts aus dem Unternehmen ebenfalls mit aufnehmen möchte, spricht man zusätzlich von „Personalentwicklung into-the-job" und „Personalentwicklung out-of-the job". Die eingesetzten Instrumente sind hierbei identisch.

6.3.2 Interne versus externe Bildungsmaßnahmen

Zu den wichtigsten Punkten bei der Planung und Durchführung gehört die Entscheidung, ob die Maßnahme intern oder extern durchgeführt werden soll. Welche Vor- und Nachteile damit jeweils verbunden sind, kann den folgenden Übersichten entnommen werden.

Interne Bildungsmaßnahmen	
Vorteile	Nachteile
■ Inhalte genau auf das Unternehmen abgestimmt ■ Umsetzung am Arbeitsplatz gelingt leichter ■ Kostenvorteile bei großer Teilnehmerzahl ■ Kontrolle der Maßnahmen leichter ■ Unabhängigkeit von externen Angeboten ■ Spezielle Ausstattung ist evtl. vorhanden (z. B. bei Softwareschulungen)	■ Keine geeigneten Referenten im Unternehmen ■ Betriebsblindheit, mangelnde Fremderfahrungen ■ Kostennachteile bei kleiner Teilnehmerzahl ■ Seminarräume und Ausstattung sind evtl. nicht vorhanden

Externe Bildungsmaßnahmen	
Vorteile	Nachteile
■ Kontakte zu anderen Unternehmen ■ Erfahrungsaustausch zwischen Mitarbeitern unterschiedlicher Unternehmen ■ Förderung der Mobilität ■ Geschulte Fachreferenten ■ Größere Professionalität bei der Durchführung	■ Vertrauliche Informationen können weitergegeben werden ■ Kein Einfluss auf Inhalte und Methoden ■ Problematische Kontrolle ■ Transfer auf den eigenen Arbeitsplatz schwieriger

6.3.3 Auswahl externer Anbieter

Ein weiteres Problem bei der externen Durchführung ist die Vielzahl der Bildungsangebote. Der Markt ist ständig gewachsen und die Qualitätsunterschiede zwischen den Anbietern sind nur schwer zu ermitteln. Mit einem Fragenkatalog kann eine adäquate Auswahl erleichtert werden:

	Fragenkatalog zur Auswahl externer Anbieter
Anbieter	- Gibt es Erfahrungen mit dem Anbieter? - Liegen Referenzen vor? - Umfang des Gesamtangebots - Ausstattung und Kapazitäten - Termine, Ort und Zeit des Angebots - Ausgabe anerkannter Zertifikate
Lernziele	- Vergleich Angebot – eigene Anforderungen - Definition von Lernzielen - Wie präzise sind die inhaltlichen Angaben? - Übereinstimmung von Stundenanzahl und zu vermittelnden Inhalten? - Aussagen zu Lehrmethoden - Bereitschaft, auf betriebsbezogene Fragestellungen einzugehen?
Zielgruppe	- Welcher Zielgruppe wird die Maßnahme angeboten? - Sind Zielgruppe und eigener Mitarbeiterkreis identisch? - Angaben über Erfahrungen/ Vorbildung - Anzahl der Teilnehmer - Teilnehmerkreis anderer Unternehmen
Referenten	- Einer/mehrere Referenten - Qualifikation der Referenten - Praktische Erfahrungen des Referenten - Branchenkenntnisse - Pädagogische Erfahrungen - Bereitstellung von Unterrichtsmaterial - Erfahrungsaustausch möglich? - Bereitschaft für spätere Nachfragen?
Kontrolle	- Teilnahme an Prüfungen - Überprüfung, ob die angegebenen Lernziele erreicht wurden? - Kann der Betrieb den Erfolg prüfen? - Seminarbeurteilung durch die Teilnehmer - Einfordern von Kritik oder Verbesserungsvorschlägen?
Kosten	- Teilnahmegebühr - Weitere Kosten: Reisekosten, Personalkosten - Kosten-Nutzen-Vergleich mit anderen Alternativen - Organisationsaufwand
Umsetzung	- Tipps/Unterstützung für die Umsetzung in die Praxis? - Gibt es Folgeseminare? - Weitere Kontaktmöglichkeiten vorhanden?

6.4 Praxisbeispiele zur Personalentwicklung

6.4.1 Praxisbeispiel 1

Traineeprogramm

Einführung

Die Personalentwicklung beginnt bereits bei der Akquisition von potenziellen Nachwuchskräften. Sie kann je nach Möglichkeit des Kandidaten über mehrere Entwicklungsstufen bis zu Top-Management-Positionen führen. Daher beschäftigt sich dieser Abschnitt primär mit hoch qualifizierten Kräften wie beispielsweise Akademikern (OLESCH/PAULUS 2000, S. 54). Ein Beispiel für Personalentwicklung von angelernten Mitarbeitern folgt im Anschluss (siehe Kap. 6.4.3).

Der Personalentwicklungsprozess besteht bei Nachwuchskräften aus mehreren Phasen. Die erste Phase besteht aus der Akquisition und der Auswahl durch Assessment-Center (siehe Kap. 3.4 und 3.5). Die Vorbereitung von potenziellen Nachwuchskräften durch ein Traineeprogramm im Unternehmen stellt die zweite Phase dar. Die dritte Phase beinhaltet die Entwicklung dieser Mitarbeiter je nach den Rahmenbedingungen zu Managementpositionen (siehe Kap. 6.4.2).

Jede einzelne Phase kann evaluiert werden, um zu eruieren, ob das jeweilige Ziel erreicht wurde. Für dieses Feedback sind Beurteilungssysteme notwendig. Sie bilden eine unerlässliche Voraussetzung zur Personalentwicklung.

Moderne Systeme sollten von den Verantwortlichen des Personalwesens in pragmatischer und standardisierter Form gestaltet werden. Dazu können Beurteilungsbogen und Assessment-Center gehören. Diese Instrumente sollen vom Personalwesen den Linienverantwortlichen in Produktion, Absatz, Controlling etc. für ihre Personalarbeit vor Ort zur Verfügung gestellt werden.

Sobald die Personalplanung (siehe Kap. 1) ermittelt hat, welche Positionen zu besetzen sind, kann das Personalressort zur Nachfolgeplanung übergehen. Wenn z. B. die Position einer Führungskraft der ersten Ebene zu ersetzen ist, kann beispielsweise auf ihre Position eine Führungskraft der zweiten Ebene folgen. Das setzt sich fort bis hinunter zum Sachbearbeiter, der dann unter Umständen Führungskraft wird. Letztere Position muss nun ebenfalls besetzt werden. Da das vorliegende Praxisbeispiel sich primär auf hochqualifizierte Nachwuchskräfte richtet, kommen Akademiker, d. h. Fach- oder Hochschulabsolventen, infrage. Diese müssen akquiriert werden.

Akquisition von potenziellen Nachwuchskräften

Die Anwerbung von guten Nachwuchskräften ist heutzutage sehr aufwändig und kostenträchtig. So kann beispielsweise ein Unternehmen dies in eigener Regie betreiben. Personalverantwortliche versuchen, durch Anzeigen in der einschlägigen Presse oder durch persönliche, informelle Kontakte Nachwuchskräfte zu finden. Ein anderer Weg besteht darin, Personalberater zu beauftragen, hoch qualifizierte Mitarbeiter zu suchen. Dies geschieht ebenfalls primär durch Anzeigen, durch bereits vorhandene Karteien bzw. „Goldfischteiche" oder durch das Headhunting in der Regie des eigenen Personalwesens. Der Aufwand wie auch die Kosten sind sehr hoch (siehe auch Kap. 2.2.4).

Bei der Personalsuche werden zumeist nur kurze Eindrücke durch Vorstellungsgespräche von Kandidaten gewonnen. Aufgrund dieser eher geringen Information ist es möglich, dass sich der gewählte Kandidat nach einer gewissen Arbeitszeit in dem Unternehmen als Fehlgriff erweist. Ein falscher Mann auf einem hoch dotierten Posten kann einem Unternehmen einen großen Schaden zufügen.

Die skizzierten Nachteile sind also:
- hohe Kosten;
- großer Arbeitsaufwand;
- große Gefahr einer Fehlentscheidung.

Die aufgezeigten Nachteile sollen Anregungen geben, um den nun folgenden Personalentwicklungsprozess verständlicher zu machen. Dieser beginnt bei einer frühzeitigen Anwerbung von Nachwuchskräften und geht über mehrere Schritte bis zur Einnahme von hohen Managementpositionen.

In der ersten Phase erfolgt die Anwerbung von Führungskräften nicht über kostspielige Anzeigen oder Personalberater, sondern bei angehenden Akademikern, d. h. Studenten. Viele Unternehmen beschäftigen (zum Teil auch aushilfsweise) Fach- und Hochschulpraktikanten sowie Diplomanden. Das empfiehlt sich nicht nur bei Großunternehmen, sondern auch bei mittelständischen und sogar Kleinunternehmen.

Die meisten akademischen Studiengänge verlangen mehrwöchige bis mehrmonatige Praktika. Darüber hinaus können auch Diplomanden und Doktoranden für die Erstellung ihrer Arbeit beschäftigt werden (siehe auch Kap. 3.9.3). Diese Akademiker können bei guter Einsatzplanung des Unternehmens produktive Arbeit leisten. Die angehenden Akademiker, die überdurchschnittliche Leistungen zeigen, sollten vom Unternehmen angeregt werden, sich nach Absolvierung des Studiums für einen festen Arbeitsplatz zu bewerben. Dadurch kann bereits eine gezielte und wirtschaftlich sinnvolle Selektion von Nachwuchskräften vorgenommen werden. Durch die Praktikanten- bzw. Diplomandentätigkeit lernt das Unternehmen das Leistungsverhalten am Arbeitsplatz kennen. Studienzeugnisse können diese praxisbezogene Beurteilung nicht liefern. Nicht selten weichen Schulnoten von der Arbeitsleistung im Berufsleben ab.

Aufbau einer Datenbank

Neben dieser objektiven Bewertung geeigneter Kandidaten entsteht ein wirtschaftlicher Vorteil. Es brauchen keine kostenaufwändigen Anzeigen aufgegeben zu werden sowie keine aufwändige Auswahl von Kandidaten nach Lage ihrer Bewerbungsunterlagen vorgenommen zu werden.

Im Folgenden wird das E.P.I.S. eingesetzt, das alle entscheidungsrelevanten Informationen zur Auswahl von Praktikanten und Diplomanden für eine spätere feste Anstellung beinhaltet. Daneben dient es auch zur Administration der gleichen Mitarbeitergruppe.

Eine Datenbank sollte folgende Informationen enthalten:
- persönliche Daten;
- Name, Vorname;
- Adresse;
- Geburtsdatum;
- Studiumsende;
- Qualifikationsdaten;
- Ausbildung;
- Abteilungen, in denen die Tätigkeiten erfolgten;
- Aufgabe;
- Beurteilung;
- Arbeitsqualität;
- Arbeitsquantität;
- Zusammenarbeit;
- Auftreten;
- Kandidat wird als Nachwuchskraft empfohlen.

Neben den persönlichen Daten stehen besonders die Qualifizierungsdaten im Vordergrund. Anhand der Ausbildungsrichtung kann das Thema der Praktikanten- und Diplomandentätigkeit ausgewählt werden. Im Datensatz „Aufgabe" ist enthalten, was er thematisch bearbeitet hat. Schließlich kann eine Beurteilung dieser Tätigkeit anhand eines standardisierten Fragebogens erstellt werden. Die Ergebnisse dieser Bewertung können in dem Datensatz „Beurteilung" aufgenommen werden. Während alle anderen Datensätze von den Personalverantwortlichen eingegeben werden können, sollte der Fachvorgesetzte aus der jeweiligen Abteilung die Informationen zum Datensatz „Aufgabe und Beurteilung" liefern.

Die Beurteilung kann durch Ankreuzen auf einer fünfstufigen Rating-Skala erfolgen (siehe auch Kap. 5.3). Durch diese Standardisierung ist eine Vergleichbarkeit der Kandidaten gegeben. Darüber hinaus wird den jeweiligen Linienvorgesetzten eine ökonomische Beurteilung ermöglicht.

Damit das Unternehmen weiß, wann ein Kandidat frühestens fest angestellt werden kann, sollte schließlich das Abschlussdatum des Studiums angegeben werden. Je nach Beurteilung können nach ihrer Praktikums- bzw. Diplomandentätigkeit Kandidaten motiviert werden, sich nach Absolvierung ihres Studiums im Unternehmen zu bewerben.

Die Trefferquote, „den richtigen Mann" zu gewinnen, ist bei diesem Konzept höher als bei der traditionellen Personalbeschaffung eines Unternehmens aufgrund von Bewerbungen.

Um alle Praktikanten- und Diplomandendaten in einem Instrument zu erfassen, kann ein Praktikantenbogen erstellt werden. Darin können alle persönlichen Daten sowie Qualifikationsdaten enthalten sein. Ein wichtiges Teilinstrument sollte dabei der Beurteilungsabschnitt sein, der von dem jeweiligen Fachbereich auf einer fünfstufigen Rating-Skala beantwortet werden kann. Kandidaten, die überdurchschnittlich bewertet werden, können für eine feste Anstellung angeworben werden.

Da die Beurteilung der Praktikumsleistungen über einen relativ kurzen Zeitraum erfolgt, können im geringen Maße Fehlurteile aufkommen. Um diese weiter zu reduzieren, können Bewerber durch ein Assessment-Center geschleust werden (siehe auch Kap. 3.4). Kandidaten, die aufgrund des Ergebnisses des Assessment-Centers eine Zusage vom Unternehmen erhalten, können danach ein Traineeprogramm durchlaufen.

Traineeprogramm

Aufgabe und Ziel der Traineeprogramme ist, den Teilnehmern Einblick in die Arbeitstechniken der betrieblichen Praxis, in die funktionsbezogenen Zusammenhänge sowie in die Organisationsstrukturen zu vermitteln. Dieses Ziel soll erreicht werden durch überbetrieblichen und betrieblichen Einsatz, die aktive Mitarbeit des Trainees und seine weiterführende allgemeine Ausbildung in internen und gegebenenfalls auch externen Seminaren. Der Trainee soll so weit wie möglich in den Arbeitsprozess einbezogen werden und bestimmte Aufgaben unter Anleitung seines jeweiligen Zeitvorgesetzten eigenverantwortlich erledigen.

- **Training-on-the-Job**

Das „Training-on-the-Job" wird wie folgt durchgeführt:
- Anleitung und Beratung durch den jeweiligen Fachvorgesetzten;
- Delegation von Aufgaben;
- Teilnahme an Entscheidungsvorbereitungen.

Die Vorteile einer derartigen Ausbildung bestehen darin, dass
- eine Erhöhung der Motivation erreicht wird;
- eine verantwortungsbewusste Erledigung von übertragenen Aufgaben erlernt wird;
- die Arbeit des Trainees praxisbezogen ist;
- der Trainee produktive Arbeit leistet.

Alle Nachwuchskräfte sollen einen gründlichen Überblick über die einzelnen Unternehmensbereiche erhalten. Um den Nachwuchskräften diese Kenntnisse zu vermitteln, durchlaufen sie zwei Phasen:

- **Orientierungsphase:** Es wird eine kurze Gesamtübersicht über das Unternehmen gegeben. Der Trainee lernt alle Bereiche kennen (ca. 2–3 Monate).
- **Einsatzphase:** Der Trainee wird in seine zukünftige Abteilung eingearbeitet. Entsprechend wird er in dieser Phase auf „seine" Aufgabe spezifisch vorbereitet.

Es sollte mehrere Traineeprogramme mit der gleichen zeitlichen Aufteilung geben, die sich nur thematisch unterscheiden. Dazu gehören z. B. Traineeprogramm in der Technik, Vertrieb, Marketing, Entwicklung, Logistik etc. Nachwuchsingenieure können beispielsweise ein Traineeprogramm in den technischen Betrieben durchlaufen. Nachwuchskräfte im Vertrieb durchlaufen dagegen primär kaufmännische Bereiche.

Die Einsatzzeiten sollten so geplant sein, dass eine aktive Mitarbeit erfolgen kann. Dabei ist zu beachten, dass der Ablauf des Qualifizierungsprogramms auf den einzelnen Teilnehmer im Rahmen des Vorschlags individuell abgestimmt wird. Damit soll erreicht werden, dass die aus persönlichen Neigungen gesetzten Studienschwerpunkte nach Möglichkeit Berücksichtigung finden.

- **Training-off-the-Job**

Neben dem „Training-on-the-Job" sind für eine potenzielle Führungskraft gute Kenntnisse der gesetzlichen Bestimmungen, Beherrschung der Grundsätze der Mitarbeiterführung sowie Kenntnisse der Kostenrechnung, der Datenverarbeitung und des Verkaufsverhaltens unabdingbar. Die Wissensvermittlung, das „Training-off-the-Job", sollte während des betrieblichen Einsatzes in Form von Seminaren erfolgen.

Während der Einarbeitung in den genannten Bereichen befassen sich die Teilnehmer mit der Literatur über die einschlägigen Arbeitsgesetze wie Betriebsverfassungsgesetz, Kündigungsschutzgesetz, Jugendarbeitsschutzgesetz etc. Nach abgeschlossenem Literaturstudium sollten den Teilnehmern Gespräche mit Mitarbeitern aus den verschiedenen Bereichen des Unternehmens vermittelt werden, um ihnen Hinweise auf Schwerpunkte zu geben, die zum Teil in den vorgenannten Seminaren vertieft werden.

Die eventuell noch erforderliche fach- und aufgabenspezifische Weiterbildung sollte in Absprache zwischen der dann zuständigen Leitung und dem Personalwesen geschehen. Die aufstiegsbezogene Weiterbildung sollte im Rahmen einer Personalentwicklungsplanung durch die zuständigen Stellen erfolgen.

- **Betreuung und Beurteilung der Trainees**

Die Betreuung der Nachwuchskräfte geschieht zum einen durch das Personalwesen und zum anderen durch einen Mentor aus dem jeweiligen Fachressort. Gegen Ende des Traineeprogramms wird in einem Gremium, bestehend aus

Traineeverantwortlichen des Personalressorts sowie den Mentoren, aufgrund der Beurteilungsbogen analysiert, ob der Trainee in sein zukünftiges Aufgabengebiet genügend eingearbeitet ist. Anschließend wird der Trainee in das Personalentwicklungsprogramm für qualifizierte Talente des Unternehmens übernommen. Dadurch ist ihm der Weg geebnet, zu Management- oder/und Fachpositionen aufzusteigen.

6.4.2 Praxisbeispiel 2

Entwicklung von Fach- und Führungskräften

Ein großes Interesse der Wirtschaft ist es, leistungsfähige Mitarbeiter zu entwickeln und an das Unternehmen zu binden. Gerade Letzteres ist heute besonders wichtig, da die Suche auf dem Arbeitsmarkt nach hoch qualifizierten Mitarbeitern schwieriger geworden ist und dieser Trend sich fortsetzen wird. Welche Möglichkeiten gibt es nun, hoch motivierte und leistungsfähige Mitarbeiter, d.h. High Potentials, an das Unternehmen zu binden? Häufig werden finanzielle Anreizsysteme und Incentives dafür eingesetzt. Die finanzielle Entwicklung wird jedoch gerade von High Potentials als sekundär gewertet. Primär sind es die Entwicklungsmöglichkeiten und die interessante Aufgabe im Unternehmen, die eine Bindung an das Unternehmen sichern (OLESCH 2005).

Um ihren High Potentials eine Entwicklungskarriere anzubieten, tendieren Unternehmen dazu, diese nach gewisser Einarbeitungszeit als Führungskräfte einzusetzen. Schließlich ist mit der Funktion einer Führungskraft Image, Vollmacht und finanzieller Aufstieg verbunden. Ein High Potential hat sich in der Regel zu Beginn seiner Karriere primär als Fachexperte bewährt. Daraus resultiert nicht automatisch, dass er auch eine gute Führungskraft wird. Leider wird eine eher unkritische Entwicklung vom Experten zur Führungskraft praktiziert. Da als Führungskraft nun Sozial- und Führungskompetenzen verlangt werden, über die der High Potential nicht selbstverständlich verfügt, kann daraus eine frustrierte und erfolglose Führungskraft resultieren.

Existieren im Unternehmen nicht genügend Karrieremöglichkeiten außer der Führungsentwicklung, erhöht sich die Fluktuation der High Potentials, die als Fachexperten tätig und wichtig für ein Unternehmen sind. Dies wird dadurch unterstützt, dass es heute durch schlanke Hierarchien und Einführung von Gruppenarbeit flachere Organisationen gibt, die nicht mehr so viele Führungskräfte benötigen. Von daher ist es besonders wichtig, spezielle Expertenlaufbahnen für High Potentials zu generieren. Diese sollen über das gleiche Image, die gleichen Vollmachten, Kompetenzen und monetären Rahmenbedingungen verfügen. Der Begriff des Fachexperten wird im Unternehmen des Autors wie folgt definiert:

Profil von Fachexperten

- Ein Fachexperte ist ein hochkarätiger Experte mit herausragendem Fachwissen.
- Er setzt sein Wissen auf strategisch wichtigen Feldern des Unternehmens ein.
- Er verfügt auf seinem Gebiet über Richtlinienkompetenz.
- Dabei ist er verantwortlich für den Wissenstransfer innerhalb und außerhalb des Unternehmens.
- In der Regel hat er keine Personalverantwortung.

Profil von stellvertretenden Führungskräften

Es wird darüber hinaus eine zweite Karrieremöglichkeit dargestellt. Diese wird als Laufbahn zur stellvertretenden Führungskraft bezeichnet. Dies sind High Potentials, die durch ihre Kompetenz sowie ihre berufliche Entwicklung das Know-how haben, zur stellvertretenden Führungskraft entwickelt zu werden. Sie arbeiten und trainieren „on the job" z. B. als Abteilungsstellvertreter. Sobald eine Abteilungsposition vakant wird, wird diese von ihnen dann hauptamtlich übernommen (OLESCH 2001, S. 293).

Stellen für stellvertretende Führungskräfte können in Bereichen, Abteilungen und Gruppen eingerichtet werden. Sie werden geschaffen, um sicherzustellen, dass die Führungsaufgabe kontinuierlich in der für den Erfolg der Einheit erforderlichen Qualität wahrgenommen wird. Dies ist in der Regel bei Ressort-, Bereichs- und Abteilungsleitungen notwendig. Gruppenleiter brauchen meist keinen Stellvertreter.

Der Leiter einer Einheit arbeitet mit seinem Stellvertreter als Führungsteam zusammen. Je nach Zielen, Aufgaben, Organisation und Ablaufgestaltung der Einheit können sie eine Aufgabenteilung in der Führung vereinbaren. Z.B. vertritt der Leiter vorrangig die Einheit nach außen, während sein Stellvertreter vor allem für die „innere Führung" der Einheit zuständig ist. Der Stellvertreter hat also auch während der Anwesenheit des Leiters eine Führungsaufgabe.

Der Stellvertreter vertritt den Leiter einer Einheit in dessen Abwesenheit. Der Stellvertreter trägt während der Abwesenheit dessen Verantwortung und erhält die dazu erforderlichen Kompetenzen und Vollmachten (Ausnahme: Handlungsvollmacht und Prokura). Beide stellen durch Absprachen und Vereinbarungen sicher, dass die Kontinuität der Führung gewahrt wird.

Fachexperten und stellvertretende Führungskräfte im Vergleich	
Fachexperte	**Stellvertretende Führungskraft**
- Gleiches Image - Gleiches Gehalt - Projektverantwortung - Konzentration auf Fachwissen	- Gleiches Image - Gleiches Gehalt - Führungsverantwortung - Konzentration auf generalistisches Wissen

In dem Unternehmen des Autors besteht die Führungskräfteentwicklung schon seit vielen Jahren. Die Entwicklung zum Experten oder zur stellvertretenden Führungskraft ist in den letzten Jahren hinzugekommen. Folgende Gründe führten dazu:

- High-Potentials wurden nicht ausreichend systematisch im Unternehmen geortet.
- Die High-Potentials wurden nicht optimal ihren Fähigkeiten entsprechend eingesetzt. Zum Teil wurden sie unterfordert. Sie erhielten ihr Gehalt zu 100 %; ihr Potenzial wurde jedoch nur zu 60 % vom Unternehmen genutzt.
- Durch die zum Teil bestehende Unterforderung wurde die geringe Motivation erzeugt.

Der Nutzen für ein Unternehmen, Laufbahnen zum Fachexperten oder zur stellvertretenden Führungskraft zu entwickeln, ist vielfältig:

- Mitarbeiterbindung statt Fluktuation oder innerer Kündigung;
- größere Attraktivität des Unternehmens für kompetente Experten;
- Entwicklung und optimalere Nutzung von Expertenwissen;
- klare Perspektiven für engagierte Mitarbeiter;
- verstärkte Identifikation mit der Position bringt höhere Leistung;
- Vermeidung von Fehlbesetzungen.

Es bestehen drei Stufen zum Fachexperten oder zur stellvertretenden Führungskraft. Dieses wirkt sich auch in der Vergütung aus (das Unternehmen gehört zum Metall- und Elektrotarif) (OLESCH 2000, S. 87).

| Entwicklungsstufen und Kompetenzen von Fachexperten |

Entwicklungsstufen von Fachexperten	
Fachbereichsleiter	AT-Gehalt
Fachleiter	Tarifstufe 6 oder AT-Gehalt
Fachreferent	Tarifstufe 5 + Gruppenzulage oder Tarifstufe 6

Die Verantwortungsbereiche und Kompetenzen werden wie folgt definiert:

1. Verantwortungsbereich	Fachbereichsleiter ...	Fachleiter ...	Fachreferent ...
Zuständigkeit	... ist mit der eigenständigen fachlichen Bearbeitung eines Spektrums von Themen betraut, die für das Gesamtunternehmen von zentraler strategischer Bedeutung sind.	... ist mit der eigenständigen fachlichen Bearbeitung von Themenfeldern betraut, die von bereichs- oder abteilungsübergreifender strategischer Bedeutung sind.	... ist mit der eigenständigen fachlichen Bearbeitung eines Themenfeldes betraut, das für die Arbeit eines Bereiches oder einer Abteilung von zentraler Bedeutung ist.
Ergebnisverantwortung	... ist dafür verantwortlich, dass die Lösungen, Produkte oder Dienstleistungen aus seinem Themenspektrum im gesamten Unternehmen auf dem weit überdurchschnittlichen Niveau liegen, das für die Positionierung des Unternehmens am Markt erforderlich ist.	... ist dafür verantwortlich, dass die Lösungen, Produkte oder Dienstleistungen aus seinen Themenfeldern bereichs- und abteilungsübergreifend auf dem weit überdurchschnittlichen Niveau liegen, das das Unternehmen braucht.	... ist dafür verantwortlich, dass im gesamten Bereich bzw. in der gesamten Abteilung die Lösungen, Produkte und Dienstleistungen seines Themenfeldes auf weit überdurchschnittlichem Niveau liegen.
	... schafft neues Know-how in seinem Themenspektrum, entwickelt dieses kontinuierlich weiter und sorgt für seinen umfassenden Transfer in alle Bereiche.	... entwickelt das Know-how in seinen Themenfeldern kontinuierlich weiter und sorgt dafür, dass es allen Mitarbeitern, die es für ihre Tätigkeit benötigen, zur Verfügung steht.	... entwickelt das Know-how in seinem Themenfeld kontinuierlich weiter und sorgt dafür, dass es allen Mitarbeitern des Bereiches bzw. der Abteilung zur Verfügung steht.
	... erstellt strategisch wichtige Richtlinien und Vorgehensweisen, implementiert diese und achtet auf ihre unternehmensweite Einhaltung.	... erstellt strategisch wichtige Richtlinien und Vorgehensweisen, implementiert diese und achtet auf ihre Einhaltung – auch in anderen Bereichen.	... erstellt strategisch wichtige Richtlinien und Vorgehensweisen, implementiert diese und achtet auf ihre Einhaltung.
Kostenverantwortung	... sind jeweils dafür verantwortlich, dass ihre Arbeit und die in ihren Projekten mit einem Höchstmaß an Wirtschaftlichkeit erbracht werden.		

Unterstellung	... ist i. d. R. der Geschäftsleitung unterstellt und berichtspflichtig.	... ist i. d. R. der Ressort- oder Bereichsleitung unterstellt und berichtspflichtig.	... ist i. d. R. der Bereichs- oder Abteilungsleitung unterstellt und berichtspflichtig.
2. Kompetenz/ Vollmacht	**Fachbereichsleiter ...**	**Fachleiter ...**	**Fachreferent ...**
Planung	... planen die Aktivitäten und Projekte im eigenen Zuständigkeitsbereich.		
	... stimmt die Planung i. d. R. mit der Geschäftsleitung ab.	... stimmt die Planung i. d. R. mit der Ressort- bzw. Bereichsleitung ab.	... stimmt die Planung i. d. R. mit der Bereichs- bzw. Abteilungsleitung ab.
Entscheidungsvollmacht	... erhalten die Vollmacht, innerhalb ihres Zuständigkeitsbereiches die Entscheidungen zu treffen, die für die Realisierung des Auftrages im Rahmen der vereinbarten Ziele erforderlich sind. Entscheidungen, deren Wirkungen über die Grenzen der eigenen Organisationseinheit hinausgehen, werden mit der nächsthöheren Führungskraft bzw. mit der Geschäftsleitung abgestimmt.		

Die Entwicklungsstufen und Kompetenzen von stellvertretenden Führungskräften

Für die stellvertretende Führungskraft bestehen folgende drei Stufen:

Entwicklungsstufen von stellvertretenden Führungskräften	
stv. Bereichsleiter	AT + feste Zulage
stv. Abteilungsleiter	T 6 oder AT + feste Zulage
stv. Gruppenleiter	T 5 + feste Zulage

1. Verantwortungsbereich	**Bereichsleiter ...**	**Abteilungsleiter ...**	**Gruppenleiter/ Werkstattleiter ...**
Führung	... führt fachlich und personell die unmittelbar unterstellten Mitarbeiter. ... arbeitet aktiv in wichtigen Gremien und Projekten, die die strategische Ausrichtung des Gesamtunternehmens gestalten.	... führt fachlich und personell die unmittelbar unterstellten Mitarbeiter.	... führt fachlich und personell die Mitarbeiter der Gruppe.

		… repräsentiert das Unternehmen nach innen und außen.	… vertritt und repräsentiert das Unternehmen gegenüber den Mitarbeitern der Abteilung.	… vertritt das Unternehmen den Mitarbeitern der Gruppe gegenüber.
Personalverantwortung		… ist dafür verantwortlich, dass die Führungskräfte und Mitarbeiter des Bereiches nach den Unternehmensleitlinien geführt und so eingesetzt werden, dass sie engagiert und loyal die Ziele des Unternehmens realisieren.	… ist dafür verantwortlich, dass die in der Abteilung arbeitenden Führungskräfte und Mitarbeiter zielorientiert eingesetzt und geführt werden.	… ist dafür verantwortlich, dass die in der Gruppe arbeitenden Mitarbeiter zielorientiert eingesetzt werden und dass sie engagiert und kompetent arbeiten.
		… ist dafür verantwortlich, dass durch die Entwicklung der Potenziale der Mitarbeiter die Leistungsfähigkeit des Bereiches und damit des Gesamtunternehmens langfristig gesichert wird.	… ist dafür verantwortlich, dass die Qualifikation und die Leistungsfähigkeit der Mitarbeiter der Abteilung den Anforderungen der Zukunft entsprechen.	
Zuständigkeit		… ist mit der Führung einer übergreifenden, für das Gesamtunternehmen strategisch wichtigen Einheit betraut. Ein Bereich besteht aus mehreren Abteilungen, die unterschiedliche Aufgabenfelder bearbeiten.	… ist mit der Führung einer Einheit betraut, in der Mitarbeiter artverwandte oder fachlich zusammenhängende Aufgaben lösen. Eine Abteilung kann aus mehreren Gruppen bestehen.	… ist mit der Führung einer Einheit betraut, in der Mitarbeiter artverwandte oder fachlich zusammenhängende Aufgaben lösen.
Ergebnisverantwortung		… ist dafür verantwortlich, dass die Leistungen des Bereiches auf dem hohen Niveau liegen, das für die Positionierung des Unternehmens am Markt erforderlich ist, und dass sie weiter steigen.	… ist dafür verantwortlich, dass die Leistungen der Abteilung auf einem hohen Niveau liegen und kontinuierlich steigen.	… ist dafür verantwortlich, dass die Leistungen der Gruppe auf einem hohen Niveau liegen und weiter steigen.

Kosten-verantwortung	… ist dafür verantwortlich, dass die Arbeit in seinem Bereich mit einem Höchstmaß an Wirtschaftlichkeit erbracht wird und dass die Effizienz weiter gesteigert wird.	… ist dafür verantwortlich, dass die Leistungen der Abteilung effizient erbracht werden und dass der vereinbarte Kostenrahmen eingehalten wird.	… ist dafür verantwortlich, dass die vereinbarte Kostenplanung für die Gruppe eingehalten wird.
Prozess-verantwortung	… ist dafür verantwortlich, dass die Arbeitsprozesse und die Organisation im Bereich kontinuierlich optimiert werden und dadurch den Leistungs- und Wirtschaftlichkeits-erfordernissen gerecht werden.	… ist dafür verantwortlich, dass die Arbeitsprozesse der Abteilung kontinuierlich optimiert werden.	… ist dafür verantwortlich, dass die Arbeitsprozesse in der Gruppe effektiv und effizient ablaufen.
Unterstellung	… ist der Geschäftsleitung unterstellt und berichtspflichtig.	… ist der Bereichs- oder Ressortleitung unterstellt und berichtspflichtig.	… ist der Abteilungs- oder Bereichsleitung unterstellt und berichtspflichtig.
2. Kompetenz/ Vollmacht	**Bereichsleiter …**	**Abteilungsleiter …**	**Gruppenleiter/ Werkstattleiter …**
Planung	… plant in Zusammenarbeit mit den ihm unterstellten Führungskräften und Fachleitern Ziele, Personal, Kosten und Investitionen des Bereiches.	… plant zusammen mit seinen Gruppen- und Fachleitern Ziele, Personal, Kosten und Investitionen der Abteilung.	… plant in Abstimmung mit seinem Vorgesetzten Ziele, Personal, Kosten und Investitionen der Gruppe.
	… stimmt die Planungen mit der Geschäftsleitung ab.	… stimmt die Planung mit der Bereichs- bzw. Ressortleitung ab.	… sorgt in der Folge für die Einhaltung.
	… überwacht und steuert die Einhaltung der Planung im Bereich.	… sorgt in der Folge für die Einhaltung.	

Entscheidungs-vollmacht	… erhält die Vollmacht, alle internen Entscheidungen zu treffen, die für die Realisierung der mit der Geschäftsleitung vereinbarten Ziele erforderlich sind.	… erhält die Vollmacht, alle internen Entscheidungen zu treffen, die für die Realisierung seines Auftrages – im Rahmen der mit der Bereichs- bzw. Ressortleitung vereinbarten Ziele – erforderlich sind.	… erhält die Vollmacht, die internen Entscheidungen zu treffen, die für die Realisierung seines Auftrages im Rahmen der vereinbarten Ziele erforderlich sind.
	Entscheidungen, die von strategischer oder bereichsübergreifender Tragweite sind, werden mit der Geschäftsleitung abgestimmt.	Entscheidungen, deren Auswirkungen über die eigene Abteilung hinausgehen, werden mit der Bereichs- bzw. Ressortleitung abgestimmt.	Entscheidungen, deren Wirkungen über die eigene Gruppe hinausgehen, werden mit der Abteilungs- bzw. Bereichsleitung abgestimmt.

Entwicklungsschritte

Wie ist nun der Prozess von der ersten Überlegung bis zur Ernennung eines Entwicklungskandidaten gestaltet? Das folgende Ablaufschema gibt einen Überblick über die Prozessabfolge:

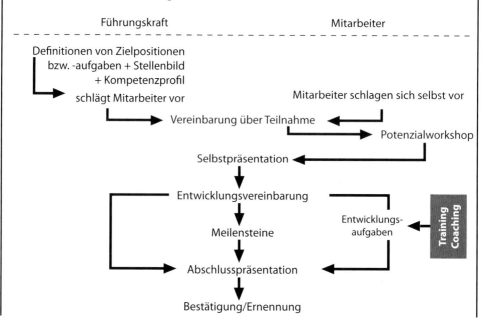

Zunächst muss eine Führungskraft eine neu geschaffene bzw. frei werdende Position in Form eines Stellenbildes und Kompetenzprofils definieren. Anschließend schlägt sie einen High Potential zur Entwicklung vor oder ein Mitarbeiter schlägt sich selbst vor. Nun wird die Teilnahme des Mitarbeiters an einem Potenzialworkshop vereinbart, in dem der Kandidat sich selber präsentiert. Dieser Workshop entspricht einer Variante eines Assessment-Centers, das in Kap. 3.4 und 3.5 bereits näher beschrieben wurde. Hierbei wird überprüft, inwieweit das Anforderungs- dem Kompetenzprofil entspricht (siehe folgende Abbildungen).

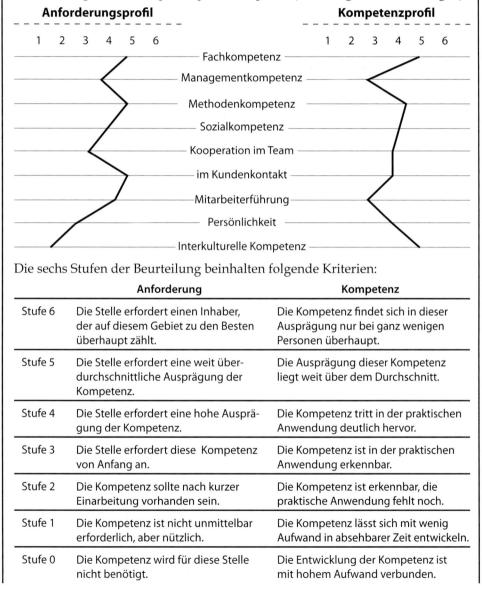

Die sechs Stufen der Beurteilung beinhalten folgende Kriterien:

	Anforderung	Kompetenz
Stufe 6	Die Stelle erfordert einen Inhaber, der auf diesem Gebiet zu den Besten überhaupt zählt.	Die Kompetenz findet sich in dieser Ausprägung nur bei ganz wenigen Personen überhaupt.
Stufe 5	Die Stelle erfordert eine weit überdurchschnittliche Ausprägung der Kompetenz.	Die Ausprägung dieser Kompetenz liegt weit über dem Durchschnitt.
Stufe 4	Die Stelle erfordert eine hohe Ausprägung der Kompetenz.	Die Kompetenz tritt in der praktischen Anwendung deutlich hervor.
Stufe 3	Die Stelle erfordert diese Kompetenz von Anfang an.	Die Kompetenz ist in der praktischen Anwendung erkennbar.
Stufe 2	Die Kompetenz sollte nach kurzer Einarbeitung vorhanden sein.	Die Kompetenz ist erkennbar, die praktische Anwendung fehlt noch.
Stufe 1	Die Kompetenz ist nicht unmittelbar erforderlich, aber nützlich.	Die Kompetenz lässt sich mit wenig Aufwand in absehbarer Zeit entwickeln.
Stufe 0	Die Kompetenz wird für diese Stelle nicht benötigt.	Die Entwicklung der Kompetenz ist mit hohem Aufwand verbunden.

Aus der Selbstpräsentation kann eine Soll-Ist-Abweichung resultieren. Daraus werden Entwicklungsvereinbarungen mit Inhalten und Terminen abgeleitet. Nach Beendigung des Personalentwicklungsprogramms, das aus Coaching, Training-on- und off-the-Job besteht, wird durch den Kandidaten eine Abschlusspräsentation vorgenommen, bei der Vorgesetzte und Mitarbeiter des Personalressorts die Jury darstellen. Nach erfolgreichem Abschluss erfolgt die offizielle Ernennung zum Experten oder zur stellvertretenden Führungskraft.

6.4.3 Praxisbeispiel 3

Personalentwicklung für an- und ungelernte Mitarbeiter

Es existieren viele Systeme der Personalentwicklung zur Förderung von qualifizierten Mitarbeitern. Viele widmen sich den High-Potentials und weniger der Gruppe der An- und Ungelernten. Es fehlen heute auf dem Arbeitsmarkt Facharbeiter. Dieses Defizit kann man durch die Personalentwicklung von An- und Ungelernten reduzieren. Im folgenden Praxisbeispiel wird dazu ein Personalentwicklungskonzept beschrieben.

In der Produktion von Unternehmen arbeiten zu einem großen Teil An- und Ungelernte. Sie verfügen über keine arbeitsplatzspezifische fachliche Ausbildung, d. h., sie haben entweder keinen Berufsabschluss oder Qualifikationen, die bei ihrer jetzigen Tätigkeit nicht oder nur zum Teil gefragt sind.

Zahlen einer Studie verdeutlichen die gesellschaftspolitische Notwendigkeit von Qualifizierungsmaßnahmen. Danach werden produktionsorientierte Tätigkeiten bis zum Jahre 2020 abnehmen. Da sich gleichzeitig die Tätigkeitsinhalte auf anspruchsvollere Steuerungs-, Programmierungs-, Wartungs- und Instandsetzungsarbeiten verlagern, sind in erster Linie Arbeitsplätze An- und Ungelernter gefährdet. Andererseits sind An- und Ungelernte als Teilnehmer betrieblicher Weiterbildungsveranstaltungen jedoch stark unterrepräsentiert (2 bis 4 % aller Weiterbildungsteilnehmer in Unternehmen).

In dem Praxisbeispiel wird die Personalentwicklung zum Maschinenbediener dargestellt. Die Aufgabe dieser Mitarbeiter ist die Bedienung und Betreuung von Produktions- und Montagemaschinen nach Anweisung. Für die Durchführung von Wartungs- und Instandsetzungsarbeiten an diesen Maschinen wurden bislang entsprechend ausgebildete Facharbeiter benötigt. In der Regel handelt es sich jedoch um Routinearbeiten wie z.B. Umrüstarbeiten und Werkzeugwechsel. Den Facharbeitern ging somit wertvolle Zeit für Einricht- und komplizierte Umrüstarbeiten verloren. Es liegt auf der Hand, Routinearbeiten von entsprechend zu qualifizierenden Maschinenbedienern, sogenannten Maschinenführern, im Sinne eines optimalen Personaleinsatzes durchführen zu lassen.

Die Mitarbeiterqualifizierung unterstützt so wichtige Unternehmensziele wie Liefertermineinhaltung und überdurchschnittlichen Standard der Produktqualität.

Andererseits profitieren die Teilnehmer. Sie erhalten Entwicklungsmöglichkeiten, die sich sowohl in einer attraktiveren Arbeit als auch Bezahlung niederschlagen. Nach einer Probezeit als Maschinenführer erfolgt eine der neuen Aufgabe entsprechende Anhebung des Gehalts.

Der Ansatz: Qualifizierungsmaßnahme zum Maschinenführer

Die Qualifizierungsmaßnahme hatte das Ziel, die Teilnehmer in die Lage zu versetzen, Maschinen eigenständig bedienen und kleinere Wartungs- und Instandsetzungsarbeiten selbstständig durchführen zu können. Dabei stand das bedarfsorientierte Vorgehen im Mittelpunkt aller Überlegungen. Es sollte und konnte nicht Zielsetzung sein, innerhalb von zehn Wochen eine der Facharbeiterausbildung gleichwertige oder ähnliche Qualifikation zu erreichen.

Gegen Ende der Maßnahme erfolgte eine Beurteilung der Teilnehmer durch Vorgesetzte und Betreuer. Es wurde ein Beurteilungsbogen eingesetzt. Während der Maßnahme wurden Verständniskontrollen in Form schriftlicher Tests und praktischer Aufgaben durchgeführt. Hier festgestellte Defizite wurden in der anschließenden zehnwöchigen Trainingsphase am zukünftigen Arbeitsplatz ausgeglichen. Nach insgesamt ca. zwanzig Wochen nahmen die Maschinenbediener ihre neue Tätigkeit als Maschinenführer auf.

■ Rahmenbedingungen

Alle Teilnehmer verfügten über eine abgeschlossene Berufsausbildung. Diese Qualifikationen konnten sie als Maschinenbediener nicht oder nur zu einem geringen Teil einbringen (Bäcker, Parkettverleger, Friseurin, Apothekenhelferin, Betriebsschlosser, Kfz-Mechaniker). Bei der Auswahl der Teilnehmer fanden Mitarbeiter Berücksichtigung, die sich als Maschinenbediener bewährt hatten sowie motivations- und entwicklungsfähig waren. Um die Motivation der Teilnehmer unter Beweis zu stellen, wurde ein Teil der Qualifizierungsmaßnahme außerhalb der Arbeitszeit durchgeführt.

Da das Projektunternehmen seit jeher in Sachen Ausbildung engagiert ist (ca. 10 % der Mitarbeiter sind Auszubildende, die Mehrzahl im technischen Bereich), sind in der Produktion viele erfahrene Ausbilder und Ausbildungsbeauftragte anzutreffen. Außerdem verfügt die technische Ausbildung über eine sehr gute Ausstattung (moderne Lehrwerkstatt usw.). Dies waren für unser Projekt die entscheidenden Voraussetzungen, da es nur intern mit eigenen Referenten durchgeführt werden konnte und sollte. Aufgabe der Personalentwicklung war es, als Moderator und Koordinator mit den Fachabteilungen und der technischen Ausbildung Inhalte und das didaktische sowie methodische Vorgehen zu erarbeiten sowie das Projekt zu organisieren.

Für die abteilungsübergreifende Betreuung der Teilnehmer während der zehnwöchigen Maßnahme stand der Personalentwicklung ein Mitarbeiter der technischen Ausbildung zur Verfügung. Da dieser Mitarbeiter Auszubildende während ihres Aufenthalts in Fachabteilungen vor Ort betreut, lag es nah, ihn auch als ständigen Ansprechpartner unserer Teilnehmer vorzusehen. Neben der Koordinierung der Betreuung in den Training-on-the-job-Phasen war er Informationsschnittstelle zwischen den Teilnehmern auf der einen Seite und den Referenten, Betreuern vor Ort und der Personalentwicklung auf der anderen Seite. Außerdem koordinierte er die oben beschriebene Beurteilung der Teilnehmer während bzw. gegen Ende der Qualifizierungsmaßnahme. In zirka wöchentlichen Abständen hielt darüber hinaus die Personalentwicklung direkten Kontakt zur Teilnehmergruppe.

- **Festlegung der Entwicklungsinhalte**

Die inhaltliche Festlegung erfolgte, indem überprüft wurde, welche Themen der Ausbildungsrahmenpläne (Industriemechaniker der Fachrichtung Produktionstechnik und Industrieelektroniker der Fachrichtung Gerätetechnik) für die Zielsetzung des Qualifizierungsprojektes relevant waren. Neben den Inhalten, die der Maschinenführer für seine Aufgaben benötigt, z. B.

- Planen und Steuern von Arbeitsabläufen,
- Grundlagen der Steuerungstechnik,

sollten den Teilnehmern Hintergrundinformationen wie

- Qualitätssicherung,
- Umweltschutz,
- Arbeitssicherheit

gegeben und Zusammenhänge (z. B. vor- und nachgeschaltete Produktionsabläufe, eine Art Betriebspraktikum) aufgezeigt werden, um die Bedeutung und Einordnung der eigenen Arbeit zu erkennen.

- **Festlegung der methodischen Vorgehensweise**

Im Hinblick auf die Teilnehmergruppe war es nun Aufgabe, die Informationen, soweit wie möglich zu vereinfachen, übersichtlich und nachvollziehbar aufzubereiten. Um die Praxisorientierung sicherzustellen, wurde die Themenfolge so gewählt, dass sich möglichst kurzen theoretischen Parts eine direkte Umsetzung in der Praxis am zukünftigen Arbeitsplatz anschloss. Von Vorteil war, dass ein großer Teil der Maßnahme von Mitarbeitern der technischen Ausbildung durchgeführt wurde, die mit der Gestaltung von Lernprozessen vertraut sind. Um sie auf die Besonderheiten der Zielgruppe hinzuweisen und den übrigen Referenten und Betreuern vor Ort eine kleine Orientierung zu geben, zeigte die Personalentwicklung in einer ca. zweistündigen Informationsveranstaltung auf, wie sich das Lernverhalten Erwachsener von dem Jugendlicher unterscheidet. Im Mittelpunkt standen Themen wie „Abnahme der Lerngeschwindigkeit mit zunehmendem Alter", „Fehlendes Lerntraining", „Mögliche Negativ-Erfahrung Schule". Dies galt es, bei den didaktischen und methodischen Überlegungen zu bedenken. Außerdem wurden Vorschläge für eine zielgruppengerechte Form und Durchführung der Beurteilung (schriftliche Tests und Praxistests am Arbeitsplatz) vorgestellt.

Die Durchführung und Bewertung der Qualifizierungsmaßnahme

Die Maßnahme wurde ohne wesentliche Abweichungen von der beschriebenen Planung erfolgreich durchgeführt. Um ein umfassendes Feedback sowohl von den Teilnehmern als auch von den Referenten und Betreuern zu erhalten, führten wir gegen Ende der Maßnahme eine schriftliche Beurteilung der Qualifizierungsmaßnahme durch. Bevor nun die dort festgestellten Probleme beschrieben und mögliche Konsequenzen für zukünftige Maßnahmen aufgezeigt werden, sei ausdrücklich festgehalten, dass die Gesamtbewertung von allen Seiten positiv ausfiel und die Maßnahme motivierend auf alle Beteiligte wirkte. Auf die Frage „Was hat mir am besten gefallen?" nannten die Teilnehmer neben einer Aufzählung der für sie besonders interessanten Themen die Chance, das Unternehmen, Zusammenhänge und Hintergründe ihrer täglichen Arbeit kennenlernen zu können. Da jedoch nur konstruktive Kritik weiterhilft, soll diese nun im Mittelpunkt stehen.

Es lassen sich zwei Problemfelder unterscheiden:

1. Probleme, die mit der neuen Position „Maschinenführer" und ihrer Einordnung in das bestehende Stellengefüge der Produktion zusammenhängen. Dies könnte man als Kern- bzw. Hauptproblem bezeichnen.
2. Nicht ausreichender Praxisbezug und methodische Defizite bei der Vermittlung theoretischer Sachverhalte.

■ **Zu Problemfeld 1:**

Die neue Position wurde sowohl von Kollegen als auch von einzelnen Vorgesetzten kritisch beäugt. Neidische Bemerkungen von Maschinenbedienern („Die sind jetzt wohl etwas Besseres") konnten mit ausreichendem Selbstbewusstsein der angehenden Maschinenführer und einigen erläuternden Worten, die auch die Vorteile für Kollegen bewiesen (z. B. kürzere Maschinenstillstandzeiten und damit bessere Akkordergebnisse), pariert werden.

Gravierender waren Vorbehalte von Facharbeitern, die – wenn auch unberechtigterweise, da die Bedarfsorientierung im Vordergrund stand – eine Konkurrenz befürchteten. Dort, wo Facharbeiter mit diesen Vorbehalten als Betreuer fungierten, gab es Reibungsverluste und Konflikte. Hier waren Vorgesetzte und Personalentwicklung als Moderatoren gefordert. Besonders problematisch wurde es (es blieb zum Glück ein Einzelfall) dann, wenn ein Vorgesetzter aus Sorge vor eventuellen Bedienungs- und Instandsetzungsfehlern den Aktionsradius von Maschinenführern auf den von Maschinenbedienern einengte. Da aufgrund unterschiedlichster Maschinentypen, die höchst verschiedene Schwierigkeitsgrade der Instandsetzungsarbeiten bedeuten, der Handlungsspielraum von Maschinenführern nicht allgemein festzulegen war, musste hier der Vorgesetzte als Coach seiner Mitarbeiter für eine optimale Umsetzung der neuen Qualifikationen sorgen. Kam er dieser Aufgabe nicht oder nur teilweise nach, war der Erfolg der Maßnahme gefährdet und Demotivation der betroffenen Teilnehmer die Folge.

Die Tatsache, dass bei den Maschinenführern das Beurteilungsinstrument „Akkord" aufgrund ihrer Aufgabenstellung nicht mehr einsetzbar war, kurzfristig aber keine Beurteilungsalternative zur Verfügung stand, da das Entlohnungs- und Beurteilungssystem für die gesamte Produktion, in das der Maschinenführer einzubinden war, sich in Überarbeitung befand, trug zum zögerlichen Verhalten einiger Vorgesetzter bei.

- **Zu Problemfeld 2:**

Der Wissensdrang der Teilnehmer war abhängig von ihrer bisherigen Qualifikation. Diejenigen, die zum ersten Mal mit technischen Sachverhalten konfrontiert wurden, stießen schnell an die Grenzen ihrer Aufnahmefähigkeit. Diese Teilnehmer klopften alle Themen konsequent hinsichtlich des direkten Praxisbezuges ab. War die Anbindung an die Praxis nicht offensichtlich, wurden die Referenten sehr schnell mit der Frage „Wozu brauchen wir das?" konfrontiert. Diese Frage wurde umso eindringlicher gestellt, je mehr die Referenten nach dem Motto „Lieber zu viel als zu wenig" die Teilnehmer mit Wissen und Information überfrachteten bzw. zu fachwissenschaftlich wurden. Falls sich ein praxisfernes Themengebiet infolge mangelnder Abstimmung der Referenten untereinander wiederholte (und das evtl. zu einem Veranstaltungstermin außerhalb der Arbeitszeit), war der Protest der Teilnehmer vorprogrammiert. Einige Referenten beklagten das passive Verhalten („Konsumentenhaltung") einiger Teilnehmer. Zum Teil trugen jedoch die Referenten durch reine Vortragsveranstaltungen dazu bei.

Konsequenzen

Bei der Integration eines neuen Aufgabengebietes hat der Vorgesetzte eine Schlüsselfunktion. Ohne ihn läuft nichts. Doch könnte der Prozess der Einbettung einer neuen Position in ein bestehendes Gefüge durch die Personalentwicklung im Rahmen von kleinen Teamtrainings bzw. Qualitätszirkeln vor Ort begleitet und unterstützt werden. Hierbei besteht jedoch einerseits die Gefahr, dass der Vorgesetzte zu sehr aus der Verantwortung genommen, andererseits die Personalentwicklung zur Klagemauer der Abteilung wird.

Die Verzahnung zwischen Theorie und Praxis ist zu optimieren. Dazu sind die Inhalte der Qualifizierungsmaßnahme noch stärker vom Anforderungsprofil des Maschinenführers her abzuleiten. Die erste Festlegung der Inhalte orientierte sich zu stark an den Ausbildungsrahmenplänen (Festlegung der Entwicklungsinhalte, s.o.). Nach einer Zerlegung des Aufgabengebietes „Maschinenführer" in möglichst konkrete Teilaufgaben lassen sich alle Inhalte anhand dieses Aufgabenkataloges hinsichtlich ihrer Praxisrelevanz abklopfen.

Dies sollte unter der Moderation der Personalentwicklung erfolgen. Als Folge der unterschiedlichen Belastungsfähigkeit der Teilnehmer denken wir im Hinblick auf die Durchführung der nächsten Qualifizierungsmaßnahme über eine Differenzierung des Unterrichts nach Vorwissen und Berufserfahrung der Teilnehmer nach.

Um die Abstimmung der Referenten und die Methoden der Wissensvermittlung (z. B. stärkere Teilnehmeraktivierung) in Praxis und Theorie zu optimieren, werden wir in Zukunft eine gemeinsame Vorbereitungsphase aller Referenten und Betreuer, z. B. in Form eines speziellen Train-the-trainer-Workshops, vor der Qualifizierungsmaßnahme durchführen.

6.5 Check-up

6.5.1 Zusammenfassung

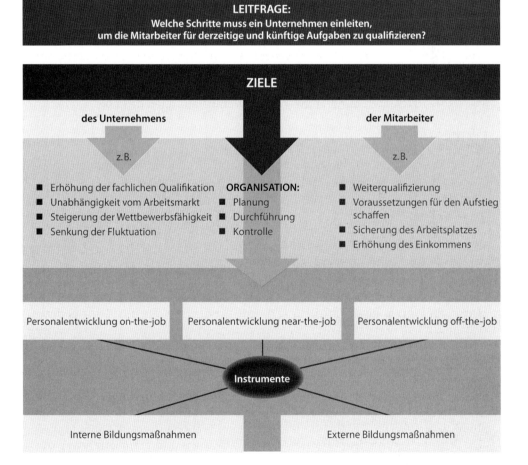

6.5.2 Aufgaben

1. Ein externer Berater hat für Ihr Unternehmen ein Kostenreduzierungsprogramm vorgeschlagen, das u. a. vorsieht, die eigene Berufsausbildung aus Einsparungsgründen aufzugeben. Als Personalleiter engagieren Sie sich für die Beibehaltung der Ausbildungsaktivitäten und begründen Ihre Stellungnahme.
   Nennen Sie betriebliche und wirtschaftliche Aspekte für die Beibehaltung!
2. Die Personalentwicklung gehört heute zu den wichtigsten zukunftsorientierten Aktivitäten im Unternehmen.
   a) Formulieren Sie drei grundlegende Zielsetzungen der Personalentwicklung!
   b) Nennen Sie vier generelle Aufgaben, die von dem für die Personalentwicklung zuständigen Bereich zu erfüllen sind.
   c) Nennen Sie Anlässe, die zu Personalentwicklungsmaßnahmen führen können!
   d) Nennen Sie positive Auswirkungen, die die Personalentwicklungsarbeit im Hinblick auf Einstellung und Verhalten der Mitarbeiter haben kann!
3. Worin liegt der Unterschied zwischen Bildungsurlaub und Personalentwicklung?
4. Welche Inhalte können bei Personalentwicklung „out-of-the-job" vermittelt werden?
5. Sie möchten die Meinung der Teilnehmer von Personalentwicklungsmaßnahmen erfragen.
   a) Welche Möglichkeiten der Durchführung haben Sie?
   b) Welche Inhalte erfragen Sie?
6. Hochschulabsolventen starten häufig mit einem Traineeprogramm in die berufliche Praxis.
   a) Aus welchen parallelen Einheiten besteht ein Traineeprogramm?
   b) Welche Vorteile bieten Traineeprogramme dem Unternehmen?
   c) Welche Vorteile hat der Trainee?
7. Nennen und erläutern Sie die Vorteile einer Fach- und Führungskräfteentwicklung
   a) aus der Sicht des Unternehmens,
   b) aus der Sicht der Entwicklungskandidaten!
8. Anhand welcher Methoden lassen sich Kandidaten für die Fach- und Führungskräfteentwicklung auswählen? Nennen und erläutern Sie die Methoden!
9. Ein Sachleistungsbetrieb mit umfangreichem Maschinenpark entschließt sich zu einer internen Personalentwicklungsmaßnahme für un- bzw. angelernte Mitarbeiter im Bereich der Herstellung.
   a) Nennen Sie die möglichen Vorteile dieser Maßnahme
      aa) aus der Sicht des Unternehmers,
      ab) aus der Sicht der un- bzw. angelernten Mitarbeiter!
   b) Nennen und erläutern Sie die möglichen Nachteile dieser Maßnahme!
   c) Wägen Sie die möglichen Vor- und Nachteile ab und nehmen Sie begründet zu der Frage Stellung, ob die Entwicklungsmaßnahme trotz der evtl. zu befürchtenden Nachteile durchgeführt werden soll!

6.5.3 Literatur

Berthel, J./Koch, H.-E.: Karriereplanung und Mitarbeiterförderung, Schäffer-Verlag, Stuttgart 1985.

Foidl-Dreißer/Breme/Grobsch: Personalwirtschaft, Cornelsen, Berlin 2004.

Nolden, R./Körner, P./Bizer, E.: Management im Industriebetrieb, Bildungsverlag EINS, Troisdorf 2002.

Olesch, G.: Management Manual, in: Personal, 2/2000, S. 86–89.

Olesch, G.: Experten- und Stellvertreterlaufbahn, in: Personal, 5/2001, S. 292–295.

Olesch, G.: Welche HR-Strategie fordert die demografische Entwicklung? in: Demografische Analyse und Strategieentwicklung in Unternehmen, Wirtschaftsverlag Bachem 2005.

Olesch, G./Paulus, G.: Innovative Personalentwicklung, Beck-Verlag, München 2000.

Tüllmann, A.: Personalwirtschaft, EDE-VAU Verlag, Korschenbroich 1993.

7 Personalbetreuung

7.1 PREVIEW

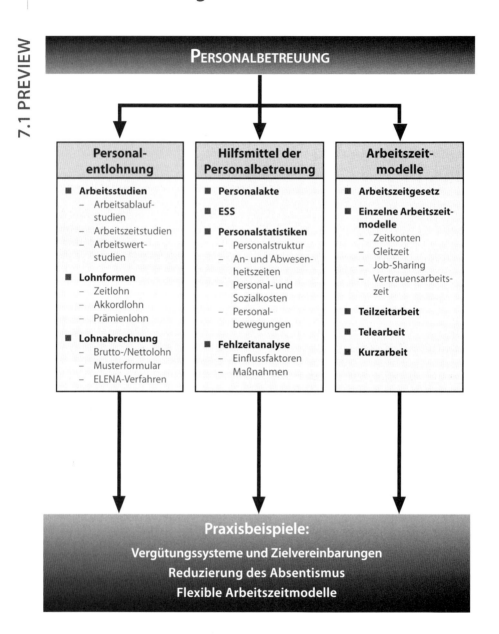

Im Bereich der Personalbetreuung zeigt sich die Wandlung des Personalwesens besonders deutlich. Früher bestand der Hauptteil der Personalarbeit in der Erstellung von Lohnabrechnungen. Infolgedessen hieß die Abteilung „Lohnbüro". Als später eine Reihe von Tätigkeitsfeldern hinzukam, sprach man von „Personalverwaltung". Heute bezeichnet man den Bereich als „Human Resources" oder „Personalbetreuung".

Der Bereich der Personalbetreuung ist eine Serviceabteilung, die für die Beschäftigten, die Unternehmensleitung und externe Träger Daten verarbeitet und bereitstellt. Die Beschäftigten erwarten z. B. die Meldungen bei den Sozialversicherungsträgern, eine ordnungsgemäße Lohnabrechnung und viele individuelle Betreuungsleistungen. Die Unternehmensleitung erwartet schnelle und präzise Angaben z.B. bezüglich der geleisteten Arbeitsstunden, der aktuellen Arbeitnehmerzahl, der Fehlzeitenquote u.Ä. Weitere Personenkreise sind im externen Bereich zu finden. Dort ist eine Zusammenarbeit mit Sozialversicherungsträgern, Finanzbehörden, Banken u.Ä. notwendig.

Im Folgenden wird zunächst auf die Grundlagen der Entlohnung eingegangen. Anschließend folgen die Lohnformen und die Durchführung der Lohn- oder Gehaltsabrechnung. In den weiteren Abschnitten geht es dann um typische Verwaltungsaufgaben wie das Führen von Personalakten und die Erstellung von Statistiken. Am Ende werden das Problem der Fehlzeitenreduktion und die umfangreichen Gestaltungsmöglichkeiten der Arbeitszeit aufgezeigt.

7.2 Personalentlohnung

Die Schwierigkeit der Personalentlohnung liegt darin, ein Entgelt festzulegen, das von den Arbeitnehmern als gerecht empfunden wird. In früheren Zeiten war oft die Körperkraft ausschlaggebend für die Höhe des Verdienstes. Heute ist es, z.B. bei automatisch gesteuerten Anlagen, schwierig, die Belastung für den einzelnen Mitarbeiter zu ermitteln. Es fehlen Kriterien, nach denen der geistige Anspruch der Arbeit bewertet werden kann. Absolute Lohngerechtigkeit ist auch wegen der unterschiedlichen Interessen und Wertvorstellungen der Beschäftigten nicht herstellbar.

7.2.1 Kriterien für eine relative Lohngerechtigkeit

Um zu einer relativen Lohngerechtigkeit zu kommen, müssen Ersatzkriterien herangezogen werden:

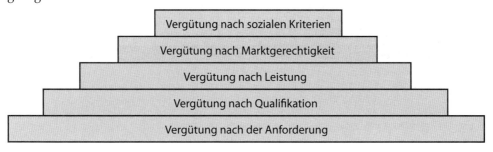

Anforderungsgerecht ist die Vergütung dann, wenn die Anforderungen, die durch die Arbeitsaufgabe, den Arbeitsplatz und die Arbeitsbedingungen an den Menschen gestellt werden, angemessen berücksichtigt werden. Dies wird in der Arbeitsbewertung mithilfe von Arbeitsstudien ermittelt.

Bei einer **qualifikationsgerechten Vergütung** stehen die verfügbaren Mitarbeiterqualifikationen im Vordergrund, ohne dass diese unbedingt ständig gebraucht oder eingesetzt werden müssen.

Leistungsgerecht ist die Vergütung, wenn die jeweils erbrachte Arbeitsleistung im Vordergrund steht. Seinen Ausdruck findet dieser Aspekt durch eine Leistungsbeurteilung und die Wahl der entsprechenden Entgeltform.

Von **Marktgerechtigkeit** wird gesprochen, wenn das gezahlte Entgelt der Vergütung vergleichbarer Tätigkeiten auf dem Arbeitsmarkt entspricht. Der Arbeitsmarkt kann die Region sein oder eine bestimmte Branche oder Berufsgruppe. Auch die Firmengröße kann eine Rolle spielen.

Bei der **sozialbezogenen Vergütung** wird der soziale Status des Beschäftigten berücksichtigt. Soziale Kriterien sind z. B. das Alter, der Familienstand, die Kinderzahl und die Dauer der Betriebszugehörigkeit.

Zusätzlich kann eine **partizipationsbezogene Vergütung** über die unterschiedlichsten Formen der Erfolgs- und Kapitalbeteiligung umgesetzt werden. Honoriert wird dabei, dass die Arbeitnehmer einen wesentlichen Anteil an der Leistungserstellung im Unternehmen haben.

7.2.2 Rechtsgrundlagen der Lohnfestsetzung

Neben den Gerechtigkeitsaspekten sind zur Entgeltfestsetzung verschiedene Rechtsgrundlagen zu berücksichtigen.

In Deutschland gibt es keine Gesetze, die die absolute Lohnhöhe festlegen. Diskutiert werden immer wieder gesetzlich festgelegte **Mindestlöhne.** Zurzeit gibt es zwar keinen branchenübergreifenden gesetzlichen Mindestlohn, allerdings gibt es für bestimmte Branchen (z. B. Bauhauptgewerbe, Gebäudereiniger) tarifentgeltlich festgeschriebene Mindestlöhne. Die existierenden Regelungen betreffen die Höhe der Bezahlung an Feiertagen, an Urlaubstagen und im Krankheitsfall.

Konkretere Regelungen findet man in den geltenden Tarifverträgen. Diese sind Grundlage der Entlohnung, wenn der Arbeitgeber Mitglied des Arbeitgeberverbandes und der Arbeitnehmer Mitglied der entsprechenden Gewerkschaft ist. Auf die durch Tarifvertrag entstandenen Rechte können die Arbeitnehmer nicht wirksam verzichten.

Festgelegt sind die Vereinbarungen im Manteltarifvertrag und im Lohn- oder Gehaltstarifvertrag.

Manteltarifvertrag	Lohn- oder Gehaltstarifvertrag
■ Laufzeit: ca. 4–5 Jahre ■ Allgemeine Entlohnungsbestimmungen ■ Einstufung der Tätigkeit ■ Zuschläge bei Überstunden ■ Bezahlung bei Arbeit an Feiertagen ■ Bezahlung bei Nachtarbeit ■ Lohngarantien bei Versetzungen ■ Weihnachtsgeld ■ Urlaubsgeld ■ Vermögenswirksame Leistungen	■ Laufzeit: ca. 1–2 Jahre ■ Festlegung von Lohn- oder Gehaltsgruppen ■ Festlegung von Lohn oder Gehaltssätzen ■ Leistungszulagen ■ Ortsklassen

Betriebsvereinbarungen werden zwischen Arbeitgeber und Betriebsrat schriftlich geschlossen, um die individuellen Gegebenheiten eines bestimmten Betriebes zu berücksichtigen. Sie dürfen nur Verbesserungen zu den zuvor genannten Punkten enthalten. Werden den Arbeitnehmern durch eine Betriebsvereinbarung Rechte eingeräumt, so ist ein Verzicht auf sie nur mit Zustimmung des Betriebsrates zulässig.

Im Arbeitsvertrag können dann die besonderen Fähigkeiten und Kenntnisse eines Arbeitnehmers berücksichtigt werden. Es dürfen wieder nur Verbesserungen zu Tarifverträgen oder Betriebsvereinbarungen festgelegt werden. Beispiele sind die Nutzung eines Firmenwagens für private Zwecke, die Übernahme einer betrieblichen Altersversorgung etc.

7.3 Arbeitsplatzbewertung

Um die beschriebene anforderungsgerechte Lohnfestlegung zu ermöglichen, müssen zunächst die Anforderungen ermittelt werden. Dies geschieht mithilfe der Arbeitsstudien, die sich in drei Bereiche einteilen lassen:
- Arbeitsablaufstudien;
- Arbeitszeitstudien;
- Arbeitswertstudien.

Begründer der Arbeitsstudien ist F. W. Taylor (1856–1915). Er war der erste, der bei der Werkstattarbeit systematisch Körperbewegungen und deren Zeitdauer sowie die zweckmäßige Gestaltung der Arbeitsmittel untersucht hat. Daher spricht man auch vom Taylorismus oder vom Scientific Management.

7.3.1 Arbeitsablaufstudien

Ziel der Arbeitsablaufstudie ist es, den Arbeitsablauf möglichst rationell und menschengerecht zu gestalten. Dabei betrachten Arbeitsablaufstudien zum einen den Arbeitsplatz, zum anderen das Zusammenwirken von mehreren Arbeitsplätzen.

1. Arbeitsplatzgestaltung

Hier geht es um den Kombinationsprozess der einzelnen Arbeitsschritte an einem Arbeitsplatz. Die Frage ist, wie die Arbeit an den Menschen angepasst werden kann. Dieser Gedanke findet sich anschließend in einer ergonomischen Gestaltung des Arbeitsplatzes wieder. Weiterhin wird versucht, die Arbeitsmethode und die eingesetzten Arbeitsverfahren zu verbessern, um eine Verkürzung der Arbeitszeit am einzelnen Arbeitsplatz zu erreichen.

2. Arbeitsablaufgestaltung

Sie befasst sich mit dem Kombinationsprozess an mehreren zusammenhängenden Arbeitsplätzen, um einen optimalen Grad der Arbeitsteilung herauszufinden. Dazu wird überlegt, wie die räumliche Anordnung der Arbeitsplätze verbessert werden kann und wie die einzelnen Arbeitsplätze ideal miteinander verknüpft werden können.

Die Ergebnisse der Betrachtung führen häufig zu neuen Investitionen, die im Zuge einer Kostenvergleichsrechnung überprüft werden müssen. Durch ein innerbetriebliches Vorschlagswesen kann zusätzlich die Mitarbeit der Arbeitnehmer angeregt werden.

7.3.2 Arbeitszeitstudien

Ziel der Arbeitszeitstudien ist es, die einzuplanende Zeit für einen Auftrag (Vorgabezeit) zu ermitteln. Dazu werden zunächst die Sollzeiten für die einzelnen Vorgänge ermittelt. Dies geschieht mithilfe von Stoppuhren, Filmkameras, durch Vergleiche mit ähnlichen Vorgängen, durch Systeme vorbestimmter Zeiten etc. Zusätzlich werden Erholungs- und Verteilzeiten berücksichtigt, sodass sich am Ende folgende Übersicht ergeben kann (REFA 1974, S. 42):

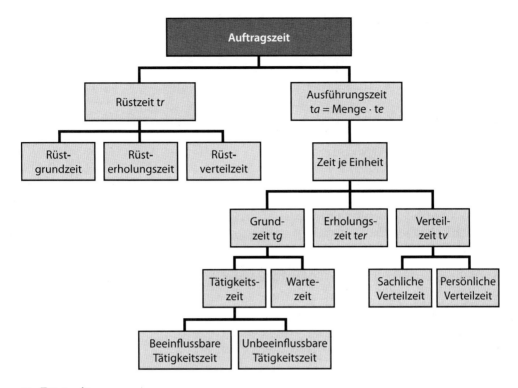

- **Rüstzeit**

Zeit, die benötigt wird, um eine Maschine für die Produktion vorzubereiten und wieder in den ursprünglichen Zustand zurückzuversetzen.

- **Grundzeit**

Regel- und planmäßig auftretende Rüst- und Ausführungszeit, die beeinflussbare und nicht beeinflussbare Tätigkeitszeiten und Wartezeiten enthalten kann (z. B. Lackieren eines Gegenstandes, Trocknen des Gegenstandes).

- **Verteilzeit**

Die Verteilzeit fällt nicht regel- oder planmäßig an, sondern wird in einem bestimmten Prozentsatz der Grundzeit zugeschlagen (z. B. für Gespräche mit Vorgesetzten, Fehler am Werkstoff, Gang zum Personalbüro oder zur Toilette).

- **Erholungszeit**

Sie dient zur Regeneration des Mitarbeiters, ist aber nicht mit einer Pause gleichzusetzen und wird ebenfalls prozentual der Grundzeit zugeschlagen.

7.3.3 Arbeitswertstudien

Nachdem der Arbeitsablauf optimiert und die Vorgabezeiten für einzelne Arbeitsschritte ermittelt wurden, sind die Anforderungen festzulegen, die die zu verrichtende

Arbeit an den Menschen stellt. Dazu wird als Hilfsmittel das Genfer Schema[1] benutzt, welches vom REFA-Verband weiterentwickelt wurde:

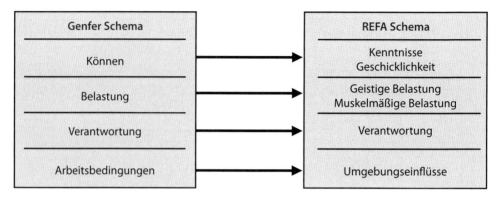

Das Ausmaß der Beanspruchung durch die genannten Anforderungsarten bestimmt das Anforderungsniveau der Tätigkeit. Bei näherer Betrachtung eignen sich die Kriterien vor allem für Tätigkeiten im gewerblichen Bereich. Aber auch hier ist durch den Einsatz von Automatisierungstechniken eine Bewertung der Arbeit schwierig geworden. Auf der einen Seite muss der Mitarbeiter über fundierte Fachkenntnisse verfügen, auf der anderen Seite besteht seine Tätigkeit zu großen Teilen aus der Überwachung von Fertigungsanlagen bzw. -prozessen.

Heute werden vier Verfahren der Arbeitsbewertung unterschieden, welche in stark unterschiedlichem Ausmaß in der Praxis eingesetzt werden:

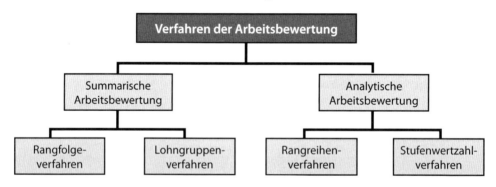

7.3.3.1 Summarische Arbeitsbewertung

Bei der summarischen Arbeitsbewertung wird von den Anforderungen ausgegangen, die der Arbeitsplatz als Ganzes an den Menschen stellt.

---
[1] Vorschlag von Prof. K. Lorenz bei der vom Comité International de l'Organisation Scientifique 1950 in Genf veranstalteten Tagung.

▶ Rangfolgeverfahren

Beim Rangfolgeverfahren werden die zu bewertenden Arbeitsplätze miteinander verglichen und der Schwierigkeit nach in eine Reihenfolge gebracht. Die schwierigste Tätigkeit steht an der Spitze, die leichteste am Ende. Neu hinzugekommene Arbeitsplätze werden in die Rangfolge eingeordnet.

Beispiel

Stelle \ Vergleichsstelle	1	2	3	4	5	Rangfolge
1 Chefsekretärin		−	+	+	−	3
2 Geschäftsführer	+		+	+	+	1
3 Einkäufer Kleinteile	−	−		+	−	4
4 Empfang/Telefonistin	−	−	−		−	5
5 Verkaufsleiter	+	−	+	+		2

▶ Lohngruppenverfahren

Das Lohngruppenverfahren findet sich in Tarifverträgen wieder (vgl. S. 224). Zunächst wird von dem einzelnen Betrieb oder den Tarifpartnern ein Katalog von Lohngruppen aufgestellt, die genau definiert und erläutert werden. Festgelegt werden z. B. die Ausbildung, die Erfahrung und der Verantwortungsumfang eines Tätigkeitsfeldes. Zusätzlich werden Tätigkeitsbeispiele gegeben, um die Eingruppierung zu erleichtern.

Beispiel

Lohngruppe 1	Arbeiten einfacher Art, die ohne vorherige Arbeitskenntnisse nach Einweisung ausgeführt werden.	Berufsfremder ohne Erfahrung
Lohngruppe 4	Arbeiten, die Fertigkeiten und Kenntnisse erfordern, die in praktischer Tätigkeit oder durch eine entsprechende abgeschlossene Ausbildung erworben wurden.	Berufsfremder mit Erfahrung
Lohngruppe 6	■ Tätigkeiten, die eine abgeschlossene Ausbildung als Handwerker/-in oder Facharbeiter/-in voraussetzen. ■ Arbeiten, die Fertigkeiten und Kenntnisse erfordern, die denen von Handwerkern/Handwerkerinnen oder Facharbeitern/Facharbeiterinnen gleichzusetzen sind. ■ Arbeiten, die im besonderen Maße Erfahrungen, Qualifikation und Verantwortung erfordern.	Maschineneinrichter
Lohngruppe 8	Tätigkeiten, die die Voraussetzungen der L6 und L7 erfüllen und darüber hinaus erhöhtes Fachkönnen, umfangreiche langjährige Berufserfahrung und selbstständiges Arbeiten erfordern.	Vorarbeiter Gruppenleiter

Die Vorteile der summarischen Verfahren liegen in der einfachen Durchführung, der leichten Verständlichkeit und den geringen Kosten. Nachteilig ist die geringe Aussagekraft, die Gefahr der Schematisierung und die mangelnde Berücksichtigung individueller Gegebenheiten und technischer Entwicklungen.

7.3.3.2 Analytische Arbeitsbewertung

Bei den analytischen Verfahren wird die Gesamtbeanspruchung der Arbeit in einzelne Anforderungsarten zerlegt; jede Anforderungsart getrennt bewertet und am Ende ein Gesamtarbeitswert durch die Addition der Einzelwerte ermittelt.

▶ Rangreihenverfahren

Bei dem Rangreihenverfahren wird für jede Anforderungsart (Kenntnisse, Geschicklichkeit etc.) eine separate Rangreihe gebildet, in die alle Arbeitsstellen ihrer Schwierigkeit gemäß, bezogen auf die untersuchte Anforderungsart, einzuordnen sind. Um diese Bewertung durchführen zu können, sind vier Schritte nötig:
1. Ermittlung der Anforderungsarten für eine bestimmte Arbeitsstelle
2. Ermittlung der Anforderungshöhe für jede einzelne Anforderungsart
3. Ermittlung der tatsächlichen Belastung am Arbeitsplatz durch Gewichtung
4. Ermittlung des Arbeitswertes der Stelle durch Addition aller Teilwerte

Dies soll am folgenden Beispiel verdeutlicht werden (NOLDEN u. a. 2008):

Kriterien	Gewicht	Anforderungsart	Rang	Gewichteter Rang	
Können	9	Arbeitskenntnisse, Ausbildung, Erfahrung, Denkfähigkeit	13	117	
	5	Geschicklichkeit, Handfertigkeit	15	75	192
Verantwortung	7	Eigene Arbeit, Betriebsmittel, Erzeugnisse	23	161	
	3	Arbeit anderer	11	33	
	3	Sicherheit anderer	11	33	227
Belastung	5	Sinne und Nerven, Aufmerksamkeit	16	90	
	3	Denkfähigkeit, Nachdenken	20	60	
	6	Muskelmäßige Belastung	21	126	276
Umgebung	3	Schmutz	30	90	
	2	Staub	40	80	
	1,5	Öl	17	26	
	3	Temperatur	24	72	
	2	Nässe	7	14	

Kriterien	Gewicht	Anforderungsart	Rang	Gewichteter Rang	
	2	Gase, Dämpfe	8	16	
	2,5	Lärm	35	88	
	2	Erschütterung	9	18	
	1	Blendung, Lichtmangel	9	9	
	1,5	Erkältung	10	15	
	2	Schutzkleidung	30	60	
	3	Unfallgefahr	31	93	581
		Punktsumme			**1 276**

▶ Stufenwertzahlverfahren (Stufenverfahren)

Bei diesem Verfahren wird folgendermaßen vorgegangen:
- separate Definition einzelner Stufen für jede Anforderungsart, evtl. Beschreibung durch Beispiele;

Beispiel

Stufe 1	sehr gering
Stufe 2	gering
Stufe 3	mittel
Stufe 4	hoch
Stufe 5	sehr hoch

- Vergleich der zu bewertenden Tätigkeit mit den einzelnen Stufen je Anforderungsart und Einordnung in die betreffende Stufe;
- Multiplikation der Stufenzahl mit dem Gewichtungsfaktor;
- Addition der einzelnen Anforderungswerte zum Gesamtarbeitswert für die Tätigkeit.

Beispiel

Bewertung der körperlichen Beanspruchung							
Anforderungsstufen	Stufenwertzahl	Stundenfaktor					
		1,0	1,1	1,2	1,3	1,4	1,5
sehr gering	1	1,0	1,1	1,2	1,3	1,4	1,5
gering	2	2,0	2,2	2,4	2,6	2,8	3,0
mittel	3	3,0	3,3	3,6	3,9	4,2	4,5
hoch	4	4,0	4,4	4,8	5,2	5,6	6,0
sehr hoch	5	5,0	5,5	6,0	6,5	7,0	7,5

Anwendung auf die Tätigkeit „Punktschweißen":

Tätigkeiten	Stufenwertzahl	Stundenfaktor	Punkte
Zeichnung lesen	1	1,0	1,0
Arbeit vorbereiten	2	1,1	2,2
Punktschweißen	4	1,5	6,0
Punktsumme			9,2

So wie die körperliche Beanspruchung müssen auch alle anderen Anforderungsarten, z. B. die geistige Belastung, beurteilt werden.

Der Vorteil der analytischen Verfahren ist die größere Genauigkeit der Bewertung. Sie eignen sich für viele unterschiedliche Tätigkeiten, werden allerdings eher im gewerblichen Bereich eingesetzt. Insgesamt nutzen aber nur 11 % der Betriebe die analytische Arbeitsbewertung (HOPFENBECK 1993, S. 340). Nachteilig sind die schwierigere Durchführung und der damit verbundene Zeit- und Kostenaufwand.

7.4 Lohnformen

Der Lohn oder das Gehalt sind das Entgelt für die geleistete Arbeit. Nach welcher Grundlage diese Leistung bemessen wird, spiegelt sich in den verschiedenen Lohnformen wider.

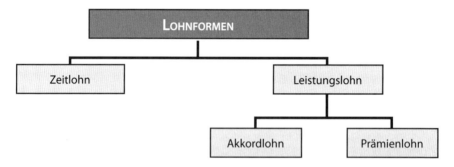

7.4.1 Zeitlohn

Der Zeitlohn entlohnt die Arbeitnehmer nach der Dauer der abgeleisteten Arbeitszeit. Bei Arbeitnehmern im gewerblichen Bereich wird entweder ein Stundenlohn oder ein Monatslohn vereinbart. Angestellte erhalten ein monatliches Gehalt. Gegenüber dem Leistungslohn hat der Zeitlohn folgende Vor- und Nachteile:

Vor- und Nachteile des Zeitlohns	
Vorteile	Nachteile
■ Einfache Lohnabrechnung ■ Erhöhung der Qualität ■ Schonung von Mensch und Maschine ■ Verringerung der Unfallgefahr	■ Kein Anreiz zu Mehrleistungen ■ Leerlaufzeiten werden nicht genutzt ■ Kosten pro Stück schwanken ■ Risiko des Unternehmens bei Minderleistungen

7.4.2 Akkordlohn

Maßgeblich für die Höhe des gezahlten Entgelts ist die Leistung (i. d. R. = die gefertigte Menge) des Beschäftigten oder die Leistung einer Gruppe von Beschäftigten. Um nach Akkordlohn abrechnen zu können, müssen folgende Voraussetzungen erfüllt sein:

- die Arbeit muss teilbar sein;
- die Arbeit muss messbar sein;
- das Arbeitstempo muss beeinflussbar sein.

Der Akkordlohn kann für einen einzelnen Arbeitnehmer oder für eine Gruppe von Arbeitnehmern berechnet werden. Bei einer Gruppe kann die Arbeit und deren Bewertung unterschiedlich sein, aber die bearbeitete Stückzahl ist für alle Gruppenmitglieder identisch.

Ausgangspunkt für die Berechnung des Akkordlohns ist der Akkordrichtsatz. Darunter versteht man den Grundlohn eines Akkordarbeiters bei Normalleistung (= 100 %). Die Berechnung kann auf zwei unterschiedliche Weisen durchgeführt werden.

▶ Geldakkord

Beim Geldakkord wird ein fester Geldsatz pro Stück vergütet, das sogenannte Stückgeld.

Beispiel
Stückgeld = Akkordrichtsatz : Normalleistung/Std.
0,40 € = 12,00 € : 30 Stück/Std.
Lohn = Stückgeld · Menge
14,00 € = 0,40 € · 35

▶ Zeitakkord

Beim Zeitakkord wird der Verdienst pro Minute (Minutenfaktor) mit der Vorgabezeit multipliziert, um den Verdienst pro Stück (Stückgeld) zu ermitteln.

Beispiel
Minutenfaktor = Akkordrichtsatz : 60 min.
0,20 €/min. = 12,00 € : 60 min.
Stückgeld = Vorgabezeit/Stück · Minutenfaktor
0,40 € = 2 min/Stück · 0,20 €/min.
Lohn = gefertigte bzw. geleistete Menge · Stückgeld
14,00 € = 35 Stück · 0,40 €

Zusätzlich kann bei beiden Berechnungsverfahren der Leistungsgrad ausgerechnet werden. Dieser gibt an, wie viel Prozent der oder die Arbeitnehmer im Verhältnis zur Normalleistung bearbeitet hat. Das Ergebnis dient zum Vergleich der monatlichen Leistungen.

Beispiel

Leistungsgrad = Ist-Leistung · 100 : Normalleistung
116,67 % = 35 Stück · 100 : 30 Stück

Beide Akkordformen haben Vor- und Nachteile. Wesentlich für die Entscheidung, welche der beiden Formen eingesetzt wird, sind die folgenden Argumente:

Geldakkord und Zeitakkord im Vergleich	
Geldakkord	**Zeitakkord**
■ Die Abhängigkeit Lohn/ Leistung ist für die Arbeitnehmer unmittelbar erkennbar. ■ Jede Tätigkeit hat einen anderen Stückakkordsatz (Stückgeld). Die Lohnberechnung wird bei vielen unterschiedlichen Arbeiten schwieriger. ■ Bei Lohnerhöhungen müssen sämtliche Stückakkordsätze geändert werden. ■ Die Vorgabezeit muss auch hier ermittelt werden, um die Normalleistung abschätzen zu können.	■ Der Wechsel von Zeitlohn zum Akkordlohn ist evtl. schwieriger. ■ Der Minutenfaktor ist für alle Tätigkeiten einer Lohngruppe gleich, d. h., für die Lohnberechnung werden nur die Akkordminuten benötigt. ■ Bei Lohnerhöhungen braucht nur der Minutenfaktor angepasst zu werden. ■ In der Praxis ist der Zeitakkord üblicher.

7.4.3 Prämienlohn

Beim Prämienlohn wird zum Grundlohn ein zusätzliches Entgelt gewährt, dessen Höhe an bestimmte Leistungen der Mitarbeiter geknüpft ist.

Prämienlohn wird bei Arbeiten angewandt,
- bei denen das Kostenbewusstsein der Mitarbeiter gefördert werden soll;
- bei denen das Arbeitsergebnis vom Mitarbeiter beeinflussbar ist;
- bei denen die Tätigkeiten vergleichbar sind (z. B. Verkäufer);
- bei denen eine Bezahlung im Akkordlohn nicht möglich ist.

Im Gegensatz zum Akkordlohn sind nicht nur mengenmäßige Mehrleistungen als Zahlungsgrundlage möglich, sondern es können auch andere gewünschte Aspekte gefördert werden, z. B. kann sorgfältige Arbeit belohnt werden. Gebräuchliche Prämien sind:
- Quantitätsprämien/Mengenprämien;
- Geschwindigkeitsprämien;
- Qualitätsprämien;
- Ersparnisprämien;
- Aufmerksamkeitsprämien;

- Sorgfaltsprämien;
- Termineinhaltungsprämien.

Für die Zahlung der Prämie ist ein Verteilungsschlüssel festzulegen, der als Anreiz hoch genug ist, der verständlich und nachprüfbar ist und dessen Berechnung keinen zu großen Aufwand erfordert oder die wirtschaftlichen Möglichkeiten des Unternehmens übersteigt.

Durch die Gestaltung des Prämienverlaufs können bestimmte Effekte gefördert werden:

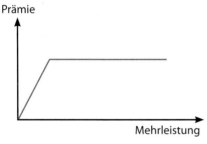

Zunächst wird eine Mehrleistung honoriert, aber durch Festlegung einer Prämiengrenze wird vermieden, dass sich die Mitarbeiter überanstrengen oder die Qualität leidet.

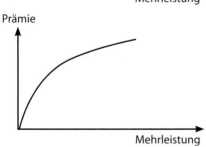

Beim degressiven Verlauf wird zunächst die Mehrleistung stark honoriert, später nimmt der Zuwachs aber ab, um wie bei einer Prämiengrenze unerwünschte Effekte zu vermeiden.

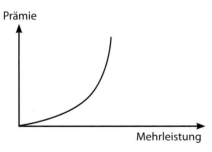

Mit einem progressiven Verlauf soll eine möglichst hohe Leistung angeregt werden. Darum steigt die Prämie am Anfang nur wenig an, um ab einem bestimmten Punkt überproportional zu steigen.

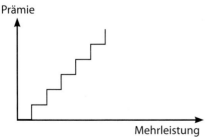

Der stufenförmige Verlauf wird gewählt, wenn es sich nicht lohnt, jede Einzelheit zu bewerten. (Beispiel: Bei Kosteneinsparungen werden immer Sprünge von 2 % festgehalten und mit einer Prämie vergütet.)

7.4.4 Lohnabrechnung

Eine wichtige Aufgabe im Bereich der Personalbetreuung ist die Erstellung der monatlichen Lohn- oder Gehaltsabrechnung. Zur Durchführung der Berechnung sind eine Fülle von Informationen notwendig, die zum Teil den Mitarbeiter persönlich betreffen, zum Teil im Unternehmen zusammengestellt werden müssen.

Komponenten der Lohnabrechnung	
Mitarbeiter	Unternehmen
■ Lohnsteuermerkmale, d.h. Steuerklasse, Kinderzahl, Konfession, Freibeträge ■ Krankenkassenzugehörigkeit ■ Angaben zur Sozialversicherung	■ Eingruppierung des Mitarbeiters ■ Zeiterfassung, d.h. geleistete Stunden, Urlaub, Überstunden, Krankheit ■ Einsatzbereich/ Kostenstelle

Die Daten, die sich nur selten ändern, wie z.B. der Name, die Kinderzahl, die Lohnsteuerklasse usw., werden als Stammdaten bezeichnet. Daten, die jeden Monat eingegeben werden müssen (z.B. Arbeitsstunden, Urlaubstage, Feiertage) bezeichnet man als Bewegungsdaten.

Mit der Kombination von Stammdaten und Bewegungsdaten kann dann die Lohn-/Gehaltsabrechnung in vier Phasen durchgeführt werden:

Phase	Vorgang	Tätigkeiten
I	Bruttolohn ermitteln	Bezüge, Entgelte, Leistungen, Vergütungen zusammenstellen und errechnen Beispiele: Grundlöhne, Überstundenzuschläge, Zuschläge für Nachtarbeit, Prämien für bestimmte Leistungen, Entgeltfortzahlung, Urlaubsentgelt, Berücksichtigung von Sachleistungen, Urlaubsgeld, Weihnachtsgeld
II	Nettoverdienst ermitteln	Ausgangspunkt ist der Bruttolohn. Bei diesem wird überprüft, ob alle Bestandteile der Lohnsteuer- und der Sozialversicherungspflicht unterliegen. Anschließend erfolgt die Berechnung: Steuerpflichtiger Bruttolohn – Lohnsteuer – evtl. Kirchensteuer – Solidaritätszuschlag Sozialversicherungspflichtiger Bruttolohn – Krankenversicherung – Pflegeversicherung – Rentenversicherung – Arbeitslosenversicherung Die Beiträge zur Sozialversicherung werden je zur Hälfte vom Arbeitgeber und vom Arbeitnehmer gezahlt (Ausnahmen: Sonderbeiträge zur Kranken- und Pflegeversicherung). Bruttolohn – Abzüge = Nettolohn

Phase	Vorgang	Tätigkeiten
III	Auszahlungs-betrag berechnen	Sonstige Be- und Abzüge wie z. B. vermögenswirksame Leistungen, Pfändungen und Vorschüsse werden zum bzw. vom Nettoverdienst addiert bzw. subtrahiert.
IV	Abschlussarbeiten	■ Verdienstnachweise für die Arbeitnehmer erstellen ■ Zahlung veranlassen ■ Zahlen ins Lohnkonto bzw. Lohnjournal übernehmen ■ Buchungsbelege erstellen ■ Lohnsteuervoranmeldung durchführen ■ Sozialversicherungsbeiträge abführen

Zur Vereinfachung empfiehlt sich der Einsatz von Musterformularen (siehe Abb.).

Brutto-Netto-Lohnabrechnung — Monat

Name, Vorname								Personal-Nr.

Eintritt	Steuerklasse	Kinderfreibeträge	Kinderzahl	Konfession	SV-Schlüssel KV	RV	AV	Freibetrag monatlich

Bruttobezüge	Zeitfaktor Std./Tage	% Zuschlag	Faktor	Brutto-Betrag

Gesamt-Brutto	

Steuerpflichtiger Brutto	Lohnsteuer	Kirchensteuer	Solidaritätszuschlag		Summe Steuern (–)

Sozialvers. Brutto	Krankenversicherung	Arbeitslosenversicherung	Rentenversicherung	Pflegeversicherung	Summe SV (–)

Nettoverdienst	
	Netto-Bezüge/ Netto-Abzüge
	Auszahlungsbetrag

▶ Das ELENA-Verfahren

Für zahlreiche Sozialleistungen brauchen Arbeitnehmer eine Entgeltbescheinigung in Papierform, d. h., der Arbeitgeber muss ein entsprechendes Formular ausfüllen. Mit dem Verfahren des elektronischen Engeltnachweises (ELENA-Verfahren) können die Behörden mit Zustimmung des Leistungsantragstellers auf Daten einer zentralen Datenbank zurückgreifen und brauchen keine Bescheinigungen mehr.

Seit dem 1. Januar 2010 hat der Arbeitgeber die Verpflichtung, die Entgeltdaten monatlich in elektronischer Form an eine zentrale Speicherstelle (ZSS) zu übermitteln. Sie ist bei der Datenstelle der Träger der Rentenversicherung (DSRV) in Würzburg eingerichtet. Die Arbeitnehmer sind darüber zu informieren, dass ihre Engeltdaten an die zentrale Speicherstelle übermittelt werden.

Die ZSS empfängt die Daten und speichert sie ohne den Namen des Teilnehmers verschlüsselt ab. Für jeden Beschäftigten wird eine standardisierte Datei erstellt. Ab dem 01.01.2012 können die Leistungsträger (z. B. Arbeitsagentur) die Daten mit Zustimmung der Antragsteller zur Berechnung der Sozialleistungen abrufen (vgl. www.bmwi.de).

7.5 Praxisbeispiel

Vergütungssysteme und Zielvereinbarungen

Personal ist einer der entscheidendsten Kostenfaktoren. Da vielen Unternehmen diese Kosten über den Kopf wachsen, besteht eine starke Tendenz, Produktionen in Länder mit geringeren Lohnkosten zu verlagern. Die Personalkosten in der Industrie werden reduziert, die Kosten durch Arbeitslose für den Staat erhöht. Gerade ungelernte oder angelernte Arbeiter sind davon betroffen. Aber auch Facharbeiter und Hochqualifizierte in den Produktionen werden in den Strudel hineingerissen. Wir stehen nicht nur mit unseren Produkten unter dem Kostendruck von Low-price-Ländern, sondern auch der „teure" deutsche Mitarbeiter tritt in den Wettbewerb zum „kostengünstigen" Ausländer. Um auf dem Arbeitsmarkt konkurrenzfähig zu bleiben, ist es besonders wichtig, die Leistungsfähigkeit der deutschen Mitarbeiter zu fördern. Das geschieht durch adäquate Motivation und Führung, aber sicher auch durch leistungsorientierte Entlohnungssysteme.

Wie kann man die Leistungsfähigkeit von Mitarbeitern fördern? Welche Instrumente kann man einsetzen, die ihnen dazu Anreiz geben? Eine komplexe und wichtige Aufgabe, zu der das Personalmanagement einen entscheidenden Beitrag leisten soll. Das folgende Praxisbeispiel beschreibt realisierte Zielvereinbarungs- und Beurteilungsmodelle, die eine variable, leistungsbezogene Vergütung von verschiedenen Mitarbeitergruppen zur Folge haben können. Dabei gehen wir davon aus, dass es nicht „das System" zur Beurteilung für alle Mitarbeiter in einem Unternehmen gibt. Von daher kann das folgende Praxisbeispiel nur Anregungen geben, Konzepte und Maßnahmen im eigenen Unternehmen zu entwickeln und umzusetzen.

Zielvereinbarung als Beurteilungsgrundlage

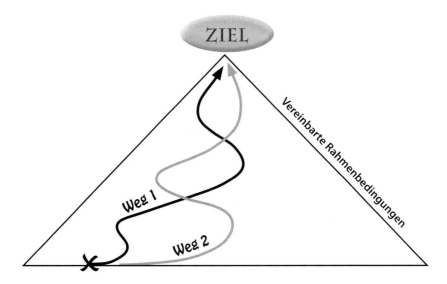

Ein modernes Beurteilungssystem ist abhängig von Zielvorgaben und deren Erreichung. Bei einer innovativen Unternehmenskultur wird durch Zielvereinbarungen geführt. Der Vorgesetzte sollte sich regelmäßig mit den Mitarbeitern zusammensetzen, um gemeinsam ihre Aufgabenziele zu definieren. Diese sollen wiederum von den Unternehmenszielen abgeleitet sein. Die Ziele für die Mitarbeiter sollen dabei gemeinsam zwischen Vorgesetzten und Mitarbeitern vereinbart werden. Leider ist das in vielen Unternehmen heute noch nicht der Fall. Es wird vom Vorgesetzten z. T. kein Ziel, sondern eine Maßnahme angeordnet. Ein Ziel ist immer ein Zustand, der erreicht werden soll. Es muss vor allem messbar sein. Eine Maßnahme dagegen ist immer ein Tun oder der Weg. Führen durch Maßnahmen wird von den Mitarbeitern meistens als Gängeln angesehen und hat bei weitem nicht die motivierende Wirkung wie Zielvereinbarungen. Das Ziel muss dabei gemeinsam vereinbart werden, den Weg zur Erreichung beschreitet der Mitarbeiter selber. Schließlich haben gerade deutsche Unternehmen die höchstqualifiziertesten Mitarbeiter. Sie sind in der Lage, Wege bzw. Maßnahmen selber zu entwickeln. Außerdem werden dadurch die Führungskräfte entlastet und sie können sich verstärkt ihren Führungs- und strategischen Aufgaben widmen.

Im Folgenden werden einigen indifferenten Aufforderungen, Maßnahmen zu treffen, adäquate Zielvorgaben gegenübergestellt:

Indifferente Maßnahmen versus adäquate Zielvorgaben	
Maßnahmen (falsch)	Zielvorgaben (richtig)
„Wir haben viel zu hohe Lagerkosten. Gehen Sie da mal ran."	„Der Lagerbestand ist innerhalb von zwei Monaten um 25 % zu verringern."
„Es kommen zu viele Qualitätsmängel vor. Der Kunde beschwert sich zu häufig. Da müssen wir dringend etwas machen."	„Ziel ist, dass Ende der 33. KW der Ausschuss um 30 % gesunken ist."
„Der Wettbewerb liefert viel schneller als wir. Da müssen wir besser werden."	„Die Lieferzeit ist bis Ende des Jahres um zwei Tage zu verkürzen."
„Ihrer Abteilung fehlen schon recht lange einige Spezialisten. Sie sollten möglichst schnell etwas tun."	„Stocken Sie bitte den Personalstand in ihrer Abteilung bis Mitte des Jahres um drei Fachkräfte auf."

Der Leser kann anhand der Beispiele selbst überprüfen, wie präzise er Ziele vorgegeben bekommt bzw. für seine Mitarbeiter formuliert. Viele Vorgesetzte deutscher Unternehmen sind sicherlich der Meinung, klare Vorgaben zu machen. Würde man das näher untersuchen, würde man vermutlich entdecken, dass es leider nur in wenigen Fällen tatsächlich so ist.

Klare Zielvereinbarungen bewirken eine hohe Motivation des Mitarbeiters. Daraus resultiert eine Steigerung der Leistungsfähigkeit. Indem der Vorgesetzte vertrauensvoll delegiert, wird er entlastet und kann sich weiteren Aufgaben widmen. All das führt zu einer Effizienzsteigerung des Unternehmens.

Beurteilungs- und Vergütungssysteme

Die jeweilige Erreichung der Ziele wird in der Beurteilung definiert. Hier erhält der Mitarbeiter Feedback durch den Vorgesetzten. Von den sechziger bis zu den achtziger Jahren waren Beurteilungssysteme primär verhaltensorientiert. Es wurde eingestuft, wie jemand etwas gemacht hat. In den späten achtziger und Anfang der neunziger Jahre entfernte man sich von der verhaltensorientierten Beurteilung und formulierte Systeme, die primär die Erreichung von Zielen beurteilten. Das hatte z. T. zur Folge, dass vorgegebene Ziele von Mitarbeitern erreicht worden sind, jedoch mit unerwünschtem Verhalten nach dem Motto: „Ziel erreicht, aber Leichen pflastern seinen Weg!" Dieser Effekt kann ausgeschlossen werden, wenn Beurteilungssysteme die Zielerreichung sowie das Verhalten dabei beurteilen.

Im Folgenden werden verschiedene Systeme zur Zielerreichung, Beurteilung und Vergütung spezifischer Mitarbeiter vorgestellt, die beide Aspekte beinhalten. Dabei werden sowohl leitende Angestellte als auch Tarifangestellte als auch spezielle Mitarbeitergruppen berücksichtigt.

Das Gehalt bei allen Positionen besteht aus einem Fixum und einer variablen Komponente. Die variable Komponente wird durch Zielvereinbarungen und deren Erreichung pro Jahr bestimmt (OLESCH 2001). Sie macht je nach Funktion maximal 40 % des Jahressalärs aus.

Folgende Anforderungen werden an das Beurteilungs- und das variable Vergütungssystem gestellt: Es sollen primär messbare Parameter Anwendung finden, um subjektive Aspekte auf ein Minimum zu reduzieren. Dies hat zur positiven Folge, dass ein geringerer Argumentations- und Diskussionsbedarf zwischen Mitarbeiter und Vorgesetztem besteht. Daher gelten folgende Aspekte:

- Überprüfbarkeit der Kriterien und Zielerreichung;
- Transparenz und Nachvollziehbarkeit;
- Einfachheit statt umfangreicher Administration;
- Beurteilung pro Jahr.

Leitende und außertarifliche Angestellte

Leitende Angestellte haben eine besondere Verantwortung im Unternehmen (OLESCH 2006). Daher sollte ein spezielles Zielvereinbarungs- und Beurteilungssystem eingesetzt werden. Einmal im Jahr wird das Fixum bzw. Monatsgehalt aufgrund der Anforderungen der Position bestimmt. Es kann wie in der Abbildung veranschaulicht in vier außertarifliche Grundstufen aufgeteilt sein. Weiterhin sollten am Ende eines Geschäftsjahres die Ziele für das kommende Geschäftsjahr zwischen Geschäftsführung und leitenden Angestellten definiert werden. Es sollte ein ständiger Soll-Ist-Vergleich bezüglich der Zielerreichung während des Jahres erfolgen. Gegen Ende eines Jahres sollte ein Resümee gezogen werden, aus dem die Tantieme abgeleitet werden kann.

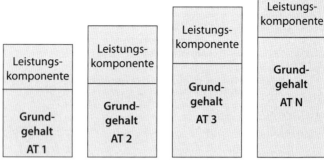

Vergütung außertariflicher Mitarbeiter

- Zielvereinbarung und -erreichung
- vier Grundgehaltsstufen
- max. 30 % Tantieme p. a.

Der Beurteilungsbogen zur jährlichen Gehalts- und Tantiemeregelung sollte folgende Beurteilungskriterien enthalten:

(1) Zielerreichungen

- **Erreichung spezieller Jahresziele:** Dabei stehen die zu Beginn des Jahres vereinbarten Ziele und ihre Erreichung im Vordergrund. Je ausgeprägter die Zielerreichung ist, desto höher ist die Tantieme für dieses Kriterium.
- **Erfüllung klassischer Aufgaben im Jahr:** Gemeint ist die Zielerreichung der Aufgaben, die zu den traditionellen Themen des leitenden Angestellten gehören. Das können z. B. die Zielerreichungen für die ihm unterstellten Bereiche oder Abteilungen sein.

(2) Verhalten

Neben der Zielerreichung wird das dabei gezeigte Verhalten des leitenden Angestellten beurteilt. Während die Zielerreichung das „Was" ist, ist das Verhalten das „Wie". Beides sind entscheidende Parameter des Erfolgs.

- **Führungsverhalten/Unternehmenskultur:** Der leitende Angestellte versteht es, seine Mitarbeiter von ihrer Aufgabenstellung zu überzeugen und betriebliche Ziele zu ihren eigenen Zielen zu machen. Er hat Zeit für seine Mitarbeiter und fördert die fachliche und persönliche Entwicklung. Dabei delegiert er Aufgaben, Kompetenzen und Verantwortlichkeiten, ohne sie abzuschieben. Er unterstützt die Selbstständigkeit und beurteilt die Mitarbeiter ausgewogen und treffsicher. Er spricht Anerkennung und Kritik offen aus.
- **Loyalität:** Er ist loyal zum Unternehmen, vertritt überzeugend Unternehmensentscheidungen und informiert die Geschäftsleitung oder den direkten Vorgesetzten umfassend, auch bei kritischen Aspekten.
- **Relevanz der Funktion im Unternehmen:** Als wie wichtig wird der leitende Angestellte für die jährlichen Unternehmensziele und seine anstehenden Jahresprojekte betrachtet? Dies kann von Jahr zu Jahr variieren.
- **Dauer der Zugehörigkeit:** Wie lange ist der leitende Angestellte in seiner Funktion im Unternehmen tätig? Hiermit soll die Bindung an das Unternehmen verstärkt werden.

Es bestehen vier Stufen der Beurteilung, die vom Vorgesetzten, der in der Regel zur Geschäftsführung oder zum Vorstand gehört, vorgenommen wird. Dieses System kann genutzt werden, um das jährliche Grundgehalt und die jährlich einmalige Tantiemezahlung zu definieren.

Tarifangestellte

- Zielvorgabe- und Beurteilungssystem sowie variable Vergütung (max. 14 % des Jahresgehalts)

Bei Tarifangestellten besteht ein Beurteilungssystem, in dem eine variable Komponente von z. B. 14 % auf das Monatsgehalt enthalten ist. Das Grundgehalt wird durch Aufgabenbeschreibungen des ERA-Tarifs der Metall- und Elektroindustrie und aktuellen Stellenbildern des Unternehmens bestimmt. Die variable Komponente wird mit einem Beurteilungsbogen ermittelt. Sie dient dazu, ein Feedbackgespräch zwischen Führungskraft und Mitarbeiter herbeizuführen. In diesem Gespräch werden die Ziele schriftlich vereinbart.

Grundlagenbeispiel ist das ERA-Vergütungssystem der Metall- und Elektroindustrie. Es existieren 14 Entgeltstufen, die eine Punktespanne enthalten. In welche Spanne ein Mitarbeiter zugeordnet wird, hängt von der Anforderung seiner Aufgabe ab und von seinem persönlichen Erfüllungsgrad. EG 1 entspricht primär angelernten Mitarbeitern ohne Berufsausbildung. EG 8 bis EG 11 beschreibt die Anforderungen an ausgebildete Facharbeiter und EG 12 bis EG 14 an Akademiker.

E:R:A — Entgeltgruppen, Punktespannen und Entgeltstufen nach dem ERA (Entgeltrahmen-Abkommen)

Entgeltgruppe	EG 1	EG 2	EG 3	EG 4	EG 5	EG 6	EG 7
Punktespanne	10 - 15	16 - 21	22 - 28	29 - 35	36 - 43	44 - 54	55 - 68

Entgeltgruppe	EG 8	EG 9	EG 10	EG 11	EG 12	EG 13	EG 14
Punktespanne	69 - 77	78 - 88	89 - 101	102 - 112	113 - 128	129 - 142	143 - 170

	1. Stufe	2. Stufe	3. Stufe	4. Stufe
EG 12	90 % (b. z. 36. Monat)	100 % (n. d. 36. Monat)		
EG 13	85 % (b. z. 18. Monat)	90 % (n. d. 18. Monat)	100 % (n. d. 36. Monat)	
EG 14	80 % (b. z. 12. Monat)	85 % (n. d. 12. Monat)	90 % (n. d. 24. Monat)	100 % (n. d. 36. Monat)

Quelle: Metall NRW, Verband der Metall- und Elektroindustrie Nordrhein-Westfalen e. V.

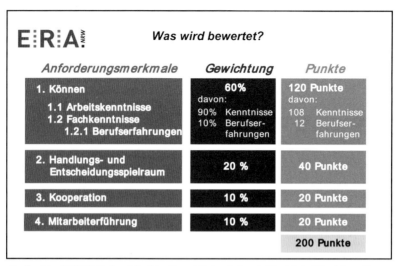

Quelle: Metall NRW, Verband der Metall- und Elektroindustrie Nordrhein-Westfalen e.V.

Hinter jeder Entgeltgruppe steht eine Referenzbeschreibung, die aus den Beschreibungen des ERA-Tarifes abgeleitet wurde. Besondere Sorgfalt erfolgte bei der über den Tarif hinausgehenden differenzierten Referenzbeschreibung sowie der Qualifizierung von Mitarbeitern. Aus den Referenzbeschreibungen werden verschiedene Beschreibungen für die jeweiligen Arbeitsplätze abgeleitet.

Durch Einführung von Gruppenarbeit, flexible Arbeitszeiten, die sich am Kundenauftrag orientieren, sowie neue Produktionsverfahren ist eine definitive maschinenmessbare Leistungskomponente kaum mehr möglich. Von daher entschieden Unternehmensleitung sowie Betriebsrat, ein Beurteilungsverfahren einzuführen, das den neuen Voraussetzungen entsprach. Man einigte sich in mehreren Sitzungen auf einen Beurteilungsbogen, in dem Zielvereinbarungen und Verhalten beurteilt werden.

Das Verhalten wird mit 5 Kriterien beurteilt: Arbeitseinsatz, Arbeitsqualität, Arbeitsquantität, Selbstständigkeit und Teamfähigkeit – eine Voraussetzung für Gruppenarbeit. Alle fünf Kriterien wurden genauer beschrieben, um bei der Beurteilung Missverständnisse zu vermeiden. Daraus wurde der eigentliche Beurteilungsbogen abgeleitet, der hier dargestellt wird.

Der Beurteilungsbogen besteht aus zwei Einheiten. Auf der ersten Seite werden die Zielvereinbarungen für die nächste Beurteilung fixiert. Es werden maximal vier Ziele zwischen Vorgesetzten und Mitarbeitern vereinbart. Auf der zweiten Seite des Mitarbeiterbogens wird sein Verhalten beurteilt. Die vereinbarten Ziele definieren, was erreicht, und die Verhaltenskomponente, wie es erreicht werden soll.

Folgende Merkmale sollen bei Durchführung der Beurteilung als Anhaltspunkte dienen:

- **Anwendung der Kenntnisse und Fertigkeiten**

  Beispiel: Auffassungsgabe, Erkennen von Zusammenhängen, Erkennen des Wesentlichen, Berücksichtigung von Rahmenbedingungen, Qualität des erzielten Arbeitsergebnisses, Fehlerhäufigkeit, Genauigkeit/Zuverlässigkeit/Sorgfalt, Weiterverwertbarkeit der Ergebnisse, Kreativität, spontane Lösung von Aufgaben durch Erfahrungswerte, Vielseitigkeit des Wissens/der Erfahrung, Lerninitiative/Aktualität des Wissens.

- **Arbeitseinsatz**

  Beispiel: Umfang der erzielten Arbeitsergebnisse, Intensität der Arbeitsleistung, Zeitausnutzung, Wirksamkeit, Zweckmäßigkeit des Arbeitseinsatzes, Kostenbewusstsein, Ausdauer bei der Arbeitsleistung, Gewandtheit bei besonderen oder schwierigen Aufgaben (Geübtheit, Sicherheit, Wendigkeit).

- **Beweglichkeit**

  Beispiel: Verantwortungsbereitschaft, Loyalität, Überblick/Umsicht, Setzen von Prioritäten, Planung/Disposition, rationelle Vorgehensweise, Reaktion in Ausnahmesituationen, Aufgeschlossenheit gegenüber Neuem, Einsatzbereitschaft, Belastbarkeit, Flexibilität, Engagement, Initiative, Motivation, Entscheidungsfähigkeit, Zielstrebigkeit, gezeigte Selbstständigkeit.

- **Zusammenarbeit**

  Beispiel: Informationsaustausch, Weitergabe von Kenntnissen, Mitarbeit im Team, Bereitschaft zur Zusammenarbeit, Einbringen von Erfahrungswerten in die Zusammenarbeit mit anderen Mitarbeitern, Integration, Darstellung/Ausdrucksvermögen, Sozialverhalten, Überzeugungsfähigkeit, Delegation, Einhalten von Absprachen.

Um auf dem Arbeitsmarkt konkurrenzfähig zu bleiben, ist es besonders wichtig, die Leistungsfähigkeit aller Mitarbeiter im Betrieb zu fördern. Das geschieht durch adäquate Führung und Motivation, aber auch durch leistungsorientierte Beurteilungs- und Entlohnungssysteme. Die Vergütung besteht neben der variablen Komponente auch aus einer Grundvergütung.

7 PERSONALBETREUUNG

ERA — Beurteilungs-/Zielvereinbarungen

Leistungsbeurteilung

Name, Vorname:
Personalnummer:
Datum:
Bereich:
ERA-EG:

Punktzahl x 0,625 = Leistungszuschlag in %

Kriterien 1 bis 4	Genügt den Leistungsanforderungen nicht immer	Genügt den Leistungsanforderungen fast immer	Genügt den Leistungsanforderungen in vollem Umfang	Übertrifft die Leistungsanforderungen	Übertrifft die Leistungsanforderungen in besonderem Umfang	Punkte
	Minimal 0	2	4	6	8 Maximal	
Anwendung der Kenntnisse und Fertigkeiten: Sorgfalt, Genauigkeit, Zuverlässigkeit						
Arbeitseinsatz: Intensität, Wirksamkeit, Selbstständigkeit, Kostenbewusstsein, sachgemäße Behandlung der Betriebsmittel						
Beweglichkeit: Überblick, Setzen von Prioritäten, Verhalten bei verschiedenen Arbeitssituationen						
Zusammenarbeit/Führungsverhalten: Informationsaustausch, Überzeugungsfähigkeit, aufgabenorientierte Zusammenarbeit						
Kriterien 5	Minimal 0	2	4	6	8 Maximal	Punkte
Arbeitsquantität: Menge, Termin, Umfang des Arbeitsergebnisses						
Ziele						

Unterschrift Führungskraft
Datum, Unterschrift

Kenntnisse Beschäftigte/r
Datum, Unterschrift

Kenntnisnahme Bereichs-/Abteilungsltg.:
Datum, Unterschrift

Punktzahl 1:
Leistungszulage 1: %
Punktzahl 2:
Leistungszulage 2: %
Gesamtleistungszulage: %

ERA — Beurteilungs-/Zielvereinbarungen

Ergänzung zur Leistungsbeurteilung

Gewichtung x erreichte Kriterien : 4 = Zielvereinbarungsprämie in %

Leistungsanforderung(en) an die/den Beschäftigte(n)

Absprache(n) bis zur nächsten Beurteilung:

Zielvereinbarung(en):

Zielbeschreibung(en)	Kriterium I	Kriterium II	Gewichtung (Verteilung von 11 Punkten)	Zwischentermin	Endtermin	Erreichte Kriterien
1.						
2.						
3.						

Die variable Komponente kann zwischen 0 % und 20 % zusätzlich zum Grundentgelt des Mitarbeiters liegen. Die Erstellung des Beurteilungssystems wurde nicht von einer Stabsfunktion oder einem externen Berater entwickelt, sondern von Mitarbeitern vor Ort sowie dem Betriebsrat. Als Moderator und Koordinator fungierte das Personalressort. So wurden praxisnahe Entwürfe erstellt, die durch die Partizipation der Mitarbeiter eine gute Akzeptanz bei den Anwendern fanden. Außerdem ist eine solche Vorgehensweise Bestandteil der Unternehmenskultur.

So knapp die Schilderungen des Beurteilungssystems für Mitarbeiter hier ausfallen, so zahlreich waren die Verhandlungen. Ein Hauptgremium bestand aus Unternehmensleitung, Betriebsrat und Gewerkschaft. Verhandlungsführer war das Personalressort mit zwei Mitarbeitern im Gremium. Ein Mitglied der Geschäftsleitung, zuständig für Produktion, sowie der Leiter der Produktion und Leiter der Materialwirtschaft gehörten zur Arbeitgeberseite. Von Seiten der Gewerkschaft war der Regionalsekretär fast immer anwesend. Weiterhin waren der Betriebsratsvorsitzende und sein Vertreter dabei.

Darüber hinaus gab es ein Basisgremium, das aus Anwendern des Beurteilungssystems bestand. Es waren Meister oder Abteilungsleiter der gewerblichen Bereiche, die zusammen mit dem Personalressort als Koordinator praxisbezogene Vorschläge und Konzepte u. a. mit dem Betriebsrat erarbeiteten.

Alle Beurteiler bzw. Vorgesetzten wurden von der Personalentwicklung in speziellen Trainings geschult. Inhalt war in einem Training z. B. die Anwendung des Beurteilungsbogens. In einem zweiten Seminar wurde das Mitarbeitergespräch mit all seinen psychologischen Attributen trainiert. Darüber hinaus wurde ein Coaching von der Personalentwicklung für Vorgesetzte und Mitarbeiter eingeführt.

Vergütungssysteme für spezielle Mitarbeitergruppen

■ Gebietsvertriebsleiter

Der Gebietsvertriebsleiter ist verantwortlich für die Durchsetzung der Marktstrategien des Unternehmens. Er ist für die Steuerung, Motivierung, Koordinierung, Information und Kontrolle der Mitarbeiter seiner Vertriebsgruppe des Innendienstes sowie des Außendienstes in seinem Gebiet verantwortlich. Der inländische Markt wurde in mehrere Gebiete aufgeteilt, für die eine entsprechende Anzahl von Gebietsvertriebsleitern zuständig ist. Sie betreuen das ihnen übertragene Gebiet im Sinne einer optimalen Koordination sowohl unternehmensinterner als auch -externer Funktionsabläufe. Der Gebietsvertriebsleiter verantwortet in seinem Gebiet die Vergrößerung und Erhaltung des Marktanteils sowie die Verbesserung und Erreichung der Umsätze und Deckungsbeiträge durch zielorientiertes Handeln. Weiterhin ist er zuständig für die Analyse des Marktes und der Wettbewerber aufgrund vorgegebener Plandaten und operationaler Ziele. Er entwickelt daraus Perspektiven für die weitere Markt- und Produktentwicklung.

Die Außendienstler führt er durch eine gemeinsame Zielvorgabe über den Umsatz des folgenden Jahres. Monatlich wird ein Vertriebscontrolling mit Soll-Ist-Vergleich vorgenommen. Falls notwendig, leitet er bei den Außendienstlern entsprechende Maßnahmen ein. Da es sich eher um eine Managementaufgabe handelt, agiert er zu ca. 80 % im Unternehmen und zu 20 % vor Ort beim Kunden.

Er ist der Steuerer und Koordinator aller Vertriebsfunktionen in seiner Region. Sein Gehalt besteht aus einem Fixum und einer variablen Komponente. Wenn das Fixum als 100 % betrachtet wird, erhält er zusätzlich Bezüge durch eine variable Komponente, die durch eine Zielvereinbarung und deren Erreichung pro Jahr definiert wird. Sie kann maximal 20 % des Jahressalärs ausmachen. Die Zielvereinbarung für Gebietvertriebsleiter kann wie folgt gestaltet sein:

- 8 % auf Umsatzsteigerung aller Produkte außer spezieller Produktgruppe im eigenen Gebiet;
- 4 % auf Umsatzsteigerung der speziellen Produktgruppe im eigenen Gebiet;
- 4 % auf Gewinnung von Schlüsselkunden;
- 4 % auf unternehmensgünstige Konditionen (Rabatte, Sollnetto, Preise).

Die Zielvorgaben werden am Ende eines Jahres für das kommende Geschäftsjahr zwischen Vorgesetztem und Mitarbeiter vereinbart (Torka 1995, S. 101). Die Ziele sind in einer Excel-Datei archiviert und können jährlich neu definiert werden.

- **Außendienstberater**

Diese Mitarbeiter sind für erklärungsbedürftige Produkte zuständig, die über eine langandauernde Projektierung betreut werden. Sie sind fast ausschließlich im Außendienst tätig, führen jedoch keine Verkaufsgespräche mit Abschluss eines Kaufvertrages. Das macht nur der zuvor genannte Verkaufsaußendienst. Ihre Verantwortung erstreckt sich auf ein zielorientiertes Handeln im übertragenen Markt- und Projektbereich im Sinne der bestmöglichen Erfüllung der vorgegebenen Projekt- und Produktziele sowie größtmöglicher Kundenorientierung. Dazu gehört, die Marktstellung des Unternehmens im elektronischen Produktbereich zu festigen und auszubauen, bestehende Kunden- und Projektbeziehungen zu pflegen sowie neue Kunden zu gewinnen. Ein intensives Berichtswesen vom Kunden zum Unternehmen zu forcieren, ist eine weitere wichtige Aufgabe. Der Außendienstberater arbeitet vor Ort mit einem Home-Office. Ziele der variablen Vergütung sind bei dieser Mitarbeitergruppe die Umsatzsteigerung in der speziellen strategischen Produktgruppe sowie die Gewinnung von Neukunden für diese Produktgruppe. Hier kann das Jahresgehalt maximal um 20 % erhöht werden. Dieses setzt sich wie folgt zusammen:

- 6 % auf Umsatzsteigerung einer speziellen strategischen Produktgruppe im eigenen Gebiet;
- 6 % auf Akquisition spezieller Neukunden;
- 4 % auf Seminaraktionen;
- 4 % auf Verkaufsverhalten wie Berichtswesen, Wettbewerbsbeobachtung, Unterstützung der anderen Produktgruppen etc.

> Dieses Instrument zur Führung mit Zielerreichung und deren erfolgsorientierter Vergütung hat einen transparenten, gerechten und motivierenden Effekt und ist gerade auch für leitende Mitarbeiter notwendig, die in einer Beurteilungssystematik häufig stiefmütterlich behandelt werden. Hier hat das Personalmanagement die Verantwortung, innovative und unternehmensstrategische Personalaspekte zu setzen.

7.6 Hilfsmittel der Personalbetreuung

7.6.1 Die Personalakte

Zu den Hilfsmitteln der Personalbetreuung gehört die Personalakte, die für jeden Mitarbeiter bei seinem Eintritt angelegt wird und im Laufe der Zeit alle wichtigen Informationen, die das Arbeitsverhältnis betreffen, aufnimmt. Nach Ausscheiden des Mitarbeiters sollte die Personalakte über die gesetzlichen Bestimmungen hinaus so lange es geht aufbewahrt werden. Da es sich um vertrauliche Daten handelt, ist es selbstverständlich, dass der Zugang vor unbefugten Zugriffen geschützt wird, z. B. durch die Aufbewahrung in einem abschließbaren Schrank oder in einem separaten Raum. Die Inhalte der Personalakte können folgendermaßen gegliedert werden:

Struktur einer Personalakte	
Angaben zur Person	<ul><li>Bewerbungsanschreiben</li><li>Personalfragebogen</li><li>Schul- und Arbeitszeugnisse</li><li>Polizeiliches Führungszeugnis</li><li>Ärztliches Zeugnis (z. B. bei Jugendlichen)</li><li>Persönliche Veränderungen (z. B. Heirat)</li><li>Arbeitserlaubnis bei Ausländern</li><li>Schwerbehindertenausweis</li></ul> …
Vertragliche Vereinbarungen	<ul><li>Arbeitsvertrag</li><li>Zusätzliche Vereinbarungen</li><li>Änderungen im Beschäftigungsverhältnis</li></ul> …
Tätigkeit	<ul><li>Versetzung</li><li>Beförderung</li><li>Abmahnungen</li><li>Tätigkeitsberichte</li><li>Arbeitsplatzanalysen</li><li>Beurteilungen</li><li>Lehrgänge/ Seminare</li></ul> …

Struktur einer Personalakte	
Bezüge	■ Grundentgelt ■ Zusatzentgelt ■ Vorschüsse ■ Darlehen ■ Merkmale zur Sozialversicherung (z. B. Ausweis oder Kopie) ■ Jahresmeldungen zur Sozialversicherung ■ Krankenkassenzugehörigkeit ■ Freistellungsbescheinigung des Finanzamts ■ Sonstige Versicherungen ■ Vermögenswirksame Leistungen …
Abwesenheiten	■ Urlaub ■ Krankheitsnachweise ■ Beurlaubungen ■ Mutterschutz/ Erziehungsurlaub …
Schriftverkehr	■ Individuelle Schreiben (z. B. Schreiben an Behörden und Versicherungen) ■ Bescheinigungen …

Der Mitarbeiter hat das Recht auf Einsicht in seine Personalakte. Er kann auf eigenen Wunsch den Betriebsrat hinzuziehen. Ein Anspruch auf Kopien oder dergleichen besteht nicht.

▶ Employee Self Service

Um die Personalabteilung zu entlasten, bieten einige Firmen ihren Beschäftigten ein sogenanntes **ESS (Employee Self Service)** an. Dabei haben die Mitarbeiter die Möglichkeit, ihre personenbezogenen Daten einzusehen, zu verwalten und zu pflegen. Notwendig ist ein entsprechendes System, in dem die Daten den Mitarbeitern im Intranet oder im Internet unter Berücksichtigung der Datensicherheit zugänglich gemacht werden. Evtl. kann auch ein Teil der Daten, z. B. die Zeiterfassung, von anderen berechtigten Personen wie Managern oder Abteilungsleitern eingesehen werden.

Typische Anwendungsmöglichkeiten sind:

- Einsicht in die Arbeitszeitkonten;
- Stellen von Urlaubsanträgen;
- Einsicht in das Urlaubskonto;
- Durchführen von Adressänderungen;
- Anmeldung zu Seminaren;
- Genehmigung von Reisen, Mehrarbeit u. Ä.;
- Bewerbungen auf interne Stellenausschreibungen.

Notwendig ist die Bereitstellung entsprechender Formulare, d. h. Download-Möglichkeiten im System. Schulungskosten entstehen aber kaum, da die meisten Mitarbeiter in der Lage sind, einfache Daten zu erfassen. Es reicht i. d. R. aus, den Mitarbeitern das System vorzustellen.

Langfristig kann das ESS zu einem Teil des Wissensmanagement-Systems werden, mit dem ein reger Informations- und Datenaustausch mit bzw. zwischen den Mitarbeitern stattfinden kann.

7.6.2 Statistiken

Statistiken und Kennziffern sind als Hilfsmittel der Entscheidungsfindung in einem Unternehmen unentbehrlich. Dank moderner Personalinformationssysteme stehen eine Fülle von Daten zur Verfügung, bei deren Auswertung Folgendes beachtet werden muss:
- Übersichtlichkeit: Das Wesentliche muss schnell erkennbar sein;
- Einfachheit: Nur die notwendigen Informationen sollten sichtbar werden;
- Eindeutigkeit: Verwendung eindeutiger Begriffe;
- Vergleichbarkeit auf innerbetrieblicher und überbetrieblicher Ebene;
- Kontinuität: Beibehaltung der Systematik für lange Zeit;
- Aktualität: Die Daten müssen schnell verfügbar sein.

Zusätzlich zur internen Verwendung des Datenmaterials können und müssen auch Informationen an überbetriebliche Stellen wie Arbeitgeberverbände, Kammern, statistische Landesämter, die Bundesanstalt für Arbeit, Sozialversicherungsträger u. a. gegeben werden.

▶ Personalstruktur

Der Personalstamm kann strukturiert werden nach:
- Qualifikation: ungelernt, angelernt, gelernt;
- Geschlecht: männlich/weiblich;
- Funktion: technisch/kaufmännisch;
- Alter;
- Betriebszugehörigkeit;
- Status: Arbeiter, Angestellte, leitende Angestellte, Sonstige.

▶ An- und Abwesenheitszeiten

- Arbeitszeit: geleistete Stunden/Arbeitnehmer;
- Überstunden;

- Vergleich Ist-Stunden/Soll-Stunden;
- bezahlte Stunden/geleistete Stunden;
- Krankheits- und Überstunden/Gesamtstunden.

▶ Personal- und Sozialkosten

- durchschnittlicher Arbeitsverdienst: Lohnsumme/Arbeitnehmer;
- durchschnittlicher Stundenlohn: Lohnsumme/geleistete Arbeitsstunden;
- durchschnittlicher Fertigungslohn: Fertigungslöhne/Fertigungsstunden;
- durchschnittlicher Akkordlohn: Akkordlohn/Akkordstunden;
- Sozialkosten pro Kopf: Sozialkosten/Arbeitnehmer;
- gesetzliche Sozialkosten: gesetzliche Sozialkosten/Arbeitnehmer;
- freiwillige Sozialkosten: freiwillige Sozialkosten/Arbeitnehmer.

Die reine Kostenbetrachtung kann noch durch Einbeziehung der Leistung ergänzt werden:

- Kostenanteil Personal: Personalkosten/Gesamtkosten;
- Personalkostensatz: Personalkosten/Umsatz;
- Lohnkostenanteil: Lohnsumme/Gesamtkosten;
- Durchschnittsleistung: Leistung (Menge, Wert)/Arbeitnehmer;
- Durchschnittsleistung je Stunde: Leistung/Arbeitsstunden.

▶ Personalbewegungen

- Fluktuationsquote I: Personalabgänge/Personalbestand;
- Fluktuationsquote II: freiwillige Personalabgänge/Personalbestand;
- Fehlzeitenquote: Fehltage/Soll-Arbeitstage;
- Krankheitsquote: Krankheitstage oder -stunden/Gesamtstunden;
- Urlaubsquote;
- Unfallquote.

Zu den wichtigsten Kennziffern gehört die Fehlzeitenquote. Daher wird diese Kennziffer in den meisten Unternehmen näher untersucht und ausgewertet.

7.6.3 Fehlzeitenanalyse

Unter Fehlzeiten versteht man alle Zeiten, in denen der Arbeitnehmer aus persönlichen Gründen seine Arbeitsleistung nicht erbringt, ohne dass dies vorhersehbar ist. Urlaub, Feiertage, Wehrdienst usw. fallen nicht unter diese Begriffsbestimmung, da sie vom Unternehmen eingeplant werden können. Sie werden als Ausfallzeiten bezeichnet. Die Fehlzeiten setzen sich aus unentschuldigten Fehlzeiten und Zeiten der Arbeitsunfähigkeit zusammen. Diese Fehlzeiten verursachen Kosten durch

- Entgeltfortzahlung;
- betriebliche Umsetzungen;
- zusätzlich notwendiges Personal (Springer);

- Kosten für Leasingpersonal;
- Einarbeitungskosten;
- Kosten für anfallende Überstunden;
- ungenutzte Arbeitsplätze;
- Konventionalstrafen oder Schadenersatzleistungen wegen Terminüberschreitungen.

Die Entgeltfortzahlung im Krankheitsfall kostet deutsche Unternehmen ca. 30 Mrd. EUR (Stand 2008). Das Bundesgesundheitsministerium gibt für das Jahr 2008 den durchschnittlichen Krankenstand der Pflichtmitglieder mit 3,4 % an. Je nach Branche kommt es zu Schwankungen zwischen 2,5 % und 6,5 %. Das iwd rechnet mit einem Arbeitsausfall von 12,8 Arbeitsunfähigkeitstagen pro Mitarbeiter und Jahr, der vom Unternehmen zu tragen ist. Die unterschiedlich hohen Zahlen basieren darauf, dass es sich einmal um reine Arbeitstage handelt, bei anderen Quellen aber auch die Wochenenden mitgezählt werden. Die vorläufigen Zahlen für das Jahr 2009 zeigen, dass die wirtschaftliche Lage offenbar keine Auswirkung auf die Fehlzeiten hat. (Quellen: iwd, Institut der deutschen Wirtschaft, *www.iwkoeln.de*; Bundesgesundheitsministerium, *www.bmg.bund.de*; Focus, *www.focus.de*, Stand November 2009).

Aufgrund der hohen Kosten der Entgeltfortzahlung sollten die Einflussfaktoren von Fehlzeiten untersucht werden, um dann gezielt Maßnahmen zur Senkung von Fehlzeiten durchführen zu können (siehe Abb. nach STOPP 2006, S. 280).

EINFLUSSFAKTOREN VON FEHLZEITEN		
Betriebliche Faktoren	**Persönliche Faktoren**	**Externe Faktoren**
- Betriebsgröße - Unternehmensgröße - Arbeitsplatz - Arbeitsumgebung - Arbeitsbedingungen - Arbeitsinhalt - Arbeitszeit - Betriebsklima - Qualifikation der Mitarbeiter - Qualifikation der Vorgesetzten - Entgeltsystem - Organisationsform des Betriebs - Stellung in der Hierarchie - Entwicklungsmöglichkeiten	- Alter - Geschlecht - Familienstand - Kinderzahl - Nationalität - Betriebszugehörigkeit - Gesundheitszustand - Privates Umfeld - Freizeitgestaltung - Nebentätigkeiten - Stellung im Unternehmen	- Arbeitsmarktlage - Konjunktur - Gesellschaftliches Wertesystem - Jahreszeit/Klima - Entgeltfortzahlung - Schwankungen an einzelnen Wochentagen

Betriebliche Untersuchungen haben ergeben, dass sich hinsichtlich der Fehlzeiten zwei Arbeitnehmergruppen unterscheiden lassen:
- Mitarbeiter mit häufigen, aber kurzen Fehlzeiten;
- Mitarbeiter mit seltenen, aber dafür langen Fehlzeiten.

Klassifizierung von Mitarbeitergruppen nach Fehlzeiten	
Häufige, kurze Fehlzeiten	**Seltene, lange Fehlzeiten**
- Mitarbeiter mit niedriger Qualifikation wie angelernte oder ungelernte Arbeitnehmer - Jüngere Mitarbeiter - Mitarbeiter mit niedriger Betriebszugehörigkeit - Mitarbeiter, die häufig den Arbeitsplatz wechseln - Verheiratete Frauen mit Kindern - Großstadtbewohner - Mitarbeiter, die ihre Arbeitsbedingungen als schlecht empfinden - Mitarbeiter, die mit ihrem Vorgesetzten unzufrieden sind - Mitarbeiter, die das Betriebsklima als schlecht empfinden	- Qualifizierte Mitarbeiter, Spezialisten, Fachkräfte - Ältere Arbeitnehmer - Mitarbeiter mit langer Betriebszugehörigkeit - Mitarbeiter, die selten oder gar nicht den Arbeitsplatz wechseln - Unverheiratete ohne Kinder - Kleinstadt-/ Dorfbewohner - Mitarbeiter, die ihre Arbeitsbedingungen akzeptieren - Verantwortungsbewusste Mitarbeiter - Motivierte Mitarbeiter - Rentenantragsteller - Schwerbehinderte

Die Untersuchungen des iwd zeigen weiterhin, dass ein großer Teil der Fehlzeiten (70–80 %) auf einen geringen Anteil der Mitarbeiter (20–30 %) entfallen. Weiterhin wird geschätzt, dass 30–40 % aller Fehlzeiten beeinflussbar sind. Aufgrund der geschilderten Kosten und den psychologischen Auswirkungen auf die anderen Mitarbeiter sollte sich jedes Unternehmen bemühen, die Fehlzeitenquote so gering wie möglich zu halten. Dazu ist es zunächst wichtig, eine sorgfältige Erfassung und Auswertung des vorhandenen Datenmaterials vorzunehmen, z. B. eine Auswertung nach Wochentagen, nach Kostenstellen, nach Mitarbeitergruppen. Anschließend können verschiedene Gegenmaßnahmen ergriffen werden, die in der folgenden Umfrage des iwd aufgezeigt werden:

So viel Prozent der Betriebe haben die folgenden Maßnahmen ergriffen:

Gespräche mit auffälligen Mitarbeitern	94 %
Verbesserung der Arbeitsbedingungen	70 %
Verstärkte Unfallverhütung	66 %
Detaillierte Fehlzeitenerfassung/ -analyse	65 %
Einschaltung der Krankenkassen	63 %
Gezieltere Personalauswahl	62 %

Flexibilisierung der Arbeitszeit	61 %
Gespräche mit dem Betriebsrat	58 %
Kündigungen	58 %
Abmahnungen	57 %
Vorgesetztenschulung zu Fehlzeiten	53 %
Attestpflicht ab dem 1. Krankheitstag	50 %
Mitarbeiterinformationen über Fehlzeiten	46 %
Gesundheitsprüfung durch Betriebsarzt	44 %
Gesundheitsvorsorge	43 %
Gespräche mit behandelnden Ärzten	41 %
Arbeitserweiterung/-bereicherung	38 %
Krankenbesuche	37 %
Rückkehrgespräche nach jeder Fehlzeit	34 %
Umfrage zum Betriebsklima	33 %
Gesundheitszirkel und -arbeitskreise	22 %
Fehlzeitenabhängige übertarifliche Zahlungen	16 %
Einführung einer Erfolgsbeteiligung	12 %
Zahlung von Anwesenheitsprämien	10 %
Kontakt zu Mitarbeitern bei Krankmeldung	9 %

Durch die genannten Maßnahmen verbessert sich der Krankenstand des Unternehmens nicht sofort. Wichtig für die Durchsetzbarkeit ist eine gemeinsame systematische Erarbeitung von Maßnahmen durch alle Beteiligten, z. B. durch Workshops oder Gesundheitszirkel.

In der Tabelle werden von 94 % der Betriebe **Gespräche** als Mittel zur Reduzierung der Fehlzeiten genannt. Bei diesen Gesprächen ist der folgende **Leitfaden** hilfreich:

1. Freundliche Begrüßung;
2. Freude über die Rückkehr ausdrücken;
3. zuhören – Augenkontakt halten;
4. derzeitiges Befinden und Arbeitsfähigkeit ergründen;
5. Zusammenhang zwischen Arbeitsunfähigkeit und Arbeitsplatz herausfinden;
6. falls ein Zusammenhang besteht, Lösungen suchen, Vorschläge des Mitarbeiters erbitten;
7. Schilderung der Situation des Betriebes;
8. Sachverhalt eindeutig klären;

9. Gespräch zusammenfassen.
10. Gespräch positiv beenden;
11. Gespräch dokumentieren und vom Mitarbeiter unterzeichnen lassen;
12. Vermerk: Unterschrift verweigert, wenn der Mitarbeiter nicht unterschreiben möchte.

7.7 Praxisbeispiel

Reduzierung des Absentismus

Ausgangssituation

Als Absentismus bezeichnet man alle Zeiten, in denen der Arbeitnehmer dem Unternehmen nicht zur Erfüllung seiner Aufgaben, zu der er sich vertraglich verpflichtet hat, zur Verfügung steht. Dazu zählen z. B. Krankheitszeiten, unentschuldigtes Fehlen, Überziehung der Pausen und Unpünktlichkeit. In einer Befragung von Unternehmen, ob es Anhaltspunkte für missbräuchliche Nutzung der Krankmeldungen gibt, antworteten zwei Drittel positiv. Nur 19 % hatten keine Anhaltspunkte und 15 % konnten definitiv weder das eine noch das andere angeben (OLESCH 2005). Das folgende Praxisbeispiel will erprobte Maßnahmen aufzeigen, um die unliebsamen Fehlzeiten zu reduzieren. Es werden vier praktizierte Strategien dargestellt:

(1) Betriebsklimauntersuchung zur Ursachenfindung von betrieblich bedingten Erkrankungen;
(2) Kontakte zu Ärzten zur Reduktion von zu „forschem" Krankschreiben;
(3) Gespräche mit Mitarbeitern mit hohem Absentismus oder Krankenstand;
(4) Trennung von Mitarbeitern mit hohem Absentismus.

(1) Betriebsklimauntersuchung

Ursachen für Fehlzeiten liegen häufig in der ungünstigen Arbeitssituation. Eine positive Änderung dieser Situation sollte eine Aufgabe des Unternehmens sein. Der Vorgesetzte und das Personalwesen haben hierbei eine Schlüsselrolle inne. Gerade das Personalwesen kommt dabei als Koordinator und Moderator infrage.

Es sollte ein wichtiges Ziel für das moderne Personalwesen sein, Maßnahmen in Kooperation mit den betroffenen Unternehmensbereichen zu initiieren und zu steuern, um die Fehlzeiten abzubauen. Durch ein sogenanntes Zeiterfassungssystem wird die Arbeitszeit getrennt nach Krankenstand, Urlaub, Mutterschutz usw. ermittelt. So können monatlich Statistiken über den Krankenstand erhoben werden. Diese werden mit den Fehlzeitenanalysen, die regionale Krankenkassen und vergleichbare regionale Unternehmen erstellen, verglichen.

In dem analysierten Jahr lag der Krankenstand von Januar bis Juli unter dem regionalen Durchschnitt. Die Ermittlung wurde bei 2.500 Mitarbeitern durchgeführt. In den Monaten September, Oktober und November erhöhte sich der Krankenstand plötzlich derart, dass er über dem regionalen Niveau lag. Das Personalwesen stellte fest, in welchen Abteilungen dieser Anstieg erfolgte. Es waren Abteilungen mit ca. 300 gewerblichen Mitarbeitern, bei denen der Krankenstand in diesen Monaten fast 12 % ausmachte.

Es sollten die Ursachen für den Fehlzeitenanstieg ermittelt werden. Krankheiten können eine Reihe von betrieblichen Ursachen haben. Zu nennen sind hier die Arbeitsbedingungen, beispielsweise hohe Arbeitsbelastungen aus der Arbeitsumwelt (Hitze, mangelhafte Beleuchtung, Lärm usw.) oder die Arbeitsorganisation (ungenaue Regelung der Verantwortung, springende Führung nach dem Motto „heute so – morgen anders", Tätigkeiten, mit denen sich die Mitarbeiter wenig oder nicht identifizieren können). Die Art, Größe und Struktur der Arbeitsgruppen spielt eine besondere Rolle; zu nennen sind ferner der Führungsstil und die Personalpolitik sowie die Art der Einweisung und Unterweisung neuer Mitarbeiter beziehungsweise die Vorbereitung auf neue Aufgaben. Je geringer die Arbeitsmotivation, desto eher bleibt man zu Hause. Wer sich am Arbeitsplatz wohlfühlt ist – tatsächlich – weniger krank.

Im betreffenden Unternehmen schlug daher das Personalwesen den verantwortlichen Bereichsleitern vor, eine Betriebsklimauntersuchung in diesen Abteilungen durchzuführen. Es sollten so die Ursachen für den erhöhten Krankenstand ermittelt werden. Zu diesem Zweck sollte eine schriftliche Befragung aller Mitarbeiter dieser Abteilungen erfolgen. Dafür wurde ein spezieller Fragebogen entworfen. Ausgehend von der Betriebsklimaforschung und ihren Instrumenten wurden folgende fünf Hauptkriterien aufgestellt.

- **Kriterien für die Untersuchung**

I. Die Tätigkeit: Gemeint ist der Inhalt der eigenen Tätigkeit und die Art der eigenen Arbeitsaufgabe. Das Hauptkriterium „Tätigkeit" wurde in fünf Punkte aufgesplittet:
1. Tätigkeit ist interessant;
2. kann dabei meine Fähigkeiten einsetzen;
3. Tätigkeit gewährt Selbstständigkeit;
4. Tätigkeit ist wichtig;
5. bin mit meiner Tätigkeit alles in allem zufrieden.

II. Die Arbeitsbedingungen: Das zweite Hauptkriterium sind die Arbeitsbedingungen. Es sind damit die Bedingungen wie z. B. Maschinen, Räumlichkeiten, Umgebung usw. gemeint. Die Unterteilung erfolgt in sechs Unterkriterien:
1. Sauberkeit;
2. ausreichend Platz;
3. richtige Raumtemperaturen;

4. Lärmbelästigung;
5. bequemer Arbeitsplatz;
6. allgemeine Zufriedenheit mit der Arbeitsbedingung.

III. Die Vorgesetzten: Als ein wichtiger Einflussfaktor muss der Vorgesetzte und sein Verhalten zum Mitarbeiter betrachtet werden. Es soll nur der direkte Vorgesetzte beurteilt werden, der in persona Anweisungen gibt und Kontrolle ausübt. Gemeint sind z. B. die Vorarbeiter, nicht die Betriebsleiter. Folgende Kriterien sollten bewertet werden:
1. Beliebtheit des Vorgesetzten;
2. Vorgesetzter informiert gut;
3. Gerechtigkeit;
4. Vorgesetzter ist selbst fleißig;
5. Er versteht was von seiner Arbeit;
6. Der Mitarbeiter ist alles in allem zufrieden mit dem Vorgesetzten.

IV. Kollegen: Es werden die Kolleginnen und Kollegen bewertet, mit denen der Beurteiler unmittelbar arbeitsbezogene Kontakte hat und zusammenarbeitet.
1. Kollegen sind zuverlässig;
2. sind sympathisch;
3. sind hilfsbereit;
4. Es gibt eine gute Zusammenarbeit;
5. Alles in allem ist man mit den Kollegen zufrieden.

V. Das Unternehmen und seine Leitung: Es soll bewertet werden, wie die Firma als Ganzes betrachtet wird, so z. B. die Zusammenarbeit zwischen den verschiedenen Ressorts und Abteilungen. Eine Meinung sollte weiterhin über Leitlinien, Vorschriften, Planungen und Informationen abgegeben werden. Integriert ist eine Bewertung der ersten und zweiten Führungsebene.
1. Das Unternehmen ist fortschrittlich;
2. Die Unternehmensleitung plant gut;
3. Es herrscht ein gutes Betriebsklima;
4. Das Unternehmen ist leistungsfähig;
5. Ich fühle mich in diesem Unternehmen wohl;
6. Mit der Organisation sowie mit der Leitung des Unternehmens bin ich zufrieden.

Den befragten Mitarbeitern wurden folgende Informationen im Fragebogen gegeben:
- „In dem folgenden Fragebogen sollen Sie Ihre Meinung über Ihre Tätigkeit, Arbeitsbedingungen, Vorgesetzte, Kollegen und das Unternehmen äußern. Bitte geben Sie Ihre ehrliche Überzeugung hinsichtlich unseres Unternehmens wieder."

- „Die Befragung erfolgt anonym. Sie brauchen nicht Ihren Namen anzugeben. Den ausgefüllten Fragebogen geben Sie bitte in den dafür zur Verfügung gestellten Briefkasten."
- „Bitte nehmen Sie auf den nachfolgenden Seiten Stellung zu Ihrer gegenwärtigen Arbeit. Äußern Sie dabei bitte Ihre ganz persönliche Meinung. Es ist klar, dass es bei jeder Arbeit gute und schlechte Seiten gibt. Sie sollen so antworten, wie Sie im Großen und Ganzen darüber denken. Überlegen Sie nicht lange – die erste Reaktion ist meist die beste. Lassen Sie bitte keine Zeile aus! Sie sollten also in jeder Zeile eine der vier Möglichkeiten anstreichen."

Über alle fünf Hauptkriterien mit ihren Unterkriterien wurde über eine vierstufige Ratingskala (ja – eher ja – eher nein – nein) durch Ankreuzen eine Bewertung abgegeben. Es wurden bewusst keine Skalen mit drei, fünf oder sieben Stufen angewandt, damit die Mitarbeiter nicht einen Mittelwert ankreuzen. Sie wurden dadurch angehalten, eine echte Stellungnahme abzugeben.

- **Durchführung der Untersuchung**

Alle Vorgesetzten der betroffenen Abteilungen verteilten den Fragebogen an die Mitarbeiter. Dabei wurden die Befragten zusätzlich mündlich näher über Sinn und Durchführung der Untersuchung aufgeklärt. Zur Beantwortung des Bogens wurde eine Woche zur Verfügung gestellt. Der Rücklauf war enorm. Ca. 76 % gaben den ausgefüllten Fragebogen zurück. Ein Hochschulpraktikant nahm unter Anweisung des Personalressorts die Auswertung EDV-mäßig vor. Die Zahl 1 stellt den positiven Pol dar, die Zahl 2 den negativen. Die beiden negativsten Beurteilungen wurden unter „Arbeitsbedingungen" abgegeben: 2,7 für zu hohe Temperatur und 2,3 für überdurchschnittliche Lärmbelästigung.

Aufgrund der Analyse wurden bessere Klimabedingungen geschaffen. Weiterhin wurde die Lärmbelästigung durch Einkapselung von Maschinen reduziert. Nach Einführung dieser Maßnahme nahm der Krankenstand um 3,5 % ab. Dieser positive Trend blieb weiterhin bestehen. Er bestätigt aktuelle Untersuchungen, welche die ungünstige Arbeitssituation als Ursache für hohe Fehlzeiten ermittelt haben.

(2) Gespräche mit niedergelassenen Ärzten

Als eine weitere Ursache für Fehlzeiten wird die missbräuchliche Nutzung der Krankmeldungen gesehen. In einer Befragung im Unternehmen wurde dies von 66 % der Befragten so beurteilt. Bedauerlicherweise wird solch ein Verhalten von den Ärzten, wenn auch unbeabsichtigt, erzeugt. Das Vergütungs- und Abrechnungssystem für ärztliche Leistungen nötigt die meisten Ärzte, in jedem Quartal eine bestimmte Anzahl von Krankenscheinen zu erhalten und so die nötigen Mindesteinkommen für die Praxis zu sichern. Darüber hinaus sind Ärzte dazu angetan, Patienten, die über nicht messbare Beschwerden klagen, krankzuschreiben. Zwar ist dies eine sogenannte nicht objektivierbare Diagnose, aber der Arzt muss meistens davon ausgehen, dass der Patient nicht simuliert. Im Falle, dass der Arzt einen Patienten bei unüberprüfbaren Beschwerden nicht krankschreibt und es doch negative gesundheitliche Folgen gibt, kann der Arzt dafür haftbar gemacht werden. Daher schreiben Ärzte, um auf Nummer sicher zu gehen, lieber krank.

Ärzte berücksichtigen z. T. nicht, dass Arbeitsplatz und Art der Arbeit des Mitarbeiters berücksichtigt werden müssen (LAG Niedersachsen 12. 06. 1990), denn nicht jede Erkrankung führt zur Unfähigkeit für jede Art von Arbeit. Darüber hinaus erzählen diverse Patienten den Ärzten, wie „furchtbar und schrecklich" der eigene Arbeitsplatz ist und wie sehr dieser die Erkrankungen fördert. Bei diesen „gruseligen Schilderungen", die häufig nicht der Realität entsprechen, sind die Ärzte eher bereit, krankzuschreiben.

Es kann die Krankschreibefreudigkeit der Ärzte am ehesten durch Aufklärung und Information durch das jeweilige Unternehmen korrigiert und reduziert werden. Das wurde im hier beschriebenen Unternehmen als Maßnahme durchgeführt. Die Personalwirtschaft sowie der Betriebsarzt ermittelten, welche Ärzte die Mitarbeiter häufig krankgeschrieben haben. Es handelt sich um ca. 22 Ärzte, die infrage kamen.

Diese wurden an einem Mittwochnachmittag eingeladen. Es wurden Führungen durch das Unternehmen geplant, die besonders die „kritischen" Arbeitsplätze zeigen sollten. Mit „kritischen" Arbeitsplätzen sind diese gemeint, wo ein hoher Krankenstand vorlag. Es wurde vom Personalwesen nicht eine medizinisch-ergonomische Ursache vermutet, sondern eine eher unzureichende Motivationsstruktur der Mitarbeiter zur Arbeit grundsätzlich angenommen. Es lagen die typischen Anzeichen von Absentismus vor: häufige Erkrankungen an nur ein oder zwei Tagen hintereinander oder Erkrankungen durch „vegetative Dystonie" bzw. „allgemeine Übelkeit" am Freitag und dem darauf folgenden Montag.

Den Ärzten wurden z. B. Arbeitsplätze in der Produktion und im CAD-Bereich gezeigt. Sie konnten die Mitarbeiter vor Ort befragen und mit ihnen diskutieren. Nach den Führungen von ca. 1,5 Stunden fand eine Diskussion zwischen Ärzten, Personal- und Produktionsleitung statt. Wie vermutet, waren die Ärzte positiv überrascht von den z. T. „unerwartet guten Arbeitsbedingungen". Es bestätigte sich, dass ihre Patienten die Arbeitsplätze weitaus schlimmer beschrieben haben, als die Ärzte sie selber bewerteten. Sie beschrieben weiterhin die Einladung zur Besichtigung von industriellen Arbeitsbedingungen als äußerst positiv. Es ist eine Maßnahme, die dazu beiträgt, das Krankschreiben zu reduzieren. Natürlich ist es notwendig, in regelmäßigen Abständen, etwa alle ein bis zwei Jahre, diese Treffen zu wiederholen, um bei den Ärzten ein Refreshing vorzunehmen.

(3) Mitarbeitergespräch bei Absentismus oder häufiger Krankheit

Als eine weitere Maßnahme zur Reduzierung von Fehlzeiten werden spezielle Mitarbeitergespräche durchgeführt. Wie bereits bei der Betriebsklimauntersuchung geschildert, wurden die Mitarbeiter ermittelt, bei denen ein hoher Krankenstand vorliegt. Folgende Kriterien wurden für die Analyse herangezogen:

1. ca. 150 Fehltage in zwei Jahren;
2. Krankheitsgründe:
   - Mitarbeiter, die z. B. wegen den Folgen eines Autounfalls lange krank gewesen sind, wurden nicht weiter in die Analyse aufgenommen;
   - Mitarbeiter, die häufig wegen allgemeinen Unwohlseins krankgeschrieben wurden, wurden in die Analyse aufgenommen;
3. häufige Kurzerkrankungen;
4. Höhe der Lohnfortzahlung;
5. Leistungs- und Verhaltensbeurteilung der Mitarbeiter mit hohen Fehlzeiten durch Vorgesetzte und Mitarbeiter.

Nachdem die Mitarbeiter ermittelt worden sind, wurde dem Betriebsrat mitgeteilt, dass mit diesen Mitarbeitern Gespräche geführt werden. Die Gespräche dauerten zwischen einer halben und einer Stunde. Es nahm der Mitarbeiter mit hohem Krankenstand, sein Vorgesetzter und eine Führungskraft aus dem Personalwesen daran teil. Letztere moderierte das Gespräch. Es wurde über Ursachen der vielen Fehlzeiten gesprochen und darüber, dass diese abgebaut werden müssten. Die hohen Fehlzeiten und der Absentismus stellten einen großen finanziellen Nachteil für das Unternehmen dar und belasteten die Kollegen des Mitarbeiters, da diese die Aufgaben des fehlenden Mitarbeiters mit abarbeiten müssten. Dies werde als unkollegial angesehen.

Es gibt keinen konkreten Leitfaden bei solch einem Gespräch. Wesentliches Ziel ist es, dass der Mitarbeiter erfährt, dass er unter Beobachtung steht und dass man sein Verhalten nicht mehr länger tolerieren wird. Die allgemein positive Konsequenz solcher Gespräche ist, dass sich die Fehlzeiten reduzieren, da es sich bei den hier ausgewählten Mitarbeitern mit hohem Absentismus um keine echten und schwierigen Erkrankungen handelt.

(4) Trennung von Mitarbeitern mit Absentismus

Bei den wenigen Mitarbeitern, bei denen die bisher aufgeführten Maßnahmen nicht fruchten, bleibt das Anstreben einer krankheitsbedingten Kündigung übrig. Drei wesentliche Kriterien müssen dabei geprüft und abgesichert werden.

I. Negative Gesundheitsprognose für die Zukunft

Der Arbeitgeber muss prüfen, ob auch in Zukunft häufige krankheitsbedingte Fehlzeiten auftreten werden. Über mehrere Jahre auftretende Kurzerkrankungen können hierfür als Indiz herangezogen werden.

- Häufige Kurzerkrankungen liegen vor, wenn in den letzten zwei bis drei Jahren ständige und krankheitsbedingte Fehlzeiten von ein bis drei Tagen zusammenhängend vorkamen.
- In dem vom Unternehmen betrachteten Zeitraum sollten wenigstens 15 % Fehlzeittage liegen.

- Der Arbeitnehmer muss dem Arbeitgeber klar darstellen, dass seine gesundheitliche Entwicklung einen positiven Verlauf nehmen wird und die Erkrankungen daher abnehmen werden. Er muss z. B. seinen Arzt von der Schweigepflicht befreien, da dieser die Aussage bestätigen muss.

II. Erhebliche Beeinträchtigung der betrieblichen Belange

- Der Arbeitgeber hat alle Möglichkeiten geprüft, den Betroffenen auf einen anderen freien Arbeitsplatz zu versetzen, bei dem die Krankheit keine erheblichen Nachteile der betrieblichen Interessen darstellt.
- Es sollen hohe Kosten für Entgeltfortzahlungen angefallen sein, die jährlich einen Zeitraum von mehr als sechs Wochen überschritten haben. Der Zeitraum, der über den sechs Wochen liegt und von der Krankenkasse finanziert worden ist, darf dabei nicht mitgerechnet werden.
- Es dürfen nur die Lohnfortzahlungskosten aufgeführt werden, die durch die wiederholt zu erwartendende gleiche Krankheit erzeugt werden.
- Die Betriebsablaufstörungen, die durch den häufig Erkrankten entstehen, sind unvermeidbar und erheblich, d. h., es steht z. B. kein Springer und keine Reservekraft zur Verfügung, um die temporär vakante Stelle zu besetzen.

III. Abwägung der Interessen des Arbeitgebers und -nehmers

- Es traten Störungen im Betriebsablauf auf, obwohl der Arbeitgeber eine Personalreserve vorhielt.
- Es liegen außergewöhnlich hohe Lohnfortzahlungen in den letzten zwei bis drei Jahren vor.
- Die Ursache der Erkrankung ist nicht auf betriebliche Umstände zurückzuführen.
- Die Fehlzeiten des Betroffenen liegen deutlich höher als bei vergleichbaren Arbeitnehmern.
- Der Arbeitnehmer hat die Erkrankungen selber verschuldet, z. B. häufiger, gleicher Sportunfall in der Freizeit.
- Der betroffene Arbeitnehmer ist noch relativ jung, von daher sind hohe Lohnfortzahlungen über viele Jahre zu erwarten.
- Abschließende Einzelfallabwägungen sind vorzunehmen. Hat der Mitarbeiter hohe Belastungen durch Unterhaltspflichten? Bestehen schlechte Arbeitsmarktperspektiven für ihn?

Diese zahlreichen Aspekte müssen geprüft und größtenteils abgesichert sein. Dann hat das Unternehmen gute Aussichten auf eine erfolgreiche krankheitsbedingte Kündigung. Dies ist ein großer, aber notwendiger Aufwand für das Personalwesen.

Ein geringerer Aufwand wird notwendig, wenn von Seiten des Personalwesens ein **Aufhebungsvertrag** angestrebt wird. Dieser verursacht jedoch Kosten für eine Abfindung. Trotzdem empfiehlt es sich, diesen Weg je nach Schlagkräftigkeit der

> krankheitsbedingten Argumente zu gehen, da sein Ergebnis, das Freistellen des Arbeitnehmers, sicherer erreicht werden kann. Strebt dagegen der betroffene Mitarbeiter eine Kündigungsschutzklage an, wird viel „dreckige Wäsche gewaschen" und ein zeitlich größerer Aufwand vor Gericht und zahlreiche Diskussionen mit beteiligten Juristen werden notwendig.
>
> Die in dieser Studie geschilderten Maßnahmen sind erprobt, um eine Reduzierung des Krankenstandes zu erreichen. Natürlich ist der **Betriebsrat** rechtzeitig einzuschalten. Ohne seine Unterstützung bei diesen Maßnahmen wird die Erfolgsprognose von vornherein geschwächt. Gutes juristisches Hintergrundwissen, viel Informationen, die spezielle betriebliche Situation des jeweiligen Arbeitsplatzes und vor allem geschicktes, diplomatisches und psychologisches Vorgehen sind unbedingte Voraussetzungen für ein erfolgreiches Ergebnis.

7.8 Arbeitszeitmodelle

Vor 20 Jahren hatten die meisten Arbeitnehmer noch einen klassischen 8-Stunden-Tag. Seitdem hat sich die Arbeitszeitpolitik stark verändert. Durch gesetzliche Flexibilisierungsmöglichkeiten wurde eine erhebliche Dynamik in die Veränderung der Arbeitszeiten gebracht. Lediglich ein gutes Drittel der Unternehmen hat die Arbeitszeiten seiner Beschäftigten bislang nicht flexibilisiert. Die Instrumente der Arbeitszeitflexibilisierung werden in unterschiedlichem Maße eingesetzt (vgl. DIHK 2004):

- die flexible Wochenarbeitszeit von knapp 30 % der Unternehmen;
- die Einrichtung von Jahresarbeitszeitkonten ebenfalls von knapp 30% der Unternehmen;
- die Einrichtung von Lebensarbeitszeitkonten von nur 1 % der Unternehmen;
- die Gleitzeit mit Kernzeit von jedem vierten Unternehmen;
- die Gleitzeit ohne Kernzeit von 7% der Unternehmen;
- die Tele- oder Heimarbeit von 4 % der Unternehmen.

Argumente für eine Flexibilisierung sind:

- längere Betriebsnutzungszeiten;
- die Vermeidung von Überstunden;
- die Anpassung an erhöhten Personalbedarf;
- eine höhere Mitarbeitermotivation;
- geringere Krankheitsstände;
- weniger Verkehrsprobleme.

In den folgenden Abschnitten wird zunächst auf das Arbeitszeitgesetz eingegangen, um danach einzelne Arbeitszeitmodelle vorzustellen.

7.8.1 Rechtliche Rahmenbedingungen

Der Rahmen, in dem Arbeitgeber, Gewerkschaften und Betriebsräte Vereinbarungen über die Arbeitszeit abschließen können, wird durch das Arbeitszeitgesetz (ArbZG) vorgegeben. Dort ist u.a. Folgendes geregelt:

> **§ 3 Arbeitszeit der Arbeitnehmer.** [1]Die werktägliche Arbeitszeit darf acht Stunden nicht überschreiten. [2]Sie kann auf bis zu zehn Stunden nur verlängert werden, wenn innerhalb von sechs Kalendermonaten oder innerhalb von 24 Wochen im Durchschnitt acht Stunden werktäglich nicht überschritten werden.
>
> **§ 4 Ruhepausen.** [1]Die Arbeit ist durch im Voraus feststehende Ruhepausen von mindestens 30 Minuten bei einer Arbeitszeit von mehr als sechs bis zu neun Stunden und 45 Minuten bei einer Arbeitszeit von mehr als neun Stunden insgesamt zu unterbrechen. [...]
>
> **§ 5 Ruhezeit.** [1]Die Arbeitnehmer müssen nach Beendigung der täglichen Arbeitszeit eine ununterbrochene Ruhezeit von mindestens elf Stunden haben. [...]

Für einzelne Branchen und Berufszweige wie z.B. Pflegeberufe gibt es spezielle Regelungen oder Ausnahmen.

Die gesetzliche Regelung bedeutet, dass ein Arbeitnehmer an sechs Werktagen mit je acht Stunden (= 48 Stunden) in der Woche arbeiten darf. Wenn man davon ausgeht, dass die durchschnittliche wöchentliche Arbeitszeit in den geltenden Tarifverträgen zwischen 35 und 37,5 Stunden liegt, ergibt sich Gestaltungsspielraum, der von den Unternehmen individuell genutzt werden kann.

7.8.2 Einzelne Arbeitszeitmodelle

Zusätzlich zu den Anforderungen des Arbeitszeitgesetzes ist zu bedenken, dass die Auslastung nicht in allen Branchen gleichmäßig über das Jahr verteilt ist. Motorräder werden häufig im Frühjahr gekauft, Wintersportgeräte eher ab Oktober. Wie die optimale Arbeitszeitgestaltung aussieht, muss jedes Unternehmen selbst erarbeiten. Dabei ist es wichtig, dass frühzeitig die Arbeitnehmer bzw. der Betriebsrat als Arbeitnehmervertretung mit eingeschaltet werden, um spätere Konflikte zu vermeiden. Eine weitere Voraussetzung ist ein leistungsfähiges Zeiterfassungs- und Auswertungsprogramm, dessen Kosten aber in Relation zum Nutzen immer vertretbar sein müssen.

Die individuellen betrieblichen Einsatzpläne gehen im Kern auf wenige Grundvoraussetzungen zurück. Zu diesen Grundvoraussetzungen gehören die Flexibilisierung der Arbeitszeit durch Gleitzeit und das Führen von Arbeitszeitkonten.

▶ Arbeitszeitkonten

Die tatsächlich geleistete Arbeitszeit und/oder deren Abweichung von der tariflich oder vertraglich vereinbarten Arbeitszeit werden festgehalten. Ein Plus oder Minus an Stunden muss innerhalb einer festgelegten Frist ausgeglichen werden. So gibt es z.B. Wochen-, Monats-, Quartals-, Jahres- oder Lebensarbeitszeitkonten.

- **Wochenarbeitszeitkonten:** Bei Betrieben mit flexibler Wochenarbeitszeit geht es weniger darum, wie lange ein Mitarbeiter pro Tag anwesend ist; Hauptsache ist, dass sein Wochensoll stimmt. Einige Betriebe sprechen hier auch vom Korridormodell: Dabei werden Ober- und Untergrenze der täglichen oder wöchentlichen Arbeitszeit festgelegt, es muss ein Durchschnitt erreicht werden.
- **Jahresarbeitszeitkonten:** Diese dienen dazu, bei aller zeitlichen Beweglichkeit den Überblick über die geleistete Arbeitszeit nicht zu verlieren. Einmal im Jahr muss der Stundensaldo des Mitarbeiters gleich null sein.
- **Lebensarbeitszeitkonten:** Hier geht man davon aus, dass ein Mitarbeiter im Laufe seines Berufslebens ein bestimmtes Stundenpensum zu leisten hat. Zu viel geleistete Stunden werden auf dem Zeitkonto des Mitarbeiters erfasst (evtl. als Geldbetrag) und können nach Absprache jederzeit oder vor Eintritt ins Rentenalter genommen werden. Diese Form ist jedoch nur wenig verbreitet, da sie einigen Verwaltungsaufwand erfordert.

▶ Gleitzeit (Variozeit)

In einem betrieblich festgelegten Rahmen kann der Arbeitnehmer Lage und Verteilung seiner Arbeitszeit selbst organisieren oder mit den Kollegen absprechen. Bei der klassischen Gleitzeit muss der Beschäftigte während einer Kernarbeitszeit anwesend sein. Beginn und Ende der Arbeit können aber innerhalb eines festgelegten Rahmens frei gewählt werden.

Die Gleitzeit kann mit einem „Ampelkonto" kombiniert werden. Dabei gibt es einen zulässigen grünen Schwankungsbereich, in dem sich die Plus- oder Minusstunden jederzeit bewegen dürfen. Im gelben Bereich erhält man Warnzeichen aus der Personalabteilung, mit der Aufforderung zum Stundenausgleich. Im roten Bereich erfolgt ein Gespräch zwischen Mitarbeiter, Vorgesetztem und Personalabteilung, um einen Ausgleich herbeizuführen.

▶ Vertrauensarbeitszeit

Die Beschäftigten können Lage und Verteilung der Arbeit frei einteilen. Die Arbeitszeit wird nicht kontrolliert, entsprechend orientiert sich auch die Bezahlung nicht an der Zahl der geleisteten Stunden, sondern am Arbeitsergebnis.

▶ Job-Sharing

Eine Stelle wird von zwei oder mehr Mitarbeitern besetzt. Die Job-Sharer können die Lage und Verteilung der Arbeitszeit meist untereinander absprechen.

▶ Sabbaticals

Sabbaticals könnte man auch als unbezahlten Sonderurlaub bezeichnen. Nach einer gewissen Betriebszugehörigkeit haben Arbeitnehmer die Möglichkeit, einen Langzeiturlaub (z. B. für 3 – 6 Monate) einzureichen. Anschließend können sie, ohne Nachteile befürchten zu müssen, wieder an ihren Arbeitsplatz zurückkehren.

Neben den aufgeführten Modellen gibt es noch weitere Neuerungen bezüglich der Arbeitszeit, die im Folgenden geschildert werden. Dabei geht es um Teilzeitarbeit, Altersteilzeit und Telearbeit.

7.8.3 Teilzeitarbeit und Befristung von Arbeitsverträgen

▶ Ausgangslage

In Deutschland arbeiten nach iwd-Angaben ca. 4,9 Millionen Arbeitnehmer weniger als 21 Stunden die Woche. 90 % davon sind Frauen, die überwiegend aus familiären Gründen nicht mehr arbeiten. Dazu kommen noch Arbeitnehmer, die mehr als 21 Stunden, aber weniger als die volle Arbeitszeit verrichten. Männer und Frauen sind aber gleichermaßen davon betroffen, dass heute viele neu abgeschlossene Arbeitsverträge zunächst als befristete Veträge vereinbart werden.

Die Zahl befristeter Arbeitsverträge hat in den vergangenen zwei Jahrzehnten deutlich zugenommen. Rund 2,7 Millionen (8,9 %) der insgesamt 30,7 Millionen abhängig Beschäftigten haben nach Ergebnissen des Mikrozensus 2008 einen Vertrag auf Zeit. Der Anteil befristeter Beschäftigter erreicht damit seit 1991 (5,7 %) seinen bisherigen Höchststand (GRAU 2010).

Der **Abschluss befristeter Arbeitsverträge** erfolgt für Unternehmen aus folgenden Gründen:

- Der Arbeitsplatz ist nur vorübergehend zu besetzen, weil ein anderer Mitarbeiter z. B. seinen Wehr- oder Zivildienst ableistet, sich in Erziehungsurlaub befindet oder eine längere Erkrankung vorliegt.
- Das Unternehmen hat aufgrund der wirtschaftlichen Lage zwar aktuell einen Bedarf, es kann aber nicht einschätzen, ob dieser dauerhaft ist.
- Das Unternehmen unterzieht die Mitarbeiter sozusagen einem Langzeittest. Wenn der Stelleninhaber sich bewährt, erhält er einen unbefristeten Arbeitsvertrag; wenn nicht, muss er das Unternehmen verlassen. Dazu bedarf es dann keines umfangreichen Kündigungsverfahrens, sondern der Vertrag endet automatisch zum vereinbarten Zeitpunkt.

Um diesen Entwicklungen Rechnung zu tragen, wurde das „Gesetz über Teilzeitarbeit und befristete Arbeitsverträge" (TzBfG) abgeschlossen, das am 1. Januar 2001 in Kraft trat. **Ziel des Gesetzes** ist es (vgl. § 1),

- Teilzeitarbeit zu fördern,
- die Voraussetzungen für die Zulässigkeit befristeter Arbeitsverträge festzulegen und
- die Diskriminierung von teilzeitbeschäftigten und befristet beschäftigten Arbeitnehmern zu verhindern.

▶ Teilzeitarbeit

Teilzeitbeschäftigt ist ein Arbeitnehmer, dessen regelmäßige Wochenarbeitszeit kürzer ist als die eines vergleichbaren vollzeitbeschäftigten Arbeitnehmers (§ 2 I TzBfG).

In § 4 I TzBfG (Verbot der Diskriminierung) wird geregelt, dass ein teilzeitbeschäftigter Arbeitnehmer wegen der Teilzeit nicht schlechter behandelt werden darf als ein vergleichbarer vollzeitbeschäftigter Arbeitnehmer, es sei denn, dass sachliche Gründe eine unterschiedliche Behandlung rechtfertigen. Gemeint sind insbesondere Schlechterstellungen bei der Entlohnung und den Sozialleistungen. In § 7 TzBfG findet sich die Verpflichtung für den Arbeitgeber, einen Arbeitsplatz auch als Teilzeitarbeitsplatz auszuschreiben und den Betriebsrat entsprechend zu informieren. Am wichtigsten für Arbeitnehmer ist § 8 TzBfG, in dem die Voraussetzungen für den Anspruch auf einen Teilzeitarbeitsplatz geregelt sind:

> **§ 8 Verringerung der Arbeitszeit (Auszug)**
>
> (1) Ein Arbeitnehmer, dessen Arbeitsverhältnis länger als sechs Monate bestanden hat, kann verlangen, dass seine vertraglich vereinbarte Arbeitszeit verringert wird.
>
> (2) [1]Der Arbeitnehmer muss die Verringerung seiner Arbeitszeit und den Umfang der Verringerung spätestens drei Monate vor deren Beginn geltend machen. [2]Er soll dabei die gewünschte Verteilung der Arbeitszeit angeben. [...]
>
> (4) [1]Der Arbeitgeber hat der Verringerung der Arbeitszeit zuzustimmen und ihre Verteilung entsprechend den Wünschen des Arbeitnehmers festzulegen, soweit betriebliche Gründe nicht entgegenstehen. [2]Ein betrieblicher Grund liegt insbesondere vor, wenn die Verringerung der Arbeitszeit die Organisation, den Arbeitsablauf oder die Sicherheit im Betrieb wesentlich beeinträchtigt oder unverhältnismäßige Kosten verursacht. [3]Die Ablehnungsgründe können durch Tarifvertrag festgelegt werden. [...]
>
> (5) [1]Die Entscheidung über die Verringerung der Arbeitszeit und ihre Verteilung hat der Arbeitgeber dem Arbeitnehmer spätestens einen Monat vor dem gewünschten Beginn der Verringerung schriftlich mitzuteilen. [...]
>
> (6) Der Arbeitnehmer kann eine erneute Verringerung der Arbeitszeit frühestens nach Ablauf von zwei Jahren verlangen, nachdem der Arbeitgeber einer Verringerung zugestimmt oder sie berechtigt abgelehnt hat.

In §§ 9–13 TzBfG werden dann noch Regelungen bezüglich der Aus- und Weiterbildung, des Kündigungsverbots usw. angesprochen. Probleme bringt in der Praxis die Formulierung über die Ablehnungsgründe.

Auch Arbeitnehmer in leitenden Positionen haben einen Anspruch auf Teilzeitarbeit. Wie üblich muss der Betriebsrat entsprechend informiert werden.

Über den Umfang der Reduzierung gibt es im Gesetz keine Angaben, es kann sich also um die Verringerung der wöchentlichen Arbeitszeit um eine Stunde handeln oder um die Reduzierung auf 10 Stunden wöchentliche Arbeitszeit. Arbeitgeber und Arbeitnehmer sollten individuell regeln, wie es sich mit Überstunden verhält. Da der Arbeitnehmer durch seinen Wunsch auf Teilzeitarbeit dokumentiert, dass er nur eingeschränkt arbeiten will, kann er nicht zu Überstunden verpflichtet werden. Daher sollte vertraglich festgelegt werden, ob und wann ein Teilzeitbeschäftigter Überstunden leisten muss und in welcher Form diese Stunden vergütet werden.

▶ Befristung von Arbeitsverträgen

Ein Arbeitnehmer gilt dann als befristet beschäftigt, wenn er einen Arbeitsvertrag auf bestimmte Zeit, d.h. eine kalendermäßig bestimmte Dauer, geschlossen hat (§ 3 I TzBfG).

Im Abschnitt zu befristeten Arbeitsverträgen werden vor allem die **Gründe für eine Befristung** geregelt. Danach ist eine Befristung zulässig, wenn sie durch einen sachlichen Grund gerechtfertigt ist. Sachliche Gründe sind gegeben, wenn (§ 14 I TzBfG):

1. der betriebliche Bedarf an der Arbeitsleistung nur vorübergehend besteht,
2. die Befristung im Anschluss an eine Ausbildung oder ein Studium erfolgt, um dem Arbeitnehmer den Übergang in eine Anschlussbeschäftigung zu erleichtern,
3. der Arbeitnehmer zur Vertretung eines anderen Arbeitnehmers beschäftigt wird,
4. die Eigenart der Arbeitsleistung die Befristung rechtfertigt,
5. die Befristung zur Erprobung erfolgt,
6. in der Person des Arbeitnehmers liegende Gründe die Befristung rechtfertigen,
7. der Arbeitnehmer aus Haushaltsmitteln vergütet wird, die haushaltsrechtlich für eine befristete Beschäftigung bestimmt sind und er dementsprechend beschäftigt wird oder
8. die Befristung auf einem gerichtlichen Vergleich beruht.

In vielen Tarifverträgen findet sich der an zweiter Stelle genannte Punkt wieder. Dort wird den Auszubildenden eine zumindest befristete Beschäftigung im Anschluss an ihre Ausbildung zugesichert.

§ 14 II TzBfG regelt, dass eine kalendermäßige Befristung ohne Vorliegen eines sachlichen Grundes bis zur Dauer von zwei Jahren zulässig ist. Bis zu dieser Gesamtdauer von zwei Jahren ist auch die höchstens dreimalige Verlängerung eines kalendermäßig befristeten Arbeitsvertrages zulässig. Auch hier können durch Tarifvertrag andere Vereinbarungen festgelegt werden. Ebenfalls ohne sachlichen Grund können befristete Arbeitsverträge mit Arbeitnehmern geschlossen werden, die das 58. Lebensjahr vollendet haben. Diese Verträge dürfen auch für einen Zeitraum von mehr als zwei Jahren gelten.

Problematisch für die Praxis ist, dass es in § 14 II S. 2 TzBfG außerdem heißt: „Eine Befristung […] ist nicht zulässig, wenn mit demselben Arbeitgeber bereits zuvor ein befristetes oder unbefristetes Arbeitsverhältnis bestanden hat." Der Gesetzgeber wollte so vermeiden, dass Unternehmen unbefristete Arbeitsverhältnisse durch befristete ersetzen, um so den Kündigungsschutz auszuhebeln. Betroffen sind aber auch Studenten, die in den Semesterferien gejobbt oder für das Unternehmen eine Diplomarbeit angefertigt haben. Sie können bis zu ihrem 58. Lebensjahr bei diesem Arbeitgeber nie mehr befristet ohne sachlichen Grund arbeiten.

Eine wichtige Regelung betrifft das **Ende von befristeten Arbeitsverträgen.** Ein kalendermäßig bestimmter Arbeitsvertrag endet mit Ablauf der vereinbarten Zeit. Daraus folgt, dass eine ordentliche Kündigung eines befristeten Arbeitsvertrages nicht möglich ist. Möglich ist für den Arbeitgeber lediglich die außerordentliche Kündigung, die aber nur bei schwerwiegenden Fehlverhalten greifen würde. Wenn das befristete Arbeitsverhältnis auch die Möglichkeit der ordentlichen Kündigung beinhalten soll, muss dies einzelvertraglich oder im anwendbaren Tarifvertrag vereinbart werden.

Beispiel | Irrtümlicherweise gehen gelegentlich Schwangere mit befristetem Arbeitsvertrag davon aus, dass sie ein Recht auf Weiterbeschäftigung aufgrund der Schwangerschaft haben. Dies ist jedoch nicht der Fall. Der Vertrag endet zum vereinbarten Zeitpunkt.

Eine Besonderheit gilt für die Beendigung zweckbefristeter Arbeitsverhältnisse. Hier endet das Arbeitsverhältnis, wenn der Zweck erreicht ist, frühestens jedoch zwei Wochen nach Zugang der schriftlichen Unterrichtung des Arbeitnehmers durch den Arbeitgeber über den Zeitpunkt der Zweckerreichung, z. B. die Rückkehr eines erkrankten Mitarbeiters.

Wird das Arbeitsverhältnis nach Ablauf der Zeit mit Wissen des Arbeitgebers fortgesetzt, so gilt es als auf unbestimmte Zeit verlängert, wenn der Arbeitgeber nicht unverzüglich widerspricht. Der Arbeitgeber hat außerdem die befristet beschäftigten Arbeitnehmer über offene unbefristete Arbeitsstellen zu informieren und darf befristete Arbeitnehmer nicht von Aus- und Weiterbildungsmaßnahmen ausschließen.

7.8.4 Altersteilzeit

In den achtziger Jahren kam es durch langsameres Wachstum und sich verändernde Strukturen in vielen Unternehmen zu Personalabbaumaßnahmen. Im Zuge dessen wurden zahlreiche Vorruhestandsvereinbarungen getroffen. Dabei wurde älteren Arbeitnehmern i. d. R. betriebsbedingt gekündigt und eine Abfindung gewährt. Aufgrund der langen Betriebszugehörigkeit konnten diese Abfindungen meist lohnsteuer- und sozialversicherungsfrei gezalt werden. Anschließend beantragten die Beschäftigten Arbeitslosengeld und hatten letztendlich ein ebenso hohes Einkommen wie in den Zeiten ihrer Berufstätigkeit. Dies belastete allerdings die Kassen der Arbeitslosenversicherung und der Rentenversicherung in erheblichem Umfang. Deshalb werden heute Kündigungen älterer Mitarbeiter von der Bundesagentur für Arbeit geprüft.

Um älteren Arbeitnehmern den Übergang in den Ruhestand zu erleichtern und den Unternehmen Einstellungen zu ermöglichen, wurde 1988 das erste Altersteilzeitgesetz (AltTZG) verabschiedet, das eine klassische Form der gleichmäßigen Reduzierung der Arbeitszeit auf die Hälfte der zuvor geleisteten Stunden vorsah. Mit Änderungen des Gesetzes in den Jahren 1996 und 2000 sollte Altersteilzeit attraktiver für Unternehmen und Beschäftigte werden. Im Gesetz (befristet bis 31.12.2009) geht es u.a. um die Beteiligung der Bundesagentur für Arbeit an den Kosten. Ein Anspruch auf Teilzeit ist dort nicht festgelegt. Dieser ist inzwischen aber in einigen Tarifverträgen aufgenommen worden. Wichtige Inhalte des Gesetzes sind:

- Bei Beginn der Altersteilzeit muss der Arbeitnehmer das 55. Lebensjahr vollendet haben.
- Der Arbeitnehmer muss innerhalb der letzten fünf Jahre vor Beginn der Altersteilzeit mindestens 1.080 Kalendertage (ca. drei Jahre) sozialversicherungspflichtig beschäftigt gewesen sein.

- Die Arbeitszeit des Arbeitnehmers muss in einer Vereinbarung zwischen Arbeitgeber und Arbeitnehmer auf die Hälfte der bisherigen wöchentlichen Arbeitszeit vermindert werden.
- Der Arbeitnehmer muss auch nach der Reduzierung versicherungspflichtig, also mehr als geringfügig, beschäftigt bleiben.
- Die Förderung der Agentur für Arbeit erfolgt für maximal sechs Jahre.
- Die Verteilung der Arbeitszeit bleibt den Vertragsparteien überlassen. Denkbar ist eine gleichmäßige Verteilung, oder ein Modell, bei dem drei Jahre voll gearbeitet wird und dann drei Jahre gar nicht mehr oder individuelle Verteilungen.
- Bei 50 % Reduzierung bekommt der Arbeitnehmer zunächst auch nur 50% Lohn, von dem wie üblich die Steuer- und Sozialversicherungsbeiträge berechnet werden. Der Auszahlungsbetrag wird dann durch den Arbeitgeber auf 70% des vorherigen Durchschnittsnettoentgelts aufgestockt.
- In der Rentenversicherung zahlt der Arbeitgeber einen Aufstockungsbetrag auf 90% des bisherigen Entgelts, höchstens bis zur Beitragsbemessungsgrenze.
- Die Aufstockungsbeträge zum Nettolohn und zur Rentenversicherung bekommt der Arbeitgeber von der Bundesagentur für Arbeit erstattet, wenn er den frei gewordenen Arbeitsplatz mit einem bei der Agentur für Arbeit gemeldeten Arbeitslosen oder einem ausgelernten, ehemaligen Auszubildenden wiederbesetzt. In Kleinunternehmen (bis 50 Arbeitnehmer) reicht sogar die Neubeschäftigung eines Auszubildenden aus. Betriebliche Umsetzungen sind ebenfalls zulässig, d.h., der neu eingestellte Arbeitnehmer muss nicht zwangsläufig die Stelle des Arbeitnehmers mit Altersteilzeit besetzen.
- Für die Zeit ab dem 1. Januar 2010 erbringt die Bundesagentur nur noch Leistungen für Personen, bei denen die Voraussetzungen erstmals vor diesem Zeitpunkt vorgelegen haben.
  Unabhängig davon können Arbeitnehmer weiter in Teilzeit gehen. Auch die steuerlichen Regelungen bleiben bestehen, d.h., die Aufstockung bleibt steuer- und sozialversicherungsfrei. Lediglich der abschlagsfreie Rentenbeginn verschiebt sich nach hinten.

7.8.5 Telearbeit

Bei Telearbeit verrichtet ein Arbeitnehmer seine Arbeit ganz oder zumindest zeitweise außerhalb des Betriebes und überträgt die Arbeitsergebnisse auf elektronischem Weg per Datenaustausch. Zurzeit arbeiten rund 870.000 Menschen i.d.R. von zu Hause aus. Damit liegt Deutschland im Mittelfeld der europäischen Länder, nach Finnland, Schweden und Großbritannien. Man schätzt, dass es in unserem Land ein Potenzial von bis zu 4 Millionen Telearbeitsplätzen gibt. Andere Experten halten 5–10 % der 35 Millionen Arbeitsplätze in Deutschland für geeignet.

Neben der home-based Telearbeit gibt es noch weitere Gestaltungsmöglichkeiten wie z.B. die mobile Telearbeit, Telecenter, Satellitenbüros, Nachbarschaftsbüros und rein virtuelle Unternehmen.

Die folgenden Tätigkeiten können durch Telearbeit erledigt werden:
- Daten- und Texterfassung;
- Programmierung;
- Schreiben und Redigieren;
- Übersetzen;
- Aufgaben des Rechnungswesens;
- Vertriebstätigkeiten;
- Außendiensttätigkeiten;
- Autoren- und Journalistentätigkeit.

Wie auch bei anderen Arbeitsplätzen gibt es sowohl für den Arbeitgeber wie auch für den Arbeitnehmer Vor- und Nachteile. Wie erfolgreich Telearbeit eingesetzt wird, ist natürlich von beiden Parteien abhängig. Nicht jeder Arbeitnehmer eignet sich für diese Arbeitsform und nicht jedem Unternehmen gelingt es auf Anhieb, einen Rahmen zu schaffen, der beide Seiten zu Gewinnern macht.

Vor- und Nachteile der Telearbeit aus Arbeitgebersicht	
Vorteile	Nachteile
- Erfüllung individueller Mitarbeiterwünsche - Imagegewinn - Arbeitsplätze in infrastrukturschwachen Gebieten - Neue Arbeitsplätze für Behinderte - Erhöhte Mitarbeitermotivation - Erhöhte Produktivität der Mitarbeiter - Niedrigere Miet- und Raumkosten - Höhere Attraktivität als Arbeitgeber - Verbesserte Qualität der Arbeit	- Probleme bei Führung/Kontrolle - Datenschutz - Organisatorischer Aufwand - Technischer Aufwand - Problematische Arbeitsrechtsfragen - Fehlendes technisches Know-how - Fehlendes technisches Angebot

Vor- und Nachteile der Telearbeit aus Arbeitnehmersicht	
Vorteile	Nachteile
- Bessere Vereinbarkeit von Beruf und Familie - Freie Zeiteinteilung - Ungestörtes, selbstständiges Arbeiten - Herauslösung aus bürokratischen Strukturen - Positive Arbeitsatmosphäre - Größere Chancengleichheit für Frauen - Unabhängigere Wohnortwahl - Mehr Freizeit, da weniger Fahrzeit	- Soziale Isolation - Schlechtere Karrierechancen - Ausschluss von internen Informationen - Beeinträchtigung des Familienlebens durch Vermischung von Arbeit und Freizeit - Wenig Weiterbildungsmöglichkeiten - Vorurteile von Kollegen und Bekannten - Häufig abwechslungsarme, monotone Tätigkeiten

Spezielle gesetzliche Bestimmungen für Telearbeiter gibt es (noch) nicht. Bei einer selbständigen Tätigkeit gelten die Vorschriften über privatrechtliche Werkverträge. Für angestellte Telearbeiter gelten z. T. die Bestimmungen über Heimarbeit, die dem Arbeitnehmer die üblichen Arbeitsschutzrechte gewähren, aber sonst nicht zeitgerecht bzw. zutreffend für diese Beschäftigtengruppe sind. Gewerkschaften fordern daher Tarifverträge oder zumindest Betriebsvereinbarungen über Telearbeit. Wenn es diese nicht gibt, müssen alle regelungsbedürftigen Inhalte mit in den Arbeitsvertrag aufgenommen werden. Zusätzlich zu den üblichen Inhalten sind dies Vereinbarungen über:

- Arbeitszeitregelungen bzgl. des Einsatzes im Betrieb und im Home-Office;
- Formen der Leistungskontrolle;
- fachliche und disziplinarische Weisungsgebundenheit;
- Bestimmungen zur Einhaltung des Datenschutzes;
- Art und Umfang der Vergütung;
- Urlaubs-, Feiertags- und Krankheitsregelungen;
- Vertretungsregelungen;
- Kosten/Einrichtung des Arbeitsplatzes;
- Regelungen bzgl. der Kostenübernahme für die Datenübertragung, Telefon, Fax, Strom-, Wasser-, Heizungskosten etc.;
- die private Nutzung des Firmeneigentums;
- Versicherungsfragen;
- Regelungen über Vorgesetztenbesuche;
- Regelungen bei Beendigung des Arbeitsverhältnisses;
- Recht auf Rückkehr in ein „normales" Arbeitsverhältnis;
- Kündigungsfristen.

7.8.6 Kurzarbeit

Durch die Wirtschaftkrise sehen sich viele Unternehmen gezwungen, Personalkosten zu reduzieren. Im Rahmen des **Konjunkturpaketes II** hat die Bundesregierung deshalb Anfang des Jahres 2009 Änderungen des Kurzarbeitergeldes beschlossen, um den Unternehmen die Möglichkeit zur Weiterbeschäftigung des vorhandenen Personals zu ermöglichen. Im Mai 2009 wurden ergänzende Regelungen vereinbart, die als **Kurzarbeitergeld plus** bezeichnet werden.

Vorteil des Kurzarbeitergeldes für das Unternehmen ist die sofortige Einsparung von Personalkosten. Bei Kündigungen kommt es durch einzuhaltende Kündigungsfristen und evtl. Abfindungsansprüche erst langfristig zur Einsparung von Personalkosten.

Vorteilhaft ist auch, dass kein Mitarbeiter-Know-how verloren geht. Wenn die Konjunktur wieder anzieht, hat man dadurch einen enormen Wettbewerbsvorteil. Die Phase der Kurzarbeit kann zur Qualifizierung der Belegschaft genutzt werden. Auch dafür gibt es eine staatliche Förderung. Zudem war es in den vergangenen Jahren durch ein hohes Arbeitsvolumen nicht immer möglich, die Abläufe eines Unternehmens gründlich zu strukturieren. Jetzt kann die Zeit genutzt werden, um Arbeitsabläufe zu optimieren. Auch die Mitarbeiter sehen eher die Notwendigkeit als in Zeiten hoher Belastungen. Deren Motivation etwas zu verbessern, um den Arbeitsplatz zu erhalten, ist in einer schwierigen Lage wesentlich höher. Solche Veränderungen können z. B. durch Seminare zum Thema Change Management oder den Einsatz der Balanced Scorecard initiiert werden.

Vorteil für den Mitarbeiter ist die Erhaltung seines Arbeitsplatzes. In konjunkturschwachen Zeiten finden nur wenige Arbeitnehmer eine vergleichbare oder bessere Beschäftigung. Zudem erhält er seine sozialversicherungsrechtlichen Ansprüche. Beim Arbeitslosengeld kann es durch ein längeres Beschäftigungsverhältnis, insbesondere bei Berufseinsteigern und bei älteren Arbeitnehmern, zu einer Verlängerung der Bezugsdauer von Arbeitslosengeld führen.

Die derzeitigen gesetzlichen Regelungen zur Einführung von Kurzarbeit finden sich in §§ 169 ff. SGB III und gelten befristet bis Ende März 2012. Kurzarbeitergeld kann beantragt werden, wenn

- ein erheblicher Arbeitsausfall vorliegt, der auf einem unabwendbaren Ereignis beruht (der Arbeitgeber hat den Eintritt nicht zu verantworten), nur vorübergehenden Charakter hat und nicht vermeidbar ist;
- mindestens ein Arbeitnehmer einen Entgeltausfall von mindestens 10 % hat (frühere Drittel-Regelung ist entfallen);
- andere Mittel zur Vermeidung des Arbeitsausfalls bereits ausgeschöpft sind, z. B. der Abbau von Arbeitszeitkonten (diese müssen jedoch nicht mehr ins Minus gebracht werden);
- eine Zustimmung des Betriebsrats (§ 87 Abs. 1 Nr. 3 BetrVG) vorliegt. Über den Zeitpunkt des Beginns, den Umfang und die Neugestaltung der Arbeitszeiten sollte eine Einigung erzielt werden. Einigen sich Arbeitgeber und Betriebsrat nicht, kann die Einigungsstelle eingeschaltet werden. In Betrieben ohne Betriebsrat sind Einzelvereinbarungen zu treffen.
- der Arbeitsausfall der zuständigen Agentur für Arbeit angezeigt worden ist.

Wenn die entsprechenden Voraussetzungen erfüllt werden, gelten die folgenden Regelungen bzgl. der Leistungen der Agentur für Arbeit:

- Die maximale Bezugsdauer des Kurzarbeitergeldes beträgt 24 Monate.
- Das Kurzarbeitergeld beträgt 60 % des entgangenen Nettolohns. Arbeitnehmer mit einem Kind im Haushalt erhalten 67 %.
- Beide Lohnbestandteile – der Lohn für die tatsächlich geleistete Arbeitszeit und das Kurzarbeitergeld – werden vom Unternehmen an die Beschäftigten ausgezahlt.
- Kurzarbeitergeld kann nun auch uneingeschränkt für Leiharbeitnehmer sowie für befristet Beschäftigte beantragt werden.

- Von dem tatsächlichen Entgelt werden die Sozialversicherungsbeiträge wie üblich gezahlt.
- Grundlage für die Berechnung der Sozialversicherungsbeiträge des Kurzarbeitergeldes bildet das fiktive Entgelt. Dieses beträgt 80 % des entfallenen Lohnes.

Beispiel

Bruttolohn vor der Kurzarbeit (Sollentgelt)	3.200,00 €
Bruttolohn während der Kurzarbeit (Istentgelt)	2.200,00 €
Differenz	1.000,00 €
davon 80 % = fiktives Entgelt	800,00 €

Von den 800,00 € werden jetzt die Beiträge zur Kranken-, Pflege- und Rentenversicherung berechnet. Die Arbeitslosenversicherung braucht nicht berücksichtigt zu werden, weil es um Leistungen aus diesem Versicherungszweig geht.

- Die fälligen Sozialversicherungsbeiträge für dieses Ausfallentgelt (fiktives Entgelt) muss der Arbeitgeber zahlen. Jedoch werden ihm die Beiträge zu 50 % von der Agentur für Arbeit erstattet.
- Ab dem 7. Monat der Kurzarbeit erhalten die Arbeitgeber 100 % der Sozialversicherungsbeiträge für das Ausfallentgelt erstattet.
- Bei Weiterbildungsmaßnahmen übernimmt die Arbeitsagentur die Sozialversicherungsbeiträge zu 100 %.
- Kurzarbeit dient zur Vermeidung betriebsbedingter Kündigungen. Allerdings können auch Kurzarbeiter noch betriebsbedingt gekündigt werden, wenn die Begründung nicht auf Tatsachen beruht, die bereits zur Kurzarbeit geführt haben.

Für Arbeitnehmer sind einige Regelungen bzgl. Krankheit und Urlaub wichtig. Erkrankt ein Arbeitnehmer während der Kurzarbeit, so hat er Anspruch auf die volle Entlohnung. Auch Kurzarbeit und Urlaub dürfen nicht gemischt werden. Nimmt ein Arbeitnehmer während der Kurzarbeit Urlaub, so erhält er vom Arbeitgeber den vollen Lohn (100 %). Bei längerfristigen Erkrankungen sollte eine Einzelfallprüfung stattfinden. Auskünfte erteilt die Arbeitsagentur.

Zusätzlich fördert die Arbeitsagentur Qualifizierungskosten während der Kurzarbeit, insbesondere für gering qualifizierte und ältere Arbeitnehmer. Dabei können z. B. die Lehrgangskosten und Zuschüsse zu Fahrtkosten beantragt werden. Hier sollten Betriebe prüfen, welche Qualifizierungsmöglichkeiten für das vorhandene Personal angeboten werden (Quelle: *www.kurzarbeit-aktuell.de*, Stand: Juni 10; *www.einsatz-fuer-arbeit.de*, Stand Nov. 09).

7.9 Praxisbeispiel

Flexible Arbeitszeitmodelle

Ausgangssituation

Da die meisten Kunden kaum noch Lager haben, bestellen sie spontan Produkte, sobald sie Bedarf haben. Dadurch kommen starke Auftrags- und Produktionsschwankungen zustande (siehe folgende Abb.).

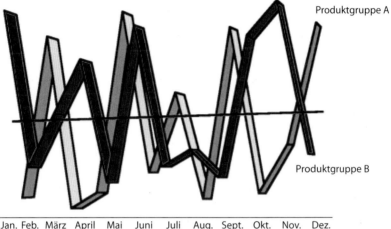

Nachfrageschwankungen über ein Jahr für 2 Produktgruppen

Ziele der Arbeitszeitflexibilisierung

Durch optimale Gestaltung der Arbeitszeitflexibilisierung können folgende Ziele erreicht werden (OLESCH 2000, S. 38):
- schnelles und flexibleres Reagieren auf Kundenaufträge;
- Reduktion der Lieferzeiten zur Erreichung von mehr Kundenzufriedenheit und -bindung;
- Kostenreduktion durch optimierte Maschinenlaufzeiten;
- Kostenverbesserung entsprechend der Auftragssituation;
- Bei Auftragsspitzen in der Arbeitsgruppe sollen Mitarbeiter über Zeitkonten verfügen, die sie entsprechend hochfahren, ohne die übliche teure Mehrarbeitsvergütung. Wenn weniger Aufträge in der Arbeitsgruppe vorhanden sind, sollen Mitarbeiter eher Freizeitausgleich nutzen, anstatt im Unternehmen zu verweilen und keine wertschöpfende Tätigkeit auszuüben;
- Kommunikation zum internationalen Kunden ausbauen;
- Mitarbeiter erhalten mehr persönliche Freiheiten durch Arbeitszeitflexibilität;

- mehr Mitarbeiterzufriedenheit;
- Sicherung der Arbeitsplätze.

Im Folgenden werden Arbeitszeitmodelle beschrieben, die eine starke Flexibilisierung zulassen. Ziel der Arbeitszeitflexibilisierung ist, Kundenaufträge in der vorgegebenen Zeit zu erfüllen. Arbeitsgruppen orientieren sich daran und teilen ihre Arbeitszeit autonom danach ein. Innerhalb der Produktion wird auch der Samstag als Arbeitstag miteinbezogen. Pro Tag werden hier in drei Schichten bis zu 9 Stunden gearbeitet. Die Mitarbeiter können +/- 140 Stunden gleiten, um so Auftragsschwankungen entsprechen zu können. Im Angestelltenbereich bestehen zwei Schichten pro Tag, in denen ein Gleitzeitrahmen bis zu 13 Stunden besteht. Die Mitarbeiter können Gleitzeitguthaben und ebenfalls +/- 140 Stunden Gleitzeitrahmen wahrnehmen. Das dritte Arbeitsgleitzeitmodell bezieht sich auf Auszubildende.

Taktische Einführungsschritte zur „atmenden" Fabrik

In dem beschriebenen Unternehmen wurde vor Einführung der Gleitzeit in der Produktion und vor der ersten Verhandlung mit Betriebsrat und Gewerkschaft seit mehreren Jahren bereits häufig samstags gearbeitet, um den Auftragseingang zu bewältigen. Zusätzlich wurde auch Personal eingestellt. In den meisten Produktionsbereichen wird im Dreischichtsystem gearbeitet. Die Betriebsnutzungszeit begann am Montag um 2 Uhr nachts, lief über die Woche bis sonntags 6 Uhr. Die Samstagsarbeit wurde dabei mit den üblichen Mehrarbeitszuschlägen bezahlt. Es galt im Unternehmen, dass die Betriebsnutzungs- und Arbeitszeit identisch waren. Daher endete die Richtarbeitszeit bereits Freitagmittag. Ab diesem Zeitpunkt galt daher Mehrarbeit, die entsprechend bezahlt wurde. Außerdem hatte der Betriebsrat monatlich sein Zustimmungsrecht wahrgenommen, Mehrarbeitsanträge erwartet und in der Regel unterschrieben.

Von der Belegschaft war es ein geringer Anteil, der samstags gearbeitet hatte, zumeist dieselben Personen. Es waren primär jüngere Mitarbeiter, die sich einen Zusatzsalär verdienen wollten. Da es immer dieselben Mitarbeiter gewesen sind, war deren Belastungen als Dauerzustand nicht tragbar. Es sollte u. a. die Samstagsarbeit auf den Schultern aller Mitarbeiter getragen werden.

Das Wesentliche bei der regelmäßigen Mehrarbeit am Samstag war, dass sich die Mitarbeiter sukzessiv daran gewöhnen konnten, an diesem Tag zu arbeiten. Es entstand so allmählich die Bereitschaft und das Bewusstsein, diesen Tag nicht mehr als „heilige Kuh" zu betrachten. Dies ist ein wichtiger Schritt bei der Einführung einer Ausdehnung der Betriebsnutzungszeit.

- **Arbeitszeitorganisation in Arbeitsgruppen**

Voraussetzung für die Realisierung von Arbeitszeitflexibilisierung sind funktionierende Arbeitsgruppen. Eine Gruppe besteht im Schnitt aus ca. 8 bis 12 Mitarbeitern, die für komplexe Aufgaben zuständig sind. Sie wird von einem Moderator koordiniert. Die Gruppe erhält den Arbeitsauftrag. Anhand dessen definiert die Gruppe, mit welchem Equipment und Personalaufwand sie den Auftrag erfüllt. Sie hat dabei ein eigenes Budget, über das sie frei verfügen kann. Oberstes Ziel ist Termintreue bei hoher Qualität und geringsten Kosten.

Urlaub und Freizeitausgleich kann der Mitarbeiter in Absprache mit der Gruppe nehmen. Sollte jemand unerwartet erkranken oder ausfallen, muss die Gruppe bestimmen, wer statt des geplanten Freizeitausgleichs arbeiten soll. In Streitfällen, die von der Gruppe sowie vom Vorgesetzten nicht beseitigt werden können, entscheidet eine kleine paritätische Kommission.

- **Projektgruppe zur Konzeption der neuen Arbeitszeitmodelle**

Es wurde eine Projektgruppe zur Konzeption des neuen flexiblen Arbeitszeitmodells gegründet. Sie bestand aus der Produktions- und Materialwirtschaftsleitung sowie der Moderation durch die Personalleitung. Es wurden bewusst die höchsten Führungskräfte eingesetzt, die ihrerseits insgesamt ca. drei Mitarbeiter der Basis zur Unterstützung einsetzten. Sie entwarfen in detaillierter Weise verschiedene Arbeitszeitmodelle. Diese wurden der Geschäftleitung präsentiert. Man einigte sich auf das hier beschriebene Modell. Dafür wurden drei Diskussionstermine über einen Zeitraum von einem Monat benötigt.

- **Verhandlungen mit Betriebsrat**

Die schwierigste Aufgabe bei Einführung der neuen Arbeitszeit waren die Verhandlungen mit der Vertretung der Arbeitnehmerseite. Die ersten Schritte zur variablen Arbeitszeit wurden in dem Unternehmen bereits 1992 getätigt. Zu diesem Zeitpunkt war die IG Metall der Arbeitszeitflexibilisierung gegenüber weniger aufgeschlossen als heute.

Es erfolgte ein kurzes Vorgespräch zwischen Betriebsrat und Personalleitung und schließlich die erste Präsentation und Diskussion mit dem Betriebsrat, der seinerseits den IG-Metall-Sekretär zur Unterstützung herbeirief. Teilnehmer waren auf Arbeitgeberseite ein Geschäftsführer, drei leitende Angestellte, Führungskräfte aus Produktion, der Leiter Materialwirtschaft und zwei Führungskräfte aus dem Personalbereich, wobei der Personalleiter die Funktion des Moderators innehatte. Von der Arbeitnehmerseite war der Betriebsratsvorsitzende sowie ein Betriebsratsmitglied und der IG-Metall-Sekretär vertreten.

Von Unternehmensseite wurde zunächst der dringende betriebswirtschaftliche Bedarf, keine Kunden zu verlieren und Arbeitsplätze zu sichern, vorgetragen. Nach Darstellung der Gründe erfolgte die Beschreibung des Arbeitszeitmodells. Die erste Verhandlung scheiterte, da Betriebsrat sowie IG Metall das Modell ablehnten. Die Einführung von Samstagsarbeit sowie Arbeit am Freitagnachmittag erzeugte eine strikt verneinende Haltung. Die Arbeitnehmervertreter begründeten ihre Haltung mit der Einschätzung, dass die Mehrheit der Mitarbeiter das Modell nicht wünsche.

Diese Meinung präsentierten sie kurze Zeit später auf der Belegschaftsversammlung. Daraufhin entstand eine Mitarbeiterreaktion, die der Betriebsrat nicht erwartet hatte. Die Belegschaft der Produktion organisierte eine Unterschriftensammlung und forderte den Betriebsrat auf, mit der Geschäftsleitung erneut über die neuen Arbeitszeitmodelle zu verhandeln. Fast 50 % der Produktionsmitarbeiter hatten mit ihrer Unterschrift diese Aufforderung unterstützt. Die Belegschaft wollte so einerseits ihre Arbeitsplätze auch für die fernere Zukunft sichern und andererseits die größere Freiheit, die die Gleitzeit ermöglicht, wahrnehmen. Dadurch musste der Betriebsrat die Initiative für neue Verhandlungen wieder ergreifen.

Durch die unerwartete Mitarbeiterreaktion waren Betriebsrat und IG Metall motiviert, sich den neuen Modellen gegenüber aufgeschlossener zu zeigen. Es wurden noch zwei Verhandlungsrunden zu je fünf Stunden benötigt, um sich auf die oben beschriebenen Arbeitszeitmodelle zu einigen. Die kompletten Verhandlungen einschließlich Untergespräche liefen über einen Zeitraum von drei Monaten. Zum Ende der Verhandlungen wurden die Betriebsvereinbarungen vom Personalressort in Absprache mit dem Betriebsrat erstellt und unterschrieben. Da noch keine konkreten Erfahrungen mit einer derart flexiblen Arbeitszeit bestanden, wurde zwischen beiden Verhandlungsparteien beschlossen, nach einem Jahr gegebenenfalls Korrekturen vorzunehmen, sollte die praktische Umsetzung der Arbeitszeitmodelle das verlangen.

■ Beteiligung der Belegschaft

Die Arbeitszeitmodelle wurden von Arbeitgeberseite zusammen mit dem Betriebsrat in kleineren Versammlungen der Belegschaft präsentiert. Da die Mitarbeiter bereits vorher Informationen u.a. durch die Belegschaftsversammlung hatten, bestand kein allzu großer Gesprächsbedarf.

Die Umsetzung und praktische Einführung der neuen Arbeitszeitflexibilisierung bedarf vieler Erklärungen, Steuerungen, Hilfen und Feedback durch die Vorgesetzten vor Ort. Das muss an dieser Stelle besonders betont werden. Hier sind viele Einzelgespräche notwendig. Schließlich muss bei Mitarbeitern und Vorgesetzten ein neues Bewusstsein gebildet werden, um die Arbeitszeitflexibilisierung positiv zu nutzen. Dies muss besonders vom Management geleistet werden.

Bei allen Maßnahmen werden die Mitarbeiter am Veränderungsprozess eines Unternehmens beteiligt, was ein wesentlicher Grundsatz in der Unternehmenskultur ist. Folgende Voraussetzungen sind unbedingt wichtig, um moderne Maßnahmen zur Unternehmensoptimierung zu erreichen:

1. Konzepte für Veränderungsprozesse sollen durch Basisvorgesetzte und nicht durch Stäbe erfolgen. Dadurch werden realistische und realisierbare Modelle entwickelt.
2. Allen betroffenen Mitarbeitern sollen Erklärungen mit volks- und betriebswirtschaftlichem Hintergrund gegeben werden, warum die beabsichtigten Maßnahmen realisiert werden müssen. Sie sollen nicht von oben angeordnet werden. Nicht anordnen, sondern überzeugen.

3. Vorteile, die der Mitarbeiter durch die Maßnahmen hat, müssen herausgearbetet und bewusst gemacht werden.
4. Die Belegschaft soll in den Entscheidungsprozess, welche Veränderungsprozesse umgesetzt werden, einbezogen werden.
5. Rechtzeitige Einbeziehung und umfangreiche Diskussionen mit dem Betriebsrat sind unbedingt notwendig.

Die geplanten Maßnahmen wurden von Unternehmensseite zusammen mit dem Betriebsrat in kleineren Versammlungen der Belegschaft präsentiert und mit ihnen diskutiert. Dadurch konnten Unklarheiten beseitigt und eine positive Einstellung sowie Motivation zur schnellen Umsetzung aufgebaut werden.

Durch die Synthese von Maßnahmen der Unternehmenskultur, flexibler Arbeitszeit, Gruppenarbeit und leistungsgerechter Vergütung wird die Effizienz eines Unternehmens deutlich erhöht. Kunden werden zufriedener und ans Unternehmen gebunden. Daraus resultiert ein Wachstum des Unternehmens, das zumeist eine Zunahme und/oder Sicherung der Arbeitsplätze erzeugt. Dadurch, aber auch durch den guten Umgang einer entsprechenden Unternehmenskultur, wird die Zufriedenheit der Mitarbeiter gestärkt. Eine optimale Win-win-Situation.

Es wurden drei verschiedene Gleitzeiten eingeführt:

1. Schichtgleitzeit: Gleitzeit in produktionsnahen Bereichen – Die klassischen Dreischichtsysteme der Produktion werden in Gleitzeiten gefahren.
2. Allgemeine Gleitzeit: Gleitzeit in nicht produktionsnahen Bereichen wie Entwicklung, Vertrieb, Einkauf, Personal etc.
3. Ausbildungsgleitzeit: Eine flexible Arbeitszeit für die Ausbildung.

Schichtgleitzeit

Das Modell der Schichtgleitzeit wird in der Produktion sowie in produktionsnahen Bereichen praktiziert. Die tarifliche wöchentliche Arbeitszeit beträgt 35 Stunden. Regelarbeitstage sind Montag bis Freitag. Der Samstag wird als flexibel einsetzbarer Arbeitstag betrachtet. Die erforderliche Betriebsnutzungszeit beträgt max. $3 \cdot 48 = 144$ Stunden. Es besteht eine gleichmäßige Verteilung der wöchentlichen Arbeitszeit auf die fünf Regelarbeitstage von Montag bis Freitag sowie als Puffer auf den Samstag bei drei Schichten im Wechsel pro Tag.

Die kalkulierte Arbeitszeit pro Tag beträgt sieben Stunden. Bei fünf Arbeitstagen pro Woche kommt die 35-Stunden-Woche zustande. Da eine klassische Schicht acht Stunden ausmacht, kann z. B. der Mitarbeiter pro Tag eine Stunde, die in sein Gleitzeitkonto geht, arbeiten. Eine Mindestarbeitszeit gibt es nicht. Der Mitarbeiter kann auch an einem Tag z. B. nur eine Stunde arbeiten oder kann während seines Achtstundentages zwischendurch z. B. für drei Stunden einen Behördengang machen. Die Möglichkeit hierfür wird von der Auftragslage determiniert und muss mit der jeweiligen Arbeitsgruppe abgestimmt sein. Die maximale Arbeitszeit darf die durch das Arbeitszeitgesetz vorgegebenen zehn Stunden pro Tag nicht überschreiten.

Das Gleitzeitkonto kann maximal plus oder minus 70 Stunden betragen. Der Mitarbeiter kann also maximal 14 Tage oder mehrere einzelne Tage sowie sogar einzelne Stunden pro Tag Freizeitausgleich in Anspruch nehmen. Voraussetzung ist, dass er sich mit der Arbeitsgruppe und dem Vorgesetzten abgestimmt hat, was in erster Linie von der zeitgerechten Bearbeitung der Kundenaufträge abhängig ist. Ob am Samstag gearbeitet wird, entscheidet die jeweilige Arbeitsgruppe nach dem erhaltenen Auftragsplan und in Absprache mit dem Vorgesetzten. Die Arbeitszeit am Samstag wird dem Zeitkonto mit dem tariflichen Zuschlag pro Stunde gutgeschrieben.

Schicht 1
Beginn der Gleitzeit Montag bis Freitag — 5:00 Uhr
Ende der Gleitzeit — 15:00 Uhr

Schicht 2
Beginn der Gleitzeit — 13:00 Uhr
Ende der Gleitzeit Montag bis Donnerstag — 23:00 Uhr
Ende der Gleitzeit Freitag — 22:00 Uhr

Schicht 3
Beginn der Gleitzeit Sonntag — 22:00 Uhr
Beginn der Gleitzeit Montag bis Donnerstag — 21:00 Uhr
Ende der Gleitzeit Montag bis Freitag — 7:00 Uhr

Es gibt für Mitarbeiter auch die Möglichkeit, Teilzeit zu arbeiten. Die Teilzeit besteht aus vier Stunden pro Tag und stellt die Hälfte der normalen Schicht dar. Es besteht dabei ein Gleitzeitrahmen von +/– 35 Stunden.

Zeitfenster für Job-Sharing in der Schichtgleitzeit

Teilzeit-Frühschicht I	6:00 Uhr … 10:00 Uhr	4 Std.	4 Std.	4 Std.	4 Std.	4 Std.	4 Std.
Teilzeit-Frühschicht II	10:00 Uhr … 14:00 Uhr / 15:00 Uhr	4 Std.	4 Std.	4 Std.	4 Std.	4 Std.	4 Std.
Teilzeit-Spätschicht I	13:00 Uhr / 14:00 Uhr … 18:00 Uhr	4 Std.	4 Std.	4 Std.	4 Std.	4 Std.	4 Std.
Teilzeit-Spätschicht II	18:00 Uhr … 22:00 Uhr / 23:00 Uhr	4 Std.	4 Std.	4 Std.	4 Std.	4 Std.	4 Std.

Gleitzeit für Angestellte

Die allgemeine Gleitzeit besteht für alle nichtproduktionsnahen Bereiche wie Vertrieb, Marketing, Entwicklung, Finanzwesen, Einkauf, Personalwesen etc. Es gibt jeweils einen Gleitzeitrahmen, der frühestes Kommen und spätestes Gehen bestimmt.

Allgemeine Gleitzeit 1 Montag bis Freitag	Gleitzeitrahmen	6:00 Uhr bis 20:00 Uhr
Allgemeine Gleitzeit 2 Montag bis Freitag	Gleitzeitrahmen	12:00 Uhr bis 22:00 Uhr
Nachtgleitzeit nur für Produktionsangestellte Montag bis Freitag	Gleitzeitrahmen	20:00 Uhr bis 6:00 Uhr

Das Gleitzeitkonto kann ebenfalls zwischen +/- 140 Stunden variieren. Die tägliche Arbeitszeit kann auch hier bis zehn Stunden pro Tag betragen. Der Mitarbeiter kann sich – je nach Auftragserfüllung und in Absprache mit Vorgesetzten und Arbeitsgruppe – Freizeitausgleich nehmen.

Gleitzeitrahmen für Angestellte

Rahmenbedingungen:
- Gleitzeit I: 6:00 – 20:00 Uhr
- Gleitzeit II: 12:00 – 22:00 Uhr
- Kernzeit: keine
- Gleitzeitkonto: +/– 140 Std.
- Abbau von Gleitzeit: nach Absprache

Gleitzeit für Auszubildende

Auch in der Ausbildung besteht Gleitzeit. Der Rahmen wurde jedoch nicht so weit gesteckt wie in den anderen Gleitzeiten. Die Zeitmodelle werden in eine technische und eine kaufmännische Ausbildungsgleitzeit unterteilt. Die technische Ausbildungszeit orientiert sich an der Schichtarbeitszeit, weil die meisten Ausbilder und Ausbildungsbeauftragten in dieser Zeit tätig sind. Dagegen lehnt sich die kaufmännische Ausbildungsgleitzeit an die allgemeine Gleitzeit an, in der die meisten Angestelltenausbilder und -beauftragten eingebunden sind.

1. **Technische Ausbildungsgleitzeit**
   Montag bis Freitag   Gleitzeitrahmen   6:00 Uhr bis 16:00 Uhr
2. **Kaufmännische Ausbildungsgleitzeit**
   Montag bis Freitag   Gleitzeitrahmen   7:00 Uhr bis 17:00 Uhr

Die Auszubildenden können über +/– 15 Stunden Freizeitausgleich verfügen, der nach Absprache mit dem Ausbilder genommen werden kann.

Flexible Pausen

Um die optimale Zeitflexibilität zu nutzen, wurde ebenfalls von festen Pausen abgegangen. Die Mitarbeiter können jederzeit und unbegrenzt Pausen wahrnehmen, wenn der Kundenauftrag es zulässt und dies mit der Arbeitsgruppe abgesprochen wurde. Um das Einnehmen von frisch zubereiteten Mahlzeiten zu ermöglichen, wurden in den Betriebsrestaurants Zeitkorridore geschaffen. Frühstück wird von 8:00 bis 10:00 Uhr und Mittagessen von 11:30 bis 14:00 Uhr ausgegeben. Natürlich können alle Mitarbeiter diese Räumlichkeiten jederzeit für Pausen unter den oben genannten Voraussetzungen wahrnehmen und Getränke sowie Snacks aus Automaten erhalten.

7.10 Check-up

7.10.1 Zusammenfassung

LEITFRAGE:
Welche Arbeiten müssen von der Personalabteilung organisiert und/oder durchgeführt werden, um Mitarbeitern, Geschäftsleitung und externen Stellen die erforderlichen Informationen ordnungsgemäß zur Verfügung zu stellen?

PERSONALENTLOHNUNG

Durchführung von Arbeitsstudien zur Bewertung der einzelnen Arbeitsplätze mit dem Ziel, eine Grundlage für eine gerechte Entlohnung zu schaffen

Durchführung der Lohnabrechnung

Erstellung von Verdienstnachweisen

Erstellung von Statistiken als Entscheidungsgrundlage

Verknüpfung von Personalführung, -beurteilung und -entlohnung in Form von Leistungskomponenten als Entgeltbestandteil mit moderner Zielvereinbarungssystematik

7 PERSONALBETREUUNG

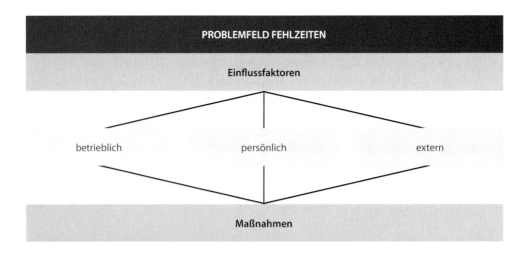

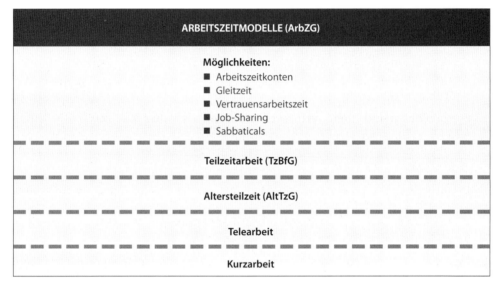

7.10.2 Aufgaben

1. Die Geschäftsleitung hat beschlossen, dass im gesamten Unternehmen „Kundenorientierung" als Leitlinie obenan stehen soll. Ihnen wurde das Projekt „Kundenorientierung im Personalmanagement" übertragen.
   a) Wer sind die Kundengruppen des Personalbereichs?
   b) Sie wollen den Mitarbeitern über das Intranet einen möglichst umfassenden Service bieten. Nennen Sie fünf Einsatzbereiche, die im Intranet dargestellt werden könnten!

2. a) Von welchen Komponenten sollte die Höhe des Festgehalts eines Mitarbeiters abhängig sein?
   b) Anhand welcher Kriterien würden Sie das Gehalt für Mitarbeiter in der EDV-Abteilung festlegen?

3. Eine Gehaltserhöhung von 100,00 € belastet den Arbeitgeber mit etwa 180,00 €, während der Mitarbeiter netto ca. 65,00 € mehr bekommt.
   a) Definieren Sie den Begriff Personalzusatzkosten!
   b) Unterscheiden Sie die Arten der Personalzusatzkosten und nennen Sie Beispiele!
   c) Welche gesetzlichen Abzüge trägt der Mitarbeiter?
   d) Erkundigen Sie sich nach den derzeitig gültigen Beitragssätzen in der Sozialversicherung!

4. Personaldaten sind streng vertraulich und somit besonders schutzbedürftig. Durch welche technischen und organisatorischen Maßnahmen kann in der Personalabteilung eine effiziente Datensicherung betrieben werden? Nennen Sie konkrete Maßnahmen!

5. In der politischen Diskussion taucht immer wieder der Begriff des gesetzlichen Mindestlohnes auf. Informieren Sie sich im Internet über den aktuellen Stand der Diskussion und nennen Sie in diesem Zusammenhang Vor- und Nachteile eines gesetzlichen Mindestlohnes für die Arbeitnehmer und Arbeitgeber!

6. Personalwirtschaftliche Kennziffern sind ein anerkanntes Steuerungsinstrument der betrieblichen Personalarbeit.
   a) Nennen Sie typische Themenbereiche!
   b) Erläutern Sie den Nutzen, den man aus aktuellen Kennziffern ziehen kann!
   c) In der Unternehmenspolitik ist das Benchmarking ein wesentliches Instrument zur Wettbewerbsanalyse. Erklären Sie den Begriff und beschreiben Sie drei Anwendungsbereiche im Personalwesen!

7. Die Mitarbeiterbefragung ist in der unternehmerischen Praxis ein wesentliches Instrument zur Weiterentwicklung des Unternehmens.
   a) Nennen Sie möglichst viele Themenbereiche, die im Rahmen einer solchen Befragung thematisiert werden können!
   b) Nennen Sie Ziele, die mit der Erfassung der Informationen verbunden sein können!

c) Erläutern Sie Grundregeln, die bei Mitarbeiterbefragungen zu beachten sind!
d) Welche Kriterien würden Sie zur Beurteilung des Betriebsklimas heranziehen?

8. In einem Unternehmen mit 250 Beschäftigten sieht der Altersaufbau folgendermaßen aus:

Alter	21 – 25	26 – 30	31 – 35	36 – 40	41–45	46–50	51–55	56 – 60	61–65
Anzahl der Personen	12	28	40	39	35	29	42	19	6

a) Stellen Sie den Altersaufbau grafisch dar!
b) Welche Rückschlüsse für die Personalarbeit ergeben sich, wenn künftig von einem unveränderten Personalbedarf ausgegangen wird?

9. Im Unternehmen besteht grundsätzlich Einvernehmen darüber, dass die Reduzierung von Fehlzeiten eine gemeinsame Aufgabe von Führungskräften, Betriebsrat und Mitarbeitern ist.

Erstellen Sie eine Checkliste, die bei betrieblichen Überlegungen zur Fehlzeitenreduzierung herangezogen werden sollte!

10. Das Rückkehrgespräch (Fehlzeitengespräch) wird als Möglichkeit zum Abbau von Fehlzeiten angesehen.
    a) Begründen Sie diese Auffassung!
    b) Entwickeln Sie Ansatzpunkte, die Vorgesetzten als Gesprächsfaden bei einem Rückkehrgespräch dienen können!
    c) Nennen Sie weitere wirkungsvolle Mittel zur Senkung des Krankenstandes!

11. Der Personalbereich eines Unternehmens mit 1.600 Mitarbeitern ist unterteilt in die Funktionsbereiche: Personalabrechnung, Personalplanung, Personalbetreuung und Personalentwicklung einschließlich Ausbildung. In anderen Unternehmensbereichen gibt es Mitarbeiter mit Telearbeitsplätzen.
    a) Erläutern Sie mögliche Tätigkeiten aus den aufgeführten Bereichen, die auch zu Hause ausgeübt werden könnten!
    b) Welche Nachteile könnten die Unternehmensleitung und die Mitarbeiter befürchten?

12. Sie sind Personalleiter in einem Unternehmen, das Gartenmöbel herstellt. Durch Arbeitszeitstudien wurde festgestellt, dass die Mitarbeiter der Fertigung in den Monaten Mai, Juni, Juli eines jeden Jahres bis zu 150 %, in den übrigen Monaten nur 75 % ausgelastet sind. Bisher wurde der erhöhte Arbeitsanfall durch bezahlte Mehrarbeit (+ 25 % Zuschlag) aufgefangen.

Erarbeiten Sie unter Berücksichtigung des Arbeitszeitgesetzes Vorschläge, wie die Personalauslastung zukünftig ausgeglichen gestaltet und insbesondere die bezahlte Mehrarbeit vermieden werden kann!

13. In der Presse wird immer wieder über die Vorteile von Teilzeitarbeit berichtet. Dennoch gibt es in der Realität der Arbeitswelt offenbar ein nur geringes Interesse von Mitarbeitern an einer Beschäftigung in Teilzeit.

a) Welcher Grund spricht aus der Sicht des Unternehmens für die Förderung von Teilzeitarbeit?

b) Welche Gründe könnte das geringe Interesse von Mitarbeitern an Teilzeitbeschäftigung haben?

c) Welche Möglichkeiten haben Unternehmen, entsprechenden Vorbehalten der Mitarbeiter entgegenzuwirken?

14. Nennen Sie die Vorteile einer Flexibilisierung der Arbeitszeit
    a) aus Sicht des Unternehmers;
    b) aus Sicht der Arbeitnehmer!

15. In welchen Bereichen eines Unternehmens ist die Flexibilisierung der Arbeitszeit besonders sinnvoll?

7.10.3 Literatur

DIHK (Hrsg.): Individuell und flexibel – Wettbewerbsfaktor Arbeitszeitgestaltung. Ergebnisse einer DIHK-Unternehmensbefragung Herbst 2004, www.ihk-nord-westfalen.de/initiative/Gindata/Gesamtfassung_Individuell_und_flexibel_Broschuere.pdf [17.10.2005].

Grau, A.: Befristete Beschäftigung: Jeder elfte Vertrag hat ein Verfallsdatum, Statistisches Bundesamt, www.destatis.de vom 16.03.2010.

Hopfenbeck, W.: Allgemeine Betriebswirtschafts- und Managementlehre, Verlag Moderne Industrie, Landsberg 1993.

IWD: Schriften des Instituts der deutschen Wirtschaft, Köln.

Nolden, R./Körner, P./Bizer, E.: Management im Industriebetrieb, Bildungsverlag EINS, Troisdorf 2008.

Olesch, G.: Flexible Arbeitszeiten als Zukunftssicherung, in: Angewandte Arbeitswissenschaften, 3/2000, S. 36–49.

Olesch, G.: Zielvereinbarung und variable Vergütung, in: Entgelt gestalten, Wirtschaftsverlag Bachem, 2001.

Olesch, G.: Mens sana in corpore sano, in: HR Services, 12/2005.

REFA: Methodenlehre des Arbeitsstudiums, Teil 2, Darmstadt 1974.

Stopp, U.: Betriebliche Personalwirtschaft, Expert-Verlag, Renningen 2006.

Torka, W.: Leistungsorientiertes Vergütungssystem, in: Personal, 7/1995.

Welslau, D.: Neuregelungen zur Teilzeitarbeit, in: Personalwirtschaft, 2/2001.

8 Betriebliche Sozialpolitik

8.1 PREVIEW

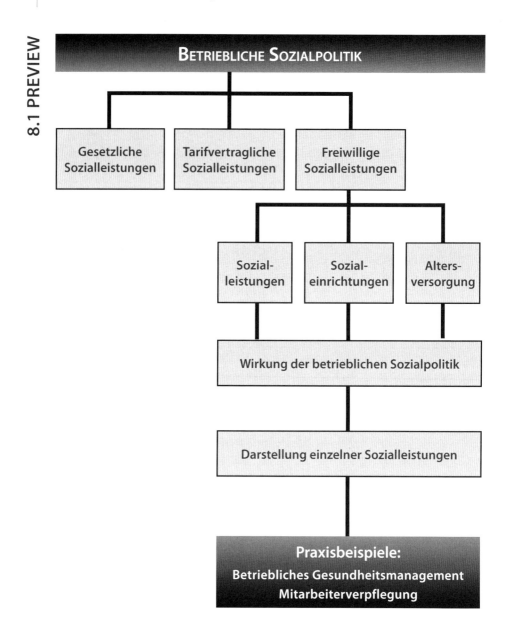

Der Bereich des betrieblichen Sozialwesens umfasst alle sozialen Leistungen des Arbeitgebers, ihre Verwaltung sowie Planung, Organisation und Kontrolle.

Soziale Leistungen erbringt der Arbeitgeber, ohne dafür eine unmittelbare Gegenleistung des Arbeitnehmers zu bekommen. Das Spektrum der Leistungen ist breit gefächert. Es hängt ab von gesetzlichen Bestimmungen und tarifvertraglichen Regelungen. Je mehr im Tarifvertrag geregelt wird, desto kleiner wird der Handlungsspielraum eines einzelnen Arbeitgebers, z. B. bezüglich der Zahlung von Weihnachtsgeld.

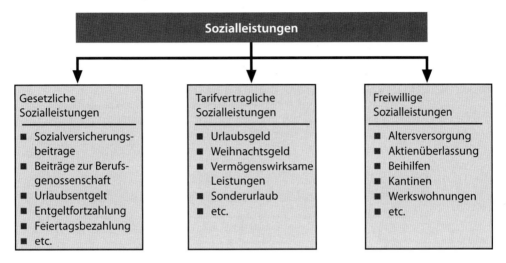

Einflussfaktoren auf den Umfang von Sozialleistungen sind das Verhalten der Konkurrenz, die Mitarbeiterwünsche, die finanzielle Situation des Unternehmens, die sozialpolitische Einstellung der Firmenleitung und die gegenwärtige Situation auf dem Arbeitsmarkt. Im Folgenden werden die typischen freiwilligen Leistungen des Arbeitgebers beschrieben, da hierauf direkte Einwirkungsmöglichkeiten bestehen.

8.2 Ziele und Motive der betrieblichen Sozialpolitik

Mit der Gewährung freiwilliger sozialer Leistungen verfolgt der Arbeitgeber verschiedene Ziele. So möchte er z. B.:
- die Leistung der Mitarbeiter anerkennen;
- die Motivation steigern;
- die Einsatzbereitschaft stärken;
- das Integrationsbewusstsein fördern;
- das Image des Unternehmens steigern;
- die Identifikation mit dem Unternehmen stärken;
- das Betriebsklima verbessern;
- eine Produktivitätssteigerung erreichen;

- eine Qualitätsverbesserung erzielen;
- die Fluktuation senken;
- die Fehlzeiten senken;
- eine Steuerminderung erreichen.

Um die genannten Zielsetzungen zu erreichen, ist darauf zu achten, dass der Mitarbeiter die erbrachten Leistungen akzeptiert und anerkennt. Gleichermaßen ist zu beachten, dass der Aufwand für das Unternehmen dauerhaft finanzierbar ist. Daher sollten die betrieblichen Sozialleistungen regelmäßig überarbeitet werden, um die notwendige Aktualität zu gewährleisten.

8.3 Bereiche der betrieblichen Sozialpolitik

Der Bereich der betrieblichen Sozialpolitik umfasst nicht nur monetäre Leistungen für den Mitarbeiter. Auch soziale Einrichtungen oder die betriebliche Altersversorgung, die sich erst nach vielen Jahren finanziell auswirkt, fallen in diesen Bereich.

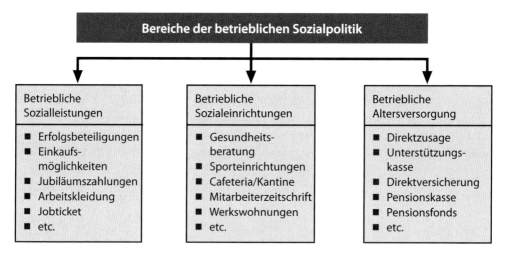

Von den genannten Leistungen werden das betriebliche Gesundheitsmanagement, die Modelle der Altersversorgung und die Erfolgs-/Kapitalbeteiligungen noch näher beschrieben.

Eine Form, die hier nicht präzise einzuordnen ist, ist das sogenannte „Cafeteria-System" oder „Cafeteria-Modell". Hier bekommen Mitarbeiter Punkte. Mit diesen Punkten können sie aus einem Katalog von Sozialleistungen diejenigen auswählen, die für sie persönlich am besten geeignet sind. Bei besonderen Leistungen können weitere Punkte von den Abteilungsleitern oder der Unternehmensleitung vergeben werden.

8.4 Wirkung der Sozialpolitik

Die betriebliche Sozialpolitik wirkt innerhalb und außerhalb des Unternehmens.

Wirkung der Sozialpolitik	
Innenwirkung	Außenwirkung
Die wichtigste Rolle spielt hier die Motivation der Mitarbeiter, um auf diesem Weg eine Steigerung der Leistungsfähigkeit und Leistungsbereitschaft zu erreichen. Als weitere Stichworte können hier die Bindung an das Unternehmen und eine Vermeidung von Fehlzeiten genannt werden.	Hier ist die Steigerung der Attraktivität für Bewerber als vorrangiges Ziel zu nennen. Kritiker sprechen allerdings von „goldenen Fesseln". Ferner wird die Wettbewerbsfähigkeit am Markt verbessert. Zusätzlich wird in der Öffentlichkeit und bei den Mitarbeitern eine Imageverbesserung erreicht.

8.5 Betriebsrat und Sozialpolitik

Fragen der Mitbestimmung bei Sozialeinrichtungen sind in §87 Abs.1 des BetrVG geregelt. Der Betriebsrat hat ein volles Mitbestimmungsrecht bei Form, Ausgestaltung und Verwaltung von Sozialeinrichtungen. Deshalb ist es sinnvoll, bei der Errichtung von Sozialeinrichtungen Betriebsvereinbarungen abzuschließen.

Nach dreimaliger ununterbrochener, vorbehaltloser Zahlung werden Sozialleistungen zur betrieblichen Übung bzw. zum Gewohnheitsrecht. Dies lässt sich durch den sogenannten Widerrufsvorbehalt ausschließen.

8.6 Betriebliches Gesundheitsmanagement

„Mens sana in corpore sano." Die meisten werden diesem Satz zustimmen. Denn wenn Menschen gesund und fit sind, werden sie auch als Mitarbeiter eines Unternehmens in der Lage sein, Spitzenleistungen zu erbringen. Gesundheitsfragen haben heute eine ausgeprägte mediale Präsenz. Es gibt zahllose Zeitschriften und Fernsehsendungen über Fitness und Gesundheit, die sich eines großen Interesses beim Publikum erfreuen. Trotz dieses offensichtlichen Bedarfs ihrer Mitarbeiter bieten deutsche Unternehmen zu diesem Themenbereich nur wenig an. Wenn Betriebe in Zukunft erfolgreich sein wollen, müssen sie jedoch ihr nicht bilanziertes, aber dennoch höchstes Kapital – den Menschen und seine Gesundheit – stärker fokussieren. Die HR-Abteilungen müssen Konzepte zum Thema Work-Life-Balance entwickeln und ausbauen. Dazu gehört eine Ausgewogenheit von Arbeit, Gesundheit und persönlicher Lebenserfüllung.

Work-Life-Balance ist demnach als Begriff für alle Maßnahmen zu verstehen,
- die eine Ausgewogenheit zwischen beruflichem und privatem Leben erzeugen,
- die psychische und physische Gesundheit stärken und
- die letztendlich zum Leistungserhalt sowie zur Leistungssteigerung des Mitarbeiters beitragen.

8.6.1 Gründe für den Ausbau des betrieblichen Gesundheitsmanagements

Es gibt wichtige Gründe für die Entwicklung und den Ausbau von Work-Life-Balance-Modellen:

1. Die deutsche Bevölkerung wird immer älter. Je höher die Jahre eines Menschen, umso höher ist das Risiko, seine physische und psychische Fitness einzubüßen oder zu erkranken. Das schlägt sich in geringerer Leistungsfähigkeit und höherem Krankenstand im Unternehmen nieder – und kostet dem Unternehmen somit viel Geld. Mitte bis Ende der vierten Lebensdekade steigt der Krankenstand besonders aufgrund von Muskel- und Skeletterkrankungen, und zwar um 1,8 %. Mitte bis Ende des fünften Lebensjahrzehnts steigt die Arbeitsunfähigkeitsrate aus dem gleichen Grund sogar um 4,6 %. Ein ebenfalls signifikanter Anstieg ist bedingt durch Erkrankungen des Herz-Kreislauf-Systems (vgl. die folgende Abb.).

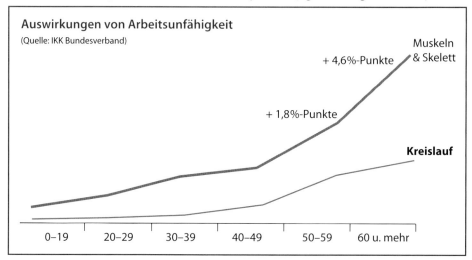

Hier helfen nur präventive Maßnahmen, um den Krankenstand in Zukunft nicht weiter wachsen zu lassen. Daher ist Gesundheitsförderung durch das Unternehmen neben dem traditionellen betriebsärztlichen Dienst sowie der Arbeitssicherheit notwendig. Dadurch lassen sich die Krankenstände auf einem verträglichen Niveau halten.

Davon profitieren mehrere Beteiligte:
- Der Mitarbeiter hat einen Vorteil, indem er seine Gesundheit fördert und Krankheitsrisiken reduziert.
- Kosten für Staat, Sozialversicherer und Unternehmen werden gesenkt.
- Mitarbeiter und Mitarbeiterinnen werden durch solch eine Management- und Unternehmenskultur an das Unternehmen gebunden und zusätzlich motiviert.

2. Der arbeitende Mensch hat private Bedürfnisse, die höchst unterschiedlich sein können. Die meisten erwachsenen Menschen haben drei Lebensinhalte: Arbeit, Familie und Freizeitinteressen. Ihre private Situation übt stets einen starken Einfluss auf ihr berufliches Leistungsvermögen aus. Wenn ein Mitarbeiter das

Werksgelände betritt, bringt er neben seiner Arbeitskraft seine Sorgen und Nöte mit. Wenn ein Unternehmen keine Möglichkeiten entwickelt, den Einklang zwischen beruflichen und privaten Interessen seiner Mitarbeiter zu unterstützen, wird durch unzureichende Leistung ein finanzieller und motivationsmäßiger Nachteil entstehen. Daher ist es notwendig, als modernes Unternehmen Arbeitszeitmodelle anzubieten, die die Leistungsfähigkeit der Mitarbeiter steigern und durch die sich ihre privaten Interessen realisieren lassen (vgl. Kap. 7.9).
3. High-Potentials haben Ansprüche an einen Arbeitgeber. Sie wollen gute Entwicklungsmöglichkeiten, hohe Eigenverantwortung, abwechslungsreiche Tätigkeiten und ihre privaten Bedürfnisse erfüllen können, um ihre Leistungsfähigkeit voll zur Geltung zu bringen. Um gute Mitarbeiter zu binden und zu gewinnen, ist eine Work-Life-Balance-Strategie notwendig.
4. Sobald die westliche Wirtschaft aus ihrem konjunkturellen Dornröschenschlaf aufwacht, wird der Arbeitsmarkt wieder in Bewegung kommen. Dann wird Work-Life-Balance ein Imagefaktor sein, um als attraktiver Arbeitgeber zu gelten. Die HR-Abteilung sollte heute Konzepte entwickeln, um morgen erfolgreich zu sein.

Vom Ausbau des betrieblichen Gesundheitsmanagements unter Berücksichtigung der Work-Life-Balance profitieren also sowohl das Unternehmen als auch seine Mitarbeiter – eine Win-win-Situation wird erreicht. Im Folgenden wird ein prämiertes Unternehmenskonzept zum Gesundheitsmanagement dargestellt.

8.6.2 Praxisbeispiel

Betriebliches Gesundheitsmanagement

Ziele und Maßnahmen des Gesundheitsmanagements (Health Management)

Ein Element der Unternehmenskultur des vorgestellten Unternehmens lautet: „Unsere Unternehmenskultur fördert Vertrauen und die Entwicklung der Mitarbeiter zum Erreichen vereinbarter Ziele". Unter Entwicklung der Mitarbeiter wird neben klassischen fachlichen sowie verhaltensorientierten Maßnahmen wie Trainings, Coaching, Job-enrichment usw. auch die gesundheitliche Verfassung betrachtet. Drei Aspekte stehen dabei im Vordergrund:

- sportliche Aktivitäten und Trainings;
- Stressbewältigungstraining;
- Ernährungsberatung.

Um ein optimales Health Management einzuführen und aufrechtzuerhalten, sind einige finanzielle Mittel notwendig. Bei angespannten wirtschaftlichen Situationen müssen intelligente Lösungen gefunden werden, um eine Kostensteigerung der HR-Abteilung möglichst gering zu halten. Aus diesem Grund hat das Personalmanagement des Unternehmens den Schulterschluss mit den **Krankenkassen** gesucht. Diese sind daran interessiert, Prävention zu betreiben, was unter dem Strich günstiger ist, als hohe Kosten für Therapien bei Erkrankten und bei deren Rehabilitation zu tragen. Ein Krankenkassenmitglied, das auch im höheren Alter gesund ist, entlastet das Budget der Krankenkassen ungemein. Daher wurde das Health Management unter Federführung des Personalmanagements, speziell dem betriebsärztlichen Dienst, und den Krankenkassen gemeinsam erarbeitet. Dadurch waren Letztere bereit, einen Großteil der Kosten zu übernehmen.

Weiterhin wurde ein professioneller **Gesundheitsdienstleister** für die Umsetzung der Maßnahmen zum Health Management ausgewählt. Es handelte sich um ein Staatsbad, das seinerseits wegen der gegenwärtig geringen Auslastung sehr an dem Projekt interessiert war. Das Staatsbad besitzt professionelle Erfahrung auf dem Gebiet der Gesundheitsdienstleistung. Es schuf eine betriebsnahe Sportstätte und stellte technische Geräte sowie Trainer zur Verfügung.

Die folgende Abbildung zeigt das Zusammenwirken aller Beteiligten am Health Management:

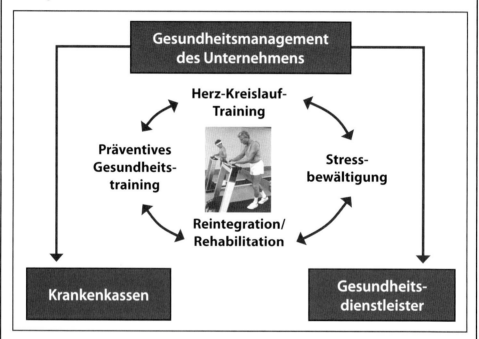

Als **gesundheitsfördernde Aktivitäten** werden angeboten:
- Fitness-Check-up;
- Bewegung durch präventives, individuell ausgerichtetes Fitness-Training:
  - Herz-Kreislauf-Training;
  - Muskeltraining;
- Entspannung durch autogenes Training;
- Ernährungsberatung.

> **Partizipation der Belegschaft bzw. der „Kunden"**
>
> Um Gesundheitsmanagement erfolgreich zu gestalten, ist es unbedingt notwendig, die potenziellen „Kunden", also die Mitarbeiter, zu befragen, in welcher Form sie sich an Gesundheitsmaßnahmen beteiligen würden. In einem **Fragebogen** wurden die Fitnessaktivitäten beschrieben, die angeboten werden sollen. Die überwältigende Beteiligung sowie die Antworten bewiesen, wie groß das Interesse der Mitarbeiter am Gesundheitsmanagement ist. Über ein Drittel der Belegschaft teilte mit, dass es an den Aktivitäten teilnehmen wird. Von diesem Drittel bevorzugten 50 % das Bewegungstraining, 30 % das Entspannungstraining und 20 % die Ernährungsberatung. Die Mitarbeiter teilten ebenfalls mit, dass sie mehrheitlich ein- bis zweimal die Woche trainieren werden. Dabei würden sie sich sogar finanziell mit 10,00 bis 25,00 pro Monat beteiligen. Durch **finanzielle Partizipation der Mitarbeiter** und der Krankenkassen konnte das Gesundheitsmanagement für das Unternehmen letzten Endes kostenneutral realisiert werden.
>
> Das Gesundheitszentrum wurde aus drei Quellen finanziert:
> - 42 % zahlten jeweils die Krankenkassen und das Unternehmen;
> - 16 % zahlten die Mitarbeiter, was einem monatlichen Beitrag von 10,00 entsprach – eine verträgliche Summe, die dazu geführt hat, dass alle Erwartungen durch die rege Teilnahme übertroffen wurden.
>
> **Fazit**
>
> Das eingeführte Gesundheitsmanagement trägt zur Fitness der Belegschaft und somit auch zum Unternehmenserfolg bei. Prävention und Krankenstandsenkung sind dabei genauso positive Konsequenzen wie die Attraktivitätssteigerung des Unternehmens als Arbeitgeber.

8.7 Betriebliche Altersversorgung

Mit Einführung der sogenannten „Riester-Rente" hat die betriebliche Altersversorgung eine neue Bedeutung erlangt. Jeder sozialversicherungspflichtig beschäftigte Arbeitnehmer hat das Recht, bis zu vier Prozent seines Bruttoeinkommens bis zur Beitragsbemessungsgrenze in der Rentenversicherung steuerfrei zur betrieblichen Altersversorgung verwenden zu dürfen. Ein Nachteil ist, dass der Arbeitgeber die Anlageform auswählen bzw. vorschreiben darf. Ein weiterer Nachteil für die Arbeitnehmer ist, dass das künftige Leistungsniveau der gesetzlichen Rentenversicherung deutlich absinkt. Die wichtigsten gesetzlichen Voraussetzungen für die Gestaltung einer betrieblichen Altersrente wurden schon 1974 im Gesetz zur Verbesserung der betrieblichen Altersversorgung festgelegt. Dort findet man unter anderem die folgenden Punkte:

> **Eckpunkte der betrieblichen Altersversorgung**
>
> **Unverfallbarkeit**
>
> Pensionsanwartschaften bleiben unter bestimmten Bedingungen auch dann bestehen, wenn der Arbeitnehmer vorzeitig aus dem Unternehmen ausscheidet.
>
> **Anpassungspflicht**
>
> Der Arbeitgeber hat die Versorgungsleistungen alle drei Jahre zu überprüfen und an die wirtschaftliche Entwicklung anzupassen.
>
> **Auszehrungsverbot**
>
> Die vereinbarten Leistungen dürfen nicht dadurch geschmälert werden, dass die Sozialversicherungsrente und andere Versorgungsbezüge auf die Versorgungsleistungen angerechnet werden.
>
> **Insolvenzsicherung**
>
> Kann der ursprüngliche Versorgungsträger seinen Leistungsverpflichtungen infolge einer Insolvenz nicht mehr nachkommen, so tritt der in diesem Zusammenhang gegründete Pensionssicherungsverein an seine Stelle.
>
> **Flexible Altersgrenze**
>
> Nimmt ein Arbeitnehmer das ihm im Rahmen der flexiblen Altersgrenze vor Vollendung des 65. Lebensjahres aus der gesetzlichen Rentenversicherung zustehende Altersruhegeld in Anspruch, so kann er verlangen, dass ihm auch die Leistungen der betrieblichen Altersversorgung vorzeitig gewährt werden.

In der Praxis finden sich fünf Durchführungsmodelle, die zum Teil auch noch Varianten bieten. Welches der Modelle am besten für den Mitarbeiter geeignet ist, kann nicht pauschal gesagt werden. Die Modelle unterscheiden sich dadurch,

- ob eine Eigenleistung der Arbeitnehmer möglich ist;
- ob ein Rechtsanspruch der Arbeitnehmer auf eine bestimmte Leistung besteht;
- welche Auswirkungen auf die Einkommen-/Körperschaftsteuer für den Arbeitgeber auftreten;
- welche Auswirkungen zu welchem Zeitpunkt auf die Einkommensteuer des Arbeitnehmers auftreten;
- welche Auswirkungen sozialversicherungsrechtlicher Art bedeutsam sind (SPARKASSENVERBAND 2002, S. 7).

▶ Direktzusage

Bei der Direktzusage, auch Pensionszusage genannt, sichert der Arbeitgeber dem Arbeitnehmer vertraglich die Zahlung einer Versorgungsleistung (Rente oder Kapitalzahlung) nach Eintritt in den Ruhestand zu. Der Arbeitgeber bildet dafür nach versicherungsmathematischen Grundsätzen in der eigenen Bilanz Pensionsrückstellungen, die sich steuermindernd auswirken. Der Arbeitnehmer beteiligt sich i. d. R. nicht, hat aber theoretisch die Möglichkeit, durch eine Entgeltumwandlung die Zusage zu erhöhen. Aufgrund des hohen Verwaltungsaufwands, insbesondere bei der späteren Auszahlung, ist das Modell eher für große Unternehmen geeignet. Bei der späteren Rentenzahlung unterliegen die Betriebsrenten der vollen Steuerpflicht. Sie sind außerdem nicht „riesterfähig", d. h. der Arbeitnehmer erhält keine staatlichen Zulagen (LASE/STEIN 2004, S. 319).

▶ Unterstützungskasse

Hier verspricht der Arbeitgeber den Mitarbeitern eine Altersversorgung, auf die aber kein Rechtsanspruch besteht. Träger ist eine rechtlich selbstständige Versorgungseinrichtung, die von einem oder mehreren Unternehmen getragen und dotiert wird. Als Variante kann die Unterstützungskasse für ihre Versorgungsberechtigten Lebensversicherungsverträge als Sicherheit für die späteren Leistungen abschließen.

Da bei der Direktzusage und der Unterstützungskasse der Arbeitgeber die Beiträge zahlt, gibt es für den Arbeitnehmer keine staatliche Förderung in Form von Zulagen oder Sonderausgabenabzug.

▶ Direktversicherung

Das Unternehmen schließt als Versicherungsnehmer zu Gunsten seines Arbeitnehmers eine Kapitallebens- oder Rentenversicherung bei einer Versicherungsgesellschaft ab. Diese Versicherung muss auf ein Endalter von 60 Jahren abgeschlossen werden und eine Laufzeit von mindestens 12 Jahren haben (vgl. LASE/STEIN 2004, S. 322). Dieses Modell wird von kleineren Firmen bevorzugt, da es nur mit geringem Verwaltungsaufwand verbunden ist. Für den Arbeitnehmer ist eine Entgeltumwandlung möglich. Bei Verträgen bis zum Jahr 2005 gab es dabei eine Möglichkeit der pauschalen Versteuerung. Neuere Verträge bleiben in bestimmten Grenzen steuerfrei, z. B. sind es im Jahr 2010 2.640,00 €. Auf die Auszahlungen aus einer Direktversicherung sind Sozialbeiträge für die gesetzliche Krankenkasse und Steuern zu entrichten. Da im Rentenalter der Steuersatz voraussichtlich niedriger sein wird als während der ausgeübten Berufstätigkeit, ist im Allgemeinen mit einem weiteren Steuervorteil zu rechnen. Als Vorteil kann weiterhin genannt werden, dass der Arbeitnehmer bei einem Wechsel des Arbeitsplatzes den Vertrag mit zu seinem neuen Arbeitgeber nehmen kann.

▶ Pensionskasse

Die Pensionskasse ähnelt der Direktversicherung, wobei die Lebensversicherungsgesellschaft in diesem Fall eine rechtlich selbstständige Altersversorgungseinrichtung ist. Sie wird vom Unternehmen selbst oder mehreren Unternehmen zusammen getragen und unterliegt der Versicherungsaufsicht. Die Beiträge zahlt der Arbeitgeber ein. Der Arbeitnehmer kann sich daran beteiligen und die staatliche Förderung erhalten.

▶ Pensionsfonds

Bei Pensionsfonds handelt es sich um ein neues Modell der betrieblichen Altersversorgung, das es seit dem Jahr 2002 gibt. Das Unternehmen beauftragt eine rechtlich selbstständige Einrichtung, die ähnlich wie Pensionskassen und Versicherungen der Versicherungsaufsicht unterliegt. Der Pensionsfond verfügt jedoch bei der Kapitalanlage über mehr Flexibilität, da er in der Auswahl der Geldanlage frei ist. Die Beiträge zahlt der Arbeitgeber ein. Die Beschäftigten haben die Möglichkeit, sich durch Entgeltumwandlung daran zu beteiligen und die staatliche Förderung zu erhalten. Beim Pensionsfond ist festgelegt, dass er die Versorgungsberechtigten schriftlich darüber informieren muss, ob und wie er ethische, soziale und ökologische Belange bei der Verwendung der eingezahlten Beiträge berücksichtigt. Der Pensionsfonds zahlt lebenslange Altersrenten, die beim Tod des Anspruchsberechtigten normalerweise entfallen. Darum sollte zusätzlich eine Hinterbliebenenversorgung vereinbart werden.

8.8 Betriebliche Erfolgsbeteiligungen

Eine leistungsabhängige Variante von Sozialleistungen ist die betriebliche Erfolgsbeteiligung. Als Bemessungsgrundlage sind drei Kriterien möglich:

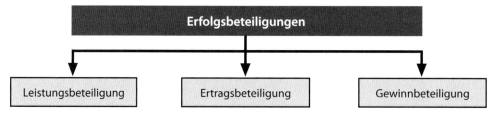

▶ Leistungsbeteiligung

Bei der Leistungsbeteiligung steht eine Steigerung der Gesamtleistung aller Mitarbeiter oder der Mitarbeiter einer bestimmten Abteilung im Vordergrund. Als Berechnungsgrundlage können die Produktionsmengen, die Produktivität oder eine Kostenersparnis herangezogen werden. Produktionsmengen und Arbeitsproduktivität sind recht einfach zu berechnen. Übersteigt die tatsächliche Leistung die Normalleistung, so kann nach einem zuvor festgelegten Schlüssel eine Zahlung erfolgen. Bei der Kostenersparnis werden die Sollkosten vorgegeben und mit den entstandenen Istkosten verglichen. Liegen die Istkosten unter den Sollkosten, so erhalten die Mitarbeiter Teile der Ersparnis ausgezahlt. Obwohl dieses Modell in der Praxis häufig angewandt wird, ist es problematisch. Einige Kosten sind von den Mitarbeitern nicht zu beeinflussen und weiterhin ist fraglich, ob jahrelang eine Kostenersparnis erreicht werden kann, ohne Qualitätsverluste befürchten zu müssen.

▶ Ertragsbeteiligung

Bei der Ertragsbeteiligung wird der Erfolg des Unternehmens am Markt gemessen. Grundlage können die Verkaufserlöse, die Wertschöpfung oder der Nettoertrag des Unternehmens sein. Hier fällt den Mitarbeitern eine Rückkopplung auf ihre eigene Leistung schwerer.

▶ Gewinnbeteiligung

Bei der Gewinnbeteiligung erhalten die Mitarbeiter Zahlungen aus dem Bilanzgewinn, dem Ausschüttungsgewinn oder dem Substanzgewinn des Unternehmens. Da aus steuerlichen Gründen der Gewinn eines Unternehmens bewusst niedrig gehalten wird, fehlt Mitarbeitern gelegentlich die Transparenz des Verfahrens. So ist es schon ein Unterschied, ob man zur Berechnung den Handelsbilanz- oder den Steuerbilanzgewinn heranzieht. Der Mitarbeiter erkennt häufig auch nicht den Zusammenhang seiner eigenen Arbeitsleistung und dem erzielten Gewinn. Für das Unternehmen liegt der Vorteil darin, dass in Verlustjahren keine Zahlungen geleistet werden müssen.

8.9 Beteiligung am Unternehmenskapital

Eine weitere Möglichkeit sozialer Leistungen stellt die Beteiligung der Mitarbeiter am Unternehmensvermögen dar. Auf diesem Wege soll sich der Arbeitnehmer als Miteigentümer des Unternehmens verstehen und so verantwortungsbewusster mit den zur Verfügung stehenden Ressourcen umgehen. Die Beteiligung am Kapital kann kostenfrei oder verbilligt an den Arbeitnehmer übertragen werden. Mögliche Formen der Beteiligung sind:

- Belegschaftsaktien;
- stille Beteiligungen;
- Mitarbeiterdarlehen;
- Genussrechte;
- GmbH- oder KG-Beteiligungen;
- Genossenschaftsbeteiligungen.

Am größten ist die Zahl der Mitarbeiter, die in Form von Aktien am Unternehmen beteiligt werden. Der Vorteil ist die einfache Handhabung für beide Seiten. Der Arbeitgeber braucht kein Kapital aufzubringen und gefährdet seine Liquidität deshalb nicht. Der Arbeitnehmer kann seine Aktien, nach einer zumeist festgelegten Sperrfrist, zu einem beliebigen Zeitpunkt wieder verkaufen. Die Beteiligung über Aktien bietet außerdem diverse Gestaltungsmöglichkeiten: Die Abgabe der Aktien kann kostenlos, statt einer finanziellen Zuwendung erfolgen, die Aktien könnten verbilligt abgegeben werden, es kann sich um stimmrechtslose Aktien handeln usw. Die Bundesregierung erwägt hierzu gesetzliche Regelungen zur Festlegung eines sogenannten **„Investivlohns"**.

8.10 Praxisbeispiel

Mitarbeiterverpflegung

Ausgangssituation

Die deutsche Industrie steht unter starkem Kostendruck. Durch die Öffnung des Ostens und die Globalisierung der Märkte ist sie in diese Situation gekommen. Ein stetiger Preisverfall ist gegeben. Dieser lässt zwar Spielraum für Investitionen von Produktionsanlagen etc., aber weniger für soziale Aspekte. Gerade Einrichtungen wie Kantinen, Betriebsrestaurants, Sozialräume etc. fallen dem Rotstift zum Opfer oder werden zumindest finanziell stark eingeschränkt. In welcher Stärke der Rotstift angesetzt wird, ist jedoch nicht ausschließlich von der finanziellen Situation eines Unternehmens abhängig, sondern auch von der Unternehmenskultur, die das Management praktiziert (OLESCH 2000, S. 59).

Unternehmenskultur führt auch zu der Initiative, Sozialräume wie Kantinen und Pausenräume zu optimieren. Einst bestanden einfach gestaltete Kantinen. Es gab primär von externen Küchen angeliefertes Essen oder Gefrierkost. Der Nährwert war gering und das Ambiente ließ die Pausen für Mitarbeiter nicht unbedingt regenerierend wirken. Außerdem wurden die Kantinen in eigener – eher semi-professionalisierter – Regie geführt, was zu relativ hohen Kosten pro Jahr führte.

Deswegen wurde angestrebt, die Situation zu optimieren. Man wollte das Kantinenwesen an einen Caterer outsourcen. Bei den 3.200 Mitarbeitern des Hauptwerkes nahmen z. B. nur 550 das Mittagessen wahr. Hier sollten Optimierungen stattfinden. Folgende Ziele standen dabei im Vordergrund:

- **Verbesserung des Preis-Leistungs-Verhältnisses**
    - Durch frisch zubereitete Speisen ist ein hoher Nährwert gegeben.
    - Durch die professionelle Vielseitigkeit und Bereitung der Speisen wird die Gesundheit der Mitarbeiter gefördert.
    - Freie Auswahl verschiedener Speisen.
    - Zusammenstellung eines Menüs durch den Gast vor Ort.

- **Kostenreduktion**
    - Ein großer Caterer kann den Einkauf von Waren zu günstigen Preisen vornehmen.
    - Durch professionellere Arbeitsabläufe kann die Dienstleistung preiswerter angeboten werden.
    - Unter kompetenter Caterer-Leitung wird der Kantinenbetrieb optimiert.
    - Durch qualifiziertes Caterer-Personal wird effektiver gearbeitet.
    - Mitarbeiterqualifikation und Vergütung stehen bei Caterern in einem besseren wirtschaftlichen Verhältnis als bei der Arbeit mit eigenen Mitarbeitern.

- **Mitarbeitermotivation und -bindung an das Unternehmen**
  - Durch ein schönes Ambiente von Betriebsrestaurants und Pausenräumen fühlen sich Mitarbeiter wohl.
  - Dadurch erhöht sich die Identifikation mit dem Unternehmen.
  - In guten Sozialräumen wächst die Kommunikation der Mitarbeiter untereinander, was zur Ausprägung eines Wir-Gefühls beiträgt.
  - Die Regeneration in optimalen Betriebsrestaurants wird verstärkt.
  - Das führt zu leistungsmotivierteren und -fähigeren Mitarbeitern.

Darüber hinaus kann das Betriebsrestaurant als Mehrzweckgebäude für Betriebsversammlungen, Tagungen und Jubiläumsveranstaltungen genutzt werden.

Nicht zuletzt fordern neue Richtlinien (HHCCP) einen hygieneverbesserten Kantinenbetrieb, der von qualifizierten Caterern ermöglicht wird.

Konzeptionsphase

Um diese Ziele ins Auge zu fassen, wurde zunächst ein Plan entworfen:

- **Analyse der alten Kantinen und Sozialräume**
  - Wie viele Mitarbeiter gehen essen?
  - Welche Speisen und Getränke nehmen sie in welchen Mengen zu sich?
  - Zu welchen Preisen kaufen sie?
  - Welche Kosten muss das Unternehmen p.a. tragen?

- **Informationsgewinnung über Caterer**
  - Besichtigung von Referenzkantinen in anderen Unternehmen;
  - Preis-Leistungs-Gegenüberstellung von Caterern und eigenem Kantinenbetrieb;
  - Entscheidung über den Bau neuer Betriebsrestaurants;
  - Information an den Betriebsrat und die Belegschaft;
  - Auswahl eines Caterers;
  - Baubeginn der Betriebsrestaurants;
  - Einarbeitung des Caterers;
  - Inbetriebnahme und ständige Optimierung.

Der Prozess dieser neun Schritte ist über einen Zeitraum von einem Jahr vorgesehen gewesen. Die Versorgung der Belegschaft soll in vier Service-Centern erfolgen (siehe Abb.).

```
                          Caterer
┌─────────────────┬──────────────────┬──────────────────┬──────────────────┐
│ Service-Center 1│ Service-Center 2 │ Service-Center 3 │ Service-Center 4 │
│ Betriebsrestaurant│ Automaten      │ Kaffeeküchen und │ Kasino           │
│ mit Küche und   │ in Pausenräumen  │ Besucherzentrum: │ mit Bedienung:   │
│ Selbstbedienung:│ (Warm-, Kaltgetränke,│              │                  │
│                 │ Speisen):        │                  │                  │
│ für Mitarbeiter │ für Mitarbeiter  │ für Mitarbeiter  │ für Kunden       │
│                 │                  │ und Kunden       │                  │
└─────────────────┴──────────────────┴──────────────────┴──────────────────┘
```

Budgetplanung

Die gesamten ehemaligen Kosten vor Einsatz des Caterers beliefen sich im Hauptwerk mit 3.200 Mitarbeitern auf ca. 0,7 Mio. EUR p. a. Dazu gehörten der Wareneinkauf, Personal- und Betriebskosten. Ziel beim Einsatz eines Caterers war u. a. eine Reduzierung der laufenden Kosten. Die Einsparung betrug 0,5 Mio. EUR p. a. Mit den verbleibenden 200.000 EUR p. a. sollte der Caterer bei ungefähr gleichen Essenspreisen wie vor seinem Einsatz und gleicher Anzahl von „Gästen" noch subventioniert werden.

Hinzu kam der Neubau eines Betriebsrestaurants mit Küche und Inventar, neue Automaten für Getränke, Speisen und Snacks, die Einrichtung eines bargeldlosen Kartensystems sowie die Neugestaltung der bisherigen Pausenräume und Kaffeeküchen. Die vorhandenen Zeiterfassungskarten wurden zusätzlich für das bargeldlose System genutzt. Alle Investitionen zusammen betrugen insgesamt 2,7 Mio. EUR.

Es wurde eine Amortisationsrechnung aufgestellt. Daraus ging hervor, dass nach einem Jahr 3,15 Mio. EUR Kosten vorhanden sind. Bis zum neunten Jahr amortisiert sich das Betriebsrestaurant und hat den Break-even-Point zum zehnten Jahr erreicht. In der darauffolgenden Zeit wird jeweils 0,5 Mio. EUR pro Jahr gegenüber den alten Sozialeinrichtungen eingespart, und das vor allem bei einer höheren Leistung.

Umsetzungsphase

Bei der Umsetzung wurde ein Projektteam aus Vertretern des Personalressorts, den Bauverantwortlichen und dem zukünftigen Betriebsleiter der Mitarbeiterversorgung seitens des Caterers eingesetzt. Sie waren dafür zuständig, dass der Bau-, Einrichtungs- und Betriebsplan eingehalten wurde. Von dem ersten Gedanken zur Inbetriebnahme dauerte es schließlich fast eineinhalb Jahre.

Vor dem Eröffnungstag wurde eine umfangreiche Information über die Angebote der neuen Betriebsrestaurants in der Werkszeitung und in einem separaten Faltblatt gegeben. Damit eröffneten sich den Mitarbeitern ganz neue Möglichkeiten. Sie konnten auf eine Vielfalt von verschiedenen Speisen und Getränken, die sie sich ohne Vorbestellung frei nach eigenem Geschmack zusammenstellen konnten, zurückgreifen.

Schon in der Frühstückspause können Mitarbeiter nun frische Brötchen aus dem Ofen, duftende Croissants, frisch gebackene Muffins, eine vielseitige Cerealienbar, abwechselnde Gebäcksorten, verschiedene Säfte, Kaffee oder Tee kaufen.

Beim Mittagessen können sich Mitarbeiter einen Salatteller nach eigener Wahl zusammenstellen. Sie können auch mit einer Suppe oder einer Vorspeise aus der Antipasti-Bar starten. Sie haben die Qual der Wahl zwischen Fleisch-, Fisch- und Geflügelgerichten, ausländischen Spezialitäten sowie verschiedenen Beilagen und Gemüsen. Es werden auch die verwöhnt, deren Sinn nach deftigem Eintopf oder raffiniertem Auflauf steht. Zum Abschluss kann eine Auswahl aus verschiedenen Desserts getroffen werden. Und natürlich fehlt das reichhaltige Angebot an entsprechenden Getränken nicht.

Die reichhaltige Auswahl und frische Zubereitung sind Vorteile für eine gesunde Ernährung der Mitarbeiter. Das Ganze wird in einer auch optisch schönen Umgebung geboten. In den Betriebsrestaurants kann man die Pausen genießen. Gerade das Zeitfenster bei den Servicezeiten ermöglicht den Mitarbeitern in Verbindung mit flexiblen Pausen einen entspannten und regenerierenden Aufenthalt.

Diese Räumlichkeiten sind rund um die Uhr geöffnet. Das Zeitfenster für Service sieht wie folgt aus:

Öffnungszeiten der Service-Center 1, 3 und 4:	
Montag – Freitag	
Frühstück	08:30 – 10:15 Uhr
Mittagessen	11:30 – 14:00 Uhr
Snacks	11:30 – 14:30 Uhr
Öffnungszeiten der Pausenräume mit Automatenbetrieb:	
Montag – Sonntag	00:00 – 24:00 Uhr

Außerhalb der Servicezeiten stehen Automaten mit Getränken und Snacks zur Verfügung. Hier können sich die Mitarbeiter rund um die Uhr nicht nur mit warmen und kalten Getränken, sondern auch mit Snacks wie belegten Brötchen, Schokoriegeln, Joghurts usw. versorgen.

Die unbequeme Kleingeldbezahlung gehört ebenfalls der Vergangenheit an. Die Zeiterfassungskarte ist zugleich Geldladekarte. Der darauf integrierte Chip kann an den Aufladegeräten aufgewertet werden. Die Höhe des Betrages bestimmen die Mitarbeiter selbst. An der Kasse wird die Karte vom Gast in ein Lesegerät eingeführt und der Essensbetrag abgebucht. Für die Automaten im Betriebsrestaurant, den Pausenräumen sowie an verschiedenen Standorten auf dem Werksgelände gilt ebenfalls das bargeldlose System. So entfällt das lästige Suchen nach Kleingeld sowie der Nachteil, dass ein Geldstück einen Automaten eher verstopfen kann.

Fazit

Diese Sozialeinrichtungen werden außergewöhnlich positiv angenommen. Es entwickeln sich regelrechte Kommunikationszentren. Von einst 550 Essensteilnehmern wuchs die Zahl auf 850. Die Zufriedenheit der Mitarbeiter nimmt zu. Sie fühlen sich durch diese soziale Verantwortung und Investition vom Management geschätzt. Es ist leicht darauf zu schließen, dass sich die Leistungsfähigkeit und die Identifikation mit dem Unternehmen steigert. Dadurch wird das Unternehmen seiner Unternehmenskultur und -ethik gerecht. Und es spart über mehrere Jahre gesehen Kosten. Das sind lohnende Resultate für Unternehmensleitung und Belegschaft.

8.11 Check-up

8.11.1 Zusammenfassung

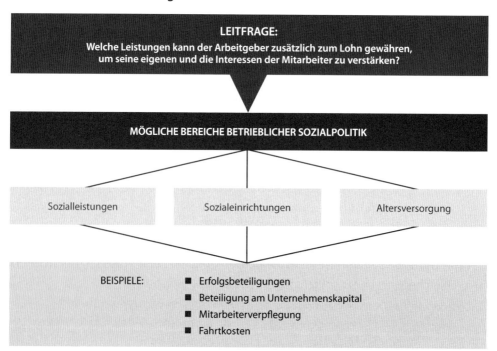

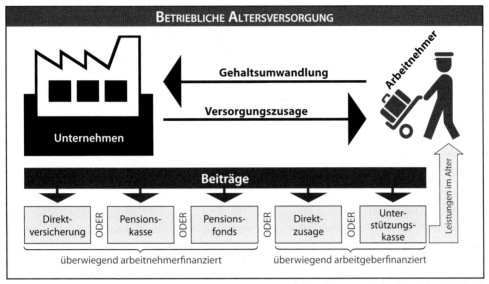

(in Anlehnung an: Zukunft jetzt, H. 1/2007, S. 6 f.)

8.11.2 Aufgaben

1. Bisher wurden in der Firma Fischer keine Betriebsfeste durchgeführt. Nun möchte der Inhaber das 10-jährige Bestehen mit den Mitarbeitern feiern.
   a) Welche Vorteile bringen Betriebsfeste?
   b) Welche Entscheidungen müssen getroffen werden und welche Kosten fallen an?

2. Als Ergebnis einer Analyse von Kosteneinsparpotenzialen in Ihrem Unternehmen erhalten Sie die Aufgabe, einen Vorschlag zu Kostensenkung im Bereich der freiwilligen betrieblichen Sozialleistungen zu unterbreiten.
   Erläutern Sie ausführlich Ihre Vorgehensweise!

3. Empirische Untersuchungen zeigen, dass der Anteil der Lohnnebenkosten bei großen Unternehmen wesentlich höher ausfällt als bei kleineren Unternehmen.
   Nennen Sie mögliche Gründe für diese Tatsache!

4. Im Rahmen einer Mitarbeiterversammlung stellt sich heraus, dass die Sozialleistungen des Unternehmens nicht mehr attraktiv für die Mitarbeiter sind. Es soll eine Projektgruppe gebildet werden, die in drei Monaten neue Vorschläge erarbeitet.
   a) Welche Mitarbeiter sollten der Projektgruppe angehören?
   b) Die Projektgruppe möchte eine Mitarbeiterbefragung durchführen.
      ba) In welcher Form könnte man die Mitarbeiterbefragung durchführen?
      bb) Nennen Sie Sozialleistungen mit hoher Attraktivität!

5. Durch Arbeitsmarktuntersuchungen hat man festgestellt, das Unternehmen, die ihre Mitarbeiter am Erfolg beteiligen, erfolgreicher sind.
   a) Erläutern Sie die Begriffe Erfolgsbeteiligung und Kapitalbeteiligung!
   b) Nennen Sie Ziele, die durch ein Beteiligungskonzept gefördert werden!
   c) Nennen Sie Vor- und Nachteile eines solchen Beteiligungskonzepts aus Arbeitnehmer- und Arbeitgebersicht!

8.11.3 Literatur

Lase, H./Stein, H.: Personalfachkaufmann, Personalfachkauffrau, Feldhaus Verlag, Hamburg 2004.

Olesch, G.: Kultur groß geschrieben, in: Catering, 11/2000, S. 57–60.

Olesch, G.: Erfolgreiche Mitarbeiter durch Unternehmenskultur, in: Personal, 8/2001, S. 458–461.

Olesch, G.: HR als prozessorientiertes Dienstleistungs-Center, in: Personal, 9/2003, S. 69–72.

Olesch, G.: Gesundheit schafft Sieger, in: Personal, 4/2004, S. 44–46.

Sparkassenverband (Hrsg.): Betriebliche Altersvorsorge, in: Geschäftswelt, 2002.

9 Personalaustritt

9.1 PREVIEW

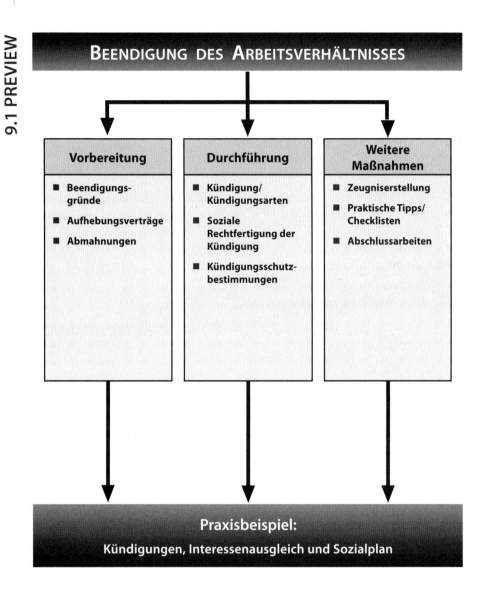

9.2 Beendigungsgründe

Das Arbeitsverhältnis kann auf vielfältige Art enden:
- Zweckerreichung;
- Tod des Arbeitnehmers;
- Zeitablauf eines befristeten Vertrages;
- Erreichen des Rentenalters;
- Vertragsauflösung durch das Gericht;
- Kündigung des Arbeitnehmers;
- Schließung eines Aufhebungsvertrages;
- Kündigung des Arbeitgebers.

Der Aufhebungsvertrag und die arbeitgeberseitige Kündigung gehören für die Personalabteilung zu den problematischeren Tätigkeitsfeldern. Daher werden diese beiden Bereiche im Folgenden ausführlicher behandelt. Auch auf das Instrument der Abmahnung, die einer Kündigung häufig vorausgeht, wird näher eingegangen.

9.3 Der Aufhebungsvertrag

Ein Aufhebungsvertrag ist die vertraglich vereinbarte Einigung über die einvernehmliche Beendigung eines Arbeitsvertrages ohne Einhaltung von Kündigungsfristen oder Kündigungsschutzbestimmungen.

Der Wunsch zur Schließung eines Aufhebungsvertrages kann vom Arbeitnehmer oder von Seiten des Arbeitgebers geäußert werden. Mögliche Gründe des Arbeitnehmers sind z. B. ein Umzug oder ein kurzfristig geplanter Stellenwechsel.

Der Arbeitgeber versucht auf diesem Wege, sich von „ungeliebten" Mitarbeitern zu trennen wie z. B. Dauerkranken, politisch Aktiven, Störenfrieden. Aber auch mit Personengruppen, die einem besonderen Kündigungsschutz unterliegen (z. B. Schwerbehinderten) schließt man Aufhebungsverträge. Ein weiterer Anlass ist die Vermeidung von betriebsbedingten Kündigungen. Der Vorteil des Aufhebungsvertrages für den Arbeitgeber ist, dass er keine Kündigungsschutzklagen befürchten muss.

Selbst wenn der Arbeitnehmer bereits eine Kündigungsschutzklage eingereicht hat, kann noch ein Aufhebungsvertrag geschlossen werden. In diesem wird dann u.a. die Rücknahme der Klage vereinbart.

Für die Schließung eines Aufhebungsvertrages gibt es keine gesetzlichen Regelungen. Gerade deshalb sollten alle Vereinbarungen schriftlich festgehalten werden. Welche dies im Einzelnen sein können, zeigt das folgende Muster (in Anlehnung an PRAXISHANDBUCH PERSONAL 2001, S. 40ff.):

Aufhebungsvertrag

_____ _____
(Name – Arbeitgeber) (Name – Arbeitnehmer)

§ 1 – Ende des Arbeitsverhältnisses

Das Arbeitsverhältnis wird auf Wunsch des Arbeitnehmers im gegenseitigen Einvernehmen zum TT.MM.JJ beendet. Bis dahin wird das vertraglich vereinbarte Gehalt gezahlt.

§ 2 – Abfindung

Der Arbeitgeber verpflichtet sich einmalig, eine Abfindung in Höhe von _____ EUR zu zahlen. Die Abfindung wird mit den Bezügen für Monat _____ ausgezahlt. Sie unterliegt den Bestimmungen des EStG.

Der Anspruch auf die Abfindung erlischt, wenn dem Arbeitnehmer vor dem TT.MM.JJ verhaltensbedingt gekündigt wird.

§ 3 – Urlaub

Der Resturlaub in Höhe von ___ Tagen wird am Ende des Beschäftigungszeitraums gewährt. *(Bei einer sofortigen Trennung kann auch die Auszahlung festgelegt werden. Bei einer Freistellung kann die Verrechnung von Urlaubsansprüchen aufgeführt werden.)*

§ 4 – Freistellung

Der Arbeitnehmer wird mit sofortiger Wirkung *(evtl. Einsatz eines Datums)* von seinen Pflichten entbunden. Er ist zur Aufnahme einer anderweitigen Tätigkeit ohne Kürzung seiner Ansprüche berechtigt. Die Pflicht zur Einhaltung des gesetzlichen Wettbewerbverbots bleibt davon unberührt. Eine in der Zeit bis zur Beendigung des Arbeitsverhältnisses aufgenommene Tätigkeit ist dem Arbeitgeber unverzüglich mitzuteilen.

§ 5 – Sonderzahlungen

Dem Arbeitnehmer werden keine weiteren Sonderzahlungen gewährt. Der Arbeitnehmer erhält das fällige Urlaubsgeld/Weihnachtsgeld/die Jahressonderzahlung ungekürzt bzw. anteilig in Höhe von _____ EUR.

§ 6 – Direktversicherung

Der Arbeitgeber wird den Versicherer darüber in Kenntnis setzten, dass die abgeschlossene Direktversicherung durch den Arbeitnehmer fortgeführt werden kann.

§ 7 – Sozialleistungen

(An dieser Stelle können Vereinbarungen zu individuellen Sozialleistungen des Arbeitgebers getroffen werden.)

§ 8 – Rückgabe von Betriebseigentum

Der Arbeitnehmer verpflichtet sich, sämtliche ihm überlassenen Unterlagen und Gegenstände bis zum Austrittsdatum zurückzugeben.

§ 9 – Geheimhaltung

Die Vertragsparteien verpflichten sich, Stillschweigen über die Inhalte des Vertrages gegenüber Dritten zu wahren, sofern sie nicht gesetzlich zur Auskunft verpflichtet sind.

§ 10 – Hinweise

Der Arbeitnehmer bestätigt, dass er auf steuerliche und sozialversicherungsrechtliche Konsequenzen aufgrund seines Ausscheidens aufmerksam gemacht worden ist.

§ 11 – Zeugnis

Der Arbeitgeber verpflichtet sich, zum Beendigungsdatum ein qualifiziertes Zeugnis zu erstellen. Der Arbeitnehmer hat das Recht, das Zeugnis vorab zu prüfen.

§ 11 – Abgeltung

Mit der Erfüllung der vereinbarten Pflichten erlöschen sämtliche gegenseitige Ansprüche aus dem Arbeitsverhältnis.

§ 12 – Rücktrittsrecht

Der Arbeitnehmer und der Arbeitgeber haben das Recht, die getroffenen Vereinbarungen bis zum TT.MM.JJ zu widerrufen.

§ 13 – Änderungen

Änderungen und Ergänzungen dieses Vertrages bedürfen ebenfalls der schriftlichen Vereinbarung der Vertragsparteien.

§ 14 – Schlussbestimmung

Sollten Bestimmungen dieses Vertrages ganz oder teilweise nicht rechtswirksam sein, so bleiben die übrigen Vertragsbestimmungen hiervon unberührt.

_____ _____
(Datum, Unterschrift – Arbeitgeber)   (Datum, Unterschrift – Arbeitnehmer)

Bei besonderen Mitarbeitergruppen können weitere Inhalte vereinbart werden, z. B. ein nachvertragliches Wettbewerbverbot, der ausdrückliche Hinweis auf das Eigentum des Arbeitgebers an Forschungsergebnissen oder Entwicklungen, der Ausschluss eines gegenseitigen Aufrechnungsverbotes bzw. Zurückbehaltungsrechtes und vieles mehr.

Falls das Arbeitsverhältnis nach Vollendung des 56. Lebensjahres beendet und der Arbeitnehmer durch diesen Schritt arbeitslos wird, könnte der Arbeitgeber verpflichtet sein, das Arbeitslosengeld zu erstatten. Hierüber sollte sich das Unternehmen vorher bei der Arbeitsagentur informieren.

9.4 Abmahnungen

Bevor es in der Praxis zu einer Kündigung kommt, wird häufig das Instrument der Abmahnung eingesetzt, um den Arbeitnehmer auf die Verletzung arbeitsvertraglicher Pflichten hinzuweisen und ihn aufzufordern, dieses Fehlverhalten abzustellen. Die Abmahnung ist die Rüge eines konkreten Fehlverhaltens, verbunden mit der Androhung arbeitsrechtlicher Konsequenzen für den Wiederholungsfall.

Für die Abmahnung gibt es keine speziellen Rechtsvorschriften, sie ist in der Rechtsprechung des Bundesarbeitsgerichts entwickelt worden. Da eine gesetzliche Grundlage fehlt, gibt es auch kein Mitbestimmungsrecht oder Mitspracherecht des Betriebsrates.

9.4.1 Anlässe für Abmahnungen

Geeignet für eine Abmahnung sind Sachverhalte, die für eine spätere Kündigung verwendet werden können:

- Störungen des Vertrauensbereiches (z. B. Nichterfüllung zugesicherter Aufgaben);
- Störungen des Leistungsbereiches (z. B. Vorgaben aus der Stellenbeschreibung werden nicht erfüllt, extrem langsame Arbeitserledigung);
- Störungen der betrieblichen Ordnung (z. B. Überziehen der Pausenzeiten, Mobbing);
- Verletzung arbeitsvertraglicher Nebenpflichten (z. B. angemessenes Erscheinungsbild);
- Mängel im außerdienstlichen Verhalten mit Bezug zum Arbeitsverhältnis (z. B. negatives Firmenbild an Dritte weitergeben).

Mit Aussprechen der Abmahnung verzichtet das Unternehmen auf eine Kündigung. Diese kann erst nach erneutem Fehlverhalten erfolgen. Umgekehrt kann eine aus formalen Gründen gescheiterte Kündigung durchaus die Funktion einer Abmahnung erfüllen.

9.4.2 Aufbau und Inhalt der Abmahnung

Für die Abmahnung gibt es keine festgelegte Form. Üblich und aus Gründen der Beweislast auch empfohlen ist die Schriftform. Das Schreiben sollte zeitnah (max. 14 Tage nach Bekanntwerden) in den folgenden fünf Schritten aufgebaut werden:

1. die genaue Schilderung des festgestellten Fehlverhaltens;
2. die eindeutige Wertung des Verhaltens als Vertragsverletzung;
3. die Aufzählung der verletzten Pflichten;
4. die Aufforderung zum vertragsgemäßen Verhalten;
5. die Androhung arbeitsrechtlicher Konsequenzen.

Bei der Formulierung ist zu beachten:

- Der Sachverhalt des Pflichtverstoßes muss konkret und präzise angegeben werden (Dokumentations- und Beweisfunktion).
- Das Verhalten des Arbeitnehmers muss als nicht vertragsgemäß gerügt werden (Erinnerungs- und Hinweisfunktion).
- Für den Wiederholungsfall müssen arbeitsrechtliche Maßnahmen angedroht werden; das Wort Kündigung muss nicht ausdrücklich erwähnt werden (Ankündigungs- und Warnfunktion).

Es kann zu einer Wiederholung der Abmahnung aus gleichen oder anderen Gründen kommen. Sollte der Arbeitnehmer allerdings sein Verhalten nicht ändern, obwohl man ihm ausreichend Zeit dazu gegeben hat, so müssen die angedrohten Konsequenzen auch in die Tat umgesetzt werden, um die Ernsthaftigkeit und Glaubwürdigkeit des Arbeitgebers zu erhalten.

Bei der Durchführung von Abmahnungen empfiehlt es sich, nach der folgenden Checkliste vorzugehen:

> **Checkliste:**
> - Ist das festgestellte Verhalten für eine Kündigung geeignet?
> - Handelt es sich um eine Vertragsverletzung, die eine sofortige Kündigung erlaubt?
> - Ist zuerst eine Abmahnung notwendig oder wurde eine vergleichbare Pflichtverletzung bereits in den letzten zwei Jahren abgemahnt?
> - Ist der Sachverhalt ausreichend ermittelt? Stehen für den Streitfall ausreichend Beweismittel zur Verfügung? Ist mit einer Klage vor dem Arbeitsgericht zu rechnen?
> - Sind die Beweismittel ausreichend gesichert, z. B. durch schriftliche Zeugenaussage?
> - Ist geklärt, wer die Abmahnung ausspricht? Wird die Schriftform eingehalten?
> - Werden die gesetzlichen, tarifvertraglichen, betriebsverfassungsrechtlichen oder einzelvertraglichen Grundlagen des Pflichtverstoßes berücksichtigt?
> - Ist die Abmahnung nach den erforderlichen Schritten aufgebaut?

- Ist für den wirksamen Zugang der Abmahnung gesorgt?
- Soll es ein Gespräch mit dem Mitarbeiter geben? Wer soll an dem Gespräch teilnehmen?
- Ist sichergestellt, dass die Abmahnung zur Personalakte genommen wird und dort mindestens zwei Jahre verbleibt?

9.5 Die Kündigung

Die Kündigung ist eine einseitige empfangsbedürftige Willenserklärung, durch die das Arbeitsverhältnis beendet wird. Sie erlangt mit dem Zeitpunkt des Zugangs beim Empfänger Rechtskraft. In § 623 BGB ist festgelegt, dass für Kündigungen die Schriftform erforderlich ist, und zwar unabhängig davon, ob der Arbeitgeber oder der Arbeitnehmer die Kündigung ausspricht. Daher sind mündlich oder telefonisch abgegebene Kündigungen rechtsunwirksam.

Im Folgenden wird näher auf die arbeitgeberseitige Kündigung eingegangen. Damit eine Kündigung wirksam wird, muss die Personalabteilung eine Reihe von Anforderungen überprüfen:

- Besteht ein wirksamer Arbeitsvertrag?
- Ist das Kündigungsschutzgesetz anzuwenden (Anzahl der Arbeitnehmer im Betrieb, Dauer der Betriebszugehörigkeit)?
- Gehört der Arbeitnehmer einer Personengruppe an, die einen Sonderkündigungsschutz genießt (Schwangere, Personen im Erziehungsurlaub, Betriebsräte, Jugend- und Auszubildendenvertreter, Schwerbehinderte, Wehrpflichtige)?
- Liegt ein befristetes Arbeitsverhältnis vor? Wenn ja, ist nur eine fristlose Kündigung möglich.
- Welcher Kündigungsgrund liegt vor? Überprüfung der sozialen Rechtfertigung der Kündigung (personenbedingt, verhaltensbedingt, betriebsbedingt).
- Welche Kündigungsfristen bestehen?
- Erfolgte eine ordnungsgemäße Anhörung des Betriebsrates?

Erst wenn alle Punkte geprüft wurden, sollte die Kündigung gegenüber dem Arbeitnehmer ausgesprochen werden. Da Kündigungen der häufigste Grund für Klagen vor dem Arbeitsgericht sind, kann durch die vorherige sorgfältige Bearbeitung eine gewisse Rechtssicherheit für das Unternehmen erzielt werden.

9.5.1 Kündigungsarten

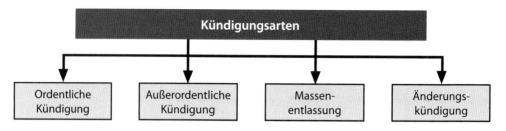

9.5.1.1 Ordentliche (fristgerechte) Kündigung

Bei einer ordentlichen Kündigung wird unter Beachtung der vereinbarten oder gesetzlichen Kündigungsfrist durch den Arbeitgeber oder Arbeitnehmer gekündigt.

Die gesetzlichen Kündigungsfristen (§ 622 BGB) sind **Mindestfristen,** die durch Einzel- oder Kollektivarbeitsvertrag verlängert werden können. Auch die **Kündigungstermine** können vertraglich vereinbart werden. Für Arbeiter und Angestellte gelten die gleichen Vorschriften (JASCHINSKI u. a. 2009, S. 260).

- Die vom Arbeitnehmer und Arbeitgeber einzuhaltende Kündigungsfrist während der Probezeit (bis sechs Monate) beträgt zwei Wochen.
- Die Grundkündigungsfrist für beide Seiten beträgt vier Wochen zum 15. oder zum Ende eines Kalendermonats.
- Die verlängerten Kündigungsfristen für die Arbeitgeberkündigung betragen jeweils zum Monatsende nach

Betriebszugehörigkeit

2 Jahre	1 Monat
5 Jahre	2 Monate
8 Jahre	3 Monate
10 Jahre	4 Monate
12 Jahre	5 Monate
15 Jahre	6 Monate
20 Jahre	7 Monate

- Berechnet wird die Betriebszugehörigkeit vom 25. Lebensjahr an.[1]

---

[1] Der Europäische Gerichtshof (EuGH) hat diese bisher im deutschen Arbeitsrecht geltende Vorschrift, Beschäftigungszeiten vor Vollendung des 25. Lebensjahres bei der Berechnung der Kündigungsfrist nicht zu berücksichtigen, in seinem Urteil vom 19.01.2010 verworfen (Rechtssache C-555/07). Da diese Regelung jüngere Arbeitnehmer wegen ihres Alters benachteilige und somit gegen das Diskriminierungsverbot verstoße, sind deutsche Gerichte angewiesen, diese Regelung in laufenden Prozessen vor Arbeitsgerichten nicht mehr anzuwenden. Außerdem muss der Gesetzgeber das deutsche Kündigungsrecht ändern.

- Die Kündigungsfristen können tarifvertraglich abgekürzt oder verlängert werden; eine einzelvertragliche Übernahme der tarifvertraglich kürzeren Kündigungsfristen durch nichttarifgebundene Arbeitnehmer ist zulässig.
- Einzelvertraglich ist eine Verlängerung der Kündigungsfristen und bei Aushilfen bis zu drei Monaten auch eine Verkürzung der Grundkündigungsfrist zulässig.

Die ordentliche Kündigung kann aus personenbedingten, verhaltensbedingten oder betriebsbedingten Gründen ausgesprochen werden (siehe Kap. 9.5.2).

9.5.1.2 Außerordentliche Kündigung

Bei der außerordentlichen oder fristlosen Kündigung wird das Arbeitsverhältnis ohne Einhaltung einer Frist beendet. Dies ist für beide Vertragsparteien möglich, wird aber in der Praxis eher auf Seiten des Arbeitgebers als letztes Mittel genutzt, wenn eine Fortsetzung des Arbeitsverhältnisses **unzumutbar** erscheint. Es handelt sich immer um eine verhaltensbedingte Kündigung (vgl. S. 296), bei der genau geprüft werden muss, ob die Verhältnismäßigkeit gewahrt bleibt. Sie kann verhältnismäßig sein, wenn:

- bereits mehrere Abmahnungen bzgl. des gleichen Fehlverhaltens erteilt wurden;
- eine so schwere Störung im Leistungsbereich vorliegt, dass ein milderes Mittel nicht erfolgversprechend ist;
- eine so schwere Störung im Vertrauensbereich stattgefunden hat, dass das Vertrauensverhältnis zerstört ist (TESCHKE/BÄHRLE 2006, S. 143).

Die Kündigung muss innerhalb von zwei Wochen, nachdem der Kündigungsgrund bekannt ist, erklärt werden. In dieser Zeitspanne muss der Arbeitgeber bereits den Betriebsrat informiert oder, im Falle von Schwerbehinderten, die Zustimmung des Integrationsamtes eingeholt haben.

Bei der außerordentlichen Kündigung kommt es auf die **Schwere der Vertragsverletzung** an – es muss für beide Parteien unzumutbar sein, während einer ordentlichen Kündigungsfrist zusammenzuarbeiten.

9.5.1.3 Massenentlassung

Von einer Massenentlassung oder anzeigepflichtigen Entlassung spricht man nach dem Kündigungsschutzgesetz (vgl. § 17), wenn die folgenden Bedingungen gegeben sind:

Betriebsgröße/ Anzahl Arbeitnehmer	Entlassung von mehr als ... Arbeitnehmern innerhalb von 4 Wochen
21 – 59	5
60 – 499	10 % oder mehr als 25
über 499	30

Wenn der Arbeitgeber Entlassungen in diesem Umfang durchführen will, ist er verpflichtet, der Arbeitsagentur vorher Anzeige zu erstatten. Darüber hinaus ist der Betriebsrat so früh wie möglich zu informieren. Dabei sind ihm insbesondere mitzuteilen:

- die Gründe für die geplanten Entlassungen;
- die Zahl und Berufsgruppen der zu entlassenden Arbeitnehmer und der in der Regel beschäftigten Arbeitnehmer;
- der Zeitraum, in dem die Entlassungen vorgenommen werden sollen;
- die Kriterien für die Auswahl der Arbeitnehmer;
- die Kriterien für die Berechnung etwaiger Abfindungen.

Entlassungen, die anzuzeigen sind, werden erst nach Ablauf eines Monats wirksam. Dieser Zeitraum kann von der Arbeitsagentur auf zwei Monate ausgedehnt werden. Ist es dem Arbeitgeber nicht möglich, die Arbeitnehmer in dieser Zeit voll zu beschäftigen, so kann er Kurzarbeit beantragen.

9.5.1.4 Änderungskündigung

Bei einer Änderungskündigung kündigt der Arbeitgeber einem beschäftigten Arbeitnehmer, bietet ihm aber gleichzeitig ein neues Arbeitsverhältnis an. Eine solche Vorgehensweise wird angewandt, wenn sich der Arbeitgeber nicht von seinem Arbeitnehmer trennen möchte, aber aus den unterschiedlichsten Gründen das Arbeitsverhältnis nur unter stark geänderten Bedingungen fortgesetzt werden kann. Da der Arbeitsvertrag als Einheit zu sehen ist, können nicht einfach bestimmte Punkte daraus gekündigt werden, sondern nur der Vertrag als Ganzes. Da es sich um eine Kündigung handelt, gilt das Kündigungsschutzgesetz in vollem Umfang, d.h., der Betriebsrat muss informiert werden, die Kündigungsfristen sind zu beachten, es kann eine Kündigungsschutzklage eingereicht werden usw.

Der Arbeitnehmer hat drei Möglichkeiten zu reagieren:

- Er nimmt das Angebot an. Dann erhält er einen neuen Arbeitsvertrag zu geänderten Bedingungen. Alle im bisherigen Arbeitsverhältnis erworbenen Ansprüche auf soziale Leistungen oder der verlängerte Kündigungsschutz bleiben erhalten.
- Er lehnt das Angebot ab. Dann stellt sich die Frage, ob die Kündigung wirksam und die Änderung sozial gerechtfertigt ist. Wenn dies der Fall ist, wird der alte Arbeitsvertrag beendet, falls nicht, besteht der frühere Vertrag weiter.
- Der Arbeitnehmer nimmt das Angebot unter Vorbehalt an. Diesen Vorbehalt muss er spätestens innerhalb von drei Wochen nach der Kündigung erklären. Dann stellt sich auch hier die Frage, ob die Kündigung wirksam und die Änderung sozial gerechtfertigt ist. Wenn dies der Fall ist, gilt der neue Arbeitsvertrag, wenn nicht, besteht weiterhin der frühere Vertrag.

9.5.2 Soziale Rechtfertigung einer Kündigung

Obwohl es ein Kündigungsschutzgesetz (KSchG) gibt, muss im Falle der Kündigung eine Reihe von weiteren Gesetzen, z. B. das BGB, das Mutterschutzgesetz, das Sozialgesetzbuch, das Betriebsverfassungsgesetz usw., herangezogen werden. Zusätzlich finden sich noch Regelungen in Tarifverträgen und Betriebsvereinbarungen, die ebenfalls beachtet werden müssen. Erste Voraussetzung für die Wirksamkeit ist, dass die Kündigung nicht sozial ungerechtfertigt ist:

> **§ 1 KSchG**
>
> (1) Die Kündigung des Arbeitsverhältnisses gegenüber einem Arbeitnehmer, dessen Arbeitsverhältnis in demselben Betrieb oder Unternehmen ohne Unterbrechung länger als sechs Monate bestanden hat, ist rechtsunwirksam, wenn sie sozial ungerechtfertigt ist.
>
> (2) ¹Sozial ungerechtfertigt ist die Kündigung, wenn sie nicht durch Gründe, die in der Person oder in dem Verhalten des Arbeitnehmers liegen, oder durch dringende betriebliche Erfordernisse, die einer Weiterbeschäftigung des Arbeitnehmers in diesem Betrieb entgegenstehen, bedingt ist. [...]

Aus § 1 (2) des KSchG ergeben sich drei Möglichkeiten einer rechtmäßigen Kündigung:
1. die personenbedingte Kündigung;
2. die verhaltensbedingte Kündigung;
3. die betriebsbedingte Kündigung.

9.5.2.1 Personenbedingte Kündigung

Im Falle der personenbedingten Kündigung liegen Gründe in/bei der Person des Arbeitnehmers. Er möchte vielleicht anders handeln, kann es aber nicht. Eine Abmahnung ist somit entbehrlich. Der Arbeitgeber kann im Rahmen seiner Fürsorgepflicht vor Ausspruch der Kündigung prüfen, ob eine Versetzung oder Änderungskündigung ausreichen würde.

Gründe für die personenbedingte Kündigung sind:
- fehlende Eignung für geschuldete Leistung;
- Nichtbestehen einer für die Stelle vorgesehenen Prüfung;
- Trink- und Drogensucht;
- Krankheit in Form von lang andauernder Erkrankung;
- häufige Kurzerkrankungen;
- krankheitsbedingte Leistungsminderung;
- fehlende Arbeitserlaubnis bei Ausländern;
- Arbeitsverhinderung wegen Haft (TESCHKE/BÄHRLE 2006, S. 136).

Von den genannten Gründen wird am häufigsten eine Kündigung aufgrund von Krankheit ausgesprochen. Dabei müssen jedoch bestimmte Voraussetzungen gegeben sein:
- negative Gesundheitsprognose;
- erhebliche Beeinträchtigung betrieblicher Interessen;
- Interessenabwägung.

Um Rechtsstreitigkeiten zu vermeiden, sollten die Voraussetzungen gründlich geprüft werden. Ausgangspunkt für die negative Gesundheitsprognose ist zunächst eine Auflistung der bisherigen Fehlzeiten. Wenn die Krankheit, die dazu geführt hat, inzwischen nicht ausgeheilt ist, kann man die Zeiten für die Zukunft prognostizieren. Weiterhin besteht die Möglichkeit, den Arbeitnehmer zu einer Untersuchung beim arbeitsmedizinischen Dienst aufzufordern oder um die Aufhebung der Schweigepflicht seines Arztes zu bitten. Die betrieblichen Interessen sind dann beeinträchtigt, wenn durch das Fehlen des Arbeitnehmers organisatorische Störungen in größerem Umfang auftreten. Bei der Interessenabwägung spielen Punkte wie das Alter, der Familienstand und die Dauer der Betriebszugehörigkeit eine Rolle.

9.5.2.2 Verhaltensbedingte Kündigung

Bei der verhaltensbedingten Kündigung ist zunächst zu prüfen, ob ein wirksamer Kündigungsgrund vorliegt. Davon ist auszugehen, wenn der Arbeitnehmer seine Arbeitspflichten verletzt hat. Anschließend ist zu prüfen, ob die Pflichtverletzung mit einer ordentlichen Kündigung oder einer fristlosen Kündigung geahndet werden soll. Die Gründe sind oft identisch (s. Tabelle, in Anlehnung an TESCHKE/BÄHRLE 2006, S. 133 u. 144), ausschlaggebend ist die Schwere und die Häufigkeit des Fehlverhaltens bezogen auf das Unternehmen und den Arbeitsplatz. Das Ziel dabei ist es, einen Missstand im Betrieb zu beseitigen, nicht einen Arbeitnehmer zu bestrafen!

Gründe für eine verhaltensbedingte Kündigung können sein:

Ordentliche Kündigung	Fristlose Kündigung
Eigenmächtiger Urlaubsantritt	Eigenmächtiger Urlaubsantritt
Urlaubsüberschreitung	Urlaubsüberschreitung
Annahme von Schmiergeldern	Annahme von Schmiergeldern
Androhung von Krankfeiern	Androhung von Krankfeiern
Vortäuschung einer Krankheit	Vortäuschung einer Krankheit
Dauernde Unpünktlichkeit	Wiederholte Unpünktlichkeit, wenn Arbeitsablauf oder Betriebsfrieden dadurch empfindlich gestört werden
Arbeitsverweigerung	Beharrliche und vorsätzliche Arbeitsverweigerung
Nichtvorlage der Arbeitsunfähigkeitsbescheinigung	Unterlassung unverzüglicher Krankmeldung in bedeutsamen Fällen
Ehrverletzende Äußerungen über den Arbeitgeber	Strafbare Beleidigung oder üble Nachrede gegen den Arbeitgeber

Fehl-/Schlecht-/unzureichende Leistungen	Schlechterfüllung
Wiederholte Mankobeträge	Mankobeträge im Verantwortungsbereich des Arbeitnehmers, wenn die Verursachung feststeht
Nebentätigkeit, soweit sie die arbeitsvertraglich geschuldete Leistung beeinträchtigt	Verbotene Nebentätigkeit
Unbefugtes Verlassen des Arbeitsplatzes	Teilnahme an rechtswidrigem Streik
Entzug der Fahrerlaubnis bei Berufskraftfahrern	Provozierende parteipolitische Betätigung im Betrieb
Unerlaubte Telefongespräche/Internetnutzung	Verbotswidrige private Nutzung eines Betriebsfahrzeugs
Störung des Betriebsfriedens	Tätlichkeiten, durch die der Betriebsfrieden gestört wird
Spesenbetrug	Vollmachtsmissbrauch
Nichtbefolgung eines allgemeinen Rauchverbots im Betrieb	Trunkenheit während der Arbeitszeit
	Strafbare Handlungen, die unstreitig oder bewiesen sind
	Verdacht schwerer Verfehlungen

Neben den allgemeinen Gründen für die Kündigung ist im Einzelfall zu prüfen,
- ob das Verhalten des Arbeitnehmers Auswirkungen auf den Betrieb hat;
- ob es ein milderes Mittel als die Kündigung gibt;
- ob trotz allem das Interesse an der Fortführung des Arbeitsverhältnisses überwiegt.

Die Kündigung sollte immer das letzte Mittel sein, nachdem andere Versuche fehlgeschlagen sind. Gerade bei Störungen im Leistungsbereich (z. B. unentschuldigtes Fehlen) ist zunächst eine Abmahnung zu erteilen. Bei Störungen im Vertrauensbereich ist dies nicht zwangsläufig erforderlich, da durch eine Abmahnung kein Vertrauen wiederhergestellt werden kann. Im Rahmen einer Interessenabwägung stehen sich folgende Aspekte gegenüber:

Interessenabwägung bei der verhaltensbedingten Kündigung	
Aspekte des Arbeitnehmers	**Aspekte des Arbeitgebers**
- Art, Schwere und Häufigkeit des Fehlverhaltens - Früheres Verhalten - Mitverschulden des Arbeitgebers - Dauer der Betriebszugehörigkeit - Lebensalter - Unterhaltspflichten - Arbeitsmarktsituation	- Arbeits- und Betriebsdisziplin - Störungen des Betriebsablaufs - Vermögensschaden - Wiederholungsgefahr - Ansehensschaden/ Rufschädigung - Schutz der Belegschaft - Arbeitsmarktsituation

9.5.2.3 Betriebsbedingte Kündigung

Bei der betriebsbedingten Kündigung fällt der Arbeitsplatz des Arbeitnehmers weg. Gründe dafür können Rationalisierungsmaßnahmen, Betriebsstilllegungen, neue Arbeits- oder Produktionsmethoden usw. sein. Dabei ist vom Gericht nicht der Grund für die Entscheidung der Unternehmensleitung zu überprüfen, sondern ob der Arbeitsplatz tatsächlich weggefallen ist und keine andere Beschäftigungsmöglichkeit gegeben war. Darüber hinaus hat der Arbeitgeber eine bestimmte Sozialauswahl zu beachten:

> **§ 1 III KSchG**
>
> (3) [1]Ist einem Arbeitnehmer aus dringenden betrieblichen Erfordernissen gekündigt worden, so ist die Kündigung trotzdem sozial ungerechtfertigt, wenn der Arbeitgeber bei der Auswahl des Arbeitnehmers die Dauer der Betriebszugehörigkeit, das Lebensalter und die Unterhaltspflichten des Arbeitnehmers nicht oder nicht ausreichend berücksichtigt hat; [...] [2]In die soziale Auswahl nach Satz 1 sind Arbeitnehmer nicht einzubeziehen, deren Weiterbeschäftigung, insbesondere wegen ihrer Kenntnisse, Fähigkeiten und Leistungen oder zur Sicherung einer ausgewogenen Personalstruktur des Betriebes im betrieblichen Interesse liegt.

Damit sind für die Sozialauswahl die Kriterien festgelegt auf:
- die Betriebszugehörigkeit;
- das Lebensalter;
- die Unterhaltspflichten.

9.5.3 Personengruppen mit besonderem Kündigungsschutz

In einschlägigen Gesetzen ist für bestimmte Personengruppen ein besonderer Kündigungsschutz festgelegt worden. Dazu gehören Auszubildende, Betriebsratsmitglieder, Schwerbehinderte, Wehrpflichtige, Schwangere und Personen im Erziehungsurlaub.

9.5.3.1 Auszubildende

Bei Auszubildenden finden sich die gesetzlichen Bestimmungen im Berufsbildungsgesetz (BBiG).

Während der Probezeit (mindestens ein, maximal vier Monate) kann der Ausbildungsvertrag von beiden Vertragsparteien jederzeit ohne Angabe von Gründen gekündigt werden.

Dabei ist zu beachten, dass die Kündigung immer schriftlich erfolgen muss.

Nach der Probezeit ist eine ordentliche Kündigung des Ausbildungsvertrages nicht mehr möglich. Nur bei Vorliegen eines wichtigen Grundes (vergleichbar mit der außerordentlichen Kündigung, vgl. Kap. 9.5.1.2) ist eine Beendigung des Vertrages möglich.

Ein wichtiger Grund ist gegeben, wenn dem Kündigenden die Fortsetzung des Ausbildungsverhältnisses bis zum Ablauf der Ausbildungszeit,
- unter Berücksichtigung aller Umstände des Einzelfalles und
- unter Abwägung des Interesses beider Vertragsparteien

nicht länger zuzumuten ist.

Die Aussagen sind vom Gesetzgeber so formuliert, dass sie für beide Seiten gelten. Auf Seiten des Arbeitgebers muss zunächst immer in Gesprächen oder durch schriftliche Abmahnung versucht werden, eine Verhaltensänderung beim Auszubildenden herbeizuführen.

Wichtige Gründe auf Seiten des Betriebes sind:
- fortgesetztes unentschuldigtes Fehlen im Betrieb oder der Berufsschule;
- wiederholtes Zuspätkommen;
- eine während der Ausbildungszeit begangene Straftat;
- ernst zu nehmende Gewaltandrohung gegenüber Vorgesetzten oder Mitauszubildenden;
- massive rassistische Beleidigungen oder rechtsradikale Äußerungen;
- mangelnde Bereitschaft zur Eingliederung in die betriebliche Ordnung;
- eigenmächtiger Urlaubsantritt.

Je länger das Ausbildungsverhältnis besteht, desto strenger sind die Anforderungen, die das Arbeitsgericht an das Anführen eines wichtigen Grundes stellt.

Wichtige Gründe für den Auszubildenden sind:
- eine mangelhafte Ausbildung;
- eine fehlende Ausbildungsberechtigung oder
- erhebliche Verstöße gegen das Jugendarbeitsschutzgesetz.

Darüber hinaus kann er mit einer Frist von vier Wochen kündigen, wenn er die Berufsausbildung insgesamt aufgeben oder eine Ausbildung in einem anderen Beruf machen will.

Da die Kündigung eine wesentliche Änderung des Vertragsverhältnisses bedeutet, muss sie der zuständigen Kammer (Industrie- und Handelskammer, Handwerkskammer usw.) mitgeteilt werden.

9.5.3.2 Betriebsratsmitglieder

> **§ 15 KSchG**
>
> ¹Die Kündigung eines Betriebsratsmitglieds oder einer Jugend- und Auszubildendenvertretung ist unzulässig, es sei denn, dass Tatsachen vorliegen, die den Arbeitgeber zur Kündigung aus wichtigem Grund ohne Einhaltung einer Kündigungsfrist berechtigen. [...]

Ziel dieser Bestimmung ist es, den Mitgliedern des Betriebsrates ihre Arbeit im Rahmen der Betriebsverfassung zu ermöglichen, ohne mit Repressalien der Geschäftsleitung rechnen zu müssen.

Im Gesetz werden der Personenkreis und die Zeiten noch näher beschrieben. So sind Mitglieder des Wahlvorstands vom Zeitpunkt ihrer Bestellung an und Wahlbewerber vom Zeitpunkt der Aufstellung der Wahlvorschläge bis zur Bekanntgabe der Wahlergebnisse und noch sechs Monate danach unkündbar.

Für die gewählten Mitglieder besteht der besondere Kündigungsschutz bis zu einem Jahr nach Beendigung ihrer Amtszeit.

Wird der Betrieb stillgelegt, so ist den genannten Personenkreisen frühestens zum Zeitpunkt der Stilllegung zu kündigen.

9.5.3.3 Schwerbehinderte

Im Sozialgesetzbuch IX ist ein besonderer Schutz für alle Arbeitnehmer festgelegt, die einen Grad der Behinderung von mindestens 50 % haben oder diesem Personenkreis gleichgestellt sind. Die Rechtsquelle legt ebenfalls eine Kündigungsfrist von vier Wochen fest. Vor jeder Kündigung eines Schwerbehinderten ist die Zustimmung des Integrationsamtes einzuholen (§ 85 SGB IX). Die Zustimmung wird nur dann erteilt, wenn gewichtige Gründe für die Kündigung vorliegen.

Eine ohne Zustimmung des Integrationsamtes erklärte Kündigung ist immer unwirksam. Das nachträgliche Einholen der Zustimmung ist nicht möglich.

Die Zustimmung ist nicht erforderlich, wenn der Schwerbehinderte das Arbeitsverhältnis selbst kündigt oder die Parteien einen Aufhebungsvertrag schließen.

9.5.3.4 Wehrpflichtige

Während des Grundwehrdienstes oder des Zivildienstes ruht ein Arbeitsverhältnis lediglich. Daher darf der Arbeitgeber laut Arbeitsplatzschutzgesetz während dieser Zeit oder aus diesem Grund das Arbeitsverhältnis nicht kündigen.

9.5.3.5 Schwangere/Mütter

Für diesen Personenkreis sind zwei Gesetze maßgebend:
- das Mutterschutzgesetz (MuSchG);
- das Bundeselterngeld- und -elternzeitgesetz (BEEG).

▶ **Mutterschutzgesetz**

Das MuSchG schützt die Frau während der Schwangerschaft bis zum Ablauf von vier Monaten nach der Entbindung. Danach ist die Kündigung unzulässig, wenn dem Arbeitgeber die Schwangerschaft bekannt war oder innerhalb von zwei Wochen nach Zugang der Kündigung mitgeteilt wird. Allerdings ist es möglich, dass die für den Arbeitsschutz zuständige oberste Landesbehörde (i. d. R. das Gewerbeaufsichtsamt) unter besonderen Voraussetzungen die Kündigung für zulässig erklären kann. Dabei darf der Kündigungsgrund nicht in Verbindung mit der Schwangerschaft stehen. Wenn sich eine Arbeitnehmerin in einem befristeten Arbeitsverhältnis befindet, so läuft dieses termingerecht aus. Auch einer Arbeitnehmerin, die sich in der Probezeit befindet, kann gekündigt werden.

▶ Bundeselterngeld- und -elternzeitgesetz

Im 1. Abschnitt des Gesetzes wird das **Elterngeld** geregelt. In § 1 BEEG werden die Berechtigten aufgeführt. Demnach hat Anspruch auf Elterngeld, wer
- einen Wohnsitz oder seinen gewöhnlichen Aufenthalt in Deutschland hat,
- mit seinem Kind in einem Haushalt lebt,
- dieses Kind selbst betreut und erzieht und
- keine oder keine volle Erwerbstätigkeit ausübt.

Zusätzlich werden Sonderfälle erläutert.

In § 2 BEEG wird die Höhe des Elterngeldes geregelt. Es beträgt 67 % des in den letzten zwölf Kalendermonaten vor dem Monat der Geburt des Kindes durchschnittlich erzielten monatlichen Einkommens aus Erwerbstätigkeit bis zu einem Höchstbetrag von 1.800,00 € monatlich für volle Monate. Der Mindestbetrag an Elterngeld beträgt 300,00 €. Bei Personen, die zuvor unter 1.000,00 € monatlich verdient haben, gibt es eine prozentuale Aufstockung. Bei Mehrlingsgeburten erhöht sich das Elterngeld für jedes weitere Kind um 300,00 € monatlich.

Arbeitet derjenige, der sich in Elternzeit befindet, wieder, z. B. als Urlaubsvertretung, so wird das Einkommen auf das Elterngeld angerechnet. Auch andere Zahlungen, wie z. B. Mutterschaftsgeld, das für die Geburt eines weiteren Kindes gezahlt wird, werden auf das Elterngeld angerechnet.

Elterngeld kann in der Zeit von der Geburt bis zur Vollendung des 14. Lebensmonats des Kindes bezogen werden. Für angenommene Kinder gibt es Sonderregelungen. Ein Elternteil kann höchstens für 12 Monate Elterngeld beziehen. Der Anspruch erweitert sich um zwei Monate, wenn für diese Zeit eine Minderung des Einkommens aus Erwerbstätigkeit erfolgt.

Bei der schriftlichen Antragstellung ist anzugeben, für welche Monate Elterngeld beantragt wird.

Abschnitt 2 des Gesetzes beinhaltet die Regelungen zur Inanspruchnahme der **Elternzeit.** Anspruch auf Elternzeit haben die Personen, die auch einen Anspruch auf Elterngeld haben. Allerdings besteht der Anspruch auf Elternzeit bis zur Vollendung des dritten Lebensjahres des Kindes. Ein Anteil der Elternzeit von bis zu 12 Monaten ist mit Zustimmung des Arbeitgebers auf die Zeit bis zur Vollendung des achten Lebensjahres übertragbar.

Der Arbeitnehmer oder die Arbeitnehmerin darf während der Elternzeit nicht mehr als 30 Wochenstunden erwerbstätig sein. Teilzeitarbeit bei einem anderen Arbeitgeber oder eine selbstständige Tätigkeit bedürfen der Zustimmung des Arbeitgebers.

Wer Elternzeit beanspruchen will, muss sie spätestens sieben Wochen vor Beginn schriftlich vom Arbeitgeber verlangen und gleichzeitig erklären, für welche Zeiten innerhalb von 2 Jahren Elternzeit genommen werden soll. Die Elternzeit kann auf zwei Zeitabschnitte verteilt werden; eine Verteilung auf weitere Zeitabschnitte ist nur mit Zustimmung des Arbeitgebers möglich.

Der Arbeitgeber darf das Arbeitsverhältnis ab dem Zeitpunkt, von dem an Elternzeit verlangt worden ist, höchstens jedoch 8 Wochen vor Beginn der Elternzeit, und während der Elternzeit nicht kündigen (§ 18 I BEEG). In besonderen Fällen kann eine Kündigung von der für den Arbeitsschutz zuständigen Landesbehörde für zulässig erklärt werden. Gemäß § 19 BEEG kann der Arbeitnehmer oder die Arbeitnehmerin das Arbeitsverhältnis zum Ende der Elternzeit nur unter Einhaltung einer Kündigungsfrist von 3 Monaten kündigen.

9.5.4 Die Rolle des Betriebsrates bei Kündigungen

Wenn der Arbeitgeber eine Kündigung durchführen möchte, so ist er nach dem Betriebsverfassungsgesetz verpflichtet, den Betriebsrat anzuhören. Dieser hat dann innerhalb einer Woche, bei fristlosen Kündigungen innerhalb von drei Tagen, seine Stellungnahme abzugeben. Auch Schweigen kann als Stellungnahme betrachtet werden und kommt einer Zustimmung gleich. Zunächst hat der Arbeitgeber dem Betriebsrat jedoch alle Punkte, die für die Kündigung ausschlaggebend sind, mitzuteilen. An dieser Stelle kommen auch frühere Abmahnungen infrage. Eine ohne Anhörung des Betriebsrates ausgesprochene Kündigung ist unwirksam. Bei einer Kündigungsschutzklage prüfen Rechtsanwälte und das Arbeitsgericht sofort, ob eine ordnungsgemäße Anhörung stattgefunden hat. Die Darstellung auf der folgenden Seite zeigt die Vorgehensweise.

Nach § 102 Abs. 3 BetrVG kann der Betriebsrat einer Kündigung dann widersprechen, wenn einer der folgenden Gründe vorliegt:

- Der Arbeitgeber hat bei der Auswahl der zu kündigenden Arbeitnehmer soziale Gesichtspunkte nicht oder nicht ausreichend berücksichtigt.
- Der Arbeitgeber hat gegen Richtlinien über die personale Auswahl bei Kündigungen verstoßen.
- Der zu kündigende Arbeitnehmer kann an einem anderen Arbeitsplatz weiterbeschäftigt werden.
- Die Weiterbeschäftigung ist nach zumutbaren Umschulungs- oder Fortbildungsmaßnahmen möglich.
- Die Weiterbeschäftigung ist unter geänderten Vertragsbedingungen möglich und der Arbeitnehmer hat dazu sein Einverständnis erklärt.

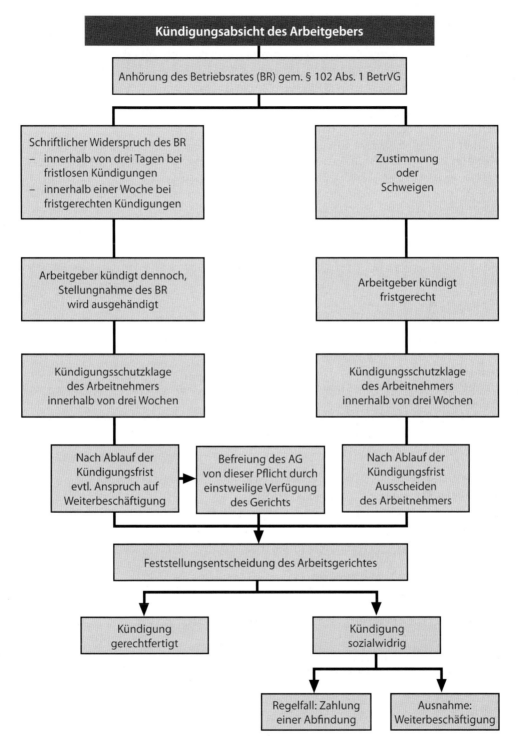

9.6 Praxisbeispiel

Kündigungen, Interessenausgleich und Sozialplan

Bei Kündigungen aus betrieblichem Grund müssen wichtige Aspekte berücksichtigt werden. Die Geschäftsleitung sollte den Betriebsrat rechtzeitig und umfassend über personelle Reduktionsmaßnahmen informieren. Es müssen folgende Vereinbarungen getroffen werden:

- Interessenausgleich;
- Sozialauswahl;
- Sozialplan.

Im Folgenden werden praktische Beispiele für Betriebsvereinbarungen aufgeführt.

Formulierung eines Interessenausgleichs und einer Sozialauswahl

Betriebsvereinbarung „Interessenausgleich"

Zwischen der Geschäftsleitung der Firma N.N. und dem Betriebsrat wird gem. § 112 BetrVG folgender Interessenausgleich vereinbart:

Geltungsbereich

Dieser Interessenausgleich gilt für alle in der Firma N.N. persönlich Beschäftigten mit Ausnahme der Auszubildenden und der leitenden Angestellten.

Regelungen

1. Die Unternehmensleitung sieht sich wegen der schweren wirtschaftlichen Lage und der anhaltenden Verluste gezwungen, drei finanzielle Anpassungsmaßnahmen vorzunehmen, die in ihrer gesamten Größenordnung bis zum TT.MM.JJ ca. Y Millionen Euro entsprechen.
   - ca. X Millionen Euro durch Einsparung in Sachkosten und Investitionen;
   - ca. X Millionen Euro durch eine Reduzierung von bis zu Y Mitarbeitern/-innen durch den Ausspruch einer betriebsbedingten Kündigung.

   Der Interessenausgleich soll dazu beitragen, die Ertragslage des Unternehmens zu verbessern und die Arbeitsplätze zu sichern. Die Unternehmensleitung wird bei der Auswahl der zu kündigenden Mitarbeiter ausschließlich die sozialen Belange der vergleichbaren betroffenen Mitarbeiter berücksichtigen. Sollten noch weitergehende Anpassungsmaßnahmen notwendig werden, überprüft die Unternehmensleitung zunächst, ob diese bei Nebenbetrieben oder in Zusammenarbeit mit externen Fertigern möglich sind.

2. Der Betriebsrat nimmt die unter Ziffer 1 genannten Absichten der Geschäftsleitung zur Kenntnis und widerspricht den geplanten Maßnahmen nicht.

3. Die Unternehmensleitung sichert zu, bei allen angeführten Maßnahmen die gesetzlichen und tariflichen Rechte des Betriebsrates zu beachten.

4. Um Entlassungen sozialverträglich zu gestalten und die verbleibenden Arbeitsplätze zu sichern, werden folgende Maßnahmen vereinbart. Mitarbeiter/-innen, denen gekündigt wurde, können auch auf eigenen Wunsch per Aufhebungsvertrag ausscheiden. Die Mitarbeiter/-innen der Personalwirtschaft weisen auf diese Möglichkeit hin. Die jeweils geltenden gesetzlichen, tarifvertraglichen oder einzelvertraglichen Kündigungsfristen sind in jedem Fall einzuhalten. Im Aufhebungsvertrag muss unmissverständlich darauf hingewiesen werden, dass dieser anstelle einer betriebsbedingten Kündigung geschlossen wird. Arbeitnehmern/-innen, die einen Aufhebungsvertrag abschließen, werden im Aufhebungsvertrag ausdrücklich auf eventuelle Nachteile eines Aufhebungsvertrages, auch in der Sozialversicherung, hingewiesen. Im Falle des Zweifels, ob eine Sperrzeit bei der Arbeitslosenunterstützung oder andere Nachteile eintreten, bleibt die betriebsbedingte Kündigung bestehen.

5. Die zahlenmäßige Verteilung der bis zu X Mitarbeitern/-innen auf einzelne Bereiche bzw. Abteilungen ist in einer Anlage 1 definiert, die Bestandteil dieser Vereinbarung ist.

Sozialauswahl

1. Die Auswahlkriterien dieser einzelnen vergleichbaren Mitarbeiter/-innen sind ausschließlich im sozialen Feld begründet. Sie erstrecken sich auf das individuelle Lebensalter, die Betriebszugehörigkeit sowie Unterhaltsverpflichtungen und Familienstand.

2. Beschäftigte, die unter den Tarifvertrag zur Beschäftigungssicherung § 3 (Übernahme von Auszubildenden) fallen, werden frühestens mit Wirkung zum Ende des 12. Kalendermonats nach Ende der Ausbildung gekündigt. Sie erhalten allerdings nicht die in dem gesondert vereinbarten Sozialplan vorgesehene Abfindung. Ausgenommen aus der Sozialauswahl sind Mitarbeiter/-innen, die unter den Manteltarifvertrag § 20 Nr. 4 fallen, sowie schwerbehinderte Beschäftigte.

3. In einem gesonderten Sozialplan gem. § 112 BetrVG vereinbaren Geschäftsleitung und Betriebsrat die Gewichtung der Auswahlkriterien und eine Abfindungsregelung für die Mitarbeiter/-innen, die durch betriebsbedingte Kündigung oder in deren Verbindung durch abgeschlossene Aufhebungsverträge ausscheiden.

4. Sowie bei Fa. N.N. wieder Stellen zu besetzen sind, werden diese Arbeitnehmer/-innen der geforderten Qualifikation entsprechend vorrangig wieder eingestellt.

Dieser Interessenausgleich tritt mit seiner Unterzeichnung beider Parteien in Kraft. Er gilt bis zur Abwicklung und Erfüllung seiner Ansprüche.

N.N., den _____

_____   _____
(Geschäftsleitung)   (Betriebsrat)

Formulierung eines Sozialplans

Betriebsvereinbarung „Sozialplan"

Zwischen der Geschäftsleitung der Firma N.N. und dem Betriebsrat wird gem. § 112 a BetrVG folgender **Sozialplan** in Verbindung mit dem abgeschlossenen Interessenausgleich vom TT.MM.JJ vereinbart:

1. Gegenstand dieser Vereinbarung ist ein Sozialplan, der die näheren Auswahlrichtlinien und Ausgleichsparameter zur wirtschaftlichen Milderung der entstehenden Nachteile der Mitarbeiter/-innen der Firma N.N. regelt, die infolge der beschlossenen Maßnahme analog dem Interessenausgleich vom TT.MM.JJ entstehen.

2. Diese Regelung gilt für alle Arbeitnehmer gem. § 5 BetrVG, die am TT.MM.JJ in einem ungekündigten Arbeitsverhältnis stehen, ausgenommen die im oben genannten Interessenausgleich vereinbarten Ausnahmen. Ebenfalls gilt dieser Sozialplan nicht für Mitarbeiter/-innen, die durch verhaltens- oder personenbedingte Kündigung sowie Eigenkündigung ausscheiden.

3. Die Auswahl der zu kündigenden Arbeitnehmer/-innen in den einzelnen Teilbereichen erfolgt in der Reihenfolge analog der Summe der Punkte, die sich aus nachfolgend beschriebenen Kriterien und Gewichtungen ergibt, von null aufwärts. Stichtag für Lebensalter und Betriebszugehörigkeit ist der TT.MM.JJ gemäß Anlage 1.

4. Die vier Kriterien entsprechend dem Interessenausgleich werden wie folgt gewichtet:
   a) Betriebszugehörigkeit: Für jedes volle Beschäftigungsjahr wird ein Punkt gerechnet.
   b) Lebensalter: Für jedes vollendete Lebensjahr wird ein Punkt gerechnet.
   c) Unterhaltspflichten: Je unterhaltsberechtigtem Kind werden drei Punkte berechnet. Ein halber Kinderfreibetrag auf der Lohnsteuerkarte wird als ein Kind betrachtet.
   d) Verheiratete Mitarbeiter/-innen oder Mitarbeiter/-innen mit der Steuerklasse 2 erhalten zwei Punkte.

5. Die nach den Punkten drei und vier ausgewählten Mitarbeiter/-innen werden in einer Anlage 1 zu dieser Vereinbarung aufgeführt. Die Anlage ist Bestandteil dieser Betriebsvereinbarung.

6. Die Mitarbeiter/-innen, die nach diesen Regelungen ermittelt durch betriebsbedingte Kündigung bzw. Aufhebungsvertrag aus dem Unternehmen ausscheiden, erhalten eine Abfindung, die nach folgender Formel errechnet wird:
Summe der vollen Beschäftigungsjahre (inklusive Ausbildungszeit) multipliziert mit dem individuellen durchschnittlichen monatlichen Einkommen der letzten drei Monate vor der Abfindungszahlung entsprechend § 16 Manteltarifvertrag multipliziert mit dem Faktor 0,8, mindestens jedoch 80 % des letzten vor der Abfindungszahlung abgerechneten entsprechenden Monatseinkommens. Die Abfindung wird zum Zeitpunkt des Ausscheidens aus dem Arbeitsverhältnis gewährt.
Die Abfindung wird nicht gezahlt an Arbeitnehmer/-innen, deren Arbeitsverhältnis erst mit Ablauf des 12. Monats nach Übernahme aus der Ausbildung beendet wird.

7. Die betroffenen Mitarbeiter/-innen werden nach Kündigungsausspruch unter Anrechnung ihres anteiligen Resturlaubsanspruchs, etwaiger Gleitzeitguthaben und unter Zahlung des durchschnittlichen monatlichen Einkommens entsprechend § 16 Manteltarifvertrag für die Dauer der Kündigungsfrist von der Pflicht der Arbeitsleistung freigestellt.

8. Die Abfindungen nach diesem Sozialplan werden mit der letzten Verdienstabrechnung für die Beschäftigungsverhältnisse gezahlt. Erhebt ein/-e Mitarbeiter/-in Kündigungsschutzklage, wird die Abfindung mit rechtskräftiger Entscheidung fällig. Bei vergleichsweiser oder anderer Beendigung des Rechtsstreites wird die Abfindung mit Beendigung der Rechtsanhängigkeit fällig. Abfindungen, die ein/-e Mitarbeiter/-in in einem eventuellen Kündigungsschutzprozess zugesprochen bekommt, werden auf Abfindungen aus diesem Sozialplan angerechnet.

9. Die Abfindung ist sofort vererblich.

10. Beide Parteien stimmen darin überein, dass unabhängig von den Regelungen dieses Sozialplanes alle tariflichen Bestimmungen weiterhin einzuhalten und anzuwenden sind.

11. Dieser Sozialplan tritt mit seiner Unterzeichnung in Kraft und gilt bis zur Abwicklung und Erfüllung seiner Ansprüche.

N. N., den _____

_____ _____
(Geschäftsleitung)   (Betriebsrat)

> **Anlage 1 zum Interessenausgleich
> „Konjunkturell bedingte Personalreduzierung"**
> (Auszug)
>
> Entwicklung und Produktmarketing A   v   Personen
> Entwicklung und Produktmarketing B   w   Personen
> Abteilung C   x   Personen
> Abteilung D   y   Personen
> usw.   z   Personen
>
> _____   _____
> (Geschäftsleitung)   (Betriebsrat)

9.7 Zeugniserteilung

1. Anspruch	3. Grundsätze der Zeugniserteilung
2. Zeugnisarten	4. Praktische Tipps/Checklisten

9.7.1 Anspruch

Zum Ende der Beschäftigung haben Arbeitnehmer einen Anspruch auf die Ausstellung eines Zeugnisses. Das Ende der Beschäftigung muss nicht zwangsläufig der letzte Tag im Beschäftigungsverhältnis sein. Der Arbeitnehmer kann das Zeugnis schon nach Ausspruch der Kündigung einfordern. Der Arbeitgeber ist nicht automatisch zur Zeugnisausstellung verpflichtet. Erst wenn der Arbeitnehmer das Zeugnis fordert, ist er zur unverzüglichen Ausstellung verpflichtet. Lediglich Auszubildende müssen am Ende ihrer Ausbildung ein Zeugnis ausgehändigt bekommen. Die Zeugnisschuld ist eine Holschuld. Das bedeutet, dass der Arbeitgeber das Zeugnis nur im Unternehmen bereithalten muss. Bei einer Zusendung per Post kann er die Portokosten geltend machen. Zulässig ist auch, dass er das Zeugnis zum Zwecke des Versandes knickt.

9.7.2 Zeugnisarten

Grundsätzlich unterscheidet man das einfache und das qualifizierte Zeugnis.

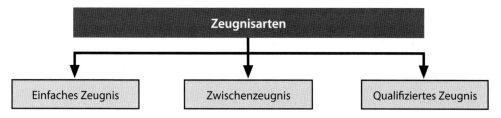

▶ Einfaches Zeugnis

Das einfache Zeugnis enthält neben formalen Gesichtspunkten lediglich eine Bestätigung über die Zeitdauer der Beschäftigung. Es beinhaltet die folgenden Angaben:
- Name und Anschrift des Arbeitgebers;
- „Zeugnis" als Überschrift;
- Angaben zu persönlichen Daten des Arbeitnehmers (Name, Anschrift, Geburtsdatum und -ort);
- Art der Tätigkeit (Stellenbezeichnung/ausgeübter Beruf);
- Dauer der Beschäftigung;
- Tag der Ausstellung;
- Unterschrift des Arbeitgebers oder seines Beauftragten.

▶ Qualifiziertes Zeugnis

Beim qualifizierten Zeugnis sind zusätzlich die Leistungen und die Führung bzw. das Verhalten des Arbeitnehmers zu bewerten. Dafür sind zunächst genaue Angaben zur Tätigkeit des Arbeitnehmers zu machen. Diese müssen so detailliert sein, dass ein potenzieller neuer Arbeitgeber beurteilen kann, ob der Bewerber für eine ausgeschriebene Stelle infrage kommt. In der Checkliste am Ende des Abschnitts finden sich die Punkte, die zur Ausstellung eines solchen Zeugnisses gesammelt werden sollten.

▶ Zwischenzeugnis

Eine weitere Kategorie ist das Zwischenzeugnis. Hierbei handelt es sich um ein Zeugnis während des laufenden Arbeitsverhältnisses. Um aussagekräftig zu sein, handelt es sich hierbei fast immer um ein qualifiziertes Zeugnis. Anlässe für die Ausstellung können sein:
- Wechsel des Vorgesetzten;
- Wechsel der Abteilung;
- Versetzung in ein Tochterunternehmen oder einen anderen Konzernteil;
- Antritt des Erziehungsurlaubs;
- außerbetriebliche Weiterbildungsmaßnahmen;

- Freistellung des Arbeitnehmers zur Tätigkeit im Betriebsrat;
- Umorganisation des Unternehmens;
- Änderungskündigung;
- mögliche Kündigung durch den Arbeitgeber, z. B. bei Betriebsstilllegungen, Insolvenz usw.

9.7.3 Grundsätze der Zeugniserteilung

Am wichtigsten ist der **Grundsatz der Wahrheit.** Es sind alle Dinge in das Zeugnis aufzunehmen, die für die Beurteilung durch andere Arbeitgeber bedeutsam sind. Dabei ist darauf zu achten, dass eindeutige Formulierungen gewählt werden. Danach müssten auch negative Vorkommnisse aufgeführt werden. Dem widerspricht der zweite Grundsatz, der vom Wohlwollen des Arbeitgebers ausgeht. Wenn der Arbeitnehmer mit der vorhandenen Bewertung nicht einverstanden ist, kann er ein neues Zeugnis verlangen. Allerdings darf der Arbeitgeber keine Falschaussagen im Zeugnis aufnehmen. Bestätigt er z. B. einer Kassiererin die Ehrlichkeit, obwohl diese Geld unterschlagen hat, so kann ihn ein neuer Arbeitgeber auf Schadenersatz verklagen.

Der Arbeitnehmer hat kein Recht, die Unterschrift der Unternehmensleitung zu fordern, wichtig ist nur, dass ein ranghöherer Mitarbeiter das Zeugnis unterschreibt. Der Anspruch auf die Ausstellung besteht gesetzlich 30 Jahre. Dieser Zeitraum ist jedoch in der Praxis nicht umsetzbar. Daher enthalten viele Tarifverträge sogenannte Ausschlussfristen von z. B. vier Wochen. Der Arbeitnehmer muss in dieser Zeit sein Zeugnis beanspruchen. Wenn keine Vereinbarung darüber getroffen wurde, sieht das Bundesarbeitsgericht den Anspruch als verwirkt an, wenn der Arbeitnehmer sein Recht über längere Zeit nicht geltend gemacht hat und dadurch beim Arbeitgeber der Eindruck entstanden ist, er möchte kein Zeugnis mehr. Für die Länge des Zeitraums gibt es keine exakten Angaben.

9.7.4 Praktische Tipps/Checklisten für die Zeugniserstellung

Zunächst geht es in der folgenden Checkliste um die Sammlung der benötigten Daten und einige formelle Vorgaben (WELSLAU 2001, S. 72). So muss ein Unternehmen zuerst entscheiden, wer für die Ausstellung verantwortlich ist und welche Mitarbeiter zusätzlich herangezogen werden sollten (z. B. der unmittelbare Vorgesetzte). Hilfreich für die Zeugniserstellung kann ein standardisierter Beurteilungsbogen sein. Auch ist es möglich, dass der ausscheidende Mitarbeiter selbst Vorschläge zu seinem Zeugnis macht oder es entwirft. Dieser Weg wird gern eingeschlagen, wenn einem Mitarbeiter gekündigt wurde. Häufig fällt das Zeugnis aufgrund mangelnder Fachkenntnisse dabei schlechter aus, als wenn die Personalabteilung es formuliert hätte.

Der Aufbau eines qualifizierten Zeugnisses wird durch die folgende Checkliste ebenfalls deutlich, da die Punkte in der üblichen Reihenfolge aufgeführt werden. Einen gesetzlichen Anspruch auf die Erwähnung bestimmter Inhalte, z. B. eine abschließende Bemerkung, gibt es nicht. Die Arbeitsgerichte prüfen im Einzelfall, welche Punkte aufgenommen werden müssen.

Checkliste für die Zeugniserstellung	
Formales	■ Bogen Geschäftspapier ■ keine Flecken ■ keine Rechtschreibfehler
Persönliche Daten	■ Vorname, Nachname, Geburtsname ■ Titel ■ Geburtsdatum, Geburtsort ■ Berufsbezeichnung ■ Eintritts- und Austrittsdatum ■ Tätigkeitsbereich ■ Prokura, Handlungsvollmacht
Überschrift	■ Ausbildungszeugnis ■ Zwischenzeugnis ■ Vorläufiges Zeugnis ■ Einfaches Zeugnis ■ Qualifiziertes Zeugnis
Einleitende Bemerkungen	■ Teilzeitbeschäftigung ■ Kurze Beschäftigungsdauer ■ Befristetes Arbeitsverhältnis
Beschreibung der Tätigkeit	■ Arbeitsplatz ■ Aufgabenbereich ■ Aufgabenschwerpunkte ■ Aufgabenwechsel ■ Funktion/Tätigkeit ■ Projektaufgaben ■ Spezialaufgaben ■ Verantwortungsbereich ■ Zusatzanforderungen/ zusätzliche Aufgaben
Beurteilung der Leistung	■ Leistungsbereitschaft ■ Arbeitsbefähigung ■ Arbeitsweise ■ Arbeitserfolg ■ Fachliches Können ■ Weiterbildung ■ Gesamtergebnis der Leistungsbeurteilung
Besondere Leistungen	■ Besonderes soziales Engagement im Betrieb ■ Kreativität/ Ideenumsetzung/ Vorschlagswesen
Führungsaufgaben und Führungsverhalten	■ Führungsumstände/ Führungserfolg ■ Zahl der Mitarbeiter ■ Delegation von Verantwortung ■ Motivation und Förderung ■ Zusammenfassende Führungsbeurteilung

Checkliste für die Zeugniserstellung	
Soziales Verhalten	■ Vorgesetzte ■ Mitarbeiter ■ Dritte (z. B. Kunden) ■ Zusammenfassende Beurteilung des Sozialverhaltens
Schluss-formulierungen	■ Modalitäten der Beendigung ■ Austrittstermin ■ Schlussfloskel
Ende	■ Ausstellungsdatum und Unterschrift

In der Praxis werden meist Standardformulierungen verwendet. So bedeutet nur der Ausdruck „vollste Zufriedenheit" sehr gute Leistungen (siehe folgende Tabelle). Weiterhin kann durch das Hervorheben oder das Verschweigen wichtiger Eigenschaften und Merkmale eine Aussage gemacht werden.

Ausdrucksskala bei Zeugnisphrasen	
Sehr gute Leistungen	Er/Sie hat die übertragenen Aufgaben stets zu unserer vollsten Zufriedenheit gelöst.
Gute Leistungen	… stets zu unserer vollen Zufriedenheit …
Befriedigende Leistungen	… zu unserer vollen Zufriedenheit …
Ausreichende Leistungen	… zu unserer Zufriedenheit …
Mangelhafte Leistungen	… im Großen und Ganzen zu unserer Zufriedenheit …

9.8 Abschlussarbeiten

In der Personalabteilung fallen durch den Austritt von Mitarbeitern noch weitere Arbeiten an:
- Rückgabe von Firmeneigentum durch den Mitarbeiter;
- Rückgabe von Unterlagen an den Mitarbeiter, z. B. Lohnsteuerkarte, Sozialversicherungsnachweis;
- Abschluss der Personalakte.

Zusätzlich kann durch Fragebogen und/oder Abgangsinterviews der Fluktuationsgrund ermittelt werden.

9.8.1 Abgangsinterviews

Gerade wenn ein Mitarbeiter von sich aus kündigt, kann er im Gespräch auf Missstände im Unternehmen hinweisen. Daraus lassen sich vielleicht Schwachstellen in der Organisation oder im Führungsverhalten erkennen. Damit der Mitarbeiter die Gründe wahrheitsgemäß nennt, sollten neutrale Personen wie z. B. Mitarbeiter aus dem Personalbereich das Interview durchführen.

Das Abgangsinterview verfolgt mehrere Absichten:
- Ermittlung der Kündigungsgründe des Arbeitnehmers;
- Informationen über betriebliche Schwachstellen sammeln;
- Sicherung einer späteren Wiedereinstellung bei anderen Bedingungen;
- Abbau von negativen Ansichten über das Unternehmen;
- Dank für die geleistete Arbeit.

9.8.2 Austrittsfragen

Neben dem Abgangsinterview kann ein sorgfältig konzipierter Austrittsfragebogen nach dem folgenden Muster (nach STOPP 2006, S. 304 f.) wertvolle Aufschlüsse für das Unternehmen geben:

Austrittsfragebogen

Persönliche Ursachen
- ❏ Berufswechsel
- ❏ Rückkehr in den erlernten Beruf
- ❏ Übernahme einer selbstständigen Tätigkeit
- ❏ Weiterbildung/Lehrgänge
- ❏ Krankheit
- ❏ Ungünstige Verkehrsanbindung
- ❏ Wohnungswechsel
- ❏ Veränderung der Familienverhältnisse

Betriebliche Ursachen

I. Unbefriedigende Arbeit
- ❏ Eintönige Arbeit
- ❏ Zu schwere Arbeit
- ❏ Zu schmutzige Arbeit
- ❏ Gesundheitsgefährdende Arbeit
- ❏ Mangelnder Arbeitsschutz
- ❏ Schlechter Arbeitsplatz

II. Arbeitszeit
- ❏ Zeiteinteilung der Arbeit
- ❏ Überstunden
- ❏ Schichtarbeit
- ❏ Keine gleitende Arbeitszeit

III. Menschliche Kontakte
- ❏ Schlechtes Betriebsklima
- ❏ Zu wenig Kontakt zu Kollegen
- ❏ Schlechtes Verhältnis zu Kollegen
- ❏ Schlechtes Verhältnis zum Vorgesetzten

IV. Urlaubsregelungen
- ❏ Urlaubsdauer
- ❏ Betriebsurlaub
- ❏ Urlaubsanspruch

V. Bezahlung
- ❏ Lohn/Gehalt
- ❏ Sozialleistungen

VI. Berufliche Entwicklung
- ❏ Keine Aufstiegsmöglichkeiten
- ❏ Häufige Versetzungen
- ❏ Zu wenig Weiterbildung

VII. Organisation
- ❏ Unklare Kompetenzverteilung
- ❏ Ungerechte Aufgabenverteilung
- ❏ Mangelhafte Information

VIII. Unternehmen
- ❏ Lage des Unternehmens
- ❏ Wirtschaftliche Situation des Unternehmens
- ❏ Größe des Unternehmens
- ❏ Image des Unternehmens
- ❏ Bessere Bedingungen in anderen Unternehmen

Sonstige Ursachen
- ❏ Wechsel der Branche
- ❏ Bessere Infrastruktur

Eigene Angaben: _____
_____
_____
_____
_____

9.8.3 Outplacement-Beratung

In den letzten Jahren ist es üblich geworden, nach betriebsbedingten Kündigungen eine Outplacement-Beratung einzuschalten. Diese hilft dem ausscheidenden Mitarbeiter bei der Suche nach einem neuen Arbeitsplatz. Dazu werden zunächst seine Wünsche geklärt, die vorhandenen Fähigkeiten und Erfahrungen ergründet und vielleicht bestimmte Defizitbereiche trainiert. Die Kosten übernimmt der bisherige Arbeitgeber. Er erreicht damit eine Verkürzung des Trennungsprozesses, eine Imageaufwertung und eine Vermeidung arbeitsrechtlicher Auseinandersetzungen. In Amerika ist das Verfahren bereits weit verbreitet, in Deutschland wird es bisher hauptsächlich für Führungskräfte angewandt.

9.9 Check-up

9.9.1 Zusammenfassung

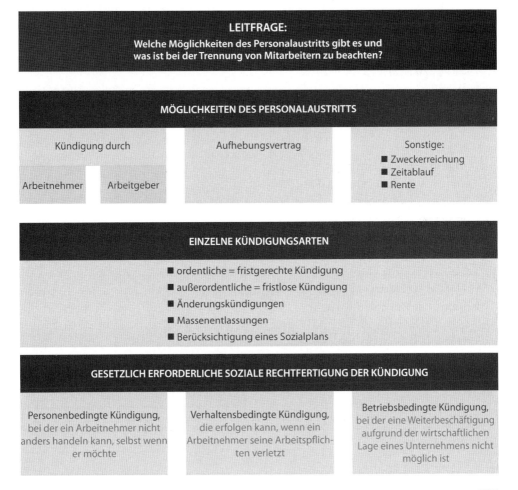

SCHUTZBESTIMMUNGEN

Kündigungsfristen	Besondere Kündigungs-schutzbestimmungen für geschützte Personenkreise:	Einschaltung des Betriebsrates
	■ Auszubildende ■ Betriebsratsmitglieder ■ Schwerbehinderte ■ Wehrpflichtige ■ Schwangere ■ Mütter	

ZEUGNISERTEILUNG

Anspruch des Arbeitnehmers	Zeugnisarten	Grundsätze	Inhaltscheckliste
	■ einfaches Zeugnis ■ qualifiziertes Zeugnis ■ Zwischenzeugnis	■ Wahrheit ■ Wohlwollen des Arbeitgebers ■ Unterschrift ■ Anspruch	■ Überschrift ■ persönliche Daten ■ einleitende Bemerkungen ■ Beschreibung der Tätigkeit ■ Beurteilung der Leistung ■ Besondere Leistungen ■ Führungsaufgaben und Führungsverhalten ■ soziales Verhalten ■ Schlussformulierungen

9.9.2 Aufgaben

1. In Ihrem Unternehmen ist entgegen dem Trend in der Branche im letzten Jahr die freiwillige Fluktuation gestiegen. Sie möchten die Ursachen ergründen. Beschreiben Sie, wie Sie dabei vorgehen!

2. An welchem Datum muss die Kündigung ausgesprochen werden, wenn den Mitarbeitern zum 30. 06. d. J. gekündigt werden soll?

Name	Betriebszugehörigkeit	Kündigungsdatum
Gabriele Fischer	1,5 Jahre	
Frank Müller	6 Jahre	
Sandra Holland	9 Monate	
Gerhard Weber	28 Jahre	

3. Der Geschäftsführer der Megabau GmbH informiert den Betriebsrat über eine drohende Insolvenz. Er sieht sich gezwungen, massiv Kosten zu senken, um das Unternehmen am Leben zu erhalten. Im Rahmen einer Betriebsänderung möchte er deshalb 16 von 46 Mitarbeitern kündigen. Weitere fünf Vollzeitarbeitsplätze sollen in Teilzeitarbeitsplätze umgewandelt werden.
   a) Um welche Art der Kündigung handelt es sich?
   b) Nach welchen Kriterien werden die Mitarbeiter ausgewählt?
   c) Beschreiben Sie die Einflussmöglichkeiten des Betriebsrates.
   d) Welche Nachteile können sich für das Unternehmen ergeben?

4. Herr Schulz ist Abteilungsleiter in einem größeren Unternehmen der Metallindustrie. Er verfügt über hervorragende fachliche Kenntnisse, drückt sich Kollegen gegenüber aber häufig sehr drastisch aus und behandelt sie oft herabwürdigend. Die Unternehmensleitung hat ihn bereits mehrfach mündlich aufgefordert, sein Benehmen zu verbessern. Zusätzlich erhielt er vor vier Monaten eine Abmahnung, weil er einen Kollegen diffamiert hatte.

   Trotzdem hat sich das Verhalten nicht gebessert. Nach einem erneuten Zwischenfall in dieser Woche möchte ihm die Geschäftsleitung kündigen.
   a) Erläutern sie die rechtliche Wirkung der Abmahnung!
   b) Nennen Sie zwei Möglichkeiten, wie das Arbeitsverhältnis durch die Firma beendet werden kann und welche Form jeweils erforderlich ist!
   c) Beurteilen Sie stichwortartig, ob eine arbeitgeberseitige Kündigung sozial gerechtfertigt wäre!

5. Entwerfen Sie einen Abmahnungstext für den Mitarbeiter Schmidt, der häufig zu spät zur Arbeit erscheint! Die Abteilungsleiterin Frau Weber hat Herrn Schmidt bereits vor drei Wochen mündlich ermahnt. Trotzdem kam es zu weiteren Verspätungen:

Arbeitsbeginn: 8.00 Uhr	07.07. – 8:14 Uhr
	08.07. – 8:07 Uhr
	12.07. – 8:11 Uhr
	19.07. – 8:13 Uhr

6. Ausscheidende Mitarbeiter sind immer häufiger nicht mit dem Zeugnis Ihres Vorgesetzten einverstanden und streben eine Zeugnisberichtigungsklage an. Laut Rechtsprechung ist der Arbeitgeber in diesem Zusammenhang in der Beweispflicht.
   a) Erstellen Sie eine Checkliste für die Zeugniserstellung!
   b) Welche Grundsätze sollte der Arbeitgeber befolgen, um solche Streitigkeiten zu vermeiden?

7. Deuten Sie folgenden Abschnitt aus einem Arbeitszeugnis:
   Frau Schmidt hat sich von Anfang an mit großem Interesse ihrer Arbeit gewidmet. Sie löste die ihr übertragenen Aufgaben schnell und war mit Eifer an allen Belangen der

Abteilung interessiert. Sie versuchte, die ihr übertragenen Arbeiten termingerecht auszuführen, wobei wir ihren Fleiß besonders betonen möchten. Auch bei neuen Aufgaben war sie aufgeschlossen und bewies damit, dass sie eine gute kaufmännische Kraft sein kann.

8. In vielen Unternehmen wird mit ausscheidenden Mitarbeitern ein Austrittsinterview geführt.
   a) Was ist bei der Durchführung zu beachten?
   b) Erläutern Sie anhand von drei Beispielen, welche Auswirkungen die Interviewergebnisse auf die praktische Personalarbeit haben können!

9.9.3 Literatur

Hambusch, R. (Hrsg.): Personal- und Ausbildungswesen, Winklers Verlag, Darmstadt 1992.

Jaschinski, C./ Hey, A./Kaesler, C.: Wirtschaftsrecht, Merkur Verlag, Rinteln 2009.

Praxishandbuch Personal: Verlag Deutsche Wirtschaft, 2001.

Stopp, U.: Betriebliche Personalwirtschaft, Expert-Verlag, Renningen 1998.

Teschke-Bährle, U.: Arbeitsrecht schnell erfasst, Springer Verlag, Berlin 2006.

Tüllmann, A.: Personalwirtschaft, EDE-VAU Verlag, Korschenbroich 1993.

Welslau, D.: Streit ums Arbeitszeugnis, in: Personalwirtschaft, 5/2001.

10 | Aufgaben und Organisation von HR

10.1 PREVIEW

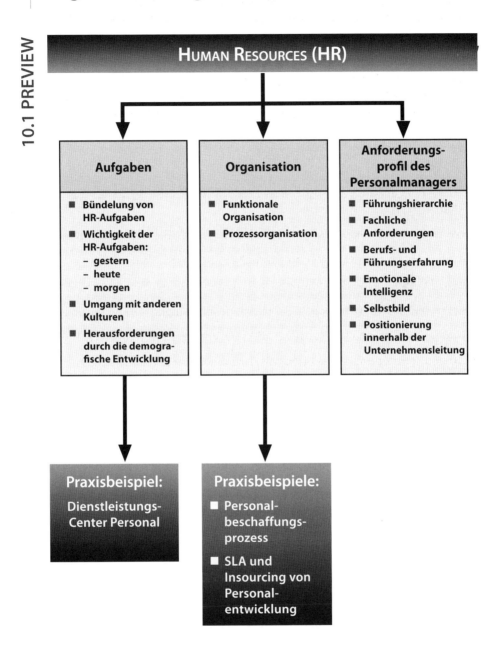

10.2 Stellenwert von HR

Die HR nimmt in der heutigen Wirtschaft einen hohen Stellenwert ein. Unternehmenspolitik ohne HR-Politik ist undenkbar. Das Personalmanagement muss in Unternehmensstrategien einbezogen werden. So können alle personalpolitischen Ziele in einen technisch-ökonomischen und sozial-akzeptablen Ausgleich gebracht werden. Eine moderne, innovative Personalentwicklung kann hierzu geeignete Instrumente einsetzen. Sie liefert einen wichtigen Beitrag, das Leistungsergebnis zu steigern und die Leistungsfähigkeit des Unternehmens langfristig zu sichern. Darüber hinaus ermöglicht es eine wirksame Unternehmensentwicklung, die an interne und externe Veränderungen angepasst ist. Andernfalls wird jedes Unternehmen, das auf lange Sicht neben den betriebswirtschaftlichen Aspekten nicht auch den Zielen und Ansprüchen seiner Mitarbeiter Rechnung trägt, wegen sinkender Produktivität, erhöhten Fehlleistungen und Personalbeschaffungsproblemen bei steigender Fluktuation seine Existenzfähigkeit einbüßen.

Das entsprechende Handeln der HR darf nicht mehr von Improvisationen und Reaktionen auf Bedingungen und Gegebenheiten bestimmt werden, sondern es muss als integraler Bestandteil der Unternehmensführung unternehmenspolitische Belange verfolgen und dabei personalpolitische Aspekte in die unternehmerische Zielsetzung und Entscheidungsfindung einbringen. Schließlich hat das Personalmanagement die Verantwortung für ca. 30 % des Umsatzes. So hoch sind in der Regel die Personalkosten eines Unternehmens.

Im heutigen Wirtschaftsgeschehen sind ständige Veränderungen von Technologien, Produkten, Absatzmärkten und eine zum Teil wechselhafte Entwicklung zu beobachten. Gründe dafür sind z.B. Nachfrageverschiebungen, Rezessionen, Wechselkursschwankungen und Wachstumsgrenzen. Das verlangt eine fortlaufende Anpassung der Mitarbeiter an neue Gegebenheiten. Um die Wettbewerbsfähigkeit dauerhaft zu sichern, sind die Mitarbeiter ein entscheidender Faktor für den zukünftigen Erfolg eines jeden Unternehmens.

Hier ist besonders eine innovative und flexible HR gefragt. Sie muss in der Lage sein, auf die ständig wechselnden Einflüsse rechtzeitig zu reagieren und personelle sowie unternehmerische Herausforderungen optimal zu meistern. Die HR hat damit eine entscheidende Gestaltungsfunktion. Dabei kann von ihr nur dann wirkungsvolle Arbeit geleistet werden, wenn sie sich an den situativen Rahmenbedingungen und der gewachsenen Struktur eines Unternehmens orientiert.

Die veränderten Anforderungen an die Mitarbeiter hinsichtlich Flexibilität, Innovationsfähigkeit und Qualifikation erfordern eine spezielle Organisation der HR. Zukunftsweisende Aufgaben können hier nur effektiv wahrgenommen werden, wenn die Struktur der HR den wechselnden Ansprüchen organisatorisch und aufgabentechnisch gerecht werden kann.

Aus diesem Grund sollten in der HR alle Entwicklungsaufgaben gebündelt werden, die sich mit den Mitarbeitern beschäftigen. Eine funktionsfähige Personalinstanz bedarf daher eindeutiger Zuständigkeiten. Diese Aufgaben sollten nicht dezentral in

verschiedenen Ressorts (z.B. in Technik, Absatz, Logistik etc.) angesiedelt sein und bearbeitet werden. Wichtig ist die Bündelung der HR-Aufgaben insofern, als
1. keine Kompetenzkonflikte zu Nachbarressorts (wie Produktion, Vertrieb, Controlling) bei der Realisation von bereichsübergreifenden Personalmaßnahmen aufkommen – und Reibungsverluste die Effektivität einschränken – können;
2. die Gesellschafter die HR als eine organisatorische Einheit in Belegschaftsfragen zum Ansprechpartner haben;
3. die HR als geschlossene Einheit bei Bedarf in den Dialog mit dem Betriebsrat treten kann.

Von moderner HR wird eine ständige Flexibilität und Anpassung an die jeweiligen Gegebenheiten eines Unternehmens gefordert. Das Personalmanagement muss daher kontinuierlich überprüfen, ob die aktuellen Inhalte und Gestaltungen der Personalaufgaben diesen Gegebenheiten entsprechen. Man kann heute nicht mehr davon ausgehen, dass ein Personalwesen, das in einer unternehmensspezifischen Form einmal implementiert ist, eine Dauerhaftigkeit und Statik behalten kann.

10.3 Aufgaben gestern, heute, morgen

10.3.1 Wichtigkeit der Personalaufgaben

Welche Aufgaben stehen im Zentrum des modernen Personalmanagements? In einer Untersuchung wurden über 800 Personalleiter deutscher Unternehmen befragt, welche heutigen und welche zukünftigen Personalaufgaben sie als wichtig betrachten. Folgende Resultate liegen vor:

Wichtigkeit der Personalaufgaben der Achtzigerjahre:
1. Zusammenarbeit mit dem Betriebsrat (80 %)
2. Personalauswahl (77 %)
3. Lohn- und Gehaltspolitik (74 %)
4. Personalbeschaffung (72 %)
5. Personalentwicklung (68 %)
6. Personalbetreuung (65 %)
7. Freiwillige betriebliche Sozialleistungen (65 %)
8. Personalplanung (62 %)
9. Personalbeurteilung (61 %)
10. Aktivierung der Mitarbeiter (59 %)

Wichtigkeit der Personalaufgaben Anfang der Neunzigerjahre:
1. Personalentwicklung (91 %)
2. Personalauswahl (90 %)
3. Zusammenarbeit mit dem Betriebsrat (88 %)
4. Personalbetreuung (87 %)

5. Aktivierung der Mitarbeiter (86 %)
6. Personalplanung (85 %)
7. Personalbeschaffung (84 %)
8. Personalinformationssysteme (80 %)
9. Lohn- und Gehaltspolitik (80 %)
10. Personalbeurteilung (79 %)

Für diese Veränderungen wurden als Ursachen u.a. neue Technologien (79 %) und Marktveränderungen (79 %) genannt, gefolgt vom Wertewandel bei den Mitarbeitern (69 %). Als eine der zukünftigen Problemaufgaben gaben die Personalmanager u.a. die steigenden Personalkosten (77 %) sowie die marktgerechte Bezahlung an (73 %). Weiterbildung bzw. Personalentwicklung wurden zu zentralen Aufgaben des Personalmanagers (OLESCH 2001, S. 34). Weiterhin gehört die Personalauswahl dazu. Assessment-Center und effizientere Auswahlinstrumente werden stärker zum Handwerkszeug des Personalmanagers gehören. Daher werden in modernen, innovativen Unternehmen Personalleiter eingesetzt, die ihre Schwerpunkterfahrungen in diesen Bereichen mit nachweisbarem Erfolg gesammelt haben.

Wichtigkeit der zukünftigen Personalaufgaben:

1. Verbesserung der Unternehmensorganisation
   - Arbeitsflexibilisierung
   - Gruppenarbeit
   - flache Führungsebenen
2. Internationalisierung der Personalarbeit
   - internationale Personalpolitik und Arbeitsrechte
   - interkultureller Umgang
   - internationale Personalführungssysteme
3. Wissensmanagement
4. Personalbeschaffung und -auswahl
5. Personalentwicklung
6. Lohn- und Gehaltspolitik
   - Kostenreduktion
   - Leistungsanreizsysteme
7. Unternehmens- und Führungskultur
8. Personalcontrolling
9. Outsourcing der Personalarbeit
10. Zusammenarbeit mit dem Betriebsrat

10.3.2 Der globalisierte Markt als Chance

▶ **Deutschland im Vergleich zu anderen Exportnationen**

Neben China ist Deutschland die stärkste **Exportnation.** Das ist eine besondere Leistung im Vergleich zu unseren weltweiten Wettbewerbern. Dazu gehört Japan mit 127 Millionen Menschen, die USA mit 300 Millionen, Indien mit 1,1 Milliarden und China mit 1,3 Milliarden. Dagegen ist Deutschland mit nur 82 Millionen Einwohnern eher ein Zwerg. Doch David besiegte auch Goliath. Das gelang ihm nur mit Klugheit. Was ist nun die Klugheit des kleinen Deutschland? Wir haben keine Rohstoffe wie Öl, Diamanten und Gold. Jedoch besitzen wir ein anderes Gold. Es ist unser Bildungsniveau und unsere Qualifikation. Sie führen dazu, die technologisch hochwertigsten Autos der Welt wie BMW, Mercedes, Audi und Porsche zu bauen. Wir konstruieren die erfolgreichsten Maschinen weltweit und entwickeln die komplexeste Software SAP. Diese Disziplinen haben uns mehrfach die Goldmedaille in der internationalen Wirtschaftsolympiade gewinnen lassen (OLESCH 2006 a).

In China verdient ein Arbeiter 80 bis 120 Dollar und in Vietnam nur 40 Dollar pro Monat. Eine Geiz-Ist-Geil-Mentalität können wir uns in unserer anspruchsvollen Industrie nicht leisten. Unsere Kosten sind zu hoch, um auf dem Weltmarkt mit Billigprodukten erfolgreich sein zu können. Deutschlands wirtschaftliche Kernkompetenz liegt in anspruchsvoller, innovativer Technologie. Hier liegen unsere Stärken gegenüber den preiswerten Produkten aus den Schwellenländern. Und diese Vorteile sollten wir nutzen und weiter ausbauen. Häufig wird von einer kommenden Übermacht chinesischer Akademiker fabuliert. Akademiker, die in der Lage sind, den deutschen Ingenieuren die Stirn zu bieten. Der Autor ist davon überzeugt, dass Deutschland die Chance hat, für die nächsten Jahre, sogar Jahrzehnte, das Rennen zu gewinnen.

Zwar werden jährlich viele Studenten in chinesischen Universitäten ausgebildet, doch unterscheidet sich deren Lehr- und Bildungssystem beträchtlich von dem deutschen. Während hier analytisches und kreatives Vermögen sowie die Gabe der Abstraktion vermittelt wird, lernen chinesische Studenten eher auswendig. Das hat primär mit der Lehre von Konfuzius zu tun. Sie lautet: Folge dem Meister. Dadurch wird jedoch keine Innovationsfähigkeit entwickelt. Wenn man in die Fußstapfen eines Vorgängers tritt, wird man nie ein neues Ziel erreichen. Das ist ein Manko, aber gleichzeitig unsere Chance, dem zahlenmäßig höheren Akademikeranteil von China die Stirn zu bieten. Leider führen die Auswirkungen des Konfuzianismus auch zur Schädigung durch das Kopieren westlicher und natürlich auch deutscher Produkte. Für Chinesen sind wir hingegen der Meister, dem man folgt.

Kritische Stimmen sagen, dass die Lehre in China sich verändern wird, da viele junge Chinesen im westlichen Ausland studieren und daher unser analytisch kreatives Denken lernen. Das ist sicherlich richtig. Bis aber ein Volk mit 1,3 Milliarden Menschen ein Denkschema und Lernsystematik ändert, werden viele Jahre, wenn nicht sogar Jahrzehnte, vergehen. Gleichzeit wachsen auch die Lebensansprüche der jungen erfolgreichen Chinesen, was wiederum die Kosten der chinesischen Wirtschaft steigen lassen wird. Das wird in maximal zwei Jahrzehnten zu einer Kostengleichheit mit Deutschland führen. Dadurch werden unsere Chancen in Zukunft weiterhin bestehen, mit komplexen, kreativen und qualitativ hochwertigen Produkten den Exportmarkt anzuführen.

Ähnliche Argumente für unsere Chancen in der Zukunft gelten auch für Indien, wo ebenfalls jährlich viele Akademiker aus den Hochschulen kommen. Sie sind hoch qualifiziert und motiviert, ihre berufliche Karriere zu realisieren. In dieser Hinsicht sind sie den deutschen Hochschulabsolventen gleichwertig. Die indischen Lehrsysteme sind jedoch auch auf ausgeprägtes Auswendiglernen ausgerichtet. Das führt im Beruf zu einem eher tayloristischen Arbeitsverhalten. Führen mit Zielvereinbarungen ist hier weniger anwendbar als in der westlichen Welt.

> **Beispiel:** 2007 besuchte der Autor mit einer Delegation der deutschen Forschungs- und Bildungsministerin Anette Schavan Indien. Auf dieser Reise hatten wir die Ehre, den indischen Ministerpräsidenten Abdul Kalam in einer Universität persönlich kennenzulernen. Er lehrte dabei vor rund 1000 indischen Ingenieuren. Dabei sprach er Sätze vor und alle Studenten sprachen seine Sätze mit einer Stimme nach. Es ist schon beeindruckend, wie diese Studenten an den Lippen ihres Lehrers hingen. Manch deutscher Professor würde sich das wünschen. Doch dieses Auswendiglernen trägt sicherlich nicht dazu bei, analytisches Denken zu entwickeln.

Führen mit Zielen setzt mehr Initiative und Kreativität frei, als es reine Vorgaben und Handlungsanweisungen tun. Einem indischen Mitarbeiter muss klar und im Detail gesagt werden, was zu tun ist. Dann macht er es engagiert und gut. Mit dem deutschen Ingenieur vereinbart der Vorgesetzte das Ziel und die Rahmenbedingungen und lässt ihn den Weg selber beschreiben. Die Effizienz ist dabei deutlich höher.

Auch in der Effizienz unterscheiden sich die deutschen Mitarbeiter von vielen Arbeitnehmern im Ausland. Auf meinen diversen Auslandsreisen in unsere Niederlassungen kann ich die Unterschiede häufig wahrnehmen. Sicherlich belächeln uns z. B. die USA-Arbeitnehmer wegen unserer sechs Wochen Urlaub, wo ihnen nur 14 Tage pro Jahr zu Verfügung stehen. Doch wenn man in den amerikanischen Arbeitstag Einblick gewinnt, erkennt man schnell, dass die Effektivität bei weitem nicht so hoch wie in Deutschland ist. Nine to five ist eine häufig gelebte Arbeitseinstellung. Es wird nicht wie in Deutschland eher üblich, täglich länger gearbeitet, wenn es die Situation erfordert.

Auch Teambesprechungen sind nicht an einem Zeitplan ausgerichtet wie es bei uns der Fall ist. Sicherlich hat es in den USA eine menschlichere und persönlichere Variante, wenn in Abteilungsbesprechungen viele private oder nicht arbeitsorientierte Themen besprochen werden, aber einiges dauert deutlich länger und dabei leidet auch die Effizienz. Und dass unsere Effizienz wettbewerbsfähig ist, zeigt der hohe Anteil exportierter Waren.

Unsere Effizienz muss höher als in anderen Ländern sein, da unsere Personalkosten zu den höchsten der Welt gehören. Daher müssen wir unsere Prozesse durch KVP ständig optimieren. Wenn in einem chinesischen Werk ein Produktionsprozess zu langsam oder stockend läuft, werden schnell zusätzliche Mitarbeiter eingestellt, um die Arbeit zu erledigen. In Deutschland ist das aufgrund der hohen Kosten nicht möglich. Hier müssen sich die qualifizierten Kräfte Gedanken machen, wie sie ohne zusätzliche Kosten den Produktionsprozess optimal gestalten können. Wir werden quasi zu Kreativität gezwungen. Die ist einer der wenigen Zwänge, der sehr fruchtbar ist und den wir uns erhalten sollten.

Wir sollten als Land weiter den Exportweltmeistertitel anstreben. Das hängt von unseren Mitarbeitern ab. Sie entwickeln neue Produkte und Dienstleistungen, sie produzieren diese und sie verkaufen diese. Ohne unsere Mitarbeiter sind unsere Unternehmen wenig wert. Hier setzt die große Chance für das HR-Management an. Es ist verantwortlich, die Leistungsfähigkeit unserer wertvollen Mitarbeiter zu fördern und zu fordern. HR Management kann daher zum größten Wertschöpfungsfaktor eines Unternehmens werden. Human Resources hat die Chance, eine Leadership-Rolle in deutschen Unternehmen zu übernehmen.

Was sind die entscheidenden Vermögenswerte eines Unternehmens?

- Guthaben wie Kundenbeziehungen, Lieferantennetz, Marken-Image und Qualität
- Wissen in Form von Patenten und Lizenzen
- Liquidität und Kapital
- Management-Prozesse wie Strategien, Führung und Kommunikation
- Fähigkeiten wie Know-how und Schlüsselkompetenzen der Mitarbeiter
- Werte und Normen wie Unternehmenskultur sowie Umgang miteinander

Diese Aspekte sind heute die eigentlichen Erfolgsfaktoren eines Unternehmens. Die Wertschöpfung beruht dabei auf dem Bildungsvermögen und der Effizienz von Mitarbeitern. Diese beiden sind zu den wichtigsten Treibern des Vermögens eines Unternehmens geworden. Bildung und Effizienz unserer Mitarbeiter haben Deutschland zum Weltmarktführer hochkomplexer Technologien gemacht. Dies ist ein großes, aber unfassbares Vermögen, das uns Mut geben sollte, den Weg der kontinuierlichen und weiterführenden Entwicklung unserer Mitarbeiter zu beschreiten.

Leider haben wir uns in Deutschland die etwas nihilistische Verhaltensweise des Jammerns angewöhnt. Man schaut viel lieber auf „bad news" als auf „good news". Daraus folgt eine gewisse Agonie und Mutlosigkeit. Aber es sind positive Resultate, die Menschen motivieren. Und Motivation brauchen wir in Deutschland, um etwas zu wagen und nach vorne zu gehen. In den häufig zitierten Lohn- und Produktionskosten des globalisierten Marktes sind wir nicht wettbewerbsfähig. Unsere Stärke liegt aber in anspruchsvollen Technologien und einer hohen Effizienz, die ebenfalls eine starke Flexibilität beinhaltet. Wenn man häufiger in Ländern wie China, Indien, USA ist, erfährt man deren Arbeitseffizienz und wird überzeugt, dass Deutschland große Chancen hat, auch in Zukunft die technologische Marktführerschaft durch hohe Produktionseffizienz inne zu haben. Kernkompetenzen Deutschlands müssen in den Unternehmen für die Zukunft unbedingt gesichert und ausgebaut werden. Dabei tragen die Unternehmensleitungen eine hohe Verantwortung. Die HR-Manager spielen dabei eine ganz besondere Rolle. Für sie liegt eine große Chance darin, durch zukunftsgerichtete, strategische Personalarbeit und -qualifizierung die Unternehmen zum Ausbau des Erfolgs zu führen.

▶ Vorbereitung auf die Globalisierung

Viele Deutsche haben eine skeptische, wenn nicht sogar ablehnende Haltung gegenüber der Globalisierung. Sie befürchten, know how und Arbeitsplätze ins billigere Ausland zu verlieren. Hier ist es die Aufgabe des HR-Managements, Ängste zu reduzieren und Motivation zu steigern, um den globalisierten Markt mit Mut anzugehen. Im Unternehmen des Autors werden Workshops durch die Geschäftsleitung mit den Mitarbeitern durchgeführt, um intrinsisches Engagement zur Globalisierung zu stimulieren. In diesen Workshops sollen die Mitarbeiter ihre Unsicherheiten äußern, damit sich die Chance ergibt, diese in eine positive Motivation gegenüber den internationalen Kooperationen zu wandeln (OLESCH, 2006 b).

Die Angst vor Arbeitsplatzverlust, vor Veränderung und vor anderen Kulturen spielt eine große Rolle. Es ist eine primäre Aufgabe des HR-Managements, Argumente und Maßnahmen zu entwickeln, die die Ängste in eine positive Einstellung wandelt. Dazu gehört, die Chancen und Vorteile der Globalisierung aufzuzeigen (siehe nachfolgende Übersicht).

Chancen der Globalisierung
■ Weltweit vernetzte Systeme und Abhängigkeiten verringern die Gefahr militärischer Auseinandersetzungen;

■ Weltweit zusammenwirkende Forschung und Entwicklung führen zu großen Entwicklungssprüngen z. B.
   – medizinische Forschung, Krebs, Aids u. a.,
   – Gentechnologie,
   – Kommunikationstechnologien,
   – Energiegewinnung und Einsatz,
   – Erhöhung des Bildungsniveaus weltweit.

■ Neue Märkte für Deutschland gewinnen, um Arbeitsplätze zu sichern und auszubauen.

Deutschland hat seit Jahrzehnten keinen Krieg mehr erlebt. Das ist gut so, aber nicht selbstverständlich in unserer Historie. Wir haben es der Globalisierung zu verdanken. Denn wenn die Schranken an den Grenzen der Länder sich öffnen, öffnen sich auch die Herzen der Menschen zueinander. Denn wenn Menschen weltweit miteinander kommunizieren und arbeiten, reduzieren sich Vorurteile und es entwickeln sich positive Einstellungen bis hin zu Freundschaften.

Durch die weltweite Vernetzung hat sich die Forschung beschleunigt. Die medizinische Entwicklung rettet heute viel mehr Menschenleben als vor der Globalisierung.

Weiterhin lassen moderne Kommunikationsmittel wie das Internet unser Wissen exponentiell wachsen. Jederzeit hat man über den PC eine weltweite Bibliothek. Davon profitiert unser Bildungs- und Lebensniveau.

Deutschland ist eher ein gesättigter Markt. Durch die Globalisierung gewinnen wir neue Kunden und Märkte, die wiederum unsere Wirtschaft wachsen lassen und unsere Arbeitsplätze sichern und ausbauen. Das sind Vorteile, die wir ohne Globalisierung nicht erfahren hätten.

▶ Umgang mit anderen Kulturen in einem globalisierten Marktumfeld

Ein Unternehmen – und vor allen Dingen das HR-Management – muss seine Mitarbeiter auf den internationalen Markt vorbereiten. Der Geschäftspartner ist vielleicht Brasilianer, Russe oder Koreaner. Jedes Volk ist in sein eigenes, historisch gewachsenes kulturelles Wertesystem eingebettet. Dieses System muss man in seinen Grundzügen kennen, um erfolgreich zusammenzuarbeiten – sei es in echten oder in virtuellen Teams. Daher sollte ein Personalentwicklungsschwerpunkt das **interkulturelle Training** sein. Bei dieser Weiterbildung ist es wichtig, bewusst zu machen, dass man auf unverständliche Verhaltensweisen anderer Kulturen nicht mit Wertungen reagiert. Das Motto darf nicht lauten: „Was die machen und ich nicht verstehe, ist nicht richtig! Die reagieren falsch!", es sollte lauten: „Deren Verhalten ist anders und ich akzeptiere das!".

Interkulturelle Trainings und auch Sprachtrainings helfen, Missverständnisse zu reduzieren und Kooperationen zu steigern.

Beispiel: Für Chinesen ist z. B. die Zahl Vier eine Unglückzahl. Daher sollte man chinesische Partner nie in einem Hotelzimmer mit der Zahl Vier unterbringen. Dadurch könnte die Zusammenarbeit stark in Mitleidenschaft gezogen werden.

Man sollte jedoch nicht nur mit deutschen Mitarbeitern interkulturelle Trainings durchführen, sondern auch mit den ausländischen Kollegen. Diese lernen z. B., wie die Deutschen denken und handeln.

Um optimal in interkulturellen Gruppen zu arbeiten, sollten auch internationale Teamtrainings durchgeführt werden. Aus verschiedenen weltweiten Niederlassungen werden High-Performer eingeladen, die zusammen Maßnahmen zur Globalisierung des jeweiligen Unternehmens entwickeln. Diese werden gemeinsam entworfen und vereinbart. Danach werden diese interkulturellen Konzepte mit intrinsischer Motivation durch die Teilnehmer in ihren Ländern eingeführt. Eine Fragestellung kann z. B. lauten: „Wie kann man die weltweit agierenden Mitarbeiter zu einem erfolgreichen interkulturellen Team formen?" Die Teilnehmer werden dann zu Ambassadors ernannt, die die abgestimmten Maßnahmen in ihren Ländern realisieren und sicherstellen, dass dies mit großer Nachhaltigkeit geschieht. Nicht nur die erarbeiteten Themen und Fragestellungen schaffen Interkultur, sondern auch die soziale Interaktion und die Verfolgung gemeinsamer Ziele.

10.3.3 Herausforderungen durch die demografische Entwicklung

▶ Tendenzen demografischer Entwicklung

Die größte Herausforderung neben dem globalisierten Markt ist die demografische Entwicklung Deutschlands. Da die Geburtenzahlen seit vielen Jahren stagnieren (siehe Abb.), ist mit andauerndem Fachkräftemangel zu rechnen.

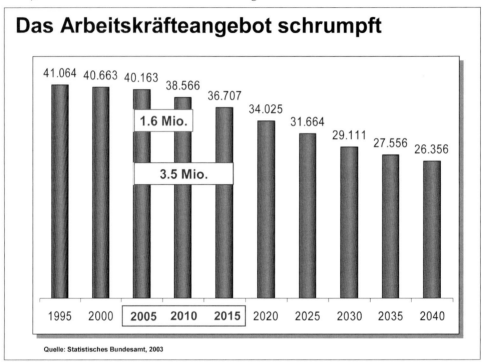

Quelle: Statistisches Bundesamt, 2003

Von 2005 bis 2015 werden wir 3,5 Mio. verlieren. Deutschland hat zu wenig junge Menschen, braucht jedoch dringend hoch qualifizierte Fachkräfte, um die Kernkompetenz „Komplexe Technologien" auf dem Weltmarkt zu sichern und auszubauen. Ambitionierte Unternehmen müssen heute Maßnahmen einleiten, um auch mittel- bis langfristig über genügend Fachkräfte zu verfügen.

Gegen die Herausforderungen einer „Qualifizierten-Dürre" kann man etwas unternehmen. Arabische Länder z. B., auf die eine Dürre zukommt, bauen Wasserreservoirs. Dadurch können sie bei Trockenheit in ihren geschaffenen Oasen bestens leben. Übertragen auf deutsche Unternehmen bedeutet das, rechtzeitig aus- und weiterzubilden und bislang vernachlässigte Personengruppe verstärkt in das Fachkräfte-Reservoir aufzunehmen.

▶ Intensivierung der Aus- und Weiterbildung

Der natürliche Feind des Bildungswesens sind seine Kosten. Leider werden im Falle eines Sparauftrages an einen Manager primär im Personal- und Bildungsbereich Kosten und somit Potenziale reduziert (siehe Abb.). Hier gilt es für die HR-Manager, Überzeugungsarbeit zu leisten und Durchsetzungsfähigkeit zu beweisen, um genügend Budget für die Bildungsaufgaben zur Verfügung gestellt zu bekommen.

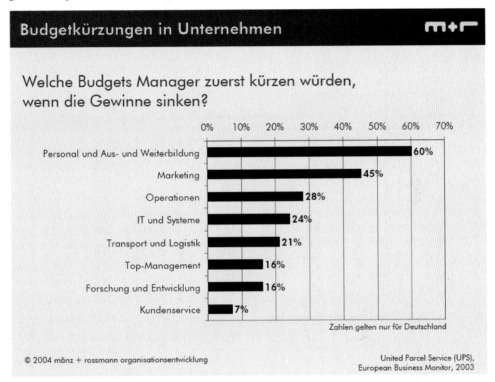

Ohne ausgeprägte Aus- und Weiterbildung wird die deutsche Technologieführerschaft in der Welt verloren gehen. Und dass hier Nachholbedarf besteht, zeigt sich darin, dass die Bildungsinvestitionen der deutschen Wirtschaft hinter denen vieler anderer Industrienationen in den letzten Jahren zurückgefallen sind.

▶ Frauen in technischen Berufen

Heute sind primär Männer in technischen Berufen tätig. Frauen müssen mehr motiviert werden, technische Berufe zu erlernen. Das ist nicht leicht, da ein konservatives Rollenverständnis in vielen Frauen-, Mädchen-, Eltern- und Männerköpfen nach wie vor besteht: „Für Mädchen ist Technik nix!", „Frauen haben kein Händchen dafür!". Dieses Vorurteil hat natürlich einen starken Einfluss auf die Berufswahl.

Fakt ist, dass Frauen motiviert werden können, erfolgreich in technischen Berufen tätig zu werden. Hier müssen Personalmarketingprogramme entwickelt und realisiert werden, um das traditionelle Bewusstsein zu verändern. Dabei müssen neben jungen Frauen vor ihrer Berufswahl auch ihre Eltern eingebunden werden. Unternehmen müssen zusammen mit Schulen, Hochschulen und Eltern häufige und regelmäßige Veranstaltungen initiieren, die das Interesse von jungen Frauen an technischen Berufen nachhaltig wecken.

Es sollten regelmäßig „Frauenpower"-Tage und Girls Days in Unternehmen stattfinden, in denen Mädchen und deren Eltern Technik von berufserfahrenen jungen Ingenieurinnen oder Facharbeiterinnen vermittelt bekommen. Darüber hinaus sollte man sich an vielen Veranstaltungen an Hochschulen, Schulen und Messen zum gleichen Thema engagieren. Hier sollte kontinuierliche Bewusstseinsentwicklung mit erheblichem, aber notwendigem finanziellen Aufwand geleistet werden.

▶ „Generation Gold" – 50 plus

Um gegen den demografischen Wandel zu wirken, ist es notwendig, ältere Mitarbeiter einzustellen und zu entwickeln. Ende der neunziger Jahre und Anfang 2000 haben viele Großkonzerne Mitarbeiter, die älter als 50 Jahre waren, entlassen. Häufig wurde zu Felde geführt, dass die Leistungsfähigkeit nicht mehr wie bei jüngeren Mitarbeitern vorhanden ist. Außerdem wurde auf die altersbedingten längeren Krankheitszeiten verwiesen. Es gibt darüber hinaus genügend Arbeitslose über 50 Jahre, die unverschuldet, z. B. durch Insolvenz ihres Arbeitgebers, ihren Arbeitsplatz verloren haben. Diese Personengruppe ist hoch motiviert, wieder eine Berufschance in einem Unternehmen zu bekommen.

Unternehmen, die ältere Mitarbeiter abgebaut haben, betonen häufig nur die Nachteile dieser Altersgruppe und stellen diese den Vorteilen jüngerer Mitarbeiter gegenüber. Der Vergleich hinkt jedoch. Wenn eine Gegenüberstellung von Jung und Alt vorgenommen wird, müssen die jeweiligen Vor- und Nachteile miteinander verglichen werden. Dabei kommen ältere Mitarbeiter besser weg als ihr Ruf, wie die folgende Auflistung zeigt.

Vor- und Nachteile älterer Mitarbeiter	
Vorteile	**Nachteile**
■ Erfahrungswissen ■ Arbeitsdisziplin ■ starkes Qualitätsbewusstsein ■ Loyalität ■ Gelassenheit ■ Belastungsfähigkeit bei sozialen Themen ■ Führungskompetenz	■ geringere Lernfähigkeit ■ geringere Risikobereitschaft ■ mangelnde körperliche Belastbarkeit ■ höherer Krankenstand ■ weniger Innovationsfähigkeit

Vor- und Nachteile jüngerer Mitarbeiter	
Vorteile	Nachteile
■ Dynamik ■ Mut ■ körperliche Leistungsfähigkeit ■ Innovationskraft ■ Gesundheit	■ Unerfahrenheit ■ Risikofehleinschätzung ■ mangelnde Unternehmensbindung ■ geringes Qualitätsbewusstsein ■ wenig Gelassenheit

Um der demografischen Herausforderung zu trotzen, empfiehlt es sich, sein Augenmerk verstärkt auf die Personengruppe der über 50-Jährigen zu richten und diese den Anforderungen entsprechend weiterzubilden. So können Unternehmen z. B. Weiterbildungsmaßnahmen durchführen, in denen über 50-jährigen Arbeitslose in neue Berufe wie Mechatroniker entwickelt werden. Diese erhalten durch die klassische IHK-Prüfung den Facharbeiterbrief. Häufig werden die Qualifizierungsmaßnahmen von den Agenturen für Arbeit gefördert, wodurch eine finanzielle Entlastung des Unternehmens erfolgt.

Aber auch langjährige Mitarbeiter über 50 Jahre – die „Generation Gold" – sollten aktiv an den Weiterbildungsmöglichkeiten im Unternehmen teilnehmen. Denn schließlich müssen auch sie auf dem aktuellsten technischen Stand gehalten werden, um die fortschreitende Entwicklung der deutschen Wirtschaft mitforcieren zu können. Auch kann diese Personengruppe engagiert werden, um jüngere High Potentials zu Führungskräften zu entwickeln.

> **Beispiel:** Ein 54-jähriger ehemaliger Werksleiter wird eingestellt, um einen 32-jährigen, potenziellen Nachfolger zu entwickeln und zu coachen. Man stelle sich vor – wie in vielen Unternehmen praktiziert! – ein 38-jähriger soll einem 32-jährigen sein Know-how vermitteln. Das kann häufig nicht funktionieren. Abgesehen davon, dass das Erfahrungswissen beim „älteren" Mitarbeiter noch nicht ausgeprägt ist, entsteht durch das ähnliche Alter oftmals eine starke Konkurrenzsituation, in der das gegenseitige „Sägen am Stuhl" stärker im Vordergrund steht als das selbstlose Fördern. Denn der 32-Jährige will den 38-Jährigen nicht erst nach seiner Pensionierung beerben, sondern eher. Eine ältere Führungskraft dagegen gibt eher ihr Wissen an eine jüngere Person weiter, weil in diesem Fall keine Konkurrenzsituation besteht.

▶ Entwicklung von Hauptschülern und Migranten

Hauptschüler stellen eine Personengruppe dar, die in Zukunft die Nachfrage nach Personal decken könnte. Gerade ausländische Jugendliche besuchen primär Hauptschulen. Ein solcher Abschluss reicht häufig nicht aus, um einen anspruchsvollen Beruf zu erlernen. Auch sind oftmals Defizite in Schlüsselqualifikationen vorhanden.

Unternehmen können mit Hauptschulen Programme entwickeln, um deren Schüler ausbildungsfähig zu machen. Ein Jahr vor ihrem Hauptschulabschluss werden sie in Kooperation mit ihren Lehrern parallel zum Schulunterricht in den betrieblichen

Alltag integriert. So lernen sie alles kennen, was später für ihre betriebliche Ausbildung notwendig ist. Die meisten dieser Schüler entwickeln sich derart positiv, dass sie nach ihrem Hauptschulabschluss in ein festes Ausbildungsverhältnis übernommen werden können.

Weiterhin gilt es, jugendliche Migranten zum Studium zu motivieren. Nun denken viele Migrantenfamilien weniger daran, ihre Kinder studieren zu lassen. Hier muss man als Unternehmen in die sozialen Gemeinschaften der Migranten gehen, um dort zu „missionieren". Es muss bei den Eltern das Bewusstsein geschaffen werden, dass ihre Kinder studieren können. So können jugendliche Migranten, die ein Studium absolvierten, bei Veranstaltungen vor ihresgleichen vortragen, wie ein Studium erfolgreich absolviert werden kann.

▶ Duales Studium

Zu dem zukünftigen Mangel an Fachkräften werden Akademiker gehören. Daher bieten moderne Unternehmen lern- und leistungswilligen Jugendlichen eine Ausbildung mit parallelem Studium an. In vier Jahren können sie den Facharbeiterbrief und den Bachelor-Abschluss erlangen. Hochschulen richten sich heute gerne nach den Ausbildungsprogrammen der Unternehmen, sodass eine Synchronisation von Ausbildung und Studium möglich ist. Der Vorteil für Unternehmen ist, dass sie den jungen Menschen über vier Jahre mit seinen Stärken und Schwächen kennenlernen und ihn optimal entwickeln können.

Eine teure Fehlbesetzung ist nach diesen Erfahrungen fast nicht möglich. Der Jugendliche andererseits kann sich besser fachlich und menschlich integrieren. Daraus resultiert erfahrungsgemäß eine starke Unternehmensbindung, sodass ein großer Bedarf an zukünftigen Akademikern gedeckt werden kann (OLESCH 2006).

Darüber hinaus lohnt es sich z. B., Lehrstühle und Laboratorien zu finanzieren. Weiterhin empfiehlt es sich, Lehrbeauftragte für die umliegenden Hochschulen zur Verfügung zu stellen, wodurch rechtzeitige Kontakte, ja auch Bindungen zwischen angehenden Akademikern und den Unternehmen entstehen.

10.4 Praxisbeispiel

> **Dienstleistungs-Center Personal**
>
> **Bedarfsanalyse für HR-Aufgaben**

Das Personalwesen ist im Unternehmen seit Jahren etabliert. Ende der Achtzigerjahre wurde es von der Entgeltabteilung zu einem Personalressort entwickelt. Es besteht aus den Einheiten Personal- und Sozialwirtschaft, Ausbildung, Personalentwicklung, Arbeitssicherheit, Werksarzt und Dienstleistungen. Das Personalressort, zu dem die Abteilungen gehören, arbeitete Anfang der Neunzigerjahre primär angebotsorientiert. Das Aufgabenangebot hatte man nach einer erstmaligen Mitarbeiterbefragung 1990 erstellt und seitdem ständig neuen Gegebenheiten angepasst. Nun wollte man dieses Ressort in Richtung Service-Center Personal modifizieren und optimieren. Das heißt: weg von der Angebotsorientierung hin zur strikten Kundenorientierung. Wie kann das geschehen? Natürlich nur, indem man die Kunden nach ihren Wünschen befragt und diese anschließend durch entsprechende Maßnahmen realisiert.

HR ist ein Dienstleistungsbereich und muss sich daher an seinen „Kunden" orientieren. Diese „Kunden" sind Unternehmensleitung und Belegschaft, eingebettet in die Gegebenheiten der allgemeinen wirtschaftlichen sowie sozialpolitischen Entwicklungen. Eine kundengerechte Dienstleistung ist nur gewährleistet, wenn der aktuelle Bedarf an HR-Aufgaben analysiert wird. Diese Analyse erfolgt in der Regel durch den konstanten Kontakt des HR-Managements zur Basis, d. h. zu der Belegschaft und den Führungskräften vor Ort. Dort kann man Informationen über die Bedürfnisse an HR-Aufgaben direkt erhalten. Diese traditionelle Methode ist sicherlich notwendig, beinhaltet jedoch einen immensen Zeit- und damit auch Kostenaufwand.

Systematischer und ökonomischer kann eine Bedarfsanalyse für Aufgaben der HR mithilfe eines **Bedarfsbogens für HR-Aufgaben** erfolgen. Dieser Bogen listet Aufgaben der HR auf. Geschäftsleitung und Belegschaft können bei Bedarf durch Ankreuzen die verschiedenen HR-Aufgaben gewichten. So besitzt das HR-Management ein Instrument, um gezielt und ökonomisch den Unternehmensbedarf analysieren zu können. Die HR-Verantwortlichen können daraus bedarfsorientiert Inhalte und Aufgaben für das Personalmanagement ableiten und erstellen.

Im Folgenden wird ein Modell, in dem die relevanten Aufgaben der HR enthalten sind, dargestellt. Es soll primär Anregung geben, alle für ein Unternehmen infrage kommenden HR-Aufgaben zu überdenken. Das gilt besonders für Unternehmen, die ihre HR überarbeiten bzw. weiter optimieren wollen.

Es ist besonders wichtig, dabei von den gewachsenen Strukturen eines Unternehmens auszugehen. Daher soll ermittelt werden, welche HR-Aufgaben bereits im Unternehmen bestehen (Ist-Zustand) und welche verbessert oder sogar neu geschaffen werden sollen (Soll-Vorstellung). Die HR wird als ein Instrument der Unternehmensführung verstanden. So können Geschäftsleitung und Mitarbeiter entscheiden, wie wichtig für sie die zu optimierenden HR-Aufgaben (Soll-Vorstellungen) sind. Die Konzeption des Bedarfsbogens basiert auf dem sogenannten Funktionsmodell, das für das Personalwesen das gängige Organisationsprinzip in der betrieblichen Praxis darstellt. Sein Vorteil besteht in der übersichtlichen Aufgabengliederung, in dem eindeutigen Organisationssystem und der sach- sowie ablauflogischen Struktur.

Durchführung

Wie umfangreich soll eine derartige Befragung sein? Was sind ihre Inhalte? Wie viel Mitarbeiter sollen befragt werden? Wie soll die Auswertung erfolgen? Wer entwickelt realisierbare Maßnahmen? Um diese Fragen zu klären, wurde eine Projektgruppe des Personalressorts etabliert. Die Projektgruppe entwickelte über mehrere Abstimmungen mit den meisten Mitarbeitern des Personalressorts und dessen Leitung den Fragebogen. Folgende Kriterien wurde an seinen Entwurf gestellt:

- Der Fragebogen muss einfach zu handhaben sein.
- Der Fragebogen muss kurz in der Darstellung sein.
- Der Fragebogen muss Befragte bzw. Kunden zur Mitwirkung motivieren.

In dem Fragebogen werden die heutigen aktuellen Themen der HR aufgeführt. Im Folgenden wird der Teil des Bogens zur Personalentwicklung exemplarisch dargestellt.

Fragebogen

In Spalte A sind die Aufgaben aufgelistet, die zur HR gehören. In Spalte B können Sie ankreuzen, ob Sie eine Optimierung der jeweiligen HR-Aufgabe wünschen. Die Zahlen geben dabei die Dringlichkeit an.

1: soll dringend optimiert werden
2: soll mittelfristig optimiert werden
3: soll längerfristig optimiert werden
4: Optimierung nicht notwendig

A	B
PERSONALENTWICKLUNG	
1 PE-Planung	
1.1 Personalentwicklungsanalyse	1 2 3 4
1.2 Anforderungsprofilerstellung	1 2 3 4

1.3 Entwicklung von PE-Beurteilungssystemen	1	2	3	4
1.4 Nachfolgeplanung	1	2	3	4
1.5 Entwicklung von Nachwuchskräften	1	2	3	4
2 Weiterbildung				
2.1 Weiterbildungsbedarfsanalyse	1	2	3	4
2.2 Durchführung von Maßnahmen	1	2	3	4
2.3 Weiterbildung am Arbeitsplatz	1	2	3	4
2.4 Wissensmanagement	1	2	3	4
3 Prozessorganisation				
3.1 Organisationsveränderung	1	2	3	4
3.2 Coaching	1	2	3	4
3.3 Förderung der Globalisierungsprozesse	1	2	3	4
3.4 Entwicklung der Führungskultur	1	2	3	4
3.5 Entwicklung der Unternehmenskultur	1	2	3	4

Die Projektgruppe entwickelte weiterhin Fragen, die momentan im Unternehmen als wichtig angesehen werden. Da der Bogen kurz sein sollte, konnten pro Aufgabengebiet nur fünf Fragen gestellt werden. Jede Frage wurde mit der Bitte um Verbesserungsvorschläge der Kunden ergänzt. Die Einigung auf die ausgewählten Fragen erfolgte im gesamten Fach- und Führungskreis des Personalressorts.

Folgende Fragen wurden erstellt:

Servicegrad der Personalentwicklung:

1. Wie beurteilen Sie die Unterstützung der Personalentwicklung/Weiterbildung zu Fragen der Mitarbeiterentwicklung?
2. Wie bewerten Sie die Qualität der externen Trainer/-innen?
3. Wie bewerten Sie die Weiterbildungsräumlichkeiten?
4. Wie bewerten Sie den Service des Teams der Personalentwicklung/Weiterbildung?
5. Wie hilfreich empfinden Sie das Trainee-Programm bei der Einarbeitung neuer Mitarbeiter/-innen?

Über eine fünfstufige Rating-Skala konnte eine Beurteilung gegeben werden. Daraus sollte ein quantitatives Ergebnis abgeleitet werden. Zu jeder einzelnen Frage wurde zusätzlich der Punkt „Verbesserungsvorschlag" ergänzt. Ziel dabei war es, nicht nur eine Beurteilung der Dienstleistungen zu erhalten, sondern auch Vorschläge bzw. Wünsche der Kunden zur Optimierung in Erfahrung zu bringen. Daraus resultierten qualitative Ergebnisse.

Damit eine offene und ehrliche Rückmeldung seitens der Teilnehmer erfolgt, sollten sie den Bogen anonym zurücksenden. Wer wollte, konnte seinen Namen eintragen. Da im Unternehmen viele tausend Menschen tätig sind, konnte nur eine Stichprobe genommen werden. Es wurden 10 % der Mitarbeiter befragt, die durch ein computergesteuertes Zufallssystem ausgewählt wurden. Damit die Mitarbeiter bei der Befragung zahlreich mitwirkten, wurde folgende Erklärung gegeben:

„Ein Geheimnis des Erfolgs ist, den Standpunkt des anderen zu verstehen."

(Henry Ford)

Sehr geehrte Frau X,

wir möchten als Service-Center Personal für Sie noch besser werden und dazu kommt es uns auf Ihre Meinung an.

Mittels Fragebogen möchten wir Qualität und Verbesserungsmöglichkeiten der Arbeit im Personalressort ermitteln, damit Sie als Mitarbeiter/-in von einem leistungsstärkeren Service profitieren können.

Da wir aufgrund der Mitarbeiterzahl nicht alle befragen können, haben wir Sie nach dem Zufallsprinzip ausgewählt. Durch Beantwortung des Fragebogens können Sie aktiv zur Verbesserung unserer Dienstleistungen beitragen: Die Ergebnisse sollen nutzbringend für Sie als Mitarbeiter/-in umgesetzt werden.

Bitte kreuzen Sie auf den folgenden Seiten eines der angegebenen Symbole an, welches Ihren Grad der Zufriedenheit ausdrückt:

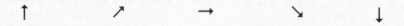

↑	↗	→	↘	↓
sehr gut	gut	befriedigend	mäßig	unzureichend

In den zusätzlichen Zeilen können Sie uns mitteilen, was für Verbesserungen Ihrer Meinung nach möglich sind.

Die Rückgabe des Fragebogens soll bis zum TT.MM.JJ erfolgen. Wählen Sie bitte zwischen den zwei Möglichkeiten:

- Einwurf in die beim Pförtner bereitgestellte Box
- Rücksendung an die Postadresse der Personalwirtschaft: PW – HH 1. OG

Bei Fragen hinsichtlich des Fragebogens rufen Sie uns einfach an. Wir stehen Ihnen unter den bekannten Telefonnummern gern zur Verfügung.

Im Voraus schon vielen Dank für Ihre Mithilfe.

Um eine hohe Akzeptanz zu erzeugen, wurden Ziel und Zweck der Fragebogenaktion mit dem Betriebsrat abgestimmt. Für die Rückantwort des Fragebogens wurden 14 Tage angesetzt. 65 % der Befragten sandten den Bogen ausgefüllt zurück. Nun begann die wichtige Auswertungsarbeit, die von der Projektgruppe durchgeführt wurde. Die Auswertung ergab einmal folgende Ergebnisse:

Auswertung

Fragen zur Personalentwicklung	Führungs-kräfte	Angestellte Mitarbeiter	Gewerbl. Mitarbeiter	keine Angaben	Gesamt
1. Wie beurteilen Sie die Unterstützung der Personalentwicklung/Weiterbildung zu Fragen der Mitarbeiterentwicklung?	2,1	2,4	3,1	2,5	2,6
2. Wie bewerten Sie die Qualität der externen Trainer/-innen?	1,9	2,0	2,6	2,2	2,2
3. Wie bewerten Sie die Weiterbildungsräumlichkeiten?	2,1	2,1	2,1	2,5	2,1
4. Wie bewerten Sie den Service des Teams der Personalentwicklung/Weiterbildung?	1,9	2,0	2,7	2,2	2,2
5. Wie hilfreich empfinden Sie das Traineeprogramm bei der Einarbeitung neuer Mitarbeiter/-innen?	2,1	2,2	2,8	2,3	2,4
Durchschnittliche Wertung (gerundet)	2,0	2,2	2,7	2,3	2,3

Zu den einzelnen Fragen wurden unerwartet viele Optimierungsmaßnahmen vorgeschlagen.

Ableitungen aus der Untersuchung und Optimierung

Die Ergebnisse wurden im gesamten Personalressort diskutiert und analysiert. Aus den zahlreichen Optimierungsvorschlägen wurden Maßnahmen entwickelt. Dabei wurde projektplanmäßig definiert, wer was bis wann und mit welchen Mitteln realisiert. Ein Beispiel für eine abgeleitete Maßnahme ist die Optimierung der Gleitzeit für Angestellte.

Zirka 25 Maßnahmen wurden durch die Vorschläge der Mitarbeiter umgesetzt. Dabei waren je nach Altersgruppe, hierarchischer Stellung und Geschlecht modifizierte spezifische Optimierungen notwendig. Es würde den Rahmen dieses Abschnitts sprengen, alle aufzuführen. Markant war der häufig erwähnte Optimierungswunsch für alle Abteilungen des Personalressorts, dass mehr

Informationen über die Dienstleistung des Ressorts an die Belegschaft gegeben werden sollten. Die meisten Personalverantwortlichen waren gerade über diese Wünsche erstaunt, da man vorher der Meinung gewesen ist, dass genügend Informationen vorlagen. Dieser Konflikt von Selbstbild und Fremdbild liegt wahrscheinlich in diversen Personalbereichen der Unternehmen vor. Die abgeleiteten Maßnahmen wurden als verbindliche Punkte in die Jahreszielvereinbarung der einzelnen Abteilungen aufgenommen. Diese Fragebogenaktion wird nach aktuellem Bedarf durchgeführt. Die Fragen sind je nach Aktualität und Bedarf des Unternehmens bzw. der verschiedenen Kunden anderen Inhalts.

10.5 Organisation der HR

10.5.1 Funktionale Organisation

Das Personalwesen blickt mittlerweile auf eine lange Historie zurück. Es entstand aus der Lohnbuchhaltung und war verlängerter Arm des allgemeinen kaufmännischen Bereichs. Zu Beginn der Siebzigerjahre entwickelte es eine Eigenständigkeit innerhalb der Unternehmen. Die Personalabteilung wurde von allgemeinen kaufmännischen Themen wie Kostenrechnung, Finanzen und Einkauf herausgelöst. Sie übernahm die Funktionen der Personalplanung, -beschaffung und -auswahl sowie der Ausbildung. Gleichzeitig wurde sie der Verhandlungspartner für die Arbeitnehmervertreter anstelle der Geschäftsleitung. In den Achtzigerjahren etablierten sich die Themen Personal- und Organisationsentwicklung, die den Stellenwert des Personalwesens verbesserten. Es folgten in den Neunzigerjahren die Flexibilisierung von Arbeitszeit und Arbeitsorganisation sowie die Einführung von Gruppen- und Projektarbeit, Wissens- und Change Management. Last not least ist modernes Personalmanagement ein strategischer Schwerpunkt in modernen Unternehmen geworden (OLESCH 2003, S. 69).

All diese Aufgaben ließen innerhalb des Personalmanagements die Bildung von verschiedenen Abteilungen mit unterschiedlichen Themen zu. Diese Abteilungsstrukturen wurden primär in funktionaler Organisationsform konstituiert:

Daraus entwickelten sich unterschiedliche Fachkompetenzen und Verantwortlichkeiten. Während vor dreißig Jahren ein Personalmitarbeiter alle Themen dieses Ressorts behandelt hat, gibt es heute für jedes Thema separate Experten. So gibt es heute z. B. Ausbilder, Personalentwickler, Personalreferenten für Personalbeschaffung und -betreuung, Organisationsentwickler im Personalbereich. Alle sind Experten in ihrem Bereich. Daraus resultiert der Nachteil, dass die Kunden des Personalmanagements, die Mitarbeiter, Führungskräfte etc., unterschiedliche Ansprechpartner für jedes Personalthema haben. Jeder kennt von Behördengängen den Ausspruch: „Dafür bin ich nicht zuständig". Zuständigkeiten können hin und her geschoben werden, zum Leidwesen des Mitarbeiters.

Die Bildung unterschiedlicher Fachkompetenzen innerhalb des Personalmanagements kann Mauern der Abgrenzungen entstehen lassen, sodass der Begriff „Abteilung" als „Abteilen" verstanden werden kann. Der Kunde muss zwischen den einzelnen Abteilungen hin und her laufen, um seinen Auftrag erfüllt oder sein Problem gelöst zu bekommen (siehe Abbildung). Daran kann er manchmal verzweifeln.

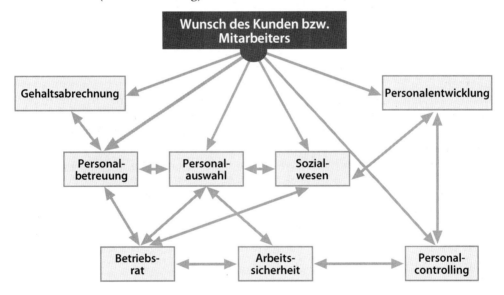

10.5.2 Prozessorganisation

Um die Verstrickung funktionaler Organisationen aufzulösen, ist es notwendig, in Prozessen zu denken und vor allem zu handeln. Denn die Kunden interessiert nur das Resultat und ein Resultat steht am Ende eines Prozesses (OLESCH 2002, S. 60). Von daher wird es für die meisten funktionalen Organisationen des Unternehmens ein Muss werden, sich in Zukunft in Prozessorganisationen einzurichten. Dadurch wird der Kunde optimal betreut und er wird das Unternehmen als Lieferanten einer Dienstleistung schätzen. Ein Prozess wird in mehrere Schritte unterteilt. Diese Prozessschritte können ehemalige funktionale Aufgaben sein. Für alle Prozessschritte ist ein Prozessverantwortlicher Ansprechpartner für den Kunden. Damit wird dem

Kundenwunsch „one face to the costumer" entsprochen. Zudem gewährleistet diese Form der Prozessorganisation eine eindeutige Ergebnisverantwortung gegenüber dem Kunden.

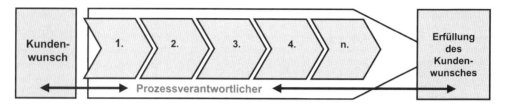

In der Prozessorganisation des Personalmanagements der Zukunft wird es nicht mehr den Abteilungsleiter Personalentwicklung oder -betreuung oder -beschaffung oder Ausbildung etc. geben. Die Verantwortlichen für die Erfüllung des Kundenwunsches werden Prozessleiter heißen. Sie werden über die Kompetenz verfügen, allen Mitarbeitern, die im Prozess einzelne Prozessschritte bearbeiten, Anweisungen zu geben. Während heute funktionale Organisationen vorherrschen, werden in Zukunft Prozessorganisationen bestehen. Das bedeutet für die heutigen Funktionsträger, die Bereichs- und Abteilungsleiter sind, sich innerhalb der Organisation und ihrer zukünftigen Aufgabe neu zu orientieren.

10.5.3 Praxisbeispiel 1

Personalbeschaffungsprozess

Der Prozess Personalbeschaffung besteht im Unternehmen des Autors aus achtzehn Schritten. Für jeden der Teilschritte ist der dafür verantwortliche Referent eingetragen. Unterhalb des Referenten stehen in der Waagerechten die Themen der Teilschritte. In der Vorspalte sind die Abteilungen aufgelistet. Auf diese Weise lässt sich eine Zuordnung der Funktionsträger treffen, die für die erfolgreiche Umsetzung mitverantwortlich sind. Über allem steht der Name des Prozessverantwortlichen, der der Ansprechpartner für die Kunden ist. Er muss dafür sorgen, dass alle Mitwirkenden den Kundenwunsch erfüllen. Der Kunde hat somit selbst bei komplexen Aufträgen nur einen Ansprechpartner.

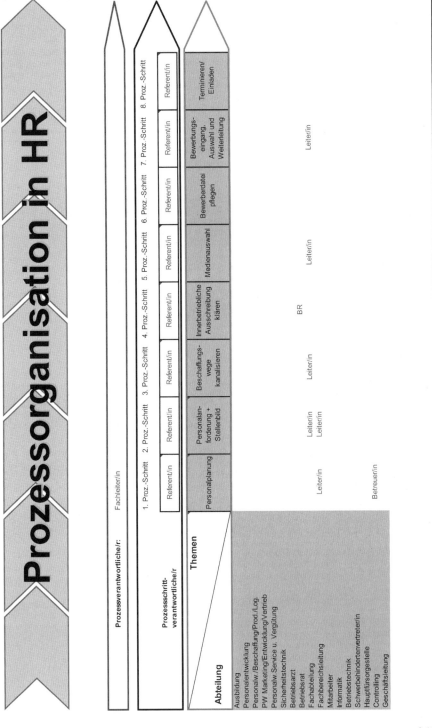

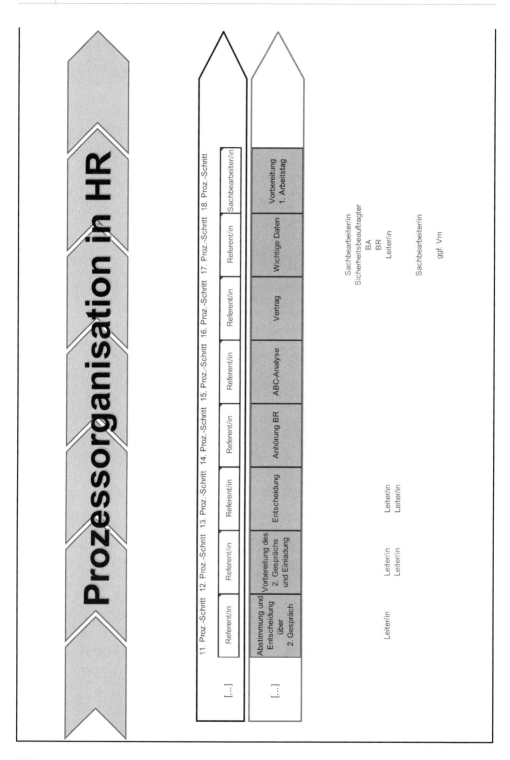

10.5.4 Praxisbeispiel 2

> **Service-Level-Agreement und Insourcing von Personalentwicklung**
>
> **Einführung**
>
> Viele Unternehmen stehen durch die angespannte konjunkturelle Lage unter starkem **Kostendruck.** Dabei werden alle Bereiche durchleuchtet, um Maßnahmen zur Kostenreduzierung zu realisieren. Schnell wird der beliebt-gehasste Rotstift angesetzt. Dabei fallen ihm nicht selten gerade Einheiten von Human Resources zum Opfer. Zu schnell werden Personalentwicklungsthemen vom Kostenskalpell bearbeitet. In den Operationssälen der Downsizing-Abteilungen, zuweilen auch Controlling genannt, werden Aus- und Weiterbildung gestutzt oder ganz herausgeschnitten. **Bildung,** die in wirtschaftlich guten Zeiten so hoch gelobt wird, rutscht auf der Beliebtheitsskala so mancher Geschäftsleitung auf einen hinteren Rang. Alle Vorsätze der Sonntagsreden einiger Unternehmensrepräsentanten sind vergessen.
>
> Aber Deutschland verfügt nur über den **„Rohstoff" Qualifikation.** Wir haben kein Öl und kein Gold, aber wir haben dafür hoch entwickelte Ausbildungssysteme, die von anderen Ländern als goldwert betrachtet werden. Deutschland besitzt hier ein deutliches Herausstellungsmerkmal, einen Marktvorteil gegenüber den industrialisierten Wettbewerbsländern. Das hohe Know-how deutscher Mitarbeiter ist der unschätzbare Vorteil des Wirtschaftsstandortes Deutschland.
>
> Und noch etwas muss bei diesem Thema berücksichtigt werden: **Qualifizierung** ist immer **eine Investition in die Zukunft** und wer nicht in die Zukunft investiert, wird auch keine haben. Bei der Anschaffung einer teuren Produktionsmaschine nimmt z. B. die Unternehmensleitung selbstverständlich in Kauf, dass der Return-on-Invest erst in diversen Jahren kommen wird. Kaum jemand aus dem Management reduziert und streicht diese Investition in die Zukunft seines Unternehmens. Bei Bildung ist es leider manchmal anders (OLESCH 2001, S. 30 ff.).
>
> **Beispiel**
> Man kann nicht häufig genug betonen, dass die Investition in die Ausbildung eines Jugendlichen zum Facharbeiter erst in 3,5 bis 5 Jahren greift. Dann erst kann man voll von seinem Know-how profitieren. Wenn man heute den Qualifizierungsrotstift zu drastisch ansetzt, wird die eigene Zukunft in 5 Jahren kritisch werden, gerade wenn dann die Konjunktur wieder anzieht.
>
> Aber auch der HR-Bereich eines Unternehmens muss sich bei wirtschaftlich rauerem Seegang fragen, wie er seine Kosten verträglicher für das Unternehmen gestaltet. Dazu wird im Folgenden ein anschauliches Praxisbeispiel aus dem Unternehmen des Autors gegeben.

HR-Dienstleistungen als Service-Level-Agreement

Es wurde ein strategischer Ansatz entwickelt, der durch folgende Grundsätze gekennzeichnet ist (OLESCH 2003, S. 34 ff.):

- Die **Personalentwicklung** wird **als Dienstleistung** betrachtet.
- Alle Dienstleistungsbereiche werden nach **unternehmerischen Grundsätzen** geführt und verfügen über hochgradiges Know-how.
- Das **Preis-Leistungs-Verhältnis** ist besser als marktüblich.
- Die für die Gruppenunternehmen erbrachten Leistungen werden **verursachergerecht, zeitnah** und für die Verursacher **transparent** verrechnet.
- Grundsätzlich arbeiten die Dienstleistungsbereiche für die Gruppenunternehmen. Arbeiten für **gruppenfremde Unternehmen** sind zum Erhalt der Wettbewerbsfähigkeit möglich.

Die Personalentwicklung, bestehend aus Aus- sowie Weiterbildung und vielem mehr, wird hier als Cost-Center geführt. Alle Dienstleistungen werden als **SLA (Service-Level-Agreement)** den internen Kunden, d.h. Entscheidungsträgern, Mitarbeitern, Betriebsrat usw., im Intranet des Unternehmens dargestellt. Der interne Kunde kennt dadurch Aufgabeninhalte, Dauer, Ansprechpartner und vor allem Kosten für die jeweilige Dienstleistung (OLESCH 2003, S. 51 ff.).

Vorteile durch SLA

1. Transparenz der Dienstleistungen durch Kommunizierung der Aufgabeninhalte, Kosten, Termine und Verantwortlichkeiten
2. Planungsgenauigkeit für Kunden
3. Leistung und Nutzenoptimierung für den Kunden
4. Kostenreduktion der Dienstleistungen durch bessere Auslastung der eigenen Kapazitäten
5. Kostensenkung durch Insourcing

Folgende **Bildungsthemen** werden im Unternehmen als SLA angeboten:

SLA-Bildungsthemen

1. Ausbildung zu Facharbeitern
2. Ausbildung zum Facharbeiter und gleichzeitig zum Diplom-Ingenieur
3. Konzeption einer Bildungsveranstaltung/eines Workshops
4. Teilnahme an interner Weiterbildung
5. Teilnahme an externer Weiterbildung
6. Einarbeitung angestellter Mitarbeiter
7. Entwicklung von Fach- und Führungskräften
8. Beschäftigung von Praktikanten

Beispiele für verschiedene Bildungs-SLAs

Die folgenden Beispiele zeigen die Inhalte von mehreren Bildungs-SLAs:

SLA: Ausbildung	
■ **Serviceumfang** – Durchführung des Einstellungs- und Auswahlverfahrens – Vertragsabschluss – Ausbildungsplanung – Vermittlung von Fertigkeiten und Kenntnissen – Ausbildungsbetreuung – Vorbereitung auf die Abschlussprüfung – Unterstützende Tätigkeiten durch die Auszubildenden in den Fachabteilungen ■ **Verantwortliche/-r** – Ausbildungsleitung – Ausbilder	■ **Prozessstart/-dauer** – Ausbildungsstart in den Ausbildungsberufen jeweils 01.09. – Ausbildungsstart in der Kooperativen Ingenieur-Ausbildung jeweils 01.07. – Ausbildungsdauer 2,5–4 Jahre, je nach Ausbildungsberuf ■ **Servicekosten; Arbeitszeit** – Ausbildungskosten pro Jahr pro Azubi 13.830 EUR – Verkürzte Ausbildung im kaufm. Bereich, IT-Berufe, Kunststoffbereich 2,5 Jahre 34.575 EUR – Verkürzte Mechaniker- und elektrotechnische Berufe, reguläre Kaufm. und IT-Berufe, Kunststoffbereich 3 Jahre 41.490 EUR – Reguläre Mechaniker- und elektrotechnische Berufe 3,5 Jahre 48.405 EUR – Kooperative Ingenieur-Ausbildung 4 Jahre 55.320 EUR

SLA: Entwicklung von Fach- und Führungskräften	
Entwicklung von Fach- und Führungskräften ■ **Serviceumfang** – Individuelle Beratung zur Potenzialentwicklung – Abgleich von Anforderungsprofil der Stelle und Kompetenzprofil des Mitarbeiters – Individuelle Entwicklungs- und Weiterbildungsplanung – Beratung zur Vorbereitung der Selbstpräsentation – Ggf. Coaching ■ **Verantwortliche/-r** – Leiter Personalentwicklung	■ **Prozessstart/-dauer** – Start nach Entscheidung über die Besetzung von Fach- oder Führungspositionen – Dauer abhängig vom Grad der Übereinstimmung von Anforderungs- und Kompetenzprofil ■ **Servicekosten; Arbeitszeit** – Konkreter Kostenvoranschlag nach namentlicher Nennung

SLA:	
Teilnahme an Weiterbildung	
■ **Serviceumfang** – Bedarfserhebung und Anmeldeverfolgung – Einladung und Bereitstellung vollständiger Teilnehmerunterlagen – Meldung an Betriebsrat – Ggf. Information an Zeiterfassung* – Organisation von Bewirtung und ggf. Übernachtung der Teilnehmer* – Seminarbegleitung und Qualitätssicherung – Erfolgskontrolle anhand Seminarbeurteilung der Teilnehmer und Wirksamkeitsüberprüfung anhand Feedback-Bogen des Vorgesetzten – Bereitstellung von Seminarunterlagen, Teilnahmebescheinigung und ggf. Fotoprotokoll – Prüfung der Rechnung von Seminaranbieter und Hotel sowie Weiterleitung an Buchhaltung – Dokumentation der Seminarteilnahme in der Mitarbeiter-Weiterbildungsübersicht (Intranet)	■ **Verantwortlicher** – Referent/-in Personalentwicklung – Sachbearbeiter/-in Personalentwicklung ■ **Prozessstart/-dauer** – Start nach Anmeldung – Einladung bis 6 Wochen vor Durchführung (Ausnahme: im Nachrückverfahren oder bei kurzfristig anberaumten Terminen) ■ **Servicekosten; Arbeitszeit** – Je Seminar ca. 60 EUR – Je Teilnehmer/-in ca. 5 EUR ■ **Zusätzliche Kosten** – Trainer je nach Aufwand (siehe z.B. Weiterbildungsprogramm) – Seminarunterlagen je nach Aufwand – Ggf. Übernachtungskosten* – Reisekosten* * nur bei Durchführung außerhalb des Betriebsgeländes

Durch diese Transparenz hat der interne und externe Kunde die Möglichkeit, mit externen Bildungsinstitutionen Vergleiche zu ziehen. Durch die Benchmarks ist die Personalentwicklung gehalten, ihr Preis-Leistungs-Verhältnis ständig zu verbessern. Das setzt wiederum Kreativität und Aktivitäten zur Prozessoptimierung bei den Mitarbeitern der Personalenwicklung in Kraft.

Konzept des Insourcing (Ausbildungskooperationen)

Bei der Überlegung, die doch recht teure Ausbildung für das eigene Unternehmen vom Investitionsvolumen her günstiger zu gestalten, hatte man die Alternative des Downsizings oder der Kostenbeschneidung aus innerer Überzeugung verworfen. Bildung wird als eine unbedingte Investition in die Zukunft des Unternehmens betrachtet. Stattdessen entwickelte man das Konzept des Insourcing, um Kosten zu sparen.

Unternehmen, die sich Ausbildung aus kapazitiven Gründen nicht mehr leisten können, wird angeboten, im hier vorgestellten Unternehmen junge Menschen ausbilden zu lassen. Es sind primär kleine bis mittlere Unternehmen und Institutionen, wie z.B. Hochschulen, die über keine Ausbildungsabteilung mehr verfügen oder nie verfügt haben. Dieses Konzept einer Verbundausbildung wird auch **Ausbildungskooperation** genannt. Daraus resultieren für alle Beteiligten verschiedene **Vorteile**:

- Das ausbildende Unternehmen kann durch bessere Kapazitätsauslastung seine Kosten senken. Es wird sogar von den externen Auftraggebern für die Ausbildung ihrer Azubis bezahlt und erwirtschaftet somit einen Umsatz sowie Ertrag. Dadurch kann die Ausbildungsabteilung ihre Kosten für die internen Kunden des Unternehmens senken.
- Die kleinen und mittleren Unternehmen, die junge Menschen ausbilden lassen, sichern das Facharbeiter-Know-how für ihre eigene Zukunft.
- Junge Menschen erhalten eine Ausbildung, die ihnen sonst nicht zugute gekommen wäre.

Es besteht die Möglichkeit, entweder die 3,5 Jahre Ausbildung für andere Unternehmen durchzuführen oder Elemente der kompletten Ausbildung in Form von Ausbildungsmodulen anzubieten. Gerade kleinere Unternehmen möchten einen jungen Auszubildenden möglichst schnell auch selber einsetzen. Von daher besteht z. B. für junge Menschen die Alternative, im ersten Jahr im ausbildenden Unternehmen tätig zu sein und im zweiten Jahr bereits in ihrem eigentlichen Unternehmen aktiv zu werden. Sollten Bildungsthemen benötigt werden, über die das kleinere Unternehmen nicht verfügt, kann es Qualifizierungsmodule einkaufen. Zirka 40 von 300 Auszubildenden im hier vorgestellten Unternehmen werden für andere Unternehmen nach diesem Model ausgebildet.

Beispiel für das Insourcing von Ausbildungsangeboten

Ausbildungsberuf IT-Systemkaufmann/-frau

Zunächst werden die Kernqualifikationen wie z. B. Grundlagen der Datenverarbeitung und der Programmierung sowie Kenntnisse bzgl. Marktbeobachtung, Wettbewerbsvergleichen und Controlling vermittelt. Im Rahmen der Vermittlung der Fachqualifikationen werden Kenntnisse über Marketing und Vertrieb vermittelt. Dazu gehört die Bearbeitung von Projekten, die Entwicklung von Lösungen für den Einsatz kompletter Systeme sowie die Erstellung von Angeboten und Verträgen für Kunden.

Teilnehmerkreis:	Auszubildende zum/-r IT-Systemkaufmann/-frau
Fachliche Inhalte: (lt. Ausbildungsrahmenplan)	Grundlagen Datenverarbeitung Grundlagen Elektrotechnik Schutztechnik Grundlagen HTML Präsentationstechnik Projektmanagement
Dauer:	3,5 Jahre
Kosten:	8,00 EUR zuzügl. 19 % Mehrwertsteuer pro Teilnehmer und geleisteter Zeitstunde

Beispiel für das Insourcing von Weiterbildungsthemen

Das gleiche Modell des Insourcing wird in der klassischen Personalentwicklung betrieben. So werden zahlreiche Weiterbildungsthemen externen Unternehmen angeboten. Die folgende Abbildung zeigt als Beispiel das Seminarangebot für ein Moderationstraining:

Personalentwicklung
Grundlagen der Moderationstechnik

Teilnehmer:	Führungskräfte und qualifizierte Mitarbeiter/-innen aus der Produktion und produktionsnahen Bereichen, die häufig teamorientiert arbeiten.
Teilnehmerzahl:	10
Ziel:	Die Teilnehmer/-innen sind in der Lage, Arbeitsgruppen zielgerichtet und ergebnisorientiert zu moderieren. Sie beherrschen die Technik der schriftlichen Diskussion und der visuellen Zusammenfassung von Gruppenergebnissen in Arbeitssitzungen zu komplexen Themen.
Inhalt:	– Ziele und Einsatzfelder der Moderation – Phasen und Instrumente der Moderation – Verhalten des Moderators – Gestaltung des Moderationsprozesses
Methode:	Durch interaktive Gruppenarbeit mit teilnehmerabhängigen Themen wird der Seminarinhalt erarbeitet
Dauer:	16 Stunden
Trainer:	Externe/-r, Trainer/-in
Kosten:	350,00 EUR pro Teilnehmer

Fazit

Durch verschiedene Maßnahmen zur Umsetzung der Insourcingstrategie von Personalentwicklung werden zzt. ca. 400.000,00 € Umsatz p. a. im vorgestellten Unternehmen erwirtschaftet. Gleichzeitig konnten die Bildungskosten für das eigene Unternehmen deutlich gesenkt und die Kapazität optimaler genutzt werden.

10.6 Anforderungen an das Personalmanagement

10.6.1 Führungshierarchien des Personalmanagements

Von Anfang der Sechziger- bis Mitte der Siebzigerjahre war der Personalleiter primär auf der zweiten Führungsebene angesiedelt. Ab Mitte der Siebzigerjahre überwiegt die Tendenz, ihn auf der ersten Führungsebene zu positionieren. Ursache dafür war die Erkenntnis, dass das Personalwesen einen entscheidenden Beitrag für die Leistungsfähigkeit und die Sicherung des Unternehmens erbringt. Der Personalmanager kann durch diese Anbindung am Unternehmensmanagement und an seiner Strategieentwicklung mitwirken und so seine Arbeit rechtzeitig darauf ausrichten.

Darüber hinaus trat 1976 das Mitbestimmungsgesetz in Kraft. Es fordert in bestimmten Unternehmen mit über 2.000 Mitarbeitern die Bestellung eines Arbeitsdirektors. Der Personalleiter auf der bisher zweiten Führungsebene wurde dabei größtenteils zum Mitglied der Geschäftsleitung bzw. des Vorstandes ernannt. Laut Mitbestimmungsgesetz ist der Arbeitsdirektor überwiegend für Aufgaben des Personal- und Sozialwesens verantwortlich. In der Montanindustrie galt eine ähnliche Regelung bereits seit 1951.

Durch seine hohe hierarchische Stellung übt der Personalmanager einen großen Einfluss auf den Erfolg des Unternehmens aus. Welche Voraussetzungen und welche Qualifikationen muss er dafür aufweisen? Dabei ist nicht nur von besonderem Interesse, welches Know-how er zurzeit besitzen muss, sondern welches er in der Zukunft einer rasanten wirtschaftlichen Entwicklung benötigt. Grundsätzlich ist eine Entwicklung vom Verwalter zum Gestalter, vom „Personalordnungshüter" zum „strategischen Personalmanager" gefordert.

Einst waren primär Juristen als Personalleiter gefragt. Als „Personalordnungshüter" mit dem Gesetzbuch in der Hand zeigten sie den Mitarbeitern ihre Grenzen, in denen sie sich bewegen durften. Der arbeitende Mensch wurde aus tayloristischer Sicht betrachtet. Dahinter verbirgt sich u.a. die versteckte, latente Meinung, der hedonistische Mensch müsse in Schranken gehalten werden, um dem Zwang zur Arbeit zu entsprechen. Disziplinargespräche und Sanktionen waren häufige Instrumente.

Durch Liberalisierung und Modernisierung der Personalführung hat sich dieses Bild heute stark gewandelt. Bei Analyse der einschlägigen Stellenanzeigen kann man feststellen, dass als Personalleiter nicht mehr primär der Jurist gesucht wird. Nur konservative und direktiv geführte Unternehmen suchen ihn noch für diese Position. Seit der Einführung des Fachstudiums der Personalwirtschaftslehre werden in Stellenanzeigen die Wirtschaftswissenschaftler präferiert. Neuerdings werden auch Sozialwissenschaftler gesucht. Längerfristig werden die Wirtschaftswissenschaftler die Oberhand in der Besetzung von Personalmanagerfunktionen innehaben, da sie eine umfassende, an ihren zukünftigen Aufgaben ausgerichtete Ausbildung erfahren können.

Liegt eine Praxis- und Führungserfahrung vor, spielt die Hochschulqualifikation eine sekundäre Rolle. Nun wird derjenige als potenzieller Personalmanager betrachtet, der eine erfolgreiche Personalarbeit und entsprechende Leistungsnachweise aus seiner betrieblichen Praxis vorweisen kann.

10.6.2 Allgemeine Anforderungen an den Personalmanager

Um ein Personalressort zu leiten, sind spezifische Voraussetzungen notwendig. Neben fachlicher Kompetenz sind besonders strategisches sowie firmenpolitisches Denken und Handeln unabdingbar. Aufgrund der Analysen von Stellenanzeigen für Personalleiter und aufgrund von aktualisierten Ergebnissen der Bundesvereinigung der Deutschen Arbeitgeberverbände können folgende Klassen von Hauptkriterien an den Personalmanager aufgestellt werden:

- Qualifikation (Aus- und Weiterbildung);
- Berufs- und Führungserfahrung;
- Persönlichkeitsmerkmale;
- Fachwissen.

Es sollte ein Hochschulstudium oder ein vergleichbares Qualifikationsniveau einer der folgenden Fachrichtungen vorliegen:

- Wirtschaftswissenschaften;
- Sozialwissenschaften;
- Rechtswissenschaften.

Welche Fachrichtung auch studiert worden ist: Die praxisnotwendigen Inhalte der anderen beiden Fachrichtungen sind durch entsprechende Weiterbildung zu ergänzen.

10.6.3 Berufs- und Führungserfahrung

Im Anschluss an ein Studium sollte eine vier- bis sechsjährige Tätigkeit im Aufgabenbereich des Personalwesens folgen. Dabei sollte eine Führungsfunktion mit Erfolg in einem Zeitraum von ca. fünf Jahren ausgeübt worden sein. Günstig ist, wenn in den Berufsjahren ein Firmenwechsel vorgenommen worden ist. Dadurch wird ein flexibleres Denken bei Personalaufgaben gefördert.

Eine der folgenden verantwortlichen Positionen sollte der Personalmanager in dieser Zeit innegehabt haben:

- Leiter einer Personalabteilung, z. B. für gewerbliche Mitarbeiter oder Angestellte;
- Leiter der Personalentwicklung;
- Leiter des Bildungswesens;
- Leiter des Sozialwesens;
- Leiter des Lohn- und Gehaltswesens;
- Leiter der Personalbetreuung;
- Assistent des Personalleiters.

10.6.4 Fachwissen

Der Personalmanager sollte die praktische Umsetzung folgender Fachgebiete kennen:
- betriebliches Personalwesen;
- Kostenrechnung;
- Organisationswesen;
- Unternehmensführung;
- Personalführung;
- Grundkenntnisse im Arbeits-, Sozial-, Tarif- und Betriebsverfassungsrecht;
- Grundkenntnisse in Betriebspsychologie;
- Grundkenntnisse in Didaktik;
- Grundkenntnisse in Ergonomie und Arbeitsmedizin;
- Grundkenntnisse der Arbeitsmarktlage;
- Grundkenntnisse der wirtschafts- und sozialpolitischen Zusammenhänge.

Sicherlich ist es unrealistisch, dieses gesamte Anforderungsprofil von einem Personalmanager zu verlangen. Die Folge wäre, dass man ihn nicht bekommen könnte, weil es ihn nicht gibt.

10.6.5 Emotionale Intelligenz

Wie bereits erwähnt, sind die Qualifikationsanforderungen an Personalfachkräfte heute besonders hoch. Der Anteil der Akademiker unter ihnen nimmt ständig zu. Ebenso wie vom Personalmanager werden von seinen Mitarbeitern fachlich hohe Kompetenz sowie kreatives und flexibles Handeln erwartet. Reine Detailarbeiter mit schmalem Fachspektrum sind heute genauso wenig gefragt wie reine Verwaltungsfachleute. Der Begriff „Emotionale Intelligenz" sollte heute ein fester Bestandteil im Verhalten des Personalmanagers sein.

In Untersuchungen von Goleman (1999) wurde nachgewiesen, dass emotionale Intelligenz (EQ) zu 90 % gegenüber der kognitiven Intelligenz den Erfolg eines Managers bestimmt. Firmen, die stark auf emotionale Intelligenz setzen, haben ein messbar höheres Betriebsergebnis.

Der EQ ist gerade für Personalverantwortliche, die primär mit Menschen umgehen, von besonderer Wichtigkeit. Hier sind noch eindeutige Optimierungsmaßnahmen bei Personalverantwortlichen notwendig.

Was macht nun den EQ aus? In den Untersuchungen von Goleman wurden erfolgreiche und gescheiterte Manager gegenübergestellt. Es wurden die Verhaltensweisen extrahiert, die die einen zum Erfolg, die anderen zum Misserfolg geführt haben. Folgende fünf Oberbegriffe waren von besonderer Bedeutung:
1. Selbstwahrnehmung;
2. Selbstregulierung;

3. Motivation;
4. Empathie;
5. Geschicklichkeit in Beziehungen zu anderen.

Für alle, die im Personalbereich eine entscheidende Funktion erreichen wollen, zeigen die genannten Aspekte interessante Möglichkeiten auf. Persönlichkeit, Begeisterungsfähigkeit und ein realistisches Selbstbild werden in Zukunft wesentlicher Erfolgsfaktor sein.

10.6.6 Selbstbild und Persönlichkeit der Personaler

In den letzten Jahren wurde die Fachkompetenz des Human-Resources-Managers fokussiert. Dabei standen sein personalwirtschaftliches Wissen und die dafür notwendigen Instrumente im Vordergrund. Seine Persönlichkeit und seine Verhaltenseigenschaften wurden eher sekundär betrachtet. Der Faktor „Persönlichkeit" wird wieder eine größere Rolle beim Personalverantwortlichen spielen. Er muss mehr Pragmatiker anstatt Theoretiker sowie mehr Umsetzer anstatt Konzeptionist sein. Dabei sollte er mehr agieren als abwarten. Ein rein sachlicher und nüchterner Auftritt muss einer Dynamik und vor allem einer Begeisterungsfähigkeit weichen.

Personalverantwortliche sollten eine Position in der Unternehmensleitung anstreben. Dadurch können sie einen höheren Wirkungsgrad für ihre Arbeit und das Unternehmen erreichen. Zusammengefasst gehören folgende Aspekte dazu, dieses Ziel zu erreichen:

- Das Personalmanagement muss durch erfolgreiche und vor allem im Unternehmen anerkannte Arbeit überzeugen.
- Es muss sich über den eigenen personalfachlichen Tellerrand hinaus qualifizieren, um z. B. Produktions- oder Vertriebskollegen in ihren Fachgebieten mit Rat und Tat zu unterstützen. Schließlich reden die beispielhaft genannten Kollegen auch gerne bei Personalthemen mit.
- Der Personalverantwortliche sollte ein breites und generalisiertes unternehmerisches Wissen besitzen.
- Vor allem soll er über den Mut und die Initiative verfügen, das Unternehmen mitzusteuern.

Abschließend erfolgt eine Gegenüberstellung von positiven und ungeeigneten Attributen des Personalmanagers:

Pragmatiker	statt	Theoretiker
Steuerer	statt	Stabseinheit
Generalist	statt	Spezialist
begeisternd	statt	nüchtern

10.7 Positionierung von HR innerhalb der Unternehmensleitung

▶ Arbeitsdirektor als Lenker in der Unternehmensleitung

Mitte der siebziger Jahre zogen viele Personalleiter in die Vorstands- oder Geschäftsleitungsetagen größerer Unternehmen ein. Dies wurde durch den § 33 des Mitbestimmungsgesetzes unterstützt. Der Arbeitsdirektor wurde als gleichberechtigtes Mitglied der Unternehmensleitung bestellt. Seine Aufgaben übte er im engsten Einvernehmen mit dieser aus. Viele Unternehmen, besonders die der Montanmitbestimmung, schlossen sich dem Trend an. Aus dem einstigen Leiter der Personalverwaltung sollte ein Gestalter und Unternehmenspolitiker mit weit reichender strategischer Ausrichtung werden. Die Mitwirkung in der Geschäftsleitung prädestinierte den Arbeitsdirektor, an entscheidender Stelle personalpolitische Entscheidungen im Sinne des Unternehmens und der Mitarbeiter zu treffen. Seine Funktion wurde in den achtziger Jahren z. T. auch in die mittelständische Industrie übertragen.

Primär waren folgende **Funktionen in der Unternehmensleitung** vertreten:

Entwicklung	Produktion	Vertrieb	Finanzen	Personal

▶ Einflussschwund in der Unternehmensleitung

In den neunziger Jahren kann man einen eindeutigen Rückschritt dieser Entwicklung beobachten. Der Arbeitsdirektor verschwand zum Teil. Dort, wo einer in Pension ging oder das Unternehmen verließ, wurde seine Aufgabe von einem anderen Vorstands- oder Geschäftsleitungsmitglied übernommen. Oder schlimmer noch: Das Personalwesen wurde dem Mitglied der Unternehmensleitung für Finanzen und Controlling unterstellt. Gerade bei Letzterem zählte das Personalwesen primär als Kostenverursacher, wo es doch galt, diese Kosten möglichst gering zu halten. Dabei war die strategische Ausrichtung weniger bedeutend. Die Frage hieß nicht: „Wie kann man die Qualität und Motivation der Mitarbeiter entwickeln?", sondern: „Wie kann man das Personal und seine Kosten reduzieren?" Mittel für Personalentwicklung, Ausbildung und Investitionen in Belegschaften wurden restriktiv behandelt.

Verstärkend war dabei die wirtschaftlich stagnierende Entwicklung gegen Ende der achtziger Jahre in Deutschland. Aber sie war nicht der primäre Grund dafür, dass Personalmanager auf Geschäftsleitungs- und Vorstandsebene selten wurden. Was waren die weiteren Gründe? Anfang der neunziger Jahre entwickelten einige Personalverantwortliche u. a. die Strategie, den Führungskräften im Unternehmen bei allen Personalthemen primär als Berater zur Verfügung zu stehen. Um diese Tendenz zu unterstreichen, betrachtete man sich als taktische Stabsfunktion im Unternehmen. Auf vielen Kongressen wurde dieser Fokus der Personalverantwortlichen als der zukünftige Trend postuliert.

Dabei wurden der Aspekt und die Gefahr nicht genügend in Betracht gezogen, dass ein Berater bzw. eine Stabsperson nie den unternehmerischen Einfluss besitzt wie ein Manager. Durch diesen Ansatz katapultierte man sich zum Teil aus der einstigen Top-Führungsposition und gab den entsprechenden unternehmerischen Einfluss auf. Vielleicht kam das anderen Vorstandskollegen recht, um Kosten auch auf der Top-Führungsetage zu reduzieren und um Vertreter einer mitarbeiterausgerichteten Unternehmenskultur zu bändigen.

Ein weiterer Faktor unterstützte ebenfalls den Wegfall der Funktion des Arbeitsdirektors. Viele Personalmanager sahen sich als Spezialisten auf ihrem Gebiet. Sie qualifizierten sich ständig durch neues Know-how, sei es in Personalentwicklung, Arbeitsflexibilisierung, Work-Life-Balance, Retention-Programme etc. Auf der Ebene der Unternehmensleitung wird aber nicht primär Detailwissen im jeweiligen Fachgebiet verlangt, sondern generalistisches unternehmerisches und strategisches Wissen und vor allem Handeln.

In der Unternehmensleitung glaubt häufig jeder, beim Thema Human Resources mitreden zu können. So beraten Vertriebs- oder Produktionsvorstände gerne auch den Personalvorstand in Fragen der Personaleinstellung, -auswahl und -qualifizierung. Demgegenüber haben sich Personalmanager kaum generalistisches Know-how angeeignet, um anderen Geschäftsleitungskollegen qualifiziert mit Rat und Tat zur Verfügung zu stehen. Aber nur wer fachübergreifend in der Unternehmensleitung mitreden und mitgestalten kann, wird eine Funktion in diesem wichtigsten Gremium erfolgreich besetzen können.

Ein weiterer Faktor erschwert die Funktion des Personalmanagers in der Unternehmensleitung. Der Vertriebskollege kann z. B. von positiven Zahlen wie Umsatzsteigerung und Marktwachstum berichten. Der Produktionskollege kann über Reduzierung von Durchlaufzeiten und Steigerung der Produktivität sprechen – alles Aspekte, die in einem unter Kostendruck stehenden Unternehmen allgemeine Zustimmung finden. Der Personalmanager kann dagegen meistens nur Kosten präsentieren, da die Effizienz seiner Arbeit kaum in Zahlen zur Wertschöpfung des Unternehmens nachzuweisen ist. Zum Teil lässt er sich auch ein wenig von seinen Kollegen in diese Ecke treiben. Dadurch ist seine Position eine echte Herausforderung innerhalb der Unternehmensleitung.

Viele Personalmanager möchten primär fachlich, sachlich und nüchtern wirken. Das ist sicherlich auch notwendig, reicht aber allein nicht aus, um eine starke Position in der Unternehmensleitung einzunehmen. Nicht selten werden sie hinter vorgehaltener Hand als Personalverwalter betitelt, auch wenn sie sich selber als Gestalter sehen. Betrachtet man dagegen Vertriebs- oder Marketingmanager, so kann man konstatieren, dass sie in der Regel mehr Begeisterungsfähigkeit und Esprit besitzen, gerade weil sie neben ihrer fachlichen Kompetenz auch Kunden gewinnen müssen. Ihre Position verlangt es von ihnen und sie mussten es erlernen. Da der Personalvorstand eher unternehmensintern agiert, hat er weniger Übung darin, emotional überzeugend aufzutreten. Eine begeisternde Persönlichkeit gehört jedoch auch dazu, wenn es gilt, Kollegen aus der Unternehmensleitung und die Mitarbeiter für sich und seine Taten zu gewinnen.

▶ Wiedergewinnung von Einfluss in der Unternehmensleitung

Was kann nun der Personalmanager tun, um eine Position in der Unternehmensleitung einnehmen zu können? Zunächst einmal muss er von den Kollegen als fachlich hoch kompetent eingeschätzt werden. Das erreicht er nur, indem er seine Arbeit mit überdurchschnittlichem Erfolg und Anerkennung ausführt. Eine hohe Performance ist eine absolute Voraussetzung für den Aufstieg. Weiterhin muss er die oben aufgezählten Fehler bereinigen. Wie kann er das erreichen?

■ Personalmanager als Lenker des Unternehmens

Er sollte sich keineswegs als Berater oder Stabsfunktion für die Unternehmensleitung, die Führungskräfte sowie die Mitarbeiter positionieren. Sein Ziel sollte das entscheidende Steuern und Lenken des Unternehmens sein. Er sollte sich nicht mit der Funktion eines Offiziers, sondern mit der des Kapitäns zufrieden geben. Warum? Aus der Position der Unternehmensleitung kann er erfolgreich Konzepte für Human Resources realisieren, die das Unternehmen nach vorne bringen und dessen Zukunft sichern und ausbauen. Natürlich gehört dazu viel Mut – Mut, wichtige unternehmensstrategische Entscheidungen zu treffen und sie gegenüber starken Mitgliedern in der Unternehmensleitung zu vertreten und durchzusetzen.

■ Personalmanager als Generalist

Eine wichtige Strategie, um in die Unternehmensleitung aufzusteigen, ist, bei Themen, die nicht zur originären Qualifikation des Personalmanagers gehören, mitreden zu können. So sollte sich der HR-Manager in Themen wie Produktion, Entwicklung, Marketing und Vertrieb, Controlling etc. einarbeiten. Hier wird von ihm zwar kein Detailwissen verlangt, aber ein Mitreden bei den Themen, sobald sie die allgemeine Unternehmensführung tangieren. Er sollte sich auf ein generalistisches Know-how ausrichten und sich von seinem lieb gewonnenen Personaldetailwissen trennen. Initiative und Mut gehören ebenfalls dazu, um anderen Mitgliedern der Unternehmensleitung kompetente Tipps und Ratschläge zu geben. Dabei ist es wichtig, mit dem Kopf über die Wolken sehen zu können und dabei mit den Füßen auf dem Boden zu stehen. Eine interessante Herausforderung, die aber viel Effekt hat.

■ Personalmanager als Missionar

Das Dilemma, dass dem HR-Manager häufig die hohen Personalkosten vorgehalten werden, lässt sich nicht zahlenmäßig aufheben. Viele verzweifelte Versuche haben stattgefunden, eine Wertschöpfung und Renditesteigerung durch Personalaufgaben zahlenmäßig zu erfassen. So wurden und werden Personalstabsabteilungen mit wochenlangen und kostenaufwendigen Analysen traktiert. Die Erkenntnis besteht meistens darin, dass eine dezidierte Wertanalyse von Personalthemen kaum oder nur derart vage möglich ist, dass jeder Controller die Argumentation auseinandernehmen kann. Hier sollte man keine Mühen und Kapital des Unternehmens verschwenden.

Personalthemen kann man eher durchsetzen, wenn man erstens selber an den wenig messbaren Erfolg glaubt und diesen Glauben überzeugend und permanent vertritt. Hier ist der Personalmanager Missionar. Er sollte sich wie ein guter Verkäufer verhalten. Auch wenn beim ersten und zweiten Mal der Kunde kein Interesse zeigt, bleibt er am Ball und mit der Zeit wird der HR-Manager den Kunden schließlich doch überzeugen.

- **Personalmanager als Begeisterer**

Eine Unternehmensleitung muss motivieren, ja mitreißen und begeistern können. Nur dann folgen ihr die Mitarbeiter, nur dann werden sie effizient arbeiten. Das ist auch eine Herausforderung an einen Personalmanager, der in die Unternehmensleitung aufgenommen werden und dort erfolgreich tätig sein will. Nun sind Personalverantwortliche nicht selten eher nüchterne, sachliche Typen. Sie sollten sich an guten Vertriebs- und Marketing-Kollegen orientieren und ihre Persönlichkeit derart entwickeln, dass sie eine hohe Begeisterungsfähigkeit gewinnen. Die besten Argumente wirken wenig, wenn nicht neben dem Kopf auch das Herz angesprochen wird. Dazu kann man Maßnahmen zur Persönlichkeitsentwicklung, wie z. B. das Coaching, selbst wahrnehmen.

▶ Zukunftschancen für HR-Manager

Die Chancen für HR-Manager, in die Unternehmensleitung aufzusteigen, sind gegeben. Denn schon bald wird die demografische Entwicklung der deutschen Bevölkerung unsere Unternehmen vor gewaltige Herausforderungen stellen. Die Zahl der Fachkräfte wird in Deutschland stark zurückgehen. In zehn Jahren wird es fast 10 Mio. weniger arbeitende Menschen geben. Hier können die Personalmanager, die diese Herausforderungen rechtzeitig annehmen, im Unternehmen ungemein punkten. Denn die Mitarbeiter sind die Antriebskräfte der Unternehmen. Durch intelligente, strategische und vorauseilende Personalmaßnahmen können die HR-Verantwortlichen den Erfolg ihres Unternehmens entscheidend gestalten. Dadurch und durch die oben geschilderten Aspekte und Verhaltensweisen kann es dem engagierten HR-Manager gelingen, in den „Olymp" der Unternehmensleitung aufzusteigen.

10.8 Check-up

10.8.1 Zusammenfassung

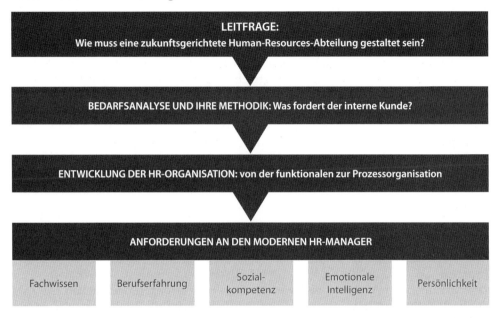

10.8.2 Aufgaben

1. Nennen Sie zwei große Herausforderungen, mit denen das HR-Management jetzt und in Zukunft verstärkt zu tun haben wird!
2. Welche Maßnahmen kann man gegen die demografische Herausforderung ergreifen?
3. Warum empfiehlt sich eine Kundenbefragung zu HR-Themen?
4. Wie umfangreich sollte eine Befragung sein?
5. Warum ist eine prozessorientierte Ausrichtung des Personalwesens wichtig?
6. Auf welcher hierarchischen Ebene sollte das moderne Personalmanagement angesiedelt sein?
7. Was sind die entscheidenden Faktoren, um als HR-Manager in die Unternehmensleitung aufzusteigen?

10.8.3 Literatur

Goleman, D.: Der Erfolgsquotient, Carl Hanser Verlag, München/Wien 1999.

Olesch, G.: Aktionen gegen Ingenieurmangel, in: Design & Verification, 5/2001.

Olesch, G.: Human resources als Dienstleistungs-Center, in: Angewandte Arbeitswissenschaften, 3/2001, S. 30–44.

Olesch, G.: Strategisches Personalmanagement, in: Die Zukunft des Managements, Hochschulverlag, Zürich 2002, S. 67–75.

Olesch, G.: HR als prozessorientiertes Dienstleistungs-Center, in: Personal, 9/2003, S. 69–72.

Olesch, G.: So gelingt der Aufstieg ins Top-Management, in: HR-Services, 5/2005, 10–12.

Olesch, G.: Personalmanager in die Geschäftsleitung, in: Personal, 5/2005, 30–32.

Olesch, G.: Welche HR-Strategie erfordert die demografische Entwicklung?, in: Demografische Analyse und Strategieentwicklung in Unternehmen. Wirtschaftsverlag Bachem, 2005.

Olesch, G.: Leader werden, in: Personal, 2/2006a, S. 22–25.

Olesch, G.: Globalisiertes Arbeiten, in: Persorama, Special, 2006b.

11 Lösungen und Lösungsvorschläge

11.1 Lösungen und Lösungsvorschläge zu Kapitel 1

Aufgabe 1:

a) Die Personalplanung hängt zusammen mit
   - der Absatzplanung: Je mehr z. B. verkauft werden soll, desto mehr Mitarbeiter werden gebraucht.
   - der Produktionsplanung: Bei ausgelasteten Kapazitäten braucht man viele Mitarbeiter, durch Rationalisierungen oder Auftragsrückgänge kann es zu Personalüberhang kommen.
   - der Kostenplanung: Bei erwarteten Lohnerhöhungen wird die Bereitschaft eines Unternehmens, Mitarbeiter neu einzustellen, tendenziell sinken. Gleiches gilt, wenn aufgrund politischer Entscheidungen wie z. B. eine Erhöhung der Rentenbeiträge oder der Abbau von Subventionen eine Auswirkung auf die Personalkosten zu erwarten ist.

b) kurzfristig: max. 1 Jahr – plötzliche auftretende Schwankungen

   mittelfristig: 1–3 Jahre – Einstellung von Auszubildenden, Nachfolgeplanungen

   langfristig: über 3 Jahre – strategische Grundausrichtung des Personalwesens

c)

Interne Informationen	Externe Informationen
▪ Altersstruktur	▪ Arbeitsmarktlage
▪ Investitionen/neue Technologien	▪ Geplante gesetzliche Änderungen
▪ Feststehende Zugänge/Abgänge	▪ Tarifabschlüsse

d) In einer Zugangs-Abgangs-Tabelle erfolgt die rein quantitative Berechnung des fortgeschriebenen Personalbestands. Sie muss in einem zweiten Schritt durch qualitative Aspekte ergänzt werden.

e) Informations- und Beratungsrecht gemäß § 92 BetrVG

Aufgabe 2:

Beispiele:

- Diskussion über Mindestlöhne: Verteuerung der Arbeitskraft;
- Aufnahme neuer EU-Mitgliedstaaten kann Arbeitskräfteangebot erhöhen;
- Einfuhr- oder Ausfuhrbestimmungen können Produktionsmengen und damit den Personalbedarf erhöhen/senken.

Aufgabe 3:

Personalbestand			Bruttopersonalbedarf
Gegenwärtiger Personalbestand	624	624	Gegenwärtig bestehende Stellen
+ bereits feststehende Zugänge – erwartete Abgänge	16 10	40 12	+ Anzahl neuer Stellen + Reservebedarf
= fortgeschriebener Personalbestand	630	676	= Bruttopersonalbedarf

Nettopersonalbedarf	
Überdeckung	Unterdeckung = 46 Mitarbeiter

Aufgabe 4:

Als sofort wirkende Maßnahmen kommen infrage:
- Einstellungsstopp;
- Auslaufenlassen von befristeten Verträgen;
- Abbau von Überstunden;
- Kurzarbeit (wenn der Auftragsrückgang nachweisbar ist);
- Anbieten von (Alters-)Teilzeitarbeit.

Als langfristig wirkende Maßnahmen kommen infrage:
- Abbau von Sozialleistungen;
- keine Übernahme von Auszubildenden;
- Anreizsetzung zur Kündigung von der Arbeitnehmerseite aus;
- betriebsbedingte Kündigungen.

Kündigungen gehören deshalb zu den langfristigen Maßnahmen, weil zunächst eine Sozialauswahl getroffen werden muss und evtl. ein Sozialplan erstellt werden soll. Zudem sind Kündigungsfristen zu beachten und ggf. Abfindungen zu zahlen, sodass eine Kostenersparnis erst nach einem längeren Zeitraum eintritt.

Egal, ob es sich um eine kurz- oder eine langfristige Maßnahme handelt: Entscheidend ist die Sozialverträglichkeit.

Aufgabe 5:

a) + c)

Im Folgenden wird zur individuellen Aufgabenstellung eine beispielhafte Antwort in Form einer Stellenbeschreibung eines Ausbildungsleiters vorgestellt.

a)   c)

Bezeichnung	Ausbildungsleiter
Hierarchische Einordnung	■ Unterstellung: Leiter Personalwesen ■ Überstellung: – Leiter der kaufmännischen Ausbildung – Leiter der gewerblichen Ausbildung
Aufgaben	■ Koordination und Leitung der Abteilung Ausbildung ■ Berichterstattung an die Geschäftsleitung ■ Umsetzung von Entscheidungen der Geschäftsleitung ■ Erarbeitung von Einsatzplänen ■ Überwachung der Ausbildung ■ Planung von Maßnahmen für Auszubildende ■ Treffen der Auswahl von Auszubildenden ■ Einsatz und Durchführung von Testverfahren ■ Zusammenarbeit mit Leiter Personal bzgl. Übernahme von Azubis ■ Zusammenarbeit mit Jugend- und Auszubildendenvertretung ■ Zusammenarbeit mit Schulen, IHKs etc. ■ Erstellung und Umsetzung von Beurteilungssystemen für Azubis ■ Veranlassung von Schulungen für die Betreuer von Auszubildenden
Ziele	■ Sicherung einer planvollen, zukunftsgerichteten Ausbildung ■ Fachliche und moralische Förderung junger Menschen
Verantwortung	Allgemeine Handlungsvollmacht
Vertretung	■ Vertritt: Abteilungsleiter der kaufmännischen/gewerbl. Ausbildung ■ Wird vertreten: Leiter Personalwesen
Anforderung	■ Studium der BWL mit Schwerpunkt Personalwesen oder Weiterbildung zum Personalfachkaufmann ■ Ausbildereignungsprüfung oder vergleichbare Qualifikation ■ Fünf Jahre Berufserfahrung, möglichst in verschiedenen Personalbereichen ■ Kenntnisse der geltenden Vorschriften des Arbeitsrechts

b)

Vorteile	Nachteile
■ In vielen Bereichen einsetzbar	■ Erstellung mit hohem Aufwand verbunden
■ Mitarbeiter kennen ihre Aufgaben	■ Pflegeaufwand
■ Anfallende Aufgaben werden verteilt und systematisch zugeordnet	■ Bei neuen Aufgaben Klärung der Zuständigkeiten notwendig

Aufgabe 6:

Die Stellenanzeige diskriminiert gleich mehrfach:
- jung und dynamisch: Diskriminierung aufgrund des Alters;
- Cleaning Management: diskriminiert Ausländer oder Ältere, die über keine Englisch-Kenntnisse verfügen, die für die eigentliche Tätigkeit auch nicht notwendig sind;
- 40-Stunden-Woche: keine Teilzeitbeschäftigung ausgeschrieben.

11.2 Lösungen und Lösungsvorschläge zu Kapitel 2

Aufgabe 1:
- Interne Beschaffung: Mitarbeiter stammen aus dem Unternehmen, es handelt sich um eine Versetzung oder die Übernahme aus einem Ausbildungsverhältnis.
- Externe Beschaffung: Bewerber kommen aus einem anderen Unternehmen oder stehen dem Arbeitsmarkt aus anderen Gründen zur Verfügung.

Die 75 %/25 %-Regelung wurde beschlossen, um Vor- und Nachteile der Beschaffungswege auszugleichen:
1. Eigene Mitarbeiter erhalten eine Chance.
2. Extern angeworbene Mitarbeiter sollen neue Ideen und „frischen Wind" ins Unternehmen bringen.

Aufgabe 2:

Als Assistenten des Geschäftsführers werden häufig Universitätsabsolventen im Anschluss an das Studium eingestellt. Daher könnte man über Job-Börsen für Hochqualifizierte oder direkt an den Universitäten suchen. Darüber hinaus gibt es Zeitschriften, die speziell diese Gruppe ansprechen, z. B. „Junge Karriere".

Darüber hinaus ist die Suche über die eigene Homepage möglich.

Wenn ein erfahrener Mitarbeiter gesucht wird, könnte man in überregionalen Zeitungen oder mithilfe eines Personalberaters suchen.

Aufgabe 3:

a) Mit der Einrichtung einer Firmen-Homepage im Allgemeinen und einer HR-Homepage mit einer Rubrik „Stellenausschreibung" im Besonderen nutzt ein Unternehmen ein außerordentlich wichtiges Informationsmedium: das Internet.

Die Stellenausschreibung auf der HR-Homepage bietet für das Unternehmen u.a. die Möglichkeit,
- sich sowohl nach außen wie auch nach innen als einen modernen, attraktiven Arbeitgeber zu präsentieren;
- aufgrund des globalen Zugriffs auch internationale Zielgruppen zu erreichen;
- Kosten zu sparen;

- die Veröffentlichungsdauer zu verlängern;
- mehr Informationen für den potenziellen Bewerber bereitzustellen;
- Informationen schneller auszutauschen;
- mehrere Stellen gleichzeitig auszuschreiben.

b) Nachteile treten insbesondere dann auf, wenn die Firmen-Homepage nicht regelmäßig gepflegt wird, sodass die potenziellen Bewerber z. B. veraltete oder aber fehlerhafte Stellenausschreibungen vorfinden. Ein möglicher Nachteil besteht auch darin, dass die Hemmschwelle offenbar geringer ist, sodass sich auch verstärkt ungeeignete Kandidaten online bewerben. Zudem ist mit der Online-Stellenausschreibung noch nicht gewährleistet, dass die avisierte Zielgruppe tatsächlich auf diesem Weg erreicht wird (z. B. die Gruppe der leitenden Angestellten).

c) Um Fehler zu vermeiden, bedarf es einer organisatorischen Absprache dahingehend, wer die Inhalte der HR-Homepage zu welchem Zeitpunkt pflegt. Dies betrifft zum einen den EDV-bezogenen Aspekt der technischen Umsetzung und zum anderen die Frage, wer für die Inhalte verantwortlich ist. Der Informationsfluss zwischen Netzwerkpflege und Personalmanagement (insbesondere der Bereich Personalbeschaffung) muss unbedingt gegeben sein. Ideal wäre es, wenn der gesamte Verantwortungsbereich bei einer einzelnen Person aus dem Personalbereich konzentriert würde.

Darüber hinaus muss das anschließende Auswahlverfahren systematisiert werden (z. B. wer entscheidet, gibt es eine Vorauswahl, in welchen zeitlichen Abständen wird ausgewählt?).

Zudem muss der Datenschutz für die Bewerberangaben unbedingt berücksichtigt werden.

Aufgabe 4:

a) Einzelhandelskaufmann: regionale Tageszeitung
b) Fitnessstudio: Fachzeitschriften aus dem Sportsektor
c) Sekretärin: regionale Tageszeitung
d) Personalleiter: überregionale Tageszeitung
e) Werkzeugmechaniker: regionale Tageszeitung oder Fachzeitschrift
f) Automobilverkäufer: Fachzeitschriften, z. B. „Auto, Motor, Sport"

Aufgabe 5:

- Der größte Nachteil ist die mangelnde Zugehörigkeit zu einer festen Mitarbeitergruppe. Soziale Bindungen können nur schwer aufgebaut werden.
- Das Sozialprestige ist eher gering. Gelegentlich wird auch von „Mitarbeitern zweiter Klasse" gesprochen.
- Die Teilnahme an betrieblichen Aktivitäten ist nicht möglich.
- Man muss sich immer wieder auf neue Situationen einstellen.

11 Lösungen und Lösungsvorschläge

- Es kann passieren, dass die Stammbelegschaft auf Zeitarbeiter ablehnend reagiert.
- Von den Sozialleistungen des Einsatzbetriebes sind Leiharbeitnehmer in der Regel ausgeschlossen (z. B. bei verbilligten Einkäufen).
- Weiterbildungsmaßnahmen werden eher selten durchgeführt.
- Nur wenige Zeitarbeitunternehmen betreiben eine systematische Personalentwicklung.

Aufgabe 6:

a)
- Das gesuchte Personal kann nicht mit einfachen Stellenausschreibungen gewonnen werden.
- Der Personalberater kontaktiert auch potenzielle Bewerber, die bei anderen Firmen beschäftigt sind.
- Zeitaufwand für das Unternehmen ist geringer.
- Unternehmen bleibt zunächst im Hintergrund.

b)
- Vertrauenswürdigkeit;
- gute Branchenkenntnisse;
- Verhandlungsgeschick;
- Organisationsvermögen;
- Analysefähigkeit;
- Motivation;
- Kommunikation mit Unternehmen und Bewerbern;
- Verhandlungsvermögen.

c)
- Honorar für den Berater – teuer!
- mangelnde Transparenz bzgl. des Arbeitseinsatzes und der Arbeitsmethoden;
- nur kleine Auswahl an Kandidaten;
- Berater kennt die vorhandenen Mitarbeiter nicht und kann daher nicht beurteilen, ob jemand ins Team passt.

Aufgabe 7:

Die drei wichtigsten Inhalte einer HR-Homepage sind:
- die Darstellung der angebotenen Arbeitsplätze;
- die Beschreibung des Unternehmens;
- das Online-Bewerbungsverfahren.

Aufgabe 8:

Als attraktive Aspekte sollte das Unternehmen insbesondere folgende Komponenten hervorheben:
- die Möglichkeiten der Personalentwicklung im Unternehmen (z. B. Mitarbeiterqualifizierung, Weiterbildung, Führungs- und Fachleiterlaufbahnen);
- die flexiblen Arbeitszeiten.

11.3 Lösungen und Lösungsvorschläge zu Kapitel 3

Aufgabe 1:

- Zirka ein Jahr vorher: Entscheidung über den Weg der Suche:
    - Veröffentlichung in der Tageszeitung oder/und Sonderbeilagen;
    - Einstellen ins Internet mit entsprechender Bewerbungsmöglichkeit;
    - Entscheidung über die Teilnahme an Ausbildungsmessen;
    - Entscheidung über einen Tag der offenen Tür zum Kennenlernen;
    - Entscheidung über den Einsatz von Testverfahren.
- Zirka sechs bis sieben Monate vorher: Durchführung des Auswahlverfahrens:
    - Treffen einer Vorauswahl;
    - Einladung zu Tests;
    - Verschicken von Ablehnungsbescheiden;
    - Durchführung und Auswertung der Tests;
    - Einladungen zum persönlichen Vorstellungsgespräch;
    - Auswertung der Gespräche;
    - evtl. eine zweite Gesprächsrunde mit engerer Auswahl.
- Zirka vier bis fünf Monate vorher: Entscheidungsphase:
    - Entscheidung für die Kandidaten;
    - Angebot eines Ausbildungsvertrages mit der Aufforderung zur Zu- oder Absage;
    - Ausfertigung von Ausbildungsverträgen;
    - Ablehnungsschreiben an restliche Bewerber.
- Zirka drei bis vier Monate vorher: formale Gesichtspunkte:
    - Einreichung der Verträge zur Eintragung bei der entsprechenden Kammer (IHK, Handwerkskammer, Ärztekammer etc.);
    - Planung im Unternehmen: Einführung, Einsatzplanung etc.

Aufgabe 2:

a) Ein ausgefüllter Bewerbungs- bzw. Personalfragebogen erleichtert es dem Unternehmen, die Kandidaten für eine Stelle zu vergleichen. Zudem gewinnt das Unternehmen zusätzliche Informationen.

b)
- Haben Sie sich schon einmal bei uns beworben?
- Sind Verwandte von Ihnen bei uns beschäftigt?
- Wie viele Kinder welchen Alters haben Sie?
- Sind Sie wehrpflichtig?
- Haben Sie Ihren Wehr- bzw. Zivildienst schon abgeleistet?
- Welche Kündigungsfristen hatten Sie bei Ihrem letzten Beschäftigungsverhältnis?
- Gelten für Sie besondere Schutzrechte (z. B. Mutterschutzgesetz)?
- Welche Führerscheinklassen besitzen Sie?

- Bestehen derzeit Lohn- bzw. Gehaltspfändungen?
- Welche Sprachkenntnisse haben Sie?
- Welche Hobbys betreiben Sie?

Aufgabe 3:

a) Im Vorfeld Ihres Bewerbungsgespräches sollten Sie nach Möglichkeit die folgenden Informationen einholen:
   - Unternehmensgeschichte (Wo kommt das Unternehmen her?);
   - Produkt- bzw. Dienstleistungsprofil (Welche Waren und Dienstleistungen bietet das Unternehmen an?);
   - Einbettung des Unternehmens in den Markt (In was für einem Umfeld ist das Unternehmen positioniert?);
   - Unternehmenskultur (Welches Selbstverständnis hat das Unternehmen?);
   - Unternehmensgröße;
   - Sozialleistungen des Unternehmens.

b) Informationen zum Unternehmen können aus folgenden Quellen gezogen werden:
   - Internet (z. B. Firmen-Homepage);
   - Veröffentlichungen in der Presse;
   - Geschäftsberichte;
   - Industrie- und Handelskammern;
   - Mitarbeiter des Unternehmens.

Aufgabe 4:

a)
   - Gespräche verlaufen unterschiedlich,
   - zu wenig Teilnehmer seitens des Unternehmens,
   - nicht klar festgelegte Anforderungen,
   - nicht systematisch genug,
   - keine klaren Aufgabenverteilungen

b)
   - Erstellung eines Interview-Leitfadens,
   - Durchführung durch eingespielte Mitarbeiterteams,
   - klare Aufgabenverteilung,
   - sofortiges schriftliches Festhalten der Eindrücke, möglichst mithilfe eines Beurteilungsbogens

Aufgabe 5:

Der Bewerber sollte mit seinen Fragen Interesse am Unternehmen bekunden, aber nicht „mit der Tür ins Haus fallen". Die folgenden Fragebeispiele geben Anregungen und bedürfen in der Praxis einer dem Gesprächsverlauf angepassten Formulierung:
- Nach welchen Kriterien werden Beförderungen vorgenommen?
- Gibt es Laufbahnplanungen?

- Gibt es eine hohe Fluktuation?
- Werden Auszubildende übernommen?
- Gibt es gemeinsame Aktivitäten der Mitarbeiter auf freiwilliger Basis?
- Fördert das Unternehmen Aktivitäten der Mitarbeiter?
- Gibt es Stellenbeschreibungen?
- Gibt es regelmäßige Personalbeurteilungen?
- Werden regelmäßig Zielvereinbarungen getroffen?

Aufgabe 6:

Das Schreiben, mit dem Sie dem Bewerber den Eingang seiner Bewerbungsunterlagen bestätigen, könnte folgendermaßen verfasst werden:

> *Sehr gehrte/r Frau/Herr ...,*
>
> *wir danken Ihnen für die Zusendung Ihrer Bewerbungsunterlagen. Die weitere Bearbeitung wird einige Zeit in Anspruch nehmen. In etwa drei Wochen werden wir unaufgefordert wieder auf Sie zukommen. Bis dahin bitten wir Sie um etwas Geduld.*
>
> *Mit freundlichen Grüßen*

Wichtig ist eine zuvorkommende Behandlung der Bewerber. Die Bewerber haben sich wahrscheinlich bei der Erstellung ihrer Bewerbungsunterlagen sehr bemüht. Sie können daher auch erwarten, dass auf der anderen Seite sorgfältig mit ihren Unterlagen umgegangen wird, dass der Datenschutz gewährleistet wird und dass die Unterlagen ggf. zurückgeschickt werden etc. Durch eine solche Behandlung wird der Ruf des Unternehmens verbessert, was nicht zuletzt deshalb von Bedeutung ist, weil jeder Bewerber auch ein potenzieller Kunde ist.

Aufgabe 7:

- Inseratskosten;
- Zeitaufwand für die Sichtung und Sortierung der Bewerbungsunterlagen;
- Zeitaufwand für die Auswahl geeigneter Kandidaten;
- Zeitaufwand für die Durchführung und Auswertung der Einstellungsinterviews;
- Fahrt-, Übernachtungs- und Verpflegungskosten der eingeladenen Bewerber;
- Zeitaufwand für den Entscheidungsprozess der beteiligten Personen;
- Kosten für die ärztliche Untersuchung;
- Telefonkosten, Porti, Schriftwechsel;
- Vertragserstellung;
- Kosten für Werksausweise, Informationsmaterial, Dienstkleidung;
- Einarbeitung des neuen Mitarbeiters (= Zeitaufwand für den Paten und andere Beteiligte);
- Gehaltszahlungen ohne entsprechende Gegenleistung in der Einarbeitungsphase;
- Schulung des neuen Mitarbeiters.

Insgesamt schwanken die Angaben zu den Kosten in der Literatur zwischen ca. 7.000,00 EUR für die Einstellung eines kaufmännischen Angestellten und bis zu 25.000,00 EUR für spezielle Mitarbeiter wie z. B. Produktionstechniker, Ingenieure oder Abteilungsleiter. Bei einer Fehlentscheidung fallen die Kosten evtl. ein zweites Mal an. Darüber hinaus können innerbetriebliche Spannungen auftreten. Daher sollte der Personalauswahlprozess immer mit größtmöglicher Sorgfalt durchgeführt werden.

Aufgabe 8:
- Plan für den ersten Tag:
    - Information des Pförtners oder der Anmeldung;
    - Abholung des Mitarbeiters durch die Personalabteilung;
    - Austausch von Unterlagen;
    - Besprechung der weiteren Vorgehensweise (vor allem für die erste Woche);
    - Vorstellung des Paten oder Vorgesetzten;
    - Übergabe des Arbeitsplatzes;
    - Vorstellung der direkten Kollegen;
    - Führung durch die Sozialräume (z. B. Kantine, Toiletten).
- Plan für den zweiten bis fünften Tag:
    - Einführungsveranstaltung;
    - Bekanntmachung mit den Unfallverhütungsvorschriften nach § 81 BetrVG;
    - Vertrautmachen mit dem Arbeitsplatz (z. B. Telefonregelung, Computeranmeldung, Archivierung von Daten);
    - Übergabe von ersten Aufgaben;
    - Aufgaben der unmittelbaren Kollegen aufzeigen;
    - Vorstellung weiterer Personen (z. B. Betriebsrat, Betriebsleitung);
    - Betriebsbegehung (evtl. in mehreren Abschnitten).

Generell sollte die Gesprächsbereitschaft der Kollegen und Vorgesetzten signalisiert werden. Ein erstes Feedback sollte nach der ersten oder zweiten Woche erfolgen. Hierbei sollte auch nach Anregungen und Wünschen des neuen Mitarbeiters gefragt werden.

Aufgabe 9:
a) vgl. Kapitel 10.5.3: Praxisbeispiel Personalbeschaffungsprozess
b)
- Organisatorische Eingliederung eines neuen Mitarbeiters
- Kündigung eines Mitarbeiters
- monatliche Lohn- und Gehaltsabrechnungen
- Versetzung eines Mitarbeiters
- Schwangerschaft einer Mitarbeiterin

Aufgabe 10:

a) Der Betriebsrat wird sich auf § 99, Abs. 2 Nr. 6 BetrVG berufen. Er hat wahrscheinlich die Befürchtung, dass der Betriebsfrieden durch den neuen Mitarbeiter gestört wird.

b) Der Arbeitgeber kann gemäß § 99 Abs. 4 BetrVG beim Arbeitsgericht beantragen, die Zustimmung zu ersetzen. Gemäß § 100 BetrVG kann er den neuen Mitarbeiter vorläufig beschäftigen. Darüber muss er den Betriebsrat jedoch unverzüglich unterrichten. Vor dem Arbeitsgericht dürften die Chancen des Arbeitgebers gut stehen, da ein Ausschluss von Konkurrenten keiner Gewerkschaft zusteht.

Aufgabe 11:

a)

Organisatorische Informationen	Arbeitsplatzbezogene Informationen
■ Aufbau des Unternehmens (Stellenplan) ■ Stellung des Mitarbeiters ■ Organisationsbeziehungen des Arbeitsplatzes (Abläufe, Kurzzeichen) ■ Betriebsordnung	■ Einarbeitungsplan ■ Stellenbeschreibung ■ Sicherheitseinrichtungen und Unfallverhütungsvorschriften ■ Vollmachten ■ Vertretungsregelungen

b) Es werden die folgenden Kompetenzen gefördert:
- ■ Fachkompetenz;
- ■ Methodenkonferenz;
- ■ Sozialkompetenz.

Aufgabe 12:

a) Die Vorteile eines ACs sind:
- ■ eine höhere Objektivität (Mehrfachbeurteilung, Trennung von Beobachtung und Bewertung);
- ■ eine stärkere Effektivität;
- ■ die Simulation einer authentischen Situation;

b) Die Beurteiler der AC-Bewerber sollten zum einen aus dem Bereich des Personalressorts und zum anderen aus eben jenem Bereich, in dem der spätere Mitarbeiter eingesetzt werden soll, kommen. Zudem ist es wichtig, dass die eingesetzten Beobachter über ausreichend Fachwissen verfügen. Dies sollte über entsprechende Schulungen vermittelt werden.

c) An einem AC sollten mindestens sechs, aber nicht mehr als zehn Bewerber teilnehmen. Eine zu geringe Zahl verringert die Effizienz sowie die Ausschöpfung der dem AC innewohnenden methodischen Möglichkeiten (z. B. Gruppendiskussion, Rollenspiele). Eine zu hohe Zahl an Teilnehmern führt zu einer unverhältnismäßigen Zeitdauer, zu Organisationsschwierigkeiten und zu einer Überforderung der Beobachter.

11.4 Lösungen und Lösungsvorschläge zu Kapitel 4

Aufgabe 1:

Das Betriebsklima wird insbesondere durch die folgenden Faktoren beeinflusst:
- durch die Mitarbeiter selbst (z. B. Teamfähigkeit, Leistungsbereitschaft);
- durch die Vorgesetzten (z. B. Menschenbild, Menschenkenntnis, Ausbildung in Fragen der Führung);
- durch die Organisation (z. B. Aufgabenverteilung, Kompetenzabgrenzung, Anpassung der Organisationsstrukturen an die Aufgaben);
- durch die Arbeitsbedingungen (z. B. Einrichtung der Arbeitsplätze, Ergonomie, soziale Einrichtungen);
- durch die sozialen Beziehungen (z. B. Gemeinsamkeiten, Informationsaustausch, Bildung von Teil- und Untergruppen).

Aufgabe 2:

Projektleiter arbeiten in der Regel an einem zeitlich begrenzten Projekt. Während dieser Zeit steht das Erreichen des festgelegten Ziels im Vordergrund. Die Aufgabe des Projektleiters ist es, die Arbeiten, die mit dem Projekt in einem Zusammenhang stehen, zu strukturieren, Teilaufgaben an die Projektgruppenmitglieder zu delegieren und die vereinbarten Termine zu überwachen.

Abteilungsleiter haben die Aufgabe, ihre Mitarbeiter langfristig zu fördern. Der Abteilungsleiter delegiert ebenfalls Aufgaben an seine Mitarbeiter, hat dabei aber verstärkt die zukünftigen Aufgaben sowie die Abteilungsstrukturen im Blick zu behalten. Wichtig ist auch, dass die in der jeweiligen Abteilung zu erledigenden Aufgaben von ihm gerecht verteilt werden. Ein besonderes Augenmerk liegt zudem in der langfristigen Förderung der sozialen Kompetenz seiner Mitarbeiter.

Aufgabe 3:

Mitarbeiterinformation	
Mündliche Information	**Schriftliche Information**
- Mitarbeitergespräch - Dienstbesprechungen - Abteilungs- oder Gruppenleiterbesprechungen - Besprechung mit dem Betriebsrat - Betriebsversammlung - Bildung von Ausschüssen	- Intranet - Persönliche Schreiben - Aushang am schwarzen Brett - Rundschreiben - Werkszeitschrift - Firmenbroschüren

Aufgabe 4:

a) Die Entwicklung einer Führungskultur ist primär für die folgenden Mitarbeitergruppen relevant:
- Unternehmensleitung;
- Vorgesetzte;
- Betriebsrat.

b) Eine Führungskultur beinhaltet in erster Linie die Formulierung und Befolgung von Führungsleitlinien. Wichtige Aspekte von Führungsleitlinien sind:
- Mitarbeitermotivation;
- Identifikation mit dem Unternehmen;
- Aufgabenorganisation (inkl. Ergebniskontrolle);
- Kommunikation;
- Förderung der Mitarbeiter;
- Verantwortung der Mitarbeiter.

Führungsleitlinien haben eine Koordinierungsfunktion, indem sie die Werte des Unternehmens dokumentieren. Dadurch werden die Führungsaufgaben der unter 4 a) genannten Mitarbeitergruppen erleichtert.

c) Die Führungskultur kann durch praxisorientierte Trainings (z. B. Rollenspielübungen) sowie durch Coaching des Vorgesetzten erlernt werden. Voraussetzung für eine erfolgreiche Implementierung der Führungsleitlinien ist darüber hinaus, dass an ihrer Entwicklung und Verabschiedung ein breites Spektrum eben jener Mitarbeitergruppen beteiligt ist, die eine spätere Umsetzung gewährleisten sollen.

d) Eine gute Unternehmenskultur bringt die folgenden Vorteile mit sich:
- eine hohe Leistungsbereitschaft der Mitarbeiter;
- eine ausgeprägte Loyalität zum und Identifikation mit dem Unternehmen;
- ein hohes Maß an Zufriedenheit der Mitarbeiter.

Aufgabe 5:

a)
- Qualifikation der Mitarbeiter,
- Betriebsklima,
- Kontrolle der Arbeitsergebnisse,
- Delegation von Verantwortung,
- Form der Übertragung von Aufgaben,
- Informationsweitergabe …

b) Management by Objectives
Kritik:
- zeitaufwendiges Verfahren,
- Neigung der Mitarbeiter zu niedrigen Zielen,
- Tendenz, messbare Ziele zu vereinbaren,
- Zielkonflikte zwischen Mitarbeitern und Abteilungen …

Aufgabe 6:

Mission, Vision, Werte und Strategien.

Aufgabe 7:

Ein Unternehmen bekennt sich offiziell im Sinne der UN dazu, soziale Verantwortung wahrzunehmen.

Aufgabe 8:

Die Einführung eines Management Manuals bringt die folgenden Vorteile mit sich:
- klare Rahmenbedingungen;
- mehr Transparenz;
- mehr Gerechtigkeit;
- weniger Diskussionsbedarf;
- Entlastung des Vorgesetzten;
- Kostenreduktion.

11.5 Lösungen und Lösungsvorschläge zu Kapitel 5

Aufgabe 1:

Individuell zu lösen. Mögliche Lösungen sind:

(1)

Persönliche Kompetenzen	Fachliche Kompetenzen
- Zusammenarbeit: Verhalten gegenüber Vorgesetzen, Mitarbeitern, Kollegen - Persönlichkeit: Auftreten, Erscheinungsbild, Umgangsformen, Ausdrucksvermögen, - Teamfähigkeit: Zusammenarbeit mit Mitarbeitern und anderen Auszubildenden	- Arbeitsleistung: Arbeitsmenge, Arbeitstempo, Arbeitsqualität - Arbeitsverhalten: Arbeitsplanung, Einbringen von Kenntnissen und Fertigkeiten - Einsatz geeigneter Arbeitsmethoden, Systematisierung

(2)

FACHLICH	Kenntnisse	■ EDV-Wissen ■ Aktuelle Entwicklungen ■ Fachwissen ■ Rechtliche Grundlagen ■ Aktuelle Trends
	Fähigkeiten	■ Teamfähigkeit ■ Kommunikationsfähigkeit ■ Sozialkompetenz ■ Aufgeschlossenheit gegenüber Neuem ■ Geistige Flexibilität
PERSÖNLICH	Eigenschaften	■ Pflichtauffassung ■ Grundeinstellung ■ Zeitmanagement ■ Einsatzbereitschaft ■ Belastbarkeit ■ Stressbewältigung
	Begabung	■ Kreativität ■ Auffassungsgabe

Aufgabe 2:

a) Damit ein Beurteilungsbogen nicht abgelehnt wird, sollte er gemeinsam von den Beteiligten entwickelt werden. In diesem Beispiel bedeutet das, dass mindestens ein Mitglied der Führungskräfte, ein bis zwei Mitarbeiter (z. B. stellvertretend für Angestellte und gewerbliche Arbeitnehmer) und ein Mitglied des Betriebsrates gemeinsam mit dem Personalreferenten den Bogen entwickeln und nach Möglichkeit der Belegschaft vorstellen sollten.

b) Der Betriebsrat hat ein Mitbestimmungsrecht bei der Aufstellung von Beurteilungsgrundsätzen, d. h., ohne seine Zustimmung kommt keine Entscheidung zustande.

c) Das Unternehmen muss sicherstellen, dass alle Führungskräfte das Gleiche unter den Kriterien verstehen und sie gleichermaßen handhaben (Einheitlichkeit der Führung). Dies ist am einfachsten durch Schulungen/Seminare zu erreichen. Zusätzlich sollte nach Durchführung der ersten Beurteilungsrunden eine statistische Auswertung erfolgen und mit den Beurteilern auf mögliche Schwachstellen untersucht werden.

d) ■ Halo-Effekt: Der Beurteiler schließt von einer Situation auf die gesamte Arbeitsweise.
  ■ Tendenz zur Mitte: Der Beurteiler möchte niemandem schaden und wählt den Mittelweg.

- Meinungsbeeinflussung durch Dritte: Der Beurteiler kennt den Mitarbeiter zu wenig und verlässt sich auf Hörensagen.
- Subjektivität: Der Beurteiler hält sich nicht an Fakten, sondern bewertet eher intuitiv.

Aufgabe 3:

Fachkompetenz	Kenntnisse und Fertigkeiten im Beruf	■ Arbeitsmenge ■ Arbeitsgüte
Methoden- kompetenz	Fähigkeit, verschiedene Arbeitsmethoden zu beherrschen und sinnvoll einzusetzen, auch bei sich ändernden Bedingungen	■ Strukturierung der Arbeit ■ Einsatz geeigneter Methoden
Sozialkompetenz	Fähigkeit, in vielfältiger Form mit anderen zusammenzuarbeiten	■ Teamfähigkeit ■ Kooperationsbereitschaft
Persönliche Kompetenz	Fähigkeit mit den eigenen Stärken und Schwächen umzugehen	■ Pünktlichkeit ■ Ausdrucksvermögen

Aufgabe 4:

Während Beurteilungsgespräche lange Zeit im Wesentlichen vergangenheitsbezogen waren, werden sie mittlerweile verstärkt als Instrument dazu genutzt, zusammen mit dem Mitarbeiter zukunftsorientierte Ziele zu entwickeln. Dabei kann es sich sowohl um persönliche Ziele für den Mitarbeiter als auch um stellen- bzw. unternehmensbezogene Ziele handeln.

Nur durch das Feedback wird es dem Mitarbeiter möglich sein, seine Verhaltensweisen gegebenenfalls zu ändern und verabredete Ziele zu erreichen. Auch hat das Feedback eine Klärungsfunktion dahingehend, ob es unterschiedliche Ansichten über die Hauptaufgabenbereiche und die Ausrichtung einer Stelle gibt (z. B. weil die Stellenbeschreibung veraltet ist).

Aufgabe 5:

Meinungsunterschiede zwischen Beurteiler und Beurteiltem sind in der Regel auf folgende Ursachen zurückzuführen:

- **Subjektivität der Wahrnehmung:** Beurteiler und Beurteilter nehmen die Wirklichkeit unterschiedlich wahr und konzentrieren sich bei ihrer (Selbst)-Beurteilung nicht auf die Fakten.
- **Akzeptanzprobleme:** Der Beurteilte akzeptiert den beurteilenden Vorgesetzten nicht als Beurteilungsinstanz.

Aufgabe 6:

a) ■ Mögliche Reaktionen bei Herrn Meier: Resignation, Unsicherheit, Aggression, Uneinsichtigkeit, Rechtfertigung etc. Bei wiederholter Kritik droht Gefahr der inneren Kündigung.

- Mögliche Reaktionen bei den Kollegen: Solidarisierung mit Herrn Meier, die zu Problemen für den Meister führen könnten, oder Solidarisierung mit dem Meister (Isolation des Herrn Meier).

b) 1. Vorbereitung: Ort, Zeit, Strategie, Benachrichtigung des Mitarbeiters
   2. Sichtweise des Unternehmens schildern
   3. Stellungnahme des Mitarbeiters
   4. Suche nach Ursachen und Lösungsalternativen
   5. Festlegung der Maßnahmen
   6. Schriftliche Fixierung
   7. Positiver Abschluss des Gesprächs

Aufgabe 7:

a) Der beurteilte Vorgesetzte ist ebenso wie seine Mitarbeiter auf ein konstruktives Feedback hinsichtlich seines alltäglichen Schaffens an seinem Arbeitsplatz angewiesen. Eine sorgfältig durchgeführte Vorgesetztenbeurteilung ermöglicht es ihm, Verständnis für die Perspektive seiner Mitarbeiter zu gewinnen, die Kommunikation mit seinen Mitarbeitern zu verbessern und seine Performance insgesamt zu optimieren.

b) Dem Mitarbeiter bietet sich die Möglichkeit, unter Wahrung seiner Anonymität konstruktive Kritik an seinem Vorgesetzten zu üben. Zudem geht mit einer konsequenten Durchführung der Vorgesetztenbeurteilung auch die konkrete Umsetzung von Optimierungsmaßnahmen einher, sodass sich der beurteilende Mitarbeiter auch spürbare Ergebnisse, z. B. in Form einer verstärkt kooperativen Führung durch den Vorgesetzten, erhoffen darf.

c) Die Geschäftsführung gewinnt mit den Ergebnissen der Vorgesetztenbeurteilung eine vergleichsweise objektive Informationsquelle hinsichtlich des Führungsprofils ihrer leitenden Angestellten. Dadurch wird der gegebenenfalls einseitige Informationsfluss zwischen leitenden Angestellten und Geschäftsführung durchbrochen und um die Sichtweise der Angestellten und Arbeiter ergänzt. Dies kann z. B. dazu führen, dass die Ursache für evtl. aufgetretene Probleme in einer bestimmten Abteilung des Unternehmens objektiviert und die Probleme somit besser gelöst werden können.

Aufgabe 8:

Der Fragebogen sollte nach den folgenden Kriterien entwickelt werden:
- Entwicklung von sachorientierten, deskriptiven und eindeutigen Fragen (Vermeidung von Emotionalisierung und Reduktion von Komplexität);
- Konzentration auf Kernbereiche;
- ausdifferenzierte Bewertungsmöglichkeiten (z. B. auf einer numerischen Skala mit Werten von eins bis fünf);
- Wahrung der Anonymität.

11.6 Lösungen und Lösungsvorschläge zu Kapitel 6

Aufgabe 1:
- Sicherung eines qualifizierten Berufsnachwuchses;
- stärkere Anbindung der Mitarbeiter an das Unternehmen;
- Verbesserung des Unternehmensimages am Arbeitsmarkt;
- Tempo des Wissenszuwachses: technischer Fortschritt;
- Veränderung der Anforderungsprofile von Aufgaben und Funktionen;
- selbst ausgebildetes Personal eignet sich für viele Positionen im Unternehmen, lange Einarbeitungszeiten externer Mitarbeiter sind kostenaufwendig.

Aufgabe 2:

a)
- Unabhängigkeit vom Arbeitsmarkt;
- Schritt halten mit dem technischen Fortschritt;
- Mitarbeiter für neue/künftige Aufgaben vorbereiten.

b) Bedarf ermitteln:
- Angebote einholen oder eigene Trainingskonzepte entwickeln;
- Mitarbeiter auswählen, die Auswahl unterstützen;
- Bildungscontrolling: Soll-Ist-Vergleiche;
- Transfer überprüfen.

c) Folgende Situationen können Anlass zu Personalentwicklungsmaßnahmen sein:
- Umsetzung von Mitarbeitern;
- Anschaffung neuer Geräte/Maschinen/Produktionsanlagen;
- Einsatz neuer Software;
- hohe Ausschussquote;
- Probleme bei der Termineinhaltung;
- Mängel bei der Arbeitsausführung;
- Wünsche von Mitarbeitern/Vorgesetzten;
- neue gesetzliche Vorschriften.

d)
- Motivationssteigerung;
- Entwicklung eigener neuer Ideen;
- Nachdenken über den eigenen Arbeitsplatz;
- Verbesserungen;
- Gefühle, in einem zukunftsorientierten Unternehmen zu arbeiten;
- Erweiterung des Horizonts.

Aufgabe 3:

Bildungsurlaub wird vom Arbeitnehmer zum Zwecke der beruflichen oder staatsbürgerlich-politischen Bildung beantragt. Der Anspruch auf bezahlten Bildungsurlaub ist in mehreren Landesgesetzen geregelt.

Personalentwicklungsmaßnahmen können zwar vom Arbeitnehmer angeregt werden, die Entscheidung über die Teilnahme an einer solchen Maßnahme liegt jedoch beim Arbeitgeber. Gesetzliche Regelungen gibt es nicht.

Aufgabe 4:

Bei den möglichen Inhalten der Personalentwicklung „out-of-the-job" ist nach zwei Personengruppen zu unterscheiden:

1. Mitarbeiter, die während des Berufslebens ausscheiden:
   - Hilfe bei der Neuorientierung;
   - Abbau von Frustration;
   - Aufzeigen von Stärken, Schwächen und Perspektiven;
   - Hilfe bei Bewerbungen;
   - Hilfe bei Behördenangelegenheiten (z. B. Arbeitsagentur, PSA).

2. Mitarbeiter, die am Ende ihres Berufslebens ausscheiden:
   - Gestaltung des Übergangs Berufsleben – Ruhestand;
   - Anregung neuer Interessen;
   - Gesundheitsfürsorge;
   - Akzeptanz der neuen Lebensphase schaffen;
   - Hilfe bei Behördenangelegenheiten (z. B. Rente).

Aufgabe 5:

a) Um ein Feedback zu bekommen, bieten sich zum einen persönliche Gespräche mit den Teilnehmern im Anschluss an die Personalentwicklungsmaßnahme und zum anderen die Konzeption eines Fragebogens an.

b) Sowohl im persönlichen Gespräch als auch in einem Fragebogen sollten folgende Inhalte erfragt werden:
   - Lernatmosphäre;
   - Anzahl der Teilnehmer;
   - räumliche und technische Voraussetzungen;
   - Medieneinsatz;
   - Bewertung der Inhalte;
   - Bewertung des Unterrichtsmaterials;
   - Umsetzung der Inhalte am Arbeitsplatz;
   - Möglichkeit zur Mitarbeit;
   - Fachkompetenz des Referenten;
   - Unterrichtsstil des Referenten;
   - Wünsche/Anregungen/Anmerkungen.

11 LÖSUNGEN UND LÖSUNGSVORSCHLÄGE

Aufgabe 6:

a) Ein Traineeprogramm sollte sowohl aus einem Training-on-the-job als auch aus einem Training-off-the-job bestehen.

Beim Training-on-the-job werden unter der Anleitung und Beratung des jeweiligen Fachvorgesetzten an den Trainee konkrete Aufgaben delegiert. Auch nimmt der Trainee an Entscheidungsvorbereitungen teil. Der Trainee gewinnt dabei nicht nur einen Einblick in die betriebliche Praxis, sondern er gestaltet diese explizit mit.

Beim Training-off-the-job werden die betrieblichen Erfahrungen um die Vermittlung jener Wissensbereiche ergänzt, die eine potenzielle Führungskraft haben muss (z. B. rechtliche Rahmenbedingungen, Grundsätze der Mitarbeiterführung). In der Regel erfolgt dieses Training in Form von Seminaren.

b) Die Vorteile aus der Sicht des Unternehmens sind darin zu sehen, dass der Trainee zu einem relativ frühen Zeitpunkt auf verantwortungsbewusste Weise ihm übertragene Aufgaben erledigt. Durch diesen frühen Praxisbezug wird das Einarbeitungsstadium verkürzt, sodass die Effizienzphase eher erreicht wird.

c) Die Vorteile für den Trainee stehen spiegelbildlich zu den Vorteilen des Unternehmens: Der enge Praxisbezug beim Training-on-the-job verhindert einen späteren „Praxisschock". Die Ausübung relevanter Aufgaben und die Einbindung in Entscheidungsfindungsprozesse wirken motivierend, was sich wiederum positiv auf die Leistungsfähigkeit auswirkt. Mit einem parallel durchgeführten Training-off-the-job gewinnt der Trainee zudem wertvolle Einblicke in jene Wissensbereiche, die für eine spätere Ausübung von Führungsaufgaben wesentlich sind.

Aufgabe 7:

a) Die Vorteile aus der Sicht des Unternehmens sind:
- Mitarbeiterbindung anstatt Fluktuation bzw. innerer Kündigung (High Potenzials werden im Unternehmen gehalten);
- größere Attraktivität des Unternehmens für kompetente Experten;
- Entwicklung und optimale Nutzung von Expertenwissen.

b) Die Vorteile aus der Sicht der Entwicklungskandidaten sind darin zu sehen, dass sie eine klare Perspektive im Hinblick auf ihre unternehmensinterne Laufbahnentwicklung aufgezeigt bekommen und somit wissen, was sie mit einer engagierten Mitarbeit erreichen können. Zudem können sich die Experten in ihrem Arbeitsbereich voll entfalten.

Aufgabe 8:

Eine Auswahl geeigneter Kandidaten sollte durch ein AC oder durch einen Potenzialworkshop erfolgen.

Das AC ist ein systematisches, anforderungs- und verhaltensbezogenes Verfahren zur objektivierten Beurteilung möglicher Kandidaten in Seminarform. Im AC können unterschiedliche Methoden zum Einsatz kommen (z. B. Rollenspiele, Postkorbübungen,

Fallstudien, Präsentationen). Ein geschultes Beobachterteam beurteilt abschließend die Teilnehmer (in der Regel zwischen 6–12 Kandidaten).

Der Potenzialworkshop ist eine Variation des ACs, wobei ein besonderes Gewicht darauf gelegt wird, herauszufinden, inwiefern das spezielle Anforderungsprofil der Fach- bzw. Führungsposition mit dem Kompetenzprofil des Kandidaten harmonisiert (z. B. Führungskompetenz).

Aufgabe 9:

aa) Die Vorteile einer Personalentwicklungsmaßnahme für un- bzw. angelernte Mitarbeiter in dem Produktionsbereich liegen aus Sicht des Unternehmens in der verstärkten Motivation der Mitarbeiter und der Steigerung ihres Leistungspotenzials. Dadurch können Arbeitskosten gesenkt und Produktivitätsfortschritte erzielt werden. Zudem ist das Unternehmen weniger von der konkreten Arbeitsmarktsituation abhängig. Schließlich können bereits höher qualifizierte Arbeitskräfte durch die zusätzlich qualifizierten Mitarbeiter entlastet werden.

ab) Aus der Sicht der von der Qualifizierungsmaßnahme betroffenen Mitarbeiter bestehen die Vorteile darin, aufgrund ihrer Weiterqualifizierung die Voraussetzungen für eine Übernahme neuer, anspruchsvollerer Aufgaben und für einen beruflichen Aufstieg zu schaffen. Daraus können wiederum ein höheres Einkommen, ein größeres Sozialprestige sowie eine größere Zufriedenheit am Arbeitsplatz resultieren. Zudem geht mit der Erhöhung der fachlichen Qualifikation die Sicherung des eigenen Arbeitsplatzes einher.

b) Die möglichen Nachteile können folgende sein:
- Die von der Entwicklungsmaßnahme betroffenen Mitarbeiter sind überfordert. Die Teilnahme am Entwicklungsprozess kann zum Frustrationserlebnis werden.
- In einer Teilnehmergruppe, die sehr unterschiedliche Lernvoraussetzungen mitbringt, können soziale Spannungen entstehen.
- Nicht beteiligte un- bzw. angelernte Kollegen gönnen den Teilnehmern evtl. die erfolgreiche Teilnahme an der Entwicklungsmaßnahme nicht.
- Mitarbeiter, die die höher qualifizierte Tätigkeit, die die an der Maßnahme Beteiligten anstreben, aufgrund einer vermeintlich höherwertigen Ausbildung absolvieren, fürchten womöglich einen verstärkten Konkurrenzdruck.

c) Zur Lösung dieser Aufgabe gilt es, die zuvor herausgestellten Vor- und Nachteile sorgfältig abzuwägen und auf dieser Basis zu einer begründeten Stellungnahme zu kommen. Inwiefern die angesprochene Personalentwicklungsmaßnahme durchgeführt werden soll, ist individuell zu entscheiden. Jedoch sollte berücksichtigt werden, dass durch die Schaffung entsprechender Rahmenbedingungen (z. B. durch die Schulung der Betreuer, durch didaktisch-methodische Differenzierung etc.) der Erfolg einer solchen Maßnahme durchaus beeinflusst werden kann und die möglichen Nachteile somit nicht zwangsläufig auftreten müssen.

11.7 Lösungen und Lösungsvorschläge zu Kapitel 7

Aufgabe 1:

a)
- Mitarbeiter;
- Geschäftsleitung;
- Betriebsrat;
- evtl. Gewerkschaft;
- Behörden/Institutionen: Sozialversicherungsträger, Finanzamt, Banken usw.

b)
- Interne Stellenausschreibungen;
- Urlaubsanträge;
- Anträge auf Gewährung von Sonderurlaub;
- Bescheinigungswesen;
- Änderungen der persönlichen Daten (z. B. neue Adresse);
- Seminarprogramm/Anmeldungen;
- „Meckerkasten";
- Schwarzes Brett: Bekanntmachen wichtiger Informationen.

Aufgabe 2:

a) Die Höhe des Festgehalts sollte sich bestimmen durch
- den Umfang,
- die Qualifikationsvoraussetzungen,
- die Komplexität und
- den Verantwortungsgrad

der zu bearbeitenden Aufgaben.

b) Folgende Kriterien sollten herangezogen werden:
- Ausbildung;
- Kenntnis aktueller Programme;
- Anzahl der Programme;
- Datenbankverwaltung;
- Einführung neuer Software;
- Umfang des Leistungsspektrums;
- Programmiertätigkeiten;
- Netzbetreuungstätigkeiten.

Aufgabe 3:

a) Unter Personalzusatzkosten versteht man alle Aufwendungen, die der Arbeitgeber tragen muss, ohne dafür eine unmittelbare Arbeitsleistung zu erhalten.

b)

Personalzusatzkosten		
gesetzliche	tarifliche	freiwillige
▪ Sozialversicherungsbeiträge ▪ Urlaubsentgelt ▪ Feiertagsbezahlung ▪ Entgeltfortzahlung ▪ …	▪ Urlaubsgeld ▪ Weihnachtsgeld ▪ vermögenswirksame Leistungen ▪ Sonderurlaub ▪ …	▪ Fahrtkostenzuschuss ▪ Erfolgsbeteiligungen ▪ Betriebliche Altersversorgung ▪ …

c) ▪ Rentenversicherung, Arbeitslosenversicherung, Krankenversicherung, Pflegeversicherung (zusammen mit dem Arbeitgeber);
- ▪ Lohnsteuer, Solidaritätszuschlag, Kirchensteuer (nur bei Kirchenzugehörigkeit).

d) Die Beitragssätze für die Renten- und Arbeitslosenversicherung werden durch Verordnungen des Bundesministeriums für Gesundheit und Soziale Sicherung festgelegt. Für das Jahr 2010 gelten für die Sozialversicherung folgende Beitragssätze (in Prozent vom Bruttolohn bzw. -gehalt):
- ▪ Krankenversicherung: 14,9 % einschließlich Sonderbeitrag vom Arbeitnehmer für Zahnersatz und Krankengeld: 0,9 %;
- ▪ Rentenversicherung: 19,9 %;
- ▪ Pflegeversicherung: 1,95 % (Ausnahme: Sachsen); Sonderbeitrag von kinderlosen Arbeitnehmern: 0,25 %;
- ▪ Arbeitslosenversicherung: 2,8 %, ab 01. 01. 2011: 3,0 %.

Die Höchstbeiträge sind durch die sogenannten Beitragsbemessungsgrenzen festgelegt. In der Renten- und Arbeitslosenversicherung beträgt die Beitragsbemessungsgrenze im Jahr 2010 monatlich 5.500,00 EUR (alte Bundesländer) bzw. 4.650,00 EUR (neue Bundesländer). Die Beitragsbemessungsgrenze in der Kranken- und Pflegeversicherung beläuft sich in ganz Deutschland auf monatlich 3.750,00 EUR. Die Versicherungspflichtgrenze liegt bei 4.162,50 EUR. Um die Aktualität dieser Werte zu überprüfen, empfiehlt sich eine Internetrecherche.

Aufgabe 4:

- ▪ Zugangskontrolle: Sicherungszonen, Zutritt nach Ausweis-Kontrolle;
- ▪ Abgangskontrolle: Mitnahme von Datenträgern verhindern;
- ▪ Benutzerkontrolle: Benutzerkennung, Terminalschlüssel;
- ▪ Zugriffskontrolle: Dateipasswörter, Berechtigungen nur auf bestimmten Terminals;
- ▪ Speicherkontrolle: Benutzerpasswort;
- ▪ Eingabekontrolle: Eingabeprotokolle, Terminaljournale;
- ▪ Organisationskontrolle: eindeutige Aufgabentrennungen, Aufklärung über das BDSG und die Folgen.

Aufgabe 5:

Lösung ist abhängig vom aktuellen Stand der Diskussion.

Aufgabe 6:

a) ■ Arbeitstunden pro Mitarbeiter,
- ■ Fluktuationsrate,
- ■ Fehlzeitenquote,
- ■ Weiterbildungsaufwand je Mitarbeiter …

b) Erkennen aktueller Entwicklungen, Möglichkeit zu rechtzeitigen Reaktionen, Planungsgrundlage

c) Unter Benchmarking versteht man den Vergleich von Kennziffern der besten Unternehmen der gleichen Branche oder sogar einer fremden Branche, um die eigene Position besser einschätzen zu können und Verbesserungspotenzial zu erkennen.

Beispiele für Anwendungsbereiche im Personalwesen:
- ■ Lohnsumme pro Mitarbeiter;
- ■ Aufwand für freiwillige Sozialleistungen;
- ■ Verhältnis Mitarbeiter/Umsatz;
- ■ Anzahl der Mitarbeiter in der Personalabteilung (Benchmark: 1 bis 2 % der Beschäftigten).

Aufgabe 7:

a) ■ Sozialleistungen;
- ■ Führungsverhalten;
- ■ Beurteilung des Arbeitsumfelds – Zufriedenheit mit den Arbeitsbedingungen;
- ■ Beurteilung der Leistungen des Personalbereichs;
- ■ Abstimmung über mögliche Arbeitszeitmodelle …

b) ■ Erkennen von Schwachstellen;
- ■ Verbesserung von Strukturen;
- ■ Erhalten eines Meinungsbildes.

c) ■ Entwicklung unter Einbeziehung der Mitarbeiter;
- ■ Gewährleistung der Vertraulichkeit/Anonymität;
- ■ Transparenz, Vorstellen der Ergebnisse;
- ■ Umsetzung: Mitarbeiter sind nicht mehrfach bereit, an Befragungen teilzunehmen, wenn keine Konsequenzen seitens der Unternehmensleitung gezogen werden.

d) Beispiele:
- ■ Zusammenarbeit mit den Kollegen;
- ■ Zusammenarbeit mit den Vorgesetzten;

- Informationsweitergabe;
- Transparenz bei unternehmerischen Entscheidungen;
- Einbeziehen der Mitarbeiter;
- Bezahlung;
- Zufriedenheit mit den Arbeitsbedingungen;
- Wünsche der Mitarbeiter.

Aufgabe 8:

a) Die am besten geeignete Darstellungsform ist ein Balkendiagramm:

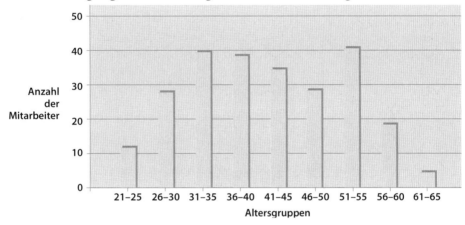

b) 10 % der Mitarbeiter werden in den nächsten Jahren ausscheiden bzw. Altersteilzeit beantragen. Die nachfolgende Gruppe der 51- bis 50-Jährigen ist die größte Gruppe des Unternehmens. Daraus folgt, dass man sich vor einer Überalterung der Belegschaft schützen muss. Bei den durchzuführenden Neueinstellungen sollten gezielt Mitarbeiter in einem Alter bis zu 30 Jahren gesucht werden. Darüber hinaus sollte die Motivation und die Bereitschaft zur Weiterentwicklung bei den älteren Mitarbeitern gefördert werden.

Aufgabe 9:

Für Fehlzeiten gibt es drei Hauptverursachungsbereiche, die geprüft werden sollten:

Arbeitsplatz	Vorgesetzte und Kollegen	Mitarbeiter selbst
Wie wird das Unternehmen und seine Leistungen bewertet, sind die Tätigkeiten interessant, wie sind die Arbeitsbedingungen etc.	Zusammenarbeit am Arbeitsplatz, Verhalten der Vorarbeiter, Zuverlässigkeit der Kollegen, Krankenstand der Kollegen etc.	Bekannte Krankheiten, persönliche Belastungen, Ausbildung, Alter etc.

11 Lösungen und Lösungsvorschläge

Aufgabe 10:

a) Mitarbeiter merken, dass ihre Fehlzeiten erfasst und bemerkt werden. Schon die Aufmerksamkeit kann dazu führen, das Kurzerkrankungen abnehmen.

b) S. Kapitel 7.6.3, S. 233 f.

c) - Verbesserung der Arbeitsbedingungen;
   - Verbesserung des Führungsverhaltens der Vorgesetzten (hierbei sind nicht nur Abteilungsleiter angesprochen, sondern auch Meister und Vorarbeiter, die im Betrieb oft die Anweisungen erteilen);
   - Umsetzen angedrohter Konsequenzen, bis hin zur Kündigung einzelner Mitarbeiter.

Aufgabe 11:

a) - Personalabrechnung: Dateneingabe (Stammdaten, Stunden, Urlaub, Krankheit etc.);
   - Personalplanung: Mitarbeiterstrukturanalysen;
   - Personalbetreuung: Bescheinigungswesen;
   - Personalentwicklung: Seminarverwaltung, Ausstellen von Ausbildungsverträgen.

b) Personaldaten sind streng vertraulich, d. h., sie könnten die Weitergabe oder den ungesicherten Umgang mit den Daten befürchten.

Aufgabe 12:

Das Arbeitszeitgesetz lässt eine Ausdehnung der Arbeitszeit bis auf 10 Stunden/Tag zu. Zusätzlich kann der Samstag als Werktag herangezogen werden.

Das Unternehmen könnte zunächst Standardprogramme schon in den Monaten März und April auf Lager fertigen. Anschließend könnte die Arbeitszeit erhöht und die anfallenden Überstunden auf einem Arbeitszeitkonto gesammelt werden. Diese Stunden könnten in den beschäftigungsschwachen Monaten abgebaut werden. Eine Möglichkeit wäre es z. B. jeden 2. Freitag nur mit halber Belegschaft zu arbeiten, während die anderen Mitarbeiter frei haben. Eine weitere Möglichkeit wäre der Abbau der Stunden zwischen Weihnachten und Silvester. Zusätzlich könnte den Mitarbeitern eine bestimmte Stundenzahl zur individuellen Verfügung eingeräumt werden.

Wichtig ist auch hier die Zusammenarbeit mit dem Betriebsrat, da die Lage der Arbeitszeit zu den mitbestimmungspflichtigen Regelungen gehört.

Aufgabe 13:

a) - Erhalten guter Arbeitskräfte, z. B. junger Mütter;
   - Personalreserve, z. B. kann bei Mehranfall von Arbeit evtl. die Stundenzahl kurzfristig erhöht werden;
   - leichtere Vertretung bei Urlaub oder Krankheit;
   - Mitarbeiter sind motivierter, wenn sich ihre eigene Lebensplanung leichter umsetzen lässt.

b) ■ finanzielle Einbußen;
■ oft keine Förderung durch den Arbeitgeber z. B. keine Weiterbildungen;
■ schlechtere Aufstiegschancen.

c) Gleichbehandlung von Vollzeitkräften und Teilzeitkräften.

Aufgabe 14:

Vorteile einer Flexibilisierung der Arbeitszeit	
Perspektive des Unternehmens [14 a)]	**Perspektive der Arbeitnehmer [14 b)]**
■ Effektivitäts- und Produktivitätssteigerung ■ Längere Betriebsnutzungszeiten ■ Vermeidung von Überstunden ■ Schnelleres Reagieren auf Nachfrageentwicklungen ■ Wettbewerbsvorteile	■ Mehr Freiraum ■ Harmonisierung von Arbeitszeit und Freizeit ■ Geringerer Krankenstand ■ Höhere Arbeitsmotivation

Aufgabe 15:

Arbeitszeitflexibilisierungen sind in allen Unternehmensbereichen denkbar und sinnvoll. Als Beispiele seien die Schichtarbeitszeit in der Produktion sowie die Gleitzeit für Angestellte und Auszubildende im kaufmännischen Innendienst genannt.

11.8 Lösungen und Lösungsvorschläge zu Kapitel 8

Aufgabe 1:

a) Betriebsfeste dienen in erster Linie der Förderung eines guten Betriebsklimas. Sie ermöglichen das Kennenlernen über Abteilungsgrenzen hinweg. Durch die Ausrichtung eines Betriebsfestes wird den Mitarbeitern zudem von der Geschäftsführung deren Wertschätzung demonstriert.

b) Es müssen folgende Entscheidungen im Vorfeld getroffen werden:
■ Wo und wann findet die Feier statt?
■ Wer darf an der Feier teilnehmen (Freunde, Kinder, Partner)?
■ In welchem Umfang und Rahmen soll gefeiert werden?
■ Sollen verdiente Mitarbeiter geehrt werden und wenn ja, in welcher Form?

Als Kosten fallen an: Raum- und Verpflegungskosten sowie sonstige Veranstaltungskosten (z. B. für Musik, Raumgestaltung und Geschenke); evtl. Kosten für den Arbeitsausfall.

Aufgabe 2:

1. Schritt: Analyse der bisherigen Sozialleistungen, kritische Überprüfung von Kosten/Nutzen, bisherige Betriebsvereinbarungen (rechtliche Situation) überprüfen.
2. Schritt: Meinungsbild der Mitarbeiter einholen, z. B. über eine Umfrage, dabei mit dem Betriebsrat zusammenarbeiten, um Spannungen zu vermeiden.
3. Schritt: Auswertung der Umfrage: Welche Sozialleistungen sind für die Mitarbeiter wichtig?
4. Schritt: Erarbeitung von Vorschlägen: z. B. Cafeteria-Modell, bei dem sich Mitarbeiter aus einem Angebot die passende Leistung auswählen können.

Aufgabe 3:

In großen Unternehmen sind die Mitarbeitervertretungen oft aktiver. Zusätzlich gibt es bei Kapitalgesellschaften Vertreter der Arbeitnehmer im Aufsichtsrat (Mitbestimmungsgesetz), die darüber wachen, dass die Mitarbeiter bei Entscheidungen stärker berücksichtigt werden.

Aufgabe 4:

a) Geschäftsleitung, Personalabteilung, Betriebsrat, gewählte Mitarbeiter aus einzelnen Abteilungen oder Belegschaftsgruppen; insgesamt ca. 5–7 Personen

b) ba)
- Anonyme Umfragebögen, die mit der monatlichen Abrechnung verteilt werden könnten.
- Intranetbefragung, wobei ein möglichst hoher Rücklauf initiiert werden müsste.
- mündliche Befragungen sind ebenfalls möglich, garantieren aber nicht immer objektive Ergebnisse.

bb) Sozialleistungen mit hoher Attraktivität sind: Jobtickets oder Fahrtkostenzuschüsse, Beiträge zur betrieblichen Altersversorgung, Kapitalbeteiligungen etc.

Aufgabe 5:

a) Erfolgsbeteiligung: zusätzliche Leistungen für den Arbeitnehmer, wenn das Unternehmen hohe Umsätze oder hohe Gewinne erwirtschaftet.

Kapitalbeteiligung: der Arbeitnehmer wird am Eigenkapital des Unternehmens beteiligt, ihm gehört ein Stück des Unternehmens. Diese Form des „Investivlohns" ist in den Vereinigten Staaten üblicher als bei uns. Sie wird aber auch hier derzeitig stärker diskutiert.

b) Verbundenheit mit dem Unternehmen, Kopplung von Unternehmenserfolg und Vermögensanstieg, da die Mitarbeiter den Erfolg erarbeitet haben, Vermögensaufbau in der Bevölkerung: Schere von arm und reich soll nicht weiter auseinandergehen.

	Arbeitnehmer	Arbeitgeber
Vorteile	Möglichkeit, Vermögen zu bilden	■ Motivierte Mitarbeiter ■ Bindung an das Unternehmen ■ evtl. steuerliche Vorteile ■ Möglichkeit zur Kapitalbeschaffung
Nachteile	Bei schlechten Entscheidungen der Unternehmensleitung/mangelndem Erfolg keine Beteiligung oder sogar Verluste, z. B. Telekom-Aktien.	■ Offenlegung von Zahlen und Daten ■ Attraktivität des Unternehmens sinkt in wirtschaftlich schlechten Situationen

11.9 Lösungen und Lösungsvorschläge zu Kapitel 9

Aufgabe 1:

Es empfiehlt sich die folgende Vorgehensweise:
- Durchführung von Abgangsinterviews;
- Auswertung von Austrittsfragebögen;
- Aufstellen einer Statistik zur Fluktuation nach Abteilung, Alter, Betriebszugehörigkeit;
- Vergleich mit anderen Unternehmenskennziffern (z. B. Lohnsumme, Produktivität);
- Mitarbeiterbefragung zur Zufriedenheit, Betriebsklimauntersuchung;
- Rücksprache mit dem Betriebsrat, gemeinsame Schwachstellenanalyse;
- Maßnahmen entwickeln und umsetzen;
- Überprüfung vorgenommener Änderungsmaßnahmen zu einem späteren Zeitpunkt.

Aufgabe 2:

Name	Betriebszugehörigkeit	Kündigungsdatum
Gabriele Fischer	1,5 Jahre	02.06. d. J. (4 Wochen)
Frank Müller	6 Jahre	30.04. d. J. (2 Monate, 1. Mai ist ein Feiertag)
Sandra Holland	9 Monate	02.06. d. J. (4 Wochen)
Gerhard Weber	28 Jahre	01.12. des Vorjahres (7 Monate)

Aufgabe 3:

a) Massenentlassung: Meldung an die Bundesagentur für Arbeit erforderlich

b) Bei der Auswahl der zu kündigenden Mitarbeiter muss berücksichtigt werden:
- Dauer der Betriebszugehörigkeit;
- Lebensalter;
- Unterhaltspflichten;
- besondere Schutzgesetze, z. B.: bei Schwerbehinderung, Schwangerschaft.

Bei spezieller Eignung, z. B. bei einem Betreuer des Netzwerks, ist es möglich, von den genannten Punkten abzuweichen.

c) §§ 111, 112 BetrVG

Der Betriebsrat kann die Vereinbarung eines Interessenausgleichs und die Aufstellung eines Sozialplans verlangen; s. Praxisbeispiel im Kap. 9.6.

d) Angst der Mitarbeiter vor dem Arbeitsplatzverlust verschlechtert das Betriebsklima. In den meisten Fällen tauchen viele Gerüchte auf. Kunden und Lieferanten werden verunsichert; die Lage verschlechtert sich dadurch noch mehr. Qualifizierte Mitarbeiter suchen sich eine neue Stelle.

Aufgabe 4:

a) Die Kündigung soll verhaltensbedingt aufgrund von Störungen im Leistungsbereich erfolgen. Mit der Abmahnung weist der Arbeitgeber nach, dass er den Mitarbeiter zu einer Verhaltensänderung aufgefordert hat.

b)
- Aufhebungsvertrag
- Kündigung: fristgerecht oder fristlos

In beiden Fällen ist die Schriftform erforderlich.

c) Zu einer fristlosen Kündigung ist dem Unternehmen nicht zu raten, da keine Störungen im Vertrauensbereich vorliegen. Außerdem hat Herr Schulz hervorragende fachliche Kenntnisse. Eine soziale Rechtfertigung liegt jedoch vor, da der Arbeitgeber eine Fürsorgepflicht gegenüber den anderen Mitarbeitern hat. Um einen langwierigen Arbeitsgerichtsprozess zu vermeiden, wäre der Aufhebungsvertrag die geeignete Lösung.

Aufgabe 5:

Abmahnung

Sehr geehrter Herr Schmidt,

vor drei Wochen haben Sie mit Frau Weber und Herrn Müller ein Gespräch über Ihr häufiges Erscheinen nach Arbeitsbeginn geführt. Trotzdem Sie uns eine Verbesserung zusicherten, kam es zu weiteren Verspätungen (Auflistung der Zeiten siehe Anlage).

> *Ihr Verhalten stellt einen Verstoß gegen Ihre arbeitsvertraglichen Verpflichtungen dar und wird von uns in dieser Form nicht akzeptiert.*
>
> *Wir bitten Sie dringend, sich ab sofort an Ihre arbeitsvertraglichen Verpflichtungen zu halten. Andernfalls sehen wir uns gezwungen, arbeitsrechtliche Schritte einzuleiten.*
>
> *Mit freundlichen Grüßen*

Aufgabe 6:

a) vgl. Kap. 9.7.4

b) Grundsatz der Wahrheit und des Wohlwollens
   Es bietet sich an, mit dem Mitarbeiter ein Gespräch über das Zeugnis zu führen, um kleinere Änderungen sofort aufzunehmen. Der Mitarbeiter kann auch Vorschläge bzgl. des Inhalts machen oder das Zeugnis selbst entwerfen.

Aufgabe 7:

Die Zeugnisformulierungen deuten auf folgende Unzulänglichkeiten hin:

- Allein das Interesse an der Arbeit zu zeigen, genügt nicht. Es stellt sich die Frage nach der erfolgreichen Umsetzung des gezeigten Interesses in konstruktive Arbeitsergebnisse.
- Die schnelle Erledigung der Arbeit ist scheinbar dadurch motiviert, sich dem Klatsch und Tratsch widmen zu können.
- Der Versuch der termingerechten Ausführung der aufgetragenen Arbeiten bedeutet hier, dass Frau Schmidt eben dies nicht immer geschafft hat.
- Die häufige Betonung des Fleißes lässt den Schluss zu, dass gerade dieser gefehlt haben könnte.
- Dass sie „eine gute kaufmännische Kraft sein kann", bedeutet hier, dass sie eben dies bislang nicht war.

Aufgabe 8:

a) Durchführung durch die Personalabteilung, Zusicherung der Anonymität

b)
- Erkennen von Schwachstellen, z. B. zu hohe Arbeitsbelastung,
  - schlecht organisierte Arbeitsabläufe,
  - Probleme mit Vorgesetzten,
  - schlechte Bezahlung.

Die Personalabteilung kann die Angaben prüfen, weitere Mitarbeiter befragen und versuchen die Situation zu verbessern.

11.10 Lösungen und Lösungsvorschläge zu Kapitel 10

Aufgabe 1:
- der Umgang mit anderen Kulturen in einem globalisierten Marktumfeld;
- der demografische Wandel.

Aufgabe 2:
- Aus- und Weiterbildung intensivieren;
- Frauen in technische Berufe entwickeln;
- Generation Gold – 50 plus – einstellen und weiterbilden;
- Entwicklung von Migranten;
- duales Studium einführen.

Aufgabe 3:

Mit einer Kundenbefragung zu HR-Themen lernt man die aktuellen Bedürfnisse der HR-Kunden kennen. Indem man diesen Bedürfnissen gerecht wird, kann man einen optimalen HR-Service gestalten.

Aufgabe 4:

Für die Entwicklung eines HR-Bedarfsfragebogens gelten drei Grundsätze: Der Fragebogen sollte (1) einfach in der Handhabung sein, (2) kurz in der Darstellung und (3) zudem die Befragten bzw. Kunden dazu motivieren, konstruktiv mitzuwirken.

Die Befragung sollte also so kurz wie möglich sein, d. h., der Fragebogen sollte pro HR-Aufgabenbereich (z. B. zur Personalentwicklung) nicht mehr als fünf Hauptfragen beinhalten. Zudem sollte er halbstandardisiert gestaltet werden, sodass einerseits die Möglichkeit besteht, qualitative Ergebnisse zu gewinnen, andererseits aber die Auswertung vereinfacht wird.

Aufgabe 5:

Die Prozessorientierung im HR-Bereich führt zu folgenden Vorteilen:
- Aufhebung der funktionalen Isolation einzelner Abteilungen;
- Effektivitätssteigerung;
- Aufgabentransparenz;
- Kundenorientierung durch die Personalisierung von Verantwortung („one face to the customer");
- Ergebnisverantwortung gegenüber dem Kunden.

Aufgabe 6:

Der Stellenwert von HR ist in einem Unternehmen mittlerweile so hoch, dass die strategische Positionierung eines modernen Personalmanagements auf der Ebene der Geschäftsleitung erfolgen sollte. Hier muss das Personalmanagement am unternehmenspolitischen Entscheidungsprozess beteiligt werden, und zwar indem es personalpolitische Aspekte in die kurz-, mittel- und langfristigen unternehmerischen Zielsetzungen einfließen lässt.

Es sollte sich als Gralshüter der Führungskultur verstehen und auf diese Weise das Unternehmen mitlenken.

Aufgabe 7:

Der HR-Manager muss vom Selbstverständnis her
- Lenker des Unternehmens,
- Generalist,
- Missionar und
- Begeisternder

sein und dementsprechend agieren.

Glossar

A

50 Plus
Mitarbeiter über 50 Jahre, für die altersgerechte Personalaktivitäten realisiert werden.

Abfindung
Bei Trennungen (meist bei Aufhebungsverträgen oder betriebsbedingten Kündigungen) gezahltes Entgelt, um den Arbeitnehmer das Ausscheiden zu erleichtern. Kein gesetzlich geregelter Anspruch. Anrechnung auf Sozialleistungen möglich, z. B. beim Arbeitslosengeld.

Abmahnung
Forderung des Arbeitgebers, sich vertragsgemäß zu verhalten. Nicht mitbestimmungspflichtig. Gründe z. B: Verspätungen, Alkoholgenuss. Gehört in die Personalakte.

Absentismus
In der Arbeitspsychologie und Arbeitssoziologie spricht man von Absentismus, um damit Fehlzeiten zu bezeichnen, die auf Probleme im Privatleben, auf motivationale Ursachen oder gar auf planmäßiges Fernbleiben von der Arbeit, nicht aber auf tatsächlichen Krankenstand zurückzuführen sind. Es ist jedoch umstritten und gilt als schwer feststellbar, in welchem Umfang Krankmeldungen nicht auf tatsächlich bestehende Krankheit zurückzuführen sind.

AIDA-Formel
Attention, Interest, Desire, Action = aus dem Marketing stammender Ansatz zur Mediengestaltung; Ziel im Personalwesen ist es, die Aufmerksamkeit potenzieller Bewerber zu erwecken.

Akkordlohn
Bezahlung des Arbeitnehmers nach der erbrachten Leistung. Stückakkord oder Geldakkord.

Altersteilzeit
Zurzeit noch von der Arbeitsagentur finanziell gefördertes Modell, das älteren Arbeitnehmern ermöglicht, eher oder mit verminderter Stundenzahl in das Pensionsalter zu wechseln.

Änderungskündigung
Der Arbeitgeber kündigt das Arbeitsverhältnis, bietet aber gleichzeitig einen neuen Vertrag zu geänderten Bedingungen an.

Anforderungsprofil
Festlegung von Kriterien, die ein Mitarbeiter bei einer bestimmten Stelle benötigt. Vergleich der Anforderungen mit den Kompetenzen, die ein Bewerber oder Mitarbeiter vorweisen kann.

Arbeitnehmerüberlassung
Andere Bezeichnung für Leasing oder Zeitarbeit. Geregelt durch das „Gesetz zur Regelung der gewerbsmäßigen Arbeitnehmerüberlassung".

Arbeitsablaufstudien
Dienen der rationellen und menschengerechten Anordnung und Ausstattung von Arbeitsplätzen. Betrachten auch das Zusammenwirken mehrerer Arbeitsplätze.

Arbeitsbewertung
Erfassung, Messung und Bewertung von Arbeitsplätzen, mit dem Ziel, eine anforderungsgerechte Bezahlung zu erreichen (z. B. durch REFA-Studien).

Arbeitsdirektor
Der Arbeitsdirektor ist das mit den Personal- und Sozialangelegenheiten betraute Mitglied des Vorstandes oder der Geschäftsführung eines paritätisch mitbestimmten Unternehmens (§ 33 Mitbestimmungsgesetz, § 13 Montanmitbestimmungsgesetz).

Arbeitsrecht
Als Arbeitsrecht bezeichnet man die Gesamtheit aller Gesetze und Bestimmungen, die das Arbeitsverhältnis zwischen Arbeitgeber und Arbeitnehmer, den Arbeitsschutz, Folgen bei Arbeitsunfall, die Arbeitsgerichtsbarkeit, die Sozialversicherung, die Arbeitslosenfürsorge, die Mitbestimmungsrechte von Gewerkschaften und Betriebsräten und angrenzende Themen regeln.

Arbeitsunfähigkeit
Durch Krankheit oder Unfall hervorgerufener Zustand, bei dem ein AN seine geschuldete Leistung nicht erbringen kann. Sofortige Benachrichtigung des Arbeitgebers ist Pflicht.

Arbeitsvertrag
Vereinbarung zwischen Arbeitgeber und Arbeitnehmer. Kann formfrei geschlossen werden, muss aber innerhalb von 4 Wochen schriftlich niedergelegt werden (Nachweisgesetz).

Arbeitswertstudien
Ermitteln die Anforderungen der Arbeit an den Menschen, dienen zur Festlegung eines möglichst gerechten Lohns.

Arbeitszeitstudien
Ziel ist die Ermittlung der Vorgabezeit für einen Arbeitsvorgang oder einen Auftrag.

Arbeitszeugnis
Anspruch des Arbeitnehmers auf eine Bestätigung seiner Beschäftigung (einfaches Zeugnis) und auf eine Beurteilung seiner Leistung (qualifiziertes Zeugnis). Grundsatz der Wahrheit und des Wohlwollens.

Assessment-Center
Ein Assessment-Center (AC) ist ein Personalauswahlverfahren, in dem unter mehreren Bewerbern diejenigen ermittelt werden sollen, die den Anforderungen eines Unternehmens und einer zu besetzenden Stelle (am besten) entsprechen. Hierzu werden die Bewerber vor verschiedene Probleme gestellt und im Umgang mit diesen bewertet. Das AC kann firmenintern von der Personalabteilung oder von einer externen Beratungsfirma durchgeführt werden.

Aufhebungsvertrag
Beendigung des Arbeitsvertrages ohne Einhaltung von Kündigungsfristen. Häufig erhält der AN eine Abfindung, auf die jedoch kein gesetzlicher Anspruch besteht. Dient auch zur Vermeidung von Kündigungsschutzklagen.

Aussperrung
Möglichkeit des Arbeitgebers, im Rahmen von Streiks allen Arbeitnehmern den Zugang zum Arbeitsplatz und somit die Entgeltzahlung zu verweigern.

B

Balanced Scorecard
Von Kaplan und Norton entwickeltes Instrument, indem anhand von vier Perspektiven (Kundenperspektive, finanzielle Perspektive, interne Prozessperspektive und Innovations- und Lernperspektive) Ziele entwickelt werden. Strategische Planung soll operationalisiert werden.

Bedürfnispyramide
Motivationstheorie von Maslow, die die Bedürfnisse des Menschen in eine Reihenfolge bringt. Je nach der Stufe, auf der sich ein Mitarbeiter befindet, kann er durch bestimmte Anreize motiviert werden.

Betriebsbedingte Kündigung
Kündigung des Arbeitnehmers, weil das Unternehmen nicht genügend Aufträge hat, um alle Mitarbeiter weiter zu beschäftigen.

Betriebsrat
Vertretungsorgan der Arbeitnehmer in Unternehmen mit mehr als 5 regelmäßig Beschäftigten. Mitbestimmungsrechte und Mitwirkungsrechte bei betrieblichen Entscheidungen. Geregelt im Betriebsverfassungsgesetz (BetrVG).

Betriebsvereinbarung
Vertrag zwischen Arbeitgeber und Betriebsrat über bestimmte betriebliche Belange, z. B. Lage der Arbeitszeit und der Pausen.

Betriebsverfassungsrecht
Betriebsverfassung ist die grundlegende Ordnung der Zusammenarbeit von Arbeitgeber und der von den Arbeitnehmern gewählten betrieblichen Interessenvertretung. Ihre Grundlage ist in Deutschland das Betriebsverfassungsgesetz.

Beurteilungsfehler
Im Rahmen von Personalbeurteilungen kann der Vorgesetzte eine Reihe von Fehlern begehen. Sind ihm diese vorher bekannt, so lassen sie sich weitestgehend vermeiden.

Bundesurlaubsgesetz
Regelt den Anspruch des Arbeitnehmers auf bezahlten Erholungsurlaub und Fragen in Zusammenhang damit.

C

Cafeteria-System
Mitarbeiter können ihre gewünschten Sozialleistungen frei aus einem Angebot auswählen, z. B. Altersversorgung oder Sonderzahlung.

Corporate Compliance
In der betriebswirtschaftlichen Fachsprache wird der Begriff Compliance bzw. Komplianz verwendet, um die Einhaltung von Gesetzen und Richtlinien, aber auch freiwilligen Kodizes, in Unternehmen zu bezeichnen.

CSR
Corporate Social Responsibility, nimmt ethische Rahmenbedingungen für ein Unternehmen wahr.

D

Demografie
Die Demografie ist eine wissenschaftliche Disziplin, die sich mit dem Leben, Werden und Vergehen von Bevölkerungen befasst, sowohl mit ihrer Zahl als auch mit ihrer Verteilung im Raum und den Faktoren, insbesondere auch sozialen, die für Veränderungen verantwortlich sind. Die Erforschung

der Regelmäßigkeiten und Gesetzmäßigkeiten in Zustand und Entwicklung der Bevölkerung wird vor allem mithilfe der Statistik erfasst und gemessen, dazu werden Beschreibungs- und Erklärungsmodelle entwickelt.

Direktversicherung
Das Unternehmen schließt bei einen Versicherungsunternehmen eine Lebensversicherung oder Rentenversicherung ab. Beteiligung des Arbeitnehmers und staatliche Förderung möglich. Steuer- und SV-Freibeträge. Kann beim Arbeitsplatzwechsel mitgenommen werden.

Direktzusage
Form der betrieblichen Altersversorgung, gebildet über Pensionsrückstellungen, wird auch Betriebsrente genannt.

Duales Studium
Klassische Ausbildung gekoppelt mit einem Hochschulstudium.

E

E-Cruiting
Personalanwerbung mithilfe des Internets.

Einigungsstelle
Wird bei Meinungsverschiedenheiten zwischen Betriebsrat und Arbeitgeber im Bedarfsfall gebildet. Besteht aus einem unparteiischen Vorsitzenden und einer festgelegten Anzahl Beisitzer.

ELENA-Verfahren
Elektronischer Entgeltnachweis, Arbeitgeber sind ab dem 01.01.2010 verpflichtet, die Entgeltdaten an eine zentrale Speicherstelle zu melden.

Elterngeld
Anspruch von Eltern neugeborener Kinder auf finanzielle Leistungen des Staates.

Elternzeit
Gesetzlich festgelegter Freistellungsanspruch von Eltern neugeborener Kinder.

Emotionale Intelligenz
Emotionale Intelligenz ist ein Sammelbegriff für Persönlichkeitseigenschaften und Fähigkeiten, welche den Umgang mit eigenen und fremden Gefühlen betreffen. Der Begriff wurde 1990 durch Salovey und Mayer eingeführt. Die Abkürzung „EQ" ist missverständlich, da es sich bei emotionaler Intelligenz, genauso wie beim heutigen IQ, nicht um einen Quotienten handelt.

ERA
Entgeltrahmenabkommen in der Metall- und Elektroindustrie.

Erfolgsbeteiligungen
Mitarbeiter erhalten Anteile am Unternehmenserfolg in Form von Gratifikationszahlungen.

Ertragsbeteiligung
Grundlage für Sonderzahlungen sind z. B. die Umsatzerlöse des Unternehmens. Schwierig in absatzschwachen Zeiten.

ESS
Employee Self Service: Möglichkeit für Mitarbeiter, Einsicht in bestimmte personalwirtschaftliche Daten zu nehmen und diese z. T. selbst zu bearbeiten.

F

Fachleiter
Fachexperte auf der Ebene einer Führungskraft, jedoch ohne Führungsverantwortung.

Fehlzeiten
Der Krankenstand ist eine häufig verwendete Kennzahl für Erkrankungszeiten bei Berufstätigen bzw. bei abhängig Beschäftigten. Der Krankenstand entspricht dem Anteil der Erkrankungszeiten an definierten Bezugszeiten in einer betrachteten Population, wobei als Bezugszeiten in der Regel Beschäftigungs- oder Arbeitszeiten verwendet werden.

Fluktuation
Personalabgänge im Unternehmen. Diese können unterschieden werden nach freiwilligen Abgängen, Abgängen nach Kündigungen oder nach zweiseitiger Vereinbarung.

Friedenspflicht
Verpflichtung der Tarifvertragsparteien, während der Laufzeit eines Tarifvertrages keine Kampfmaßnahmen zu ergreifen.

Führungsleitlinien
Verhaltensorientierung für Vorgesetzte im Unternehmen.

Führungsstil
Verhaltensmuster des Vorgesetzten, um die unterstellten Mitarbeiter zu beeinflussen.

Führungstechniken
Beruhen auf einem kooperativen Führungsstil und beinhalten die Management-by-Techniken: Management by Delegation, Management by Objectives, Management by Exception, Management by Systems.

G

Gesundheitsmanagement
Gesundheitsmanagement beinhaltet eine Vielzahl von Aufgaben und Funktionen zum Organisieren von Gesundheit im Unternehmen, insbesondere in Form der Gesundheitsförderung. Das Ziel ist die Stärkung gesundheitlicher Bewältigungsprozesse wie die bedarfsgerechte Versorgung.

Gewinnbeteiligung
Grundlage für Sonderzahlungen ist der Gewinn des Unternehmens. Vorher muss festgelegt werden, ob es sich um den Bilanzgewinn, den Ausschüttungsgewinn oder den Substanzgewinn des Unternehmens handelt.

Gleitzeit
Unter Gleitzeit oder gleitender Arbeitszeit wird eine in gewissem Rahmen frei geregelte Arbeitszeit verstanden. Eine Gleitzeitregelung wird in den meisten Fällen zwischen der Firmenleitung und dem Betriebsrat durch Betriebsvereinbarung (bzw. im öffentlichen Dienst zwischen Dienststellenleiter und Personalrat durch Dienstvereinbarung) geregelt.

Gleitzeitmodell
Arbeitszeitmodell, bei dem der Arbeitnehmer selbst entscheiden kann, wann er mit der Arbeit beginnt und endet. Häufig werden Kernzeiten, das sind Zeiten mit Anwesenheitspflicht, festgelegt.

Global Compact
Ethische Grundsätze, von den Vereinten Nationen ausgestellt.

Globalisierung
Unter Globalisierung versteht man den Prozess der zunehmenden weltweiten Verflechtung in allen Bereichen (Wirtschaft, Politik, Kultur, Umwelt, Kommunikation etc.). Als wesentliche Ursachen der Globalisierung gelten der technische Fortschritt, insbesondere in den Kommunikations- und Transporttechniken, sowie die politischen Entscheidungen zur Liberalisierung des Welthandels.

Golden Ager
Mitarbeiter über 50 Jahre, für die altersgerechte Personalaktivitäten realisiert werden.

Human Resources
Humankapital bezeichnet in der Wirtschaftswissenschaft die „personengebundenen Wissensbestandteile in den Köpfen der Mitarbeiter".

I

Insourcing
Unter Insourcing, Backsourcing bzw. Wiedereinlagerung versteht man die Wiedereingliederung von (zuvor ausgelagerten) Prozessen und Funktionen in das Unternehmen.

Interessenausgleich
Der Interessenausgleich ist ein Instrument der betrieblichen Mitbestimmung nach dem Betriebsverfassungsgesetz im deutschen Arbeitsrecht. Dieses Beteiligungsrecht gehört zur Gruppe der Beteiligungsrechte des Betriebsrats in wirtschaftlichen Angelegenheiten (§§ 106 bis 113 BetrVG).

J

Job-Sharing
Mitarbeiter teilen sich einen Arbeitsplatz und tragen beim Job-Sharing-Modell zu einem bestimmten Grad gemeinsam Verantwortung und treffen wichtige Entscheidungen gemeinsam, etwa strategische Beschlüsse, Personalentscheidungen oder Entscheidungen über größere Investitionen.

K

Kapitalbeteiligung
Beteiligung der Mitarbeiter am Unternehmenskapital, übliche Formen sind Belegschaftsaktien oder stille Beteiligungen.

Kündigung
Einseitige, empfangsbedürftige Willenserklärung. Zu unterscheiden: Kündigung durch den Arbeitnehmer, Kündigung durch den Arbeitgeber.

Kündigung (außerordentliche)
Kündigung ohne Einhaltung der Kündigungsfristen aufgrund von schweren Vertragsverletzugen. Fortsetzung des Arbeitsverhältnisses muss unzumutbar sein. Widerspruchsrecht des Betriebsrates.

Kündigung (ordentliche)
Möglich aus personenbedingten Gründen, verhaltensbedingten Gründen oder betriebsbedingten Gründen. Einhaltung der Kündigungsfristen. Widerspruchsrecht des Betriebsrates.

Kündigungsfristen
Gesetzlicher festgelegter Zeitraum, der zwischen den Zugang der Kündigung und der Beendigung des Arbeitsverhältnisses mindestens liegen muss.

Kündigungsschutz
Erschwerung der Kündigung von Arbeitnehmern, die dem Betrieb mehr als 6 Monate angehören.

Kurzarbeit
Vorübergehende Herabsetzung der betriebsüblichen, regelmäßigen Arbeitszeit. Finanzielle Förderung durch die Agentur für Arbeit.

L

Laufbahn-/Nachfolgepläne
Zeigen mögliche Aufstiegswege im Unternehmen an. Evtl. werden bestimmte Stellenbesetzungen damit verknüpft.

Leistungsbeteiligung
Bei Erbringen bestimmter, vorher festgelegter Leistungen erhalten die Mitarbeiter Sonderzahlungen, z. B. bei Erhöhung der Produktivität oder bei Kosteneinsparungen.

Lohngruppe
Je nach Ausbildung, Erfahrung, Verantwortung u.a. wird festgelegt, welche Tätigkeiten in welche Lohngruppe fallen. In Tarifverträgen wird festgelegt, wie viel Lohn jemand in einer bestimmten Lohngruppe erhält.

Lohn- oder Gehaltstarifvertrag
Zwischen Arbeitgeber bzw. Arbeitgeberverband und Gewerkschaft abgeschlossener Vertrag mit den kurzfristigen Regelungen der Beschäftigungsverhältnisse, im Wesentlichen der Lohn- und Gehaltshöhe, Laufzeit 1–2 Jahre.

Lügerecht
Bei arbeitsrechtlich nicht zulässigen Fragen im Einstellungsinterview hat der Bewerber das Recht, die Unwahrheit zu sagen, ohne rechtliche Konsequenzen fürchten zu müssen.

M

Management by Delegation
Führung durch Delegation von Aufgaben an die Mitarbeiter.

Management by Exception
Führung durch Abweichungskontrolle und Eingriff durch den Vorgesetzten im Ausnahmefall.

Management by Objectives
Führung durch Zielvereinbarung.

Management by Systems
Führung durch Systemsteuerung, alle Teilabläufe sind Bestandteile eines in sich geschlossenen Systems, notwendig ist ein umfassendes, computergestütztes Informationssystem.

Management Manual
Regeln für Mitarbeiter eines Unternehmens.

Managerial Grid
Ansatz von Blake und Mouton, zweidimensionaler Führungsstil, unterscheidet aufgabenorientierte und personenorientierte Führung.

Manteltarifvertrag
Zwischen Arbeitgeber bzw. Arbeitgeberverband und Gewerkschaft abgeschlossener Vertrag mit den langfristigen Regelungen der Beschäftigungsverhältnisse, z. B. Urlaubsgeld, Zuschläge, Laufzeit 4–5 Jahre.

Massenentlassung
Wenn der Arbeitgeber betriebsbedingt eine größere Anzahl von Arbeitnehmern entlassen will, muss er vorher die Arbeitagentur so früh wie möglich informieren.

Migranten
Mitarbeiter mit ausländischer Herkunft („Migrationshintergrund").

Mission
Der Auftrag, den ein Unternehmen sich gibt.

Mobbing
Ein oder mehrere Arbeitnehmer greifen eine andere Person systematisch über einen längeren Zeitraum an.

Mutterschaftsurlaub
Zeit vor und nach der Geburt eines Kindes: 6 Wochen vorher, 8 Wochen nachher, Beschäftigungsverbot.

N

Nebenbeschäftigung
Weiteres Arbeitsverhältnis. Bis zur max. Arbeitszeitgrenze zulässig, wenn dem Unternehmen keine Konkurrenz gemacht wird.

GLOSSAR

O

Offenbarungspflicht
Tatbestände, die ein Bewerber dem Unternehmen von sich aus mitteilen muss.

Organisationsentwicklung
Organisationsentwicklung (OE) ist ein organisationstheoretisches Konzept und bedeutet „geplanter sozialer Wandel in Organisationen". „Die Betroffenen zu Beteiligten machen" ist ein Kernkonzept der OE und hat auch in vielen anderen Methoden Eingang gefunden. Sie werden eingeladen, die Organisation von innen heraus auf neue Anforderungen vorzubereiten oder zu optimieren. Gemeinsame Lernprozesse werden initiiert und methodisch begleitet.

Outplacement
Die Begriffe Outplacement (engl.) bzw. Außenvermittlung bezeichnen eine von Unternehmen finanzierte Dienstleistung für ausscheidende Mitarbeiter, die als professionelle Hilfe zur beruflichen Neuorientierung angeboten wird, bis hin zum Abschluss eines neuen Vertrages oder einer Existenzgründung.

Outsourcing
Outsourcing bzw. Auslagerung bezeichnet in der Ökonomie die Abgabe von Unternehmensaufgaben und -strukturen an Drittunternehmen. Es ist eine spezielle Form des Fremdbezugs von bisher intern erbrachter Leistung, wobei Verträge die Dauer und den Gegenstand der Leistung fixieren. Das grenzt Outsourcing von sonstigen Partnerschaften ab.

P

Pensionsfonds
Das Unternehmen beauftragt eine Versicherung oder Bank mit der Anlage der Gelder, Entgeltumwandlung und damit staatliche Förderung möglich. Bekannt als Riester-Rente.

Pensionskasse
Ähnelt der Direktversicherung, Träger ist eine rechtlich selbstständige Altersversorgungseinrichtung, staatliche Förderung möglich.

Personalabbau
Maßnahmen zur Verringerung der Personalkosten, kann ohne oder mit Reduzierung der Gesamtbelegschaft angestrebt werden.

Personalakte
Enthält alle wichtigen Dokumente eines Mitarbeiters, z. B. den Arbeitsvertrag, Beförderungen, Versetzungen, Schriftverkehr.

Personalberatung
Externe Experten, die das Unternehmen bei personalwirtschaftlichen Dienstleistungen unterstützen, insbesondere bei der Suche nach neuen Mitarbeitern.

Personalbeschaffung
Prozess, um das erforderliche Personal zur Verfügung zu stellen, Möglichkeit der internen oder externen Beschaffung.

Personalbeurteilung
Instrument, um den Einsatz und die Einsatzbereitschaft der Mitarbeiter zu steuern. Dient auch zum Aufdecken von Fehlentwicklungen und Fortbildungsbedarf.

Personalcontrolling
Auswertung der Aktivitäten des Personalbereichs, z. B. Personalkosten, Fluktuationsquoten, Fehlzeitenanalysen. Planung geeigneter Maßnahmen zur Verbesserung von Schwachstellen.

Personalentwicklung
Alle Maßnahmen zur Erhaltung und Verbesserung der Qualifikationen von Mitarbeitern.

Personalfragebogen
Aufforderung an die Bewerber, die wichtigsten Information zur Person in standardisierter Form abzugeben. Erleichtert das Auswahlverfahren.

Personalleasing
Leihweise, zeitlich begrenzte Überlassung von Arbeitnehmern; Möglichkeit, um kurzfristigen Personalbedarf zu decken.

Personalplanung
Vorausschauende Festlegung des benötigten Personalbedarfs, sowohl quantitativ wie auch qualitativ.

Personenbedingte Kündigung
Kündigung des Arbeitnehmers, weil er nicht in der Lage ist, seine arbeitsvertraglichen Verpflichtungen zu erfüllen, z. B. weil er eine erforderliche Prüfung nicht bestanden hat oder gesundheitlich nicht mehr in der Lage ist, seine Arbeit zu erfüllen.

Persönlichkeit
Der Begriff Persönlichkeit umfasst die einzigartigen psychologischen Eigenschaften eines Individuums, in denen es sich von anderen unterscheidet. Tempe-

rament und Charakter sind ältere Bezeichnungen für Teilaspekte.

Potenzialerkennung
Ein Ziel der Personalbeurteilung, Einsatz gemäß der vorhandenen Fähigkeiten.

Prämienlohn
Lohnform, bei der zu einem fest vereinbarten Grundlohn eine Prämie für besondere, im Voraus festgelegte Leistungen gezahlt wird, z. B: Mengenprämien, Ersparnisprämien, Termineinhaltungsprämien.

Probezeit
Dient zum gegenseitigen Kennlernen bei Abschluss eines Arbeitsvertrages. Gesetzlich auf max. 6 Monate beschränkt. In dieser Zeit erleichterte Kündigung für beide Parteien.

Prozessorganisation
Das Unternehmen wird nicht vorwiegend nach Abteilungen aufgebaut, sondern die Aufgabengebiete richten sich nach den anfallenden Tätigkeiten. Vermeidung von Zeit- und Informationsverlusten durch unnötige Weitergabe eines Vorgangs. Finanzielle Bewertung im Rahmen der Prozesskostenrechnung.

S

Sabbatical
Das Sabbatical ist ein Arbeitszeitmodell. Im neuzeitlichen, übertragenen Sinn des aus den USA stammenden Begriffs sabbatical, auch Sabbatjahr, bezeichnet es entweder ein Jahr der Teilzeitarbeit oder ein Jahr der Auszeit (das wäre dann das eigentliche Sabbatjahr).

Schwerbehinderter
Für Arbeitnehmer, die mind. einen Behinderungsgrad von 50 % haben, gelten besondere Schutzvorschriften.

Sozialleistungen
Leistungen des Arbeitgebers, die nicht auf der Arbeitsleistung des Mitarbeiters beruhen: gesetzliche Sozialleistungen, tarifvertragliche Sozialleistungen und freiwillige Sozialleistungen.

Sozialleistungen (freiwillige)
Zahlungen des Arbeitgebers für die Altersversorgung, Beihilfen, Kantinen etc.

Sozialleistungen (gesetzliche)
Zahlungen des Arbeitgebers ohne Gegenleistung, z. B. Feiertagsbezahlung, Sozialversicherungsbeiträge, Entgeltfortzahlung

Sozialleistungen (tarifvertragliche)
Zahlungen für Urlaubsgeld, Weihnachtsgeld, vermögenswirksame Leistungen gemäß Tarifvertrag.

Sozialplan
Nach der gesetzlichen Definition des § 112 Abs. 1 BetrVG ist unter einem Sozialplan eine Vereinbarung zwischen Betriebsrat und Arbeitgeber über den Ausgleich oder die Milderung der wirtschaftlichen Nachteile zu verstehen, die dem Arbeitnehmer infolge von geplanten Betriebsänderungen entstehen.

Stellenbeschreibung
Zeigt die wichtigsten Informationen zu einer bestimmten Stelle: Bezeichnung der Stelle, hierarchische Einordnung, Aufgaben, Ziele, Befugnisse, Verantwortung, Vertretung, Anforderungen an den Stelleninhaber.

Stellenbesetzungsplan
Istzustand der derzeitig besetzten Stellen, enthält die Funktion, den Namen und evtl. das Geburtsjahr oder Eintrittsjahr ins Unternehmen.

Stellenpläne
Übersicht der Gesamtheit aller Planstellen einer Abteilung oder des Unternehmens.

Streik
Durch die Gewerkschaft organisierte Niederlegung der Arbeit, zuvor eine Urabstimmung der Mitglieder erfoderlich.

T

Tarifvertrag
Ein Vertrag zwischen Arbeitgeberverbänden und Gewerkschaften zur Regelung arbeitsrechtlicher Rechte und Pflichten.

Telearbeit
Die Arbeit wird ganz oder teilweise außerhalb des Betriebes, z. B. von zu Hause aus, erledigt. Die Arbeitsergebnisse werden mittels Datenübertragung an den Betrieb übertragen. Erfordert zusätzliche Festlegungen im Arbeitsvertrag oder eine entsprechende Betriebsvereinbarung, z. B. bzgl. Datensicherheit, Eigentum.

Theorie X und Theorie Y
Theorie zum Führungsverhalten von McGregor, Theorie X: der Mensch steht der Arbeit negativ

gegenüber, Theorie Y: der Mensch sieht die Arbeit positiv.

Top-Management
Vorstände von Kapitalgesellschaften oder Geschäftsführer von privaten Unternehmen.

Trainee
Ein Trainee ist ein Hochschulabsolvent, der in einem Unternehmen systematisch als vielfältig einsetzbare Nachwuchskraft aufgebaut wird, üblicherweise durch ein Traineeprogramm mit aufeinander abgestimmten Einsätzen in verschiedenen Abteilungen, Seminaren und Netzwerkveranstaltungen.

Training-on-the-job
Fortbildung am Arbeitsplatz.

Training-off-the-job
Fortbildung außerhalb des Arbeitsplatzes.

U

Überstunden/Mehrarbeit
Arbeitszeit, die über die regelmäßige Arbeitszeit eines Betriebes hinausgeht. Mehrarbeit ist die Zeit, die über die gesetzlich festgelegte Arbeitszeit von 8 Stunden hinausgeht.

Unternehmensleitbild
Darstellung der Unternehmensphilosophie, Grundsätze des Verhaltens gegenüber Mitarbeitern, Kunden und der Umwelt. Darstellung der Wertvorstellungen und Normen des Unternehmens.

Unterstützungskasse
Zusage des Arbeitgebers über eine Altersversorgung, auf die es aber keinen rechtlichen Anspruch gibt. Arbeitnehmer kann sich nicht beteiligen und erhält darum auch keine staatliche Förderung.

Urlaubsanspruch
Gesetzlich festgelegter Anspruch des Arbeitnehmers auf Erholungsurlaub, beträgt 24 Werktage. In Tarifverträgen existieren häufig verlängerte Zeiten, z. B. 30 Arbeitstage.

V

Verhaltensbedingte Kündigung
Kündigung des Arbeitnehmers, weil er gegen arbeitsrechtliche Pflichten verstößt, z. B. durch häufiges Zuspätkommen. Üblich ist hier eine vorherige Abmahnung, um auf das Fehlverhalten hinzuweisen.

Verschwiegenheitspflicht
Ergibt sich aus der Treuepflicht des Arbeitnehmers, während und nach Beendigung des Arbeitsverhältnisses dürfen keine Betriebsgeheimnisse an Dritte weitergegeben werden.

Vertrauensarbeitszeit
Die Beschäftigten können die Arbeit selbst einteilen. Die Bezahlung richtet sich nach dem Arbeitsergebnis.

Vision
Langfristige Ziele, die sich ein Unternehmen setzt.

Vorstellungskosten
Lädt ein Unternehmen einen Bewerber ein und schließt die Übernahme der Kosten nicht aus, so hat der Bewerber das Recht auf einen Aufwendungsersatz (§§ 662, 670 BGB).

W

Werte (der Unternehmenskultur)
Ethische Orientierung, die sich ein Unternehmen gibt.

Work-Life-Balance
Ausgewogenheit von privaten und beruflichen Ansprüchen des Mitarbeiters, um seine Motivation aufrechtzuerhalten. Unterstützung durch das Unternehmen.

Z

Zeitlohn
Bezahlung des Mitarbeiters nach der geleisteten Arbeitszeit, übliche Formen sind der Stundenlohn oder der Monatslohn.

Zeugnis (einfaches)
Bestätigung des Arbeitgebers über die Beschäftigung von … bis … als …

Zeugnis (qualifiziertes)
Bestätigung des Arbeitgebers über die Beschäftigung. Enthält eine Beschreibung der Tätigkeit, die Beurteilung der Leistung, Führungsaufgaben, Führungsverhalten, soziales Verhalten u. a.

Stichwortverzeichnis

A

Abfindung 287
Abgangsinterviews 312
Abmahnung 289, 297
Absatzplanung 17
Absentismus 234
Abteilung 339
Abweichungskontrolle 114
Abwesenheitszeiten 229
AIDA-Formel 40
Akkordlohn 211
Akkordrichtsatz 211
Altersteilzeit 247
Altersteilzeitgesetz 247
Altersversorgung 273
Änderungskündigung 294
Anforderungsprofil 77, 191
Angestellte, leitende 219
Anwesenheitszeiten 229
Arbeitnehmerüberlassung 44
Arbeitsablaufgestaltung 204
Arbeitsbedingungen 235
Arbeitsbewertung, analytische 208
Arbeitsbewertung, summarische 206
Arbeitsbewertungsverfahren 206
Arbeitsdirektor 349
Arbeitsgruppen 254
Arbeitsklima 124
Arbeitsplatzbewertung 203
Arbeitsplatzgestaltung 204
Arbeitsproben 60
Arbeitsunfähigkeit 270
Arbeitsverhalten 161
Arbeitsvertrag 79
Arbeitswertstudien 205
Arbeitszeitflexibilisierung 253
Arbeitszeitgesetz 242
Arbeitszeitkonten 242
Arbeitszeitmodelle 241
Arbeitszeitstatistiken 22
Arbeitszeitstudien 204
Ärzte 237
Assessment-Center (AC) 62
Aufhebungsvertrag 240, 286, 305
Auftragszeit 205
Ausbildungskooperationen 346
Ausfallzeiten 230

Ausführungszeit 205
Ausgleichsfunktion 393
Außendienstberater 226
Austrittsfragebogen 313
Auswahlprozess 65
Auszahlungsbetrag 215
Auszubildende 298

B

Bedarfsanalyse 333
Bedürfnispyramide 104
BEEG 301
Beendigungsgründe 286
Befristung von Arbeitsverträgen 244
Beobachtertraining 64
Berufsausbildung 172
Berufsausbildungsvorbereitung 172
Berufsbildung 172
Beschaffungswege 38
Betriebsklimauntersuchung 235
Betriebsrat 28, 82, 165, 241, 255, 269, 294, 302, 304
Betriebsratsmitglieder 299
Betriebsrestaurant 281
Betriebsvereinbarungen 84, 203, 304
Betriebszugehörigkeit 292
Beurteiler 65
Beurteilungsbogen 78, 166
Beurteilungsfehler 163
Beurteilungsformen 160
Beurteilungsgespräch 163
Beurteilungskriterien 67, 160
Bewegungsdaten 214
Bewegungsstatistiken 21
Bewerbung 49
Bewerbungsschreiben 59
Bewerbungsunterlagen 59
Bewertungskriterien 77
Bildungscontrolling 174
Bildungseinrichtungen 85
Bildungsmaßnahmen, externe 176
Bildungsmaßnahmen, interne 176
Bruttolohn 214
Bruttopersonalbedarf 20
Bruttosollbesetzung 26
Bündelung der HR-Aufgaben 321

C

Cafeteria-Modell 268
Caterer 279

Coaching 174
computersimulierte Szenarien 63
Corporate Compliance 141
Corporate Principles 132
Corporate Social Responsibility 140
Country Club Management 108

D

Defizitmotive 105
demografische Entwicklung 328
Dienstleistungsbereich 333
Diplomanden 92
Direktzusage 274

E

E-Cruiting 46
EDV-Systeme 71
Einarbeitung 94
Einarbeitung, arbeitsplatzbezogene 94
Einarbeitungsprogramme 95
Einarbeitung, unternehmensbezogene 95
Einführungsmaßnahmen 83
Einstellungsinterview 76
ELENA-Verfahren 216
Elterngeld 301
Entwicklung, demografische 328
Entwicklungsbeurteilung 161
Entwicklungskarriere 183
ERA-Vergütungssystem 221
Erfolgsbeteiligungen 276
Ergebnisverantwortung 340
Erholungszeit 205
Ertragsbeteiligung 277
ESS (Employee Self Service) 228
Executive Search Consultants 42
Expertenlaufbahnen 183
Exportnation 323

F

Fachexperten 185
Fachlaufbahn 24
Fachreferent 186
Fähigkeitstest 62
Fallstudien 63
Feedback 91
Fehlverhalten 289
Fehlzeiten 234
Fehlzeitenanalyse 230
Festgehalt 219
Finanzplanung 17

Firmen-DVD 54
Firmenwagen 149
Fluktuationsquote 230
Fortbildung 172
Freistellung 287
Freizeitausgleich 258
Fremdbild 338
Führung, aufgabenorientierte 108
Führung, personenorientierte 108
Führungsanforderungsprofil 121
Führungsaufgaben 146
Führungserfolg 111
Führungsgrundsätze 117
Führungskräftetraining 134
Führungskultur 53, 117
Führungslaufbahn 24
Führungsleitlinien 117, 119, 124
Führungsqualitäten 162
Führungssituationen 111
Führungsstil 106, 111
Führungsstil, autoritärer 112
Führungsstil, kooperativer 112
Führungssysteme 119
Führungstechniken 113
Führungstheorie 106
Führungstraining 125
Führungstrainings 118
Führungsverhalten 121
Funktionsmodell 334

G

Gebietsvertriebsleiter 225
Genfer Schema 206
Gesundheitsmanagement, betriebliches 269
Gesundheitsprognose 239, 296
Gewinnbeteiligung 277
Gleitzeit 243, 257
Gleitzeitkonto 258
Gleitzeitrahmen 259
Global Compact 142
Globalisierung 326
Grundgehalt 220
Grundzeit 205
Gruppenmodelle 106

H

Halo-Effekt 163
Headhunter 42
Hierarchie-Effekt 163
High Potential 183

Hochschulengagement 51
Homepage 46
HR-Management 46
HR-Politik 320
Human Resources 201
Hygienefaktoren 105

I

Impoverished Management 108
Insourcing 346
Intelligenz, emotionale 351
Intelligenztest 62
Interaktionsmodelle 107
Interessenausgleich 304
Interkulturelle Trainings 327
Internet 46

J

Jahresziel 220
Jahreszielvereinbarung 338
Job-Consulting 54
Job-Sharing 243, 259

K

Karrierephasen 173
Kernarbeitszeit 243
Kollegen 236
Kommunikation 123
Kommunikation, horizontale 126
Kommunikation, vertikale 126
Kompetenzprofil 191
Kostenplanung 17
Krankmeldung 234
Krankschreiben 234
Kundenmagazin 54
Kündigung 291
Kündigung, außerordentliche 293
Kündigung, betriebsbedingte 298
Kündigung, fristgerechte 292
Kündigung, ordentliche 292
Kündigung, personenbedingte 295
Kündigungsarten 292
Kündigungsfristen 292
Kündigungsschutzgesetz 295
Kündigungstermine 292
Kündigung, verhaltensbedingte 293, 296
Kurzarbeit 250

L

Laufbahnpläne 21
Laufbahnplanung 24

Lebenslaufanalyse 59
Lebenssphären 173
Leistungsbereitschaft 104, 122
Leistungsbeteiligung 276
Leistungsbeurteilung 125, 161
Leistungsfähigkeit 104
Leistungskomponente 220
Leistungstest 62
Lernfähigkeitstest 62
Lichtbildanalyse 59
Lohnabrechnung 214
Lohnfestsetzung 202
Lohnformen 210
Lohngerechtigkeit 201
Lohngruppenverfahren 207
Loyalität 220
Lügerecht 76

M

Management by Exception 114
Management by Objectives 115
Management Manual 146
Managementtechniken 113
Managerial Grid 108
Manteltarifvertrag 203
Massenentlassung 293
Mehrfachbeurteilung 64, 66
Middle of the Road Management 109
Mindestlöhne 202
Mission 131
Mitarbeiter, angelernte 192
Mitarbeiterführung 110
Mitarbeitergespräch 125
Mitarbeitergespräch bei Absentismus 238
Mitarbeiterqualifizierung 192
Mitarbeiter, ungelernte 192
Mitarbeitervergütung 52
Mitarbeiterverpflegung 278
Mitarbeiterzufriedenheit 254
Mitbestimmungsgesetz 349
Mobbing 143
Mobbinghandlungen 145
Mobbingopfer 144
Mobbingtäter 144
Moderator 68
Motivatoren 106
Mutterschutz 300

N

Nachfolgepläne 21, 25
Nachweisgesetz 79

Nachwuchskräfte 178
Nachwuchskräfte-Datenbank 179
Nebenbeschäftigung 81
Nettopersonalbedarf 20
Nettosollbesetzung 26
Nettoverdienst 214
Nominalskala 159

O

Objektivität 61
Offenbarungspflicht 75
Online-Bewerbung 49
Optimierungsvorschläge 337
Organisation der HR 338
Organisation, funktionale 338
Outplacement-Beratung 315

P

Pensionsrückstellungen 275
Personalabbauplanung 27
Personalakte 227
Personalanforderung 36
Personalaufgaben 321
Personalaustritt 285
Personalauswahl 58
Personalbedarfsplanung 18 f.
Personalberater 42
Personalbeschaffung 35
Personalbeschaffung, externe 39
Personalbeschaffung, interne 38
Personalbeschaffungsplanung 25
Personalbeschaffungsprozess 340, 343
Personalbestand 20
Personalbetreuung 200
Personalbeurteilung 77, 156
Personalbeurteilungsphasen 162
Personalbewegungen 230
Personaleinführung 83
Personaleinsatzplanung 25
Personalentlohnung 201
Personalentwicklung 50, 171
Personalentwicklung into-the-job 176
Personalentwicklung off-the-job 175
Personalentwicklung on-the-job 175
Personalentwicklung out-of-the job 176
Personalentwicklungsmaßnahmen 130, 174
Personalfragebogen 60
Personalführung 103
Personalkosten 26, 127, 230, 320

Personalkostenplanung 26
Personalkostenstatistik 22
Personalleasing 44
Personalmanagement 321, 349
Personalmarketing 46
Personalnebenkosten 26
Personalplanung 16
Personalpolitik 127
Personalstatistik 229
Personalstruktur 229
Personalüberhang 27
Personenmodelle 106
Persönlichkeit 352
Persönlichkeitsbeurteilung 160
Persönlichkeitstest 62, 65
Planstellen 22
Polaritätenprofil 160
Potenzialbeurteilung 161
Potenzialworkshop 191
Praktika 90
Praktikanten 89
Prämienlohn 212
Prämienverlauf 213
Präsentationen 63
Printmedien 54
Projektlaufbahn 24
Prozessorganisation 339

R

Rangfolgeverfahren 207
Rangordnungsverfahren 160
Rangreihenverfahren 208
Ratingskala 69
REFA-Schema 206
Referenzen 60
Reliabilität 61
Riester-Rente 273
Rollen einer Führungskraft 111
Rollenspiele 125
Ruhepausen 242
Ruhezeit 242
Rüstzeit 205

S

Sabbaticals 243
Satisfaktoren 106
Schichtgleitzeit 257
Schwangere/Mütter 300
Schwerbehinderte 300

Selbstbild 338, 352
Selbstpräsentation 68
Selbstständigkeit 123
self-fulfilling prophecy 129
Service-Level-Agreement 344
Sicherung der Arbeitsplätze 254
Situationsmodelle 106
Skala, grafische 160
Skala, numerische 159
Skalenverfahren 158
SMART-Methode 136
Sozialauswahl 298, 305
Sozialeinrichtungen 85
Sozialkompetenz 65
Sozialkosten 230
Sozialleistungen 267
Sozialplan 305
Sozialpolitik 268
Sozialpolitik, betriebliche 266
Sozialwesen 267
Stammdaten 214
Statussymbole 146
Stellenanzeige 40
Stellenausschreibung, externe 39
Stellenausschreibung, interne 38
Stellenbeschreibung 24
Stellenbesetzungspläne 22
Stellenpläne 21
Stellvertreter 184
Strategien 131
Streitkultur 146
Stufenverfahren 209
Supervision 174

T

Target Card 135
Tarifverträge 202
Task Management 108
Teamarbeit 123
Team Management 109
Teilzeitarbeit 244
Telearbeit 248
Testverfahren 61
Theorie X 107
Theorie Y 107
Traineeprogramm 67, 181
Training-off-the-Job 182
Training-on-the-Job 181
Training-on-the-job-Phasen 194

U

Übergangssituationen 88
Umschulung 172
Umsetzung 38
Unfallverhütungsvorschriften 84
Unternehmensberater 128
Unternehmenserfolg 122
Unternehmensethik 129
Unternehmenskapitalbeteiligung 277
Unternehmenskultur 127, 129
Unternehmensleitlinien 53
Unternehmensleitung 236
Unternehmensphilosophie 117
Unternehmensplanung 17
Unzumutbarkeit 294

V

Validität 61
Variozeit 243
Verantwortung, soziale 137
Vergütung 201
Vergütungssysteme 216
Verschwiegenheitspflicht 82
Versetzung 38
Verteilzeit 205
Vertrauensarbeitszeit 243
Vision 131
Vorgabevergleichsverfahren 160
Vorgabezeit 204
Vorgesetzte 236
Vorgesetztenbeurteilung 165
Vorgesetztenverhalten 166
Vorstellungsgespräch 71

W

Wachstumsmotive 105
Wehrpflichtige 300
Weiterbildung 50
Werkzeitung 54
Werte 131
Win-lose-Situation 128
Work-Life-Balance 271

Z

Zeitarbeitsunternehmen 44
Zeitlohn 210
Zeitungsanzeige 54
Zeugnisanalyse 60
Zeugnisarten 309

Zeugnis, einfaches 309
Zeugniserteilung 308
Zeugnisphrasen 312
Zeugnis, qualifiziertes 309

Zielvereinbarungen 91, 93, 115, 216
Zielvereinbarungsbogen 136
Zielvorgaben 218
Zwei-Faktoren-Theorie 105